国际语言学前沿丛书
Trends in Contemporary Linguistics

胡建华 主编

A Study of
Universal
Quantifiers
in
Mandarin
Chinese

# 现代汉语全称量化词研究

张蕾 著

上海教育出版社
SHANGHAI EDUCATIONAL
PUBLISHING HOUSE

国际语言学前沿丛书
Trends in Contemporary Linguistics

# 作者简介

张蕾,博士生导师,九三学社社员。2003年8月至2013年8月在香港城市大学中文、翻译及语言学系语言学专业学习、工作,先后获得哲学硕士和哲学博士学位,在此期间主要进行语义学以及语义与句法、语用接口研究。博士毕业后进入东北师范大学从事教学及汉语研究工作,现任教于东北师范大学文学院现代汉语教研室,任吉林省语言学会理事。曾赴香港城市大学、香港中文大学进行短期学术合作研究工作。在《语言暨语言学》《当代语言学》《世界汉语教学》《语言研究》《汉语学报》《语法研究和探索》等学术期刊和论文集上发表多篇学术文章。出版学术专著1部。具有较为丰富的项目研究经验,主持国家社科基金一般项目1项,参与国家社科基金项目2项,参与"中央高校基本科研业务费"专项资金项目2项,参与香港研资局/香港城市大学资助项目7项。

本书是国家社会科学基金一般项目研究成果

（项目编号 15BYY141）

# 走"兼通世界学术"之路

## ——"国际语言学前沿丛书"总序

胡建华

现代语言学,自改革开放以来,在我国已有了很大的发展。今日中国的现代语言学研究,大多借助国际上流行的某一语言学理论、方法或通用术语系统而展开。但是,这并不意味着我国的语言学研究已经可以构成或代表国际语言学主流。我们现有的一些所谓与国际"接轨"的研究,为国际主流语言学理论做"注解"的多,而真正能从根本上挑战国际主流学术观点的少;能提出既可以涵盖汉语语言事实,又能解释其他语言现象,并为国际语言学界所关注,进而跟随其后做进一步研究的理论框架的,则更少,或者竟至于无。在这种情况下,国内语言学界就会时不时地出现一种声音:国际语言学现有的理论和方法都不适合用来研究汉语,我们应该发展有本土特色的语言学;由于汉语与印欧语等世界其他语言有很大的不同,所以在印欧语等其他语言基础上建立起来的语言学理论自然无法用来描写、分析汉语。实际上,这种声音以及与之相类似的观点,不仅在语言学界经常浮现,而且在其他的研究领域历来也都有一定的市场。比如,针对中国的社会研究,以前也曾有过这样一些声音,对此,郭沫若曾经发表过以下意见:

> 只要是一个人体,他的发展,无论是红黄黑白,大抵相同。
> 由人所组成的社会也正是一样。
> 中国人有一句口头禅,说是"我们的国情不同"。这种民族的偏见差不多各个民族都有。

　　然而中国人不是神,也不是猴子,中国人所组成的社会不应该有什么不同。

　　我们的要求就是要用人的观点来观察中国的社会,但这必要的条件是需要我们跳出一切成见的圈子。①

　　郭沫若的这番话同样适用于中国语言学。语言学的研究对象是人类语言,汉语是人类语言的一种,人类语言的本质特性在汉语中也一样会有所体现。因此,只要跳出一切成见的圈子,也一样可以使用探索人类语言本质特性的理论、思想和方法来观察、描写、分析中国的语言。

　　改革开放四十多年来,国内语言学界经常纠结于借鉴国外语言学理论与创建本土特色理论的矛盾之中,而争论到最后往往变成理论"标签"之争,而非理论本身的实质性问题之争,更与具体问题解决与否,以及解决方案是否合理、是否符合科学精神,没有太大关系。科学理论的建设,最重要的是要讲可证伪性(falsifiability)和理论的一致性(consistency)。这两个特性决定了任何一种科学理论对真相的探索和认知永远都在路上。科学探索的目标当然是揭示自然事物或现象的真相,但科学理论的这两个特性决定了科学理论只能不断逼近真相,但却无法穷尽对真相的全部认知。因此,科学对真相的探索从来都是尝试性的,对很多问题的认知也仅是初步的或阶段性的,更具体、更深入的探索只能留待科学理论的进一步发展和进步。科学从不也绝不妄称自己掌握了事物的全部真相,只有巫术才会狂妄地宣称自己可以把握真相的整体或全部。不以可证伪性和理论的一致性来衡量学术研究,而偏执于中西理论站位之争,实际上就是不知道何为学术研究。这一点,王国维在一百多年前就讲过:"学之义不明于天下久矣。今之言学者,有新

---

　　① 郭沫若,《自序》,载郭沫若著《中国古代社会研究》,商务印书馆,2011 年,第 3 页。

旧之争,有中西之争,有有用之学与无用之学之争。余正告天下曰:学无新旧也,无中西也,无有用无用也。凡立此名者,均不学之徒,即学焉而未尝知学者也。"①

王国维认为,那些以为西学会妨碍中学或中学会妨碍西学的顾虑,都是"不根之说"。他认为"中国今日实无学之患,而非中学、西学偏重之患"。对于有用之学与无用之学之争,王国维的观点是:"凡学皆无用也,皆有用也。"他指出,"物理、化学高深普遍之部"似乎看不到有什么用,但"天下之事物,非由全不足以知曲,非致曲不足以知全。虽一物之解释,一事之决断,非深知宇宙、人生之真相者不能为也"。因此,"事物无大小、无远近,苟思之得其真,纪之得其实,极其会归,皆有裨于人类之生存福祉。己不竟其绪,他人当能竟之;今不获其用,后世当能用之。此非苟且玩愒之徒所与知也。学问之所以为古今中西所崇敬者,实由于此"。②

学术之争仅在是非真伪,不在其他。这一点,王国维早在1905年就已指出,他说:"学术之所争,只有是非、真伪之别耳。于是非、真伪之别外,而以国家、人种、宗教之见杂之,则以学术为一手段,而非以为一目的也。未有不视学术为一目的而能发达者。学术之发达,存于其独立而已。"③

对于新学旧学之争、中学西学之争、有用之学与无用之学之争,王国维在一百多年前,在当时国家各方面都非常落后的历史条件下,就具有如此清醒而到位的认识,令人钦佩!对于以上诸问题,实际上,及至今日仍有不少学者都远达不到王国维当年的认识水平。王国维在《国学丛刊序》一文结尾时说,他上面讲的这些道

---

① 王国维,《国学丛刊序》,原刊于《国学丛刊》,1911年2月;转引自谢维扬、房鑫亮主编《王国维全集》(第14卷),浙江教育出版社、广东教育出版社,2009年,第129页。

② 王国维,《国学丛刊序》,原刊于《国学丛刊》,1911年2月;转引自谢维扬、房鑫亮主编《王国维全集》(第14卷),浙江教育出版社、广东教育出版社,2009年,第131—132页。

③ 王国维,《论近年之学术界》,原刊于《教育世界》,1905年第93号;转引自谢维扬、房鑫亮主编《王国维全集》(第1卷),浙江教育出版社、广东教育出版社,2009年,第125页。

理,"其理至浅,其事至明。此在他国所不必言,而世之君子犹或疑之,不意至今日而犹使余为此哓哓也"①。一百多年过去了,王国维大概怎么也想不到,他所讲的这些至浅之理、至明之事,在现在这个人工智能正迅速发展的高科技时代,我们仍然需要继续"为此哓哓"。可见,消除固有的成见是一件多么不容易的事情。

在世人眼里,王国维是国学大师,也是"旧营垒"的学究,但实际上,他更是一位跨越古今中外、学术思想前进并具有科学精神的世界学者。郭沫若曾明白地指出,王国维的著作"外观虽然穿的是一件旧式的花衣补褂,然而所包含的却多是近代的科学内容"②。而梁启超则更是认为,王国维"在学问上的贡献,那是不为中国所有而是全世界的"③。

在中国近代学术史上,王国维所取得的学术成就、所做出的学术贡献少有人可比,正如郭沫若所盛赞的那样,"他遗留给我们的是他知识的产品",就"好像一座崔巍的楼阁,在几千年来的旧学的城垒上,灿然放出了一段异样的光辉"④。

王国维之所以能取得这样巨大的成就,与他以海纳百川的胸怀主动"兼通世界学术"是分不开的。王国维年轻时曾说,"异日发明光大我国之学术者,必在兼通世界学术之人,而不在一孔之陋儒"⑤。王国维的这段话指向一条发明光大我国学术的道路,而这条道路也正是王国维所坚持的治学之道。王国维的这段话曾极大

---

① 王国维,《国学丛刊序》,原刊于《国学丛刊》,1911 年 2 月;转引自谢维扬、房鑫亮主编《王国维全集》(第 14 卷),浙江教育出版社、广东教育出版社,2009 年,第 132—133 页。

② 郭沫若,《自序》,载郭沫若著《中国古代社会研究》,商务印书馆,2011 年,第 4 页。

③ 梁启超,《王静安先生墓前悼词》,原刊于《国学月报》1927 年第 2 卷第 8、9、10号合刊;转引自谢维扬、房鑫亮主编《王国维全集》(第 20 卷),浙江教育出版社、广东教育出版社,2009 年,第 200 页。

④ 郭沫若,《自序》,载郭沫若著《中国古代社会研究》,商务印书馆,2011 年,第 4 页。

⑤ 王国维,《奏定经学科大学文学科大学章程书后》,原刊于《教育世界》,1906 年第 118—119 号;转引自谢维扬、房鑫亮主编《王国维全集》(第 14 卷),浙江教育出版社、广东教育出版社,2009 年,第 36 页。

地影响了毕业于清华的夏鼐。他把这段话用毛笔抄录在他的自存本《考古学论文集》的扉页背面,作为自勉的座右铭①。夏鼐之所以能够成为荣膺中外七个院士称号的一代学术大师,与他能够"兼通世界学术"不无关系。夏鼐是学术视野十分开阔的考古学家和历史学家,他"善于把多方面学问紧密地结合起来","具备优越的外国语文的条件,在与国外著名学者保持广泛联系的同时,经常涉猎大量新出版的外国书刊,因而通晓国际学术界的各种研究成果和学术动态,善于从世界范围和多学科角度考虑中国考古学问题,既能追求现代的国际水平,又能发掘中国固有的学术传统"②。

王国维那个时代的学者,对世界学术的了解和把握,对国外先进理论的追求,远超出现在一般学人的想象。王国维不仅熟读康德、叔本华、尼采,广泛涉猎西方逻辑学、心理学、教育学、伦理学、美学、文艺学等领域,还翻译过心理学、教育学、伦理学、动物学、世界图书馆史、法学、欧洲大学史等学术著作或教科书。更让许多人想不到的是,他甚至还认真研读过与他的学术专攻似乎没有什么直接关系的《资本论》。据王国维的学生姜亮夫回忆,他在清华国学研究院求学期间,曾于某日晚七时半去他的老师王国维家,请老师为他修改他给云南会馆出的一刊物填的一首词③。王国维为姜亮夫改词改了近两个小时,在他改词时,姜亮夫"侧坐藤制书架侧榻上","顺手翻看两本书,其中一本是德文版《资本论》,只见书里面用好几色打了记号"。姜亮夫回忆道:"静安先生看了看我说:'此书是十多年前读德国人作品时读的。'这事在我脑中印象很深,

---

① 姜波在《夏鼐先生的学术思想》(《华夏考古》2003 年第 1 期)一文中的注(第112 页)中提到:"1998 年,王世民先生在整理夏鼐文稿时,在夏鼐《考古学论文集》扉页背面上,发现了夏鼐用毛笔书写的一段话,全文如下:'王国维少年时曾说过:异日发明光大我国之学术者,必在兼通世界学术之人,而不在一孔之陋儒,固可决也。'"

② 王仲殊、王世民,《夏鼐先生的治学之路——纪念夏鼐先生诞生 90 周年》,刊于《考古》2000 年第 3 期,第 83 页。

③ 姜亮夫于 1926 年 10 月入清华国学研究院求学,王国维 1927 年 6 月 2 日于颐和园昆明湖自沉,因此姜亮夫很有可能是在 1927 年 6 月前的某天去的王国维家。

我当时感到先生不仅学问广博,而且思想也是非常前进。"①

王元化的《思辨录》中有一篇题目为《王国维读〈资本论〉》的文章,对王国维读《资本论》这件事发表了以下看法:

> 读傅杰为《集林》组来的姜亮夫文稿,发现姜20年代在清华读国学研究院时,有时在课后去王国维家,向王问学。他曾在王的书案上,见有德文本的《资本论》。陈寅恪在国外留学时也于20年代初读过《资本论》。这些被目为学究的老先生,其实读书面极广,并非如有些人所想象的那样。40年代我在北平汪公岩老先生家,就看到书架上有不少水沫书店刊印的马列主义文艺理论中译本,那时,他已近80岁了。光绪年间,汪先生以第一名考入广雅书院,是朱鼎甫的高足。晚清他从广雅书院毕业出来后,教授过自然科学,还做过溥仪的化学老师。那时的学人阅读面极广,反而是后来的学人,各有所专,阅读也就偏于一隅,知今者多不知古,知中者多不知外。于是由"通才"一变而为鲁迅所谓的"专家者多悖"了。②

据陆晓光考证,王国维读《资本论》的时间应该是在1901年至1907年他集中精力"读德国人作品"的那五六年间,与姜亮夫去清华园王国维家中请教的1926年或1927年相距并非是"十多年",而是二十多年③。因此,王国维读《资本论》的时间不仅比1928年郭大力、王亚南翻译《资本论》早了至少二十年,也比李大钊在日本留学期间读日语翻译本《资本论》早了约十年④,甚至比陈寅恪在

① 姜亮夫,《忆清华国学研究院》,载王元化主编《学术集林》(卷一),上海远东出版社,1994年,第242页。另,"静安"是王国维的字。

② 王元化,《王国维读〈资本论〉》(1994年),载王元化著《思辨录》,华东师范大学出版社,2017年,第242页。

③ 陆晓光认为姜亮夫的叙述当有语误(陆晓光,《王国维读〈资本论〉年份辨》,原刊于2011年6月13日《文汇报·文汇学人》专版;转引自陆晓光著《王元化人文研思录》,华东师范大学出版社,2015年,第415页)。

④ 陆晓光,《王国维读〈资本论〉年份辨》,原刊于2011年6月13日《文汇报·文汇学人》专版;转引自陆晓光著《王元化人文研思录》,华东师范大学出版社,2015年,第415页。

1911 年读《资本论》还要早几年①。据此来看,王国维很可能是目前所知中国第一个读《资本论》的人。

王国维在马克思主义尚未在中国广泛传播之前就已经认真研读过德文版《资本论》这件事,值得我们反思。王国维、陈寅恪这些"被目为学究的老先生",之所以"读书面极广",归根结底是因为他们是具有终极关怀精神的学者。他们做学问不是为稻粱谋,而是为"深知宇宙人生之真相"。今日之中国,现代学术的发展和进步十分迅速,相关研究也取得了巨大的成果,这自然与学术研究的高度专门化不无关系。但另一方面,也正如王元化所言,过度专门化的后果就是,学者的阅读"偏于一隅,知今者多不知古,知中者多不知外",从而使学术视野受到了一定程度的限制,因此也很难产生具有独立精神的自由之思想,无法形成中国学术的"思想市场"②。

要建立中国学术的"思想市场",就需要有更多的学术研究者秉承终极关怀之精神,从而对"宇宙人生之真相"深入地感兴趣;而从事具体的学术研究,则需要从根本上破除狭隘的门户之见,不囿于学科限制,不被各种偏见所束缚,以开放的姿态批判性地吸收人类思想中一切有价值的东西。郭沫若曾指出,即便是国学,也一样需要放到更为广阔的范围内,以开放的学术视野进行研究,因为只有"跳出了'国学'的范围,然后才能认清所谓国学的真相"③。他还指出,如果有一些研究,"外国学者已经替我们把路径开辟了,我们接手过来,正好是事半功倍"④。显然,这些道理同样适用于中

---

① 陈寅恪在《对科学院的答复》(陈寅恪口述,汪篯记录,1953 年 12 月 1 日;载《陈寅恪集·讲义及杂稿》,生活·读书·新知三联书店,2009 年第 2 版,第 464 页)中提到,他"在宣统三年时就在瑞士读过《资本论》原文"。因此,陈寅恪读《资本论》的时间是 1911 年。

② "思想市场"(the market for ideas)是 1991 年诺贝尔经济学奖获得者罗纳德·哈里·科斯(Ronald H. Coase)使用的一个术语,参看罗纳德·哈里·科斯的论文"The market for goods and the market for ideas",刊于 *American Economic Review*(Vol. 64, No. 2, 1974, pp. 384-391),以及罗纳德·哈里·科斯、王宁著,徐尧、李哲民译《变革中国:市场经济的中国之路》,中信出版社,2013 年。

③ 郭沫若,《自序》,载郭沫若著《中国古代社会研究》,商务印书馆,2011 年,第 5 页。

④ 郭沫若,《自序》,载郭沫若著《中国古代社会研究》,商务印书馆,2011 年,第 6 页。

国语言学研究。研究汉语,也需要跳出汉语的范围,在世界语言的范围内,从人类语言的角度对相关问题做深入的思考。对于汉语研究中的具体问题,如果海外学者已经开辟了路径,我们同样没有理由置之不理,以闭门造车的态度和方式从头做起。

改革开放四十多年来,中国语言学不断走向世界,虽然取得了很大的成绩,但也不可避免地存在一些问题。这些问题的总体表现,就是"在学术命题、学术思想、学术观点、学术标准、学术话语上的能力和水平同我国综合国力和国际地位还不太相称"①。中国语言学要解决这些问题,就必须立足于中国语言学研究之实际,继续以开放的心态去审视、借鉴国际语言学前沿理论,坚持走"兼通世界学术"之路。若是以封闭的心态搞研究,关起门来"自娱自乐",则根本没有出路。

上海教育出版社策划出版"国际语言学前沿丛书",就是希望以"开窗放入大江来"的姿态,继续鼓励"兼通世界学术"之研究,通过出版国际语言学前沿论题探索、前沿研究综述以及前沿学术翻译等论著,为国内学者搭建一个探讨国际语言学前沿论题和理论的学术平台,以发展中国语言学的"思想市场",从而不断推动我国语言学科学研究的深入和发展。

王国维曾在《哲学辨惑》一文中写道:"异日昌大吾国固有之哲学者,必在深通西洋哲学之人无疑也。"②我们认为王国维的话同样适用于中国语言学。中国语言学的发明光大,一定离不开对国际语言学的深入了解;而异日发明光大我国之语言学者,一定是既能发扬我国学术传统,又能"兼通世界学术"并善于从人类语言的本质特性和多学科的角度深入探究中国语言学问题之人。

2021 年 6 月 21 日于北京通州

---

① 习近平,《在哲学社会科学工作座谈会上的讲话》,人民出版社,2016 年,第 15 页。

② 王国维,《哲学辨惑》,原刊于《教育世界》55 号,1903 年 7 月;转引自谢维扬、房鑫亮主编《王国维全集》(第 14 卷),浙江教育出版社、广东教育出版社,2009 年,第 9 页。

# 目　　录

# 符　号　表

&：合取符号

∀：全称量化符号

∃：存在量化符号

∈：属于符号

∩：交集符号

∼；¬：否定符号

≠：不等号

→：蕴涵符号

[　]F：表示方括号中的成分为焦点

[　]S：表示方括号中的成分被重读

[|X|]：表示 X 的指谓

CL：classifier，代表量词/分类词

IP：inflection phrase，屈折短语

DP：determiner phrase，限定词短语

# 第一章

## 绪　论

量化(quantification)是语义学特别是形式语义学的重点和热门话题。全称量化是一阶逻辑中两种量化之一,它通常通过全称量化词(universal quantifiers,也称全称量词)来实现。本书拟从形式语义学角度对现代汉语全称量化词进行系统研究,尝试揭示其本质。

## 1.1 选题依据

形式语义学视角下,量化的理论研究往往以英语全称量化词作为重点研究对象,研究内容主要包括四方面。

第一,量化词的语义解释。Brawise and Cooper(1981)在广义量化词(generalized quantifiers)的框架下采用集合论来表达限定词量化的语义。Kamp(1981)、Heim(1982)提出可以用三分结构将限定词量化和修饰语量化的语义进行统一解释。

第二,量化词的类别。Partee(1987,1991,1995)区分 D -量化词和 A -量化词,其中 D 代表限定词(determiners),而 A 则是副词(adverbs)、助动词(auxiliaries)、词缀(affixes)、论元结构调节者(argument-structure adjusters)等的统称。Partee(1995)进一步把 A -量化词分成两个次类:一是,沿着 Lewis(1975)和 Heim(1982)思路的真正的 A -量化词;二是,词汇量化词(lexical quantifiers),这类量化词是算子性的,本质上是量化性的,在词汇层面直接应用于动词,量化动词性的论元(verbal argument)或事件。Sportiche(1988)等将既可以出现在限定词位置又可以出现在谓词前修饰语或助动词后位置的量化词称为浮动量化词(floating quantifiers)。

第三,A-量化词与焦点的关系。Lewis(1975)、Beaver and Clark(2003)等讨论了 A-量化词的焦点敏感性;Jackendoff (1972)、Krifka(1997,2006)等分析了 A-量化词的焦点(短语)关联现象。文献中给出 6 种解释焦点语义的理论框架。

第四,量化词量化域(quantificational domain)的限定。Hoeksema(1987),von Fintel(1994),Beaver and Clark(2008)等讨论了量化域的限定问题。

通过对既往研究工作的文献调研可以看出,以英语全称量化词为主要研究对象的量化理论研究取得了相当多的研究成果,并建立了较为系统完善的理论。

然而,现代汉语全称量化词与英语全称量化词存在显著差异。以"每"和"都"为例,它们分别大体相当于 every 和 all。

"每"在使用时受到限制,其要求成分统制域(c-command domain)中出现"都"或带有数量表达的无定(准)宾语;every 在使用时则无此限制,相反,它一般不能与另一全称量化词如 all 共现(co-occurrence),对比(1a)和(1b)。

(1) a. 每个学生*(都)来了。
　　 b. Every student (*all) came.
(2) a. 每个学生(都)买了一本书。
　　 b. Every student (*all) bought a book.

对"每"而言,如果它是通常意义上的量化词,它应当具有量化能力(quantificational force),表示量化域[quantificational domain,也作限定部分(restrictor)]中的每个个体都具备核心域(也称核心部分,nuclear scope)所指谓的特征,那么"每个学生来了"这类句子应该可以说。而事实上,这类句子需要"都"等其他算子的允准。而且,"每"和"都"共现时,如果把两者都看作量化词,则会在解释上出现问题。

"都"的语义表现要远远复杂于 all。比如说,"都"的关联对象可以是非全称性量化短语如"很多 NP"等;而 all 的关联对象一般不能是这类成分。对比(3a)和(3b)。

(3) a. 很多年轻人都相信他说的话。

b. Many young people (*all) believe what he said.

而且,现代汉语限定性全称量化词与修饰性全称量化词共现现象十分普遍。例如(4)。

(4) a. 所有部队机关一律不准驻在工厂、医院、学校和教堂。

b. 凡事都该有个度,一切不切实际的盲目的发展均会带来灾祸。

c. 不管怎么说,这一切全部过去了。

现代汉语两个或两个以上修饰性全称量化词的共现现象也较为常见,如(5)。不止如此,还有限定词、谓词前修饰语和谓词后补语三个位置都出现全称量化词的情况,如(6)。而且,这些词的共现往往并不是单纯地出现在同一个句子中,而是在语义上有着相互作用。而英语则通常没有这样的情况。

(5) a. 这些内容都一一载入合同,具有法律效应。

b. 在他看来故乡处处都美。

c. 这些化妆品盒上全部都是英文,连厂家和厂址都没有。

(6) a. 他把整碗水都喝光了。

b. 乐乐把桌子上的所有零食统统给吃光了。

c. 至此,字帖上的每个字都写全了。

上述差异使得以英语语言事实为基础建立的量化词语义解释理论往往不能直接用于分析汉语全称量化词的语义。为此,学者们针对现代汉语全称量化词的语义展开专门研究,并主要做了以下几方面工作:

一是现代汉语全称量化词个体的形式语义分析。"每"和"都"分别作为全称 D-量化词和 A-量化词的代表,受到的关注最多,争议也最大,形成了不同的观点。这些观点虽然使我们对"每"和"都"的语义的认识不断深化,但都存在这样或那样的问题,不能涵盖所有相关语言现象。造成这种局面的根源在于对现代汉语全称量化词缺乏整体认识。站在现代汉语全称量化词这一语义范畴的高度,方能看清楚单个量化词在其中所处的位置、所扮演的角色。既往对现代汉语全称量化词的研究主要关注的是"每""都""所有"等少数几个词,而现代汉语全称量化词常用的有 40 个左右,文献中对其他全称量化词的研究明显不足。

二是现代汉语全称量化词的次类研究。这方面的成果比较少。Yang R.(2001)和 Yang(2002)讨论汉语全称 D-量化词的语义,前者提出其为广义量化词,后者则主张其为变量。然而,这两项研究是以个别 D-量化词的语义来概括整个类别的语义,解释力有限。另外,文献中缺少现代汉语全称 A-量化词和全称浮动量化词这两个类别的专门研究。而对全称量化词进行分类并研究,归纳同类量化词的语义特征等,对于认识各类全称量化词的语义,以及深入研究全称量化词这一语义范畴具有重要意义。

三是现代汉语全称量化词与焦点的关系研究。前人在这方面的研究主要涉及"都""总""只""才""就"这几个词与焦点的关系。例如 Biq(1984,1988)、Lai(1995,1999)在对"才"和"就"的讨论中分析了这两个词与焦点的关系;Hole(2004)讨论了"才""就""都"与焦点的相互作用;Hu(2007)在将"都"与"只"和"总"进行比较的基础上,分析了三者的焦点敏感性问题。而现代汉语不同类别的全称 A-量化词的焦点敏感性等问题还有待深入讨论。

四是现代汉语全称量化词共现研究。Huang(1996,2005),Luo(2011),张蕾、潘海华(2019)等对"每"和"都"的共现,张蕾、李宝伦、潘海华(2009)对"所有"和"都"的共现,李宝伦、张蕾、潘海华(2009a)对"全"和"都"的共现,进行讨论,分析两个词共现时的限制条件、辖域和语义分工。这些研究有积极意义。但对于其他全称量化词的共现情况、共现时语义分工的决定因素以及汉语为何采用全称量化词共现模式表达全称义等问题缺乏讨论。全称量化词共现是汉语中的常见现象,因此对其进行系统而深入的研究是十分必要的。

五是现代汉语全称量化词的整体研究。目前能看到的立足于整个范畴的形式语义研究数量非常有限。Zhang(2007)在形式语义学视角下讨论现代汉语全称量化词的语义,该论文虽然作出了一些贡献,但在研究范围、深度等方面有很大局限。董正存(2010)则从历时角度讨论汉语全称量化现象,对共时研究有一定借鉴意义。此外,国内一些学者将全称量化称为"总括"或"全称量限",他们或从逻辑角度或从语义角度对现代汉语全称量化现象进行专门的描写和分析,如徐颂列(1998)、曹秀玲(2005)等。虽然他们的描写较细致,但全称量化词仍有一些重要特征没有被反映出来,而且未能形成一套完整的理论。

这些研究虽然作出了很大贡献,但由于存在以下不足,未能解释现代汉语全称量化词的语义以及现代汉语全称量化的机制。具体来讲,(a) 描写不够充分。对现代汉语全称量化词语义的描写有待更为细致和深入。(b) 解释不够充分。现代汉语全称量化词个体的语义、各类全称量化词的语义乃至整个范畴的语义都没有研究清楚。至今尚缺乏从形式语义学角度开展的现代汉语全称量化词的系统理论研究。(c) 现代汉语量化的理论研究也有不足。现代汉语量化的焦点敏感性等理论问题,值得进一步思考。现有理论解释有修正、完善的空间和必要性。

## 1.2 研究对象、内容和目标

### 1.2.1 研究对象

现代汉语中常用的全称量化词有：都、一律、一概、统统、通通、通统、一直、一向、一一、逐一、处处、到处、总(是)、一应、全、全部、全体、满、满满、单、光、净、就、仅、才、只、只有、唯、唯有、唯独、唯一、所有、凡(是)、举凡、但凡、每、一切、整、整个、整整，等等。本书以这些全称量化词为研究对象。

### 1.2.2 研究内容

在对现代汉语全称量化词进行分类的基础上，我们对各类全称量化词的语义分别进行研究，最终把握现代汉语全称量化词的整体特征。

研究表明，现代汉语中所谓的"全称量化词"的语义功能不尽相同，因此用"全称量化"来概括整个范畴的本质并不恰当。本书希望通过对现代汉语全称量化词在类型、语义特征和功能等方面的一系列细致分析，深化对现代汉语全称量化词的研究：揭示隐藏在纷繁的语义功能背后的现代汉语全称量化词的本质，阐释现代汉语全称量化的手段和机制，并尝试解释汉语依赖众多量化词表达全称义的原因。

### 1.2.3 研究目标

本书在对现代汉语全称量化词进行实证研究的基础上，从形式语义学角度对其进行系统而深入的理论研究，力争实现以下的研究目标：(1) 分析汉语全称量化词的个体语义以及各类别全称量化词的语义;(2)揭示控制汉语全称量化词句法—语义映射的一般原则;(3)探讨全称量化词量化域的标识与限定问题;(4)探索汉语全称量化词的共现问题以及使用共现模式表达全称量化的深层原因;(5)解释为什么现代汉语需要依赖如此众多的全称量化词表达全称义。

## 1.3　理论依据和研究方法

在对汉语全称量化现象进行详尽描写和深入刻画的基础上,本书运用形式语义学的相关理论,如:广义量化词理论、三分结构理论(tripartite structures)、混合分析法等,研究汉语全称量化词的语义。此外,在分析有关问题时也应用了句法学的相关理论。

受新描写主义学术思潮启发,为了确保研究的科学性和准确性,本书对汉语全称量化词的描写基于对大规模语料的整理和分析、语感调查的结果以及文献中的相关描述。

本书在研究过程中主要检索和参考了以下语料库中的语料:(a)北京大学中国语言学研究中心的 CCL 语料库(网络版),(b)北京语言大学的 BCC 语料库,(c)华中师范大学语言与语言教育研究中心的汉语复句语料库,(d)中华语文知识库的现代汉语语料库,以及(e)教育部语言文字应用研究所计算语言学研究室的语料库在线。

## 1.4　对现代汉语全称量化词的分类

本书参考 Partee(1987,1991b,1995)对量化词的分类,结合现代汉语全称量化词在句法和语义上的特点,现将现代汉语全称量化词分为三类:(a)D 型全称量化词,即限定性全称量化词,该类量化词出现在其关联对象的左边紧邻该关联对象的位置,它的关联对象是论元或状语性成分,而这类量化词本身不能充当状语。

从词性上来讲,这类量化词多为限定词,也有形容词或副词性的。之所以沿用限定性全称量化词的说法,一是因为这类量化词一般都能起到限定作用,二是为了称说上的方便;(b) A 型全称量化词,这类量化词或是用在谓词前充当修饰语的副词(adverbs),或是用在动词后充当补语的形容词(adjectives)。这两类词的英文首字母都是 A;(c) F 型全称量化词,即浮动性全称量化词,这类量化词可以出现在不止一个句法位置上。

根据与谓词的相对位置,A 型全称量化词可以进一步分成修饰性和补足性两类,前者出现在谓语前修饰语位置,而后者出现在谓词后的补语位置。

修饰性全称量化词(adverbial universal quantifiers)即全称量化副词(adverbs of universal quantification)在排他性特征(the exclusive property)上表现出差异。因此,依据是否具有内在排他性特征,我们又进一步对全称量化副词进行次类划分,将其分为一般性全称量化副词和排他性副词(the exclusive adverbs)两个小类,前者不具备内在的排他性特征,而后者具有内在的排他性特征。

# 1.5 内容安排及体例说明

关于限定性全称量化词这类量化词,在本书成书之前,我们已经对"所有"、限定性"全"以及限定性"每"的语义进行了讨论,分别见张蕾、李宝伦和潘海华(2009,2010),张蕾、潘海华(2019)。因此本书对这几个词的语义不再进行详细分析。

"整""整整""全体""全部"等既可以用在限定词位置,又可以出现在修饰语位置乃至补语位置,具有一定的"浮动性"。为了对这些浮动性量化词的语义有相对完整的认识,我们将在第五章对它们进行统一分析。

有鉴于此,第二章将仅讨论关联事件性表达的"每""一切"以及包含语素"凡"的表全称义词语的语义。

鉴于修饰性全称量化词的类型较为复杂,要讨论的内容也较多,本书将在第三章和第四章分别探索一般性全称量化副词以及排他性副词的语义。考虑到补足性全称量化词如"光""全"等的句法位置并不限于补语位置,也可能在其他句法位置上使用,我们将在讨论浮动性全称量化词时一并讨论补足性全称量化词。

第五章讨论浮动性全称量化词的语义。第六章探讨全称量化词量化域的标识与限定问题。第七章,在上述研究基础上,对现代汉语全称量化词进行整体研究,并给出本书的主要结论。

本书的分析建立在对相关语言事实进行充分观察的基础上,为了充分说明我们的观点,书中使用了大量例句。为了避免因例子序号过大而不利于阅读,第二章、第三章和第五章中对全称量化词进行个体研究时,每个量化词的例子序号都单独排序。此外,第六章每节中的例子也单独排序。

需要说明的是,考虑到文中援引自语料库的例子数量较大,为节省篇幅,我们对用例的出处没有进行标注。

# 第二章

## D 型全称量化词——非量化算子的本质

D型全称量化词(即限定性全称量化词)出现在其关联对象的左边,紧邻其关联对象。它的关联对象为谓词的论元或状语,而这类量化词本身并不能直接充当状语。现代汉语中常见的限定性全称量化词包括:"每""所有""一切""凡""凡是""举凡""但凡",以及限定性的"整""整个""全""全部""全体""满""满满"等成员。

"每"的意义大致相当于英语every,而every是英语典型的限定性全称量化词;"所有"以及"全""一切"等在译成英语时一般会被译作all,而限定性的all通常也被认为是限定性全称量化词。因此,"每"等常常被拿来当全称量化词看待。

前人在研究时也注意到了汉语"每"等与英语every等所存在的差异,Huang(1996,2005)等尝试通过理论假设解释二者的异同等问题,以维持"每"是全称量化词的观点。Lin(1998)则提出"每"是加合算子(sum operator)这一颇具启发性的观点。

张蕾、李宝伦、潘海华(2009)对"所有"的语义进行分析,论证"所有"并非全称量化词,而是加合算子,它具有强调整体的语义特征。

张蕾、潘海华、李宝伦(2010)探讨"全"的语义,提出限定性"全"是加合算子的观点,认为"全"具备内在的统指性特征(the collective property)。

张蕾、潘海华(2019)在前人研究基础上,对文献中已有的对限定性"每"的各种分析进行比较,通过研究发现,根据Lin(1998)对"每"的分析,将"每"看作加合算子更为符合语言事实。"每"具备内在的逐指性特征(the distributive property)。由于"每"在汉语中最有可能被解释为限定性全称量化词,又由于"每"并非全称量化词,该文大胆假设汉语中限定词位置没有全称量化词。

鉴于之前我们已经对"所有"、限定性"全"以及限定性"每"的语义有过专门的讨论,本章将集中讨论副词性"每"和"一切"以及含"凡"词语的语义。至于其他所谓的限定性全称量化词如限定性的"整"等,考虑到它们的"浮动性特征",为了尽量保证对每个词的语义讨论的完整性,我们将在讨论浮动性全称量化词时再进行分析。

在对现代汉语其他所谓的限定性全称量化词如"一切"等进行分析之后,我们可以确定,张潘文关于现代汉语限定性全称量化词语义本质的假设是可以成立的。现代汉语中这些所谓的限定性全称量化词的语义功能都可以理解为加合算子或最大值算子(maximality operators)。

## 2.1  副词性"每"的语义

"每"可以是限定性的,用于关联名词性表达,例如(1)。此外,"每"还可以是副词性的,用于关联事件性表达,见(2)。"每"关联事件性表达之后所得到的成分通常充当状语或论元,分别见(2a)和(2b)。因此,根据我们对现代汉语全称量化词的分类,关联事件性表达时,"每"也属于 D 型全称量化词。

(1) a. 每个孩子*(都)喜欢做游戏。
   b. 每组学生读了*(一本)书。
(2) a. 三十多年了,每逢春节,我*(都)想起这件事。
   b. 每隔三米插*(一面)旗。

与"每"关联名词性表达时的情况相类似,"每"关联事件性表达时,相关句子往往需要某个成分来帮助允准。而且,相关句子的允准成分都可以是出现在"每"字结构右边的"都"以及无定数量表达。也见(1)和(2)。

所不同的是,出现在谓语部分的反身代词能允准"每 NP"[①],而不能允准"每＋事件性表达",对比(3a)和(3b)。而且,"每"关联事件性表达时,能够起允准作用的算子不只是"都",还可以是"往往"等,如(4)。

(3) a. 每个研究员有 *(自己的)想法。

　　b. ?? 每次讨论,他有自己的想法。

(4) 每当出现这一情景,他 *(往往)不太高兴。

前人对"每"关联名词性成分时的语义有较为深入的讨论,主要有如下几种观点:(a)"每"是全称量化词,详见 Huang(1996,2005)、Cheng(2009)、Luo(2011)、Yuan(2018)、冯予力(2019)等;(b)"每"是加合算子,见 Lin(1998),张蕾、潘海华(2019);(c)"每"是变量,见 Yang(2002);(d)"每"具有双重功能,如潘海华、胡建华、黄瓒辉(2009);(e)"每"是划分算子,见袁毓林(2012)。另外,马国彦(2017)对位于句首的"每＋时间词语"的允准条件进行了分析。

遗憾的是,文献中对"每"关联事件性表达的讨论十分有限,主要是黄瓒辉、石定栩(2013)。该文对"每次/回……"句的语义进行分析,认为"每"针对事件进行量化,"次/回"后面的事件表达的是事件类别而不是具体的事件。该文将讨论的范围限定在"每"关联"(一)次/回……"且与之共现的算子为"都"时的情况。然而,副词性"每"的关联对象并不限于"(数)动量……",还可以是"当/到/逢……"及"动＋数量(名)"等。而且,"每"字结构通常需要被其他

---

①　这里说的"每 NP"不包括"每"关联时间性表达时的情况,因为 NP 为时间性表达时,"每 NP"具有修饰语的某些特点,它类似于时间副词。

成分允准,可以充当允准成分的不只是全称量化副词"都",还可以是不表全称义的"往往"等。

副词性"每"有其自身的特点,因此有必要对其进行专门研究。而且,研究副词性"每"的语义也有助于反观前人对限定性"每"的各种分析,进而促进深入全面认识"每"的语义。

我们受新描写主义思潮的启发,认真观察 CCL 和 BCC 语料库中的有关语料,在细颗粒度描写的基础上,对"每"关联事件性表达时的语义展开讨论并就有关现象做出解释。

Lin(1998)将限定性"每"看作加合算子。张蕾、潘海华(2019)在此基础上进一步论证将限定性"每"看作加合算子的合理性和可行性。该文认为,副词性"每"也应看作加合算子,"每"对与之相关联的事件性表达进行加合,进而得到最大化的复数性事件集合。"每+事件性表达"具有内在的逐指性特征。在"每"字句中会有显性/隐性的成分将"每+事件性表达"和与之相对应的表达在语义上关联起来并建立匹配关系(matching relation)。这一观点可以帮助我们成功解释:(a)"每"字句的语义要求;(b)为何"每"字结构需要其他成分允准;以及(c)为何"每"的允准成分可以是不同性质的算子。而且,副词性和限定性"每"可以获得统一的语义解释。

第一小节对"每"关联事件性表达的几种常见情况进行观察和描写;第二小节分析"每"的语义功能及语义特征;第三小节讨论"每"字结构的语义贡献及语义要求;第四小节考察相关句子的允准成分;第五小节探讨既往将"每"看作全称量化词的分析所存在的局限性。最后是"每"的语义的小结部分。

### 2.1.1 "每"关联事件性表达的常见情况

这一小节将从"每"所关联的事件性表达的常见形式、相关形式下"每"字结构的内部特点以及相关"每"字句的形式特点三方面,讨论"每"关联事件性表达时的常见情况。

### 2.1.1.1　"每(＋数)＋动量……"结构

当"每"关联"(数)＋动量……"时,会构成"每(＋数)＋动量……"结构,其中"数"指数词,通常是"一";而当数词为"一"时,该数词往往会被省略。"动量"(即动量词)以"次"和"回"最为常见。根据《现代汉语八百词》,动量词"次/回"作用于可重复出现的事物或动作。这里,"次/回"对它右边的、它所修饰的成分所指谓的事件进行计量,而该成分可以是动词(短语)、小句或是零形式,分别见(5a)和(5b)中的下加波浪线部分。

(5) a. 每次下雨,他都会开车来接李四。
　　b. 每次孩子回家,都很快乐。
　　c. 每次都是我等他。

从"每次/回……"在语料库中的实际分布情况来看,它最常见的句法位置是动词的左边,最常见的功能是充当主要IP[①]所指谓的事件的修饰语,见(6)。用作定语也是该结构常见的句法功能,例如(7)。该结构作主语的情况在自然语料中十分少见,用在动词后充当宾语的情况则更少,例如(8)这类句子的可接受程度很低。

(6) 每次采购,他都派专人把关。
(7) a. 每次检查的结果都相同。
　　b. 每次上课的时候,他都会打瞌睡。
(8) ?? 我后悔每(一)次跟他出去逛街。[②]

---

①　对复句而言,主要IP即主句;对简单句来讲,主要IP即句子去掉"每"字结构之后的剩余部分。称作主要IP,是为了与"每"字结构中的IP相区别。
②　这里需要特别说明的是,黄瓒辉、石定栩(2013:316)认为(8)这类句子可以接受。为此,我们进行了语感调查,结果显示这类句子不大能被接受。

汉语事件修饰语典型的句法位置是谓语中心语的左边,谓语中心语的右边是宾语和/或补充说明成分的句法位置。因此,"每次/回……"用作修饰语时一般出现在谓语中心语的左边。这与英语事件修饰语"every time＋关系从句"有明显差异。根据Rothstein(1995)的描述,英语"every time＋关系从句"结构作为事件修饰语既可以出现在句子开头也可以出现在句子结尾,例如(9a)中它出现在句尾。与之相对应的汉语翻译中,(9b)是能够接受的句子,而(9c)则由于"每次……"在主要 IP 之后导致相关句子不能说。

(9) a. I met a friend every time I went to the bakery.

　　b. 每次去面包店我都会遇到一个朋友。

　　c. *我(都)会遇到朋友(,)每次去面包店。

### 2.1.1.2 "每当/到/逢……"结构

"每"关联"当/到/逢……"构成"每当/到/逢……"结构。其中,"当""到""逢"后面所接的成分都可以是时间或事件性表达。"每当/到/逢＋时间性表达"一般是给出主要 IP 所指谓的事件的发生时间,如(10)。

(10) 每逢星期天/当这时/到月底,学生们都会在一起包饺子吃。①

"每当/到/逢＋事件性表达"时,可以为主要 IP 所指谓的事件的发生提供情境、条件或时间背景。例如(11)。

---

① 下带波浪线部分为我们所要考察的词语的关联对象。

(11) a. 每当想到这一理想，我就抑制不住自己内心的冲动。

b. 每到学校开学，志愿者们都会给孩子们送来学习用品。

此外，"到"后面可以接地点以及更为复杂的表达，构成"到某地(做某事)(一次)"这类表述，如(12)。而"逢"后面则还可以接时间性名词之外的名词性表达，如(13)。

(12) a. 每到上海，他总会去拜访自己的恩师。

b. 剧团每到一地演出都盛况空前。

c. 我们每到中关村一次，便会发现那里有突飞猛进的变化。

d. 每到哨卡巡诊一次，他们都要付出极大的代价，经受生死的考验。

(13) a. 我每逢美国大片必看。

b. 每逢这种场合，他都尽量保持沉默。

"每当/到/逢……"结构通常出现在句首位置，后面接一个小句，为了方便讨论，我们将相关"每"字句概括为"每当/到/逢……，主要 IP"的形式。

### 2.1.1.3 "每＋动＋数量(名)"结构

"每＋动＋数量(名)"结构中，"动"指动词(短语)，"数量"中的"量"可以是动量词也可以是名量词。例如(14a)中的名量短语"一首"；(14b)中的动量短语"一次"。该结构的后面一般要出现一个与之相对应的表达。按照《现代汉语八百词》中的描述，这个与之相对应的表达要带有一个数量结构，也见(14)。其中，数量表达"5 分钟"和"3 元"不能去掉；否则，相关句子则变得难以接受。

(14) a. 每唱完一首歌,休息*(5分钟)。

　　 b. 每打一次,收费*(3元)。

　　然而,与该结构相对应的表达也可以不带数量结构。在语料库中可以找到诸如(15)这类例子。

(15) a. 它力大无比,每打一下,大地都要颤抖。

　　 b. 每吃一口饭,他都要付出极大的努力。

　　而且,有时"每"所关联的动词后面可以没有显性的数量表达,如(16)。其中,"每"分别关联动词"喝"和"吃"。

(16) a. 他每喝必醉。

　　 b. 炒田螺是我喜欢的小吃之一,曾经每吃必点。

## 2.1.2　"每"的语义功能及语义特征

### 2.1.2.1　"每"的语义功能

　　Lin(1998)讨论"每NP"和"都"共现时的语义[①],将"每"分析成加合算子,认为"每"是对一元谓词性的NP所指谓的具有NP特征的个体进行加合操作,从而得到最大化的个体集合。例如,"每位老师"中"每"对具备"(一)位老师"特征的个体进行加合操作,得到最大化的、个体"老师"的集合。

　　张蕾、潘海华(2019)在Lin(1998)基础上进一步讨论限定性"每"的语义,将讨论的范围扩展至包含"都"不出现而谓语部分带

---

　　① 该文认为"每"和"都"的这种共现具有强制性。然而,相关语言事实表明,在一些特定的情况下,"都"可以不出现。

有无定数量短语或反身代词的情况。该文假设无定数量短语或反身代词的出现会激发一个隐性的分配算子来允准句子，而"每"仍是用作加合算子。

　　我们认为，副词性"每"与限定性"每"可以做平行性的分析。副词性"每"也是加合算子，以与之相关联的事件性表达作为加合对象，对其进行加合操作，进而得到最大化的复数性事件集合。该集合中的每个成员均由"每"所关联的事件性表达所指谓，如(17)。

(17) a. 每逢初一，张三都会吃素。
　　 b. 每次去逛街，她都会买一大堆东西。
　　 c. 每上三天班，休息一天。

　　(17a)中，"每"对"逢初一"进行加合，得到最大化的、每个成员都具有"逢初一"特征的事件集合；(17b)中，"每"以"一次去逛街"为加合对象，对其进行加合，进而得到每个成员均具有"一次去逛街"特征的复数性事件集合；(17c)中"每"对"上三天班"进行加合，得到复数性集合，该集合中的每个成员都具备"上三天班"的特征。

　　"每"的加合性作用会保证与之相关联的事件性表达指谓一个复数性的事件集合。在去掉"每"之后，原本与"每"相关联的事件性表达可能会由此失去复数性的语义。分别对比(18)和(19)。

(18) a. 每次与他们交谈，我都有一种受宠若惊的感觉。
　　 b. *一次与他们交谈，我都有一种受宠若惊的感觉。
　　 c. ?? 与他们交谈，我都有一种受宠若惊的感觉。
(19) a. 每当提起老王，他都赞不绝口。
　　 b. ?? 当提到老王，他都赞不绝口。
　　 c. ?? 提到老王，他都赞不绝口。

　　(18)和(19)中"都"均与它左边的"每"字结构相关联。对

(18a)和(19a)而言,由于"每"的存在,"每"字结构能满足"都"对关联对象的复数性语义要求。对(18b)(18c)以及(19b)(19c)而言,由于"每"的缺失,相关事件性表达不能保证复数性的语义,它们不能满足"都"的语义要求。由此造成这四个句子可接受性很差。

通过对比上述两组例子不难发现,"每"确实能使与之相关联的事件性表达获得复数性的语义,即确保"每+事件性表达"在语义上是复数性的。

### 2.1.2.2 "每"的语义特征

限定性"每"强调参与加合的个体。与之相类似,副词性"每"具有强调参与加合的单位事件的特征。

黄瓒辉、石定栩(2013)提出"次/回"后面所接的事件指谓的是事件类别。这一说法有一定的道理。在"次/回"的作用下,事件类别可以实现为复数性的具体实例(token),因而可供"每"进行加合。

"每(+数)+动量……"结构中,"(数)动量"作为计量单位,将其所修饰的事件性表达由事件类别变为事件实例,即"(数)动量……",它是参与加合的事件单位。接下来,"每"运用加合能力对其进行操作,从而得到"每(+数)+动量……"。如"每次给李四打电话"中,"给李四打电话"指谓的是事件类别,在"一次"的作用下,它变为事件实例。"每"对"一次给李四打电话"进行加合。

"每当/到/逢……"结构中,"每"是将具有"当/到/逢……"特征的单位事件进行加合,进而得到复数性事件集合。如"每到周末"中,"每"对"到周末"进行加合。

"每+动+数量(名)"中,"数量"把"动(名)"变成有终结点的事件,即有界性事件。"每"对具有"动+数量(名)"特征的事件进行加合,得到复数性的事件集合。如"每喝一口"中"每"的加合对象是"喝一口"。当动词后不出现"数量(名)"时,"每"对动词所指谓的事件进行加合。如(16a)中,"每"对若干"喝"的事件进行加合。

可见,上述三种"每"字结构中参与加合的单位事件都是可见的,它们出现在"每"的后面,是"每"的加合对象。

### 2.1.3 "每"字结构的语义贡献及语义要求

#### 2.1.3.1 "每"字结构的语义贡献

"每(+数)+动量……"等三种常见的"每"字结构通常与句中位于其右边的算子性成分相互作用。这三种"每"字结构共性的语义贡献主要体现在以下两个方面。

一是,为全称量化词如"都""总"等提供量化域。"都"等可以将整个句子作为辖域。出现在主要 IP 中时,它们可以把出现在其左边的从句作为量化域。"每"字结构在语义上是复数性的,而且出现在主要 IP 的左边,可以充当"都"等的量化域。分别对比(20)到(22)中的句子。

(20) a. 每回我提醒她,她都说改不了。

b. *她都说改不了。

(21) a. 每次约会,李明总感到心醉神迷。

b. 李明总感到心醉神迷。

(22) a. 我们呢,每吃邻居一次剩饭,都觉得心里不舒服。

b. 我们呢,都觉得心里不舒服。

(20a)中,"每回我提醒她"指谓的是一个每个成员均为"我提醒她一回"的最大化的复数性集合,它可以作为"都"的量化域;(20b)中,"都"在上文语境中找不到合适的量化域,这使得句子不合语法。

(21a)中,"每次约会"为主要 IP 提供发生的情境。"总"对其进行量化,使句子得到这样的解读:对于每个 s 来讲,如果 s 是"一次约会",那么"李明感到心醉神迷 in s"。对(21b)而言,由于缺少显性的情境集合,"总"对隐性的情境集合进行操作,表示:在该隐性情境集合中的每个情境 s 下,"李明都感到心醉神迷"。两个句子在表义上存在差异。

(22a)中,"每吃邻居一次剩饭"为"都"提供量化域,该句表示:对于每个"(我们)吃邻居一次剩饭"来讲,都有一个"我们觉得心里不舒服"与之相对应。(22b)中,由于缺少"每"字短语,"都"会倾向于选择其左边的复数性成分"我们"作为量化域,表示:我们中的每个人都觉得心里不舒服。这与(22a)的语义明显不同。

二是,限定情态算子如"一定""必(须)"等的量化域。情态算子对相关的可能世界进行量化,而"每"字结构对相关的可能世界进行限定。分别对比(23)和(24)中的句子。

(23) a. 职工每次进入车间必须经过除尘室"净身"。
　　　b. 职工必须经过除尘室"净身"。
(24) a. 每逢有心事,我俩必喝上半斤莲花白。
　　　b. ?? 我俩必喝上半斤莲花白。

(23)中包含情态词"必须",这里它表达道义(deontic)情态。(23a)中,"每次进入车间"所指谓的集合会对与规定相兼容的可能世界进行限定,表示在每个"进入车间一次"的可能世界中,主要 IP 所指谓的事件"职工经过除尘室'净身'"都为真。(23b)中,由于没有显性的有关可能世界的表达,该句表示:在每个与规定相兼容的可能世界中,"职工经过除尘室'净身'"都为真。

(24)中"必"表达认识(epistemic)情态,它会对与可用的证据相兼容的可能世界进行量化。(24a)中,"每逢有心事"对与可用证据相兼容的可能世界进行限定。在"必"的语义作用下,该句表示:在每个"有心事"为真的可能世界中,"我俩喝上半斤白莲花"都为真。(24b)由于缺少显性的量化域,使得"必"表示在每个相关的可能世界中"我俩喝上半斤白莲花"都为真。这一语义则因为不大符合常识而导致句子不大能够被接受。

"每(＋数)＋动量……"和"每当／到／逢……"结构都常常出现在主要 IP 之前的句首或句首主语之后的位置,充当主要 IP 的状语,对其起修饰作用。除上述两种语义贡献外,这两种"每"字结构对主要 IP 中与之相互作用的算子的语义贡献还有下面三种。

一是,为概率计算提供一个集合,以帮助满足概率计算的必要条件。根据石定栩、孙嘉铭(2016),"往往"是概率副词,而概率计算的必要条件是需要有两个或以上的事件集合。"每"字句中,主要 IP 可以提供一个由 IP 所指谓的事件集合,而"每"字结构由于指谓复数性的事件集合,它的出现会使概率副词如"往往"使用的必要条件得以满足。分别对比(25)和(26)。

(25) a. 每次参加婚礼时,我往往禁不住要哭。

　　 b. ?? 我往往禁不住要哭。

(26) a. 每当发生日食时,民间往往敲击锣鼓、器皿,以赶走食日的天狗。

　　 b. ?? 民间往往敲击锣鼓、器皿,以赶走食日的天狗。

对(25b)和(26b)而言,"往往"所在的句子只能提供一个事件集合。它们因不能满足概率副词的使用要求而不大能被接受。

二是,限定频率副词如"常常"等所作用的事件的发生情境,表示在被"每"字结构限定的情境下,主要 IP 所指谓的事件的发生频率。分别对比(27)和(28)中的句子。

(27) a. 每次排练到动情之处,他常常泪流满面。

　　 b. 他常常泪流满面。

(28) a. 每当星期天下午,我们常常沿着这条路散步。

　　 b. 我们常常沿着这条路散步。

(27a)表示在"每次排练到动情之处"这一语境下,事件"他泪流满面"常常发生。在其他情况下,该事件的发生频率句子并未提及;(27b)则表示事件"他泪流满面"发生频率较高。与之相类似,(28a)表示在"星期天下午"这一时间段"我们沿着这条路散步"常常发生;而(28b)则表示"我们沿着这条路散步"发生的频率较高。

三是,为充分算子"就"提供前件。作为充分算子,"就"表示前件是后件实现的充分条件/原因等。它是二元的,需要有前件和后件两个论元。"每"字结构和主要 IP 可以分别充当前件和后件。而作为前件"每"字结构不能被省略。分别对比(29)和(30)中的句子。

(29) a. 他每次喝醉了酒就发呆。

　　 b. *他就发呆。

(30) a. 每逢听到妻子的抱怨,他就闭着嘴巴不说话了。

　　 b. *他就闭着嘴巴不说话了。

"每(一)+动量"以及"每+动+数量(名)"结构的语义贡献除前面提到的两种外还可以是为(隐性)的分配算子提供分类关键词(the sorting key)。分配算子要求分类关键词是语义上的复数性成分,而隐性分配算子对分类关键词的要求更为严格,它还要求其具有内在的逐指性特征。"每"字结构由于具备内在的逐指性特征而刚好可以满足这一语义要求。由此,它与谓语中带有无定数量短语的表达会形成配对关系,例如(31)。

(31) a. 每次(喝)一瓶。

　　 b. 每隔 5 米种一棵树。

#### 2.1.3.2 "每"字结构的语义要求

"每"字结构凸显参与加合的单位事件,具备逐指性特征,它要求与之相对应的事件性表达在语义上也是复数性的,这样两者之间才有可能建立起匹配关系。如(32)和(33)。

(32) a. 每次去书店,小明都买漫画书。

　　 b. ?? 每次去书店,小明都买了漫画书。

　　 c. ?? 每次去书店,小明都买过漫画书。

(33) a. 她每打一下,哭两声。

　　 b. *她每打一下,哭了两声。

　　 c. *她每打一下,哭过两声。

对(32a)来讲,"小明买漫画书"中没有显性的时态算子,它指谓的是事件类别,因而可以在不同的情境下实现为不同的具体事件。(32b)中,"小明买了漫画书"由于带有完成体标记"了",倾向于指谓某个具体的事件,不能满足"每次/回……"对与之相对应的事件性表达的复数性要求。(32c)带有经历体标记"过",它表示:小明有买漫画书的经历,在这一上下文语境下,该事件性表达是非复数性的。与(32)中的例子相类似,(33)中的"哭了两声"和"哭过两声"倾向于指谓某个具体的事件,在语义上是单数性的。所以,(33b)和(33c)不能说。

"每(+数)+动量……"以及"每+动+数量(名)"结构中,当数词大于"一"时,与之相对应的事件性表达中通常也要有数量表达。例如(34)和(35)。

(34) a. *每两次给他打电话,他都在开会。

　　 b. 每两次给他打电话,他都有一次在开会。

(35) a. ?? 每打五下,都要换行刑的人。

　　 b. 每打五下,都要换一个行刑的人。

这是由于"每"字结构和与之相对应的表达所指谓的这两组事

件之间要表达的是匹配关系。而当数词大于"一"时,如果与之相对应的事件表达不带有数量短语,则这两组事件之间的匹配关系不明确。

### 2.1.4 "每"字结构的允准成分

作为加合算子,"每"是一元的,它仅作用于其关联对象,加合后给出一个具有逐指性特征的复数性集合。它不能在其关联对象和与之相对应的事件性表达之间建立明确的语义关系。因此,"每"字结构通常需要借助与之相对应的事件性表达中的算子来帮助允准。

#### 2.1.4.1 "每+事件性表达"常见的允准成分

对于我们所讨论的这三种"每"字结构而言,它们有以下三种共同的允准成分。

第一种允准成分是全称量化副词。"都"等全称量化副词可以将整个句子作为辖域。它们以"每"字结构作为量化域,以其所在的主要 IP 作为核心域,进行量化操作。通过执行量化使得"每"字结构对主要 IP 的复数性要求得以满足。在"都"等的语义作用下,相关句子表示:对于每一个 e'来讲,如果 e'是"每"字结构所指谓的事件集合中的一员,那么会有一个 e 与之相匹配,其中 e 是主要 IP 所指谓的事件集合中的一员。例如(36)。

(36) a. 他每次回家??(总)要到溪口来看望姐姐。

　　b. 每逢他生日,我*(都)请他吃饭。

　　c. 客人和老人每吃完一碗饭*(都)由妇人代为装饭。

(36)去掉"都"和"总"等之后所得到的句子变得不大好说,这说明"都"等确实有允准相关句子的能力。

第二种是情态算子如"一定"等。主要 IP 中的情态算子可以将"每"字结构所限定的可能世界集合作为量化域进行量化，由此把"每"字结构与主要 IP 所指谓的事件联系起来。在省略主要 IP 中的情态算子之后，相关句子变得不大好说，这表明情态算子确实可以允准相关句子。如(37)。

(37) a. 每逢春节，他??（一定）邀同学聚会。
　　 b. 每次下笔前??（必须）认真观察被画对象。
　　 c. 他每吃饺子*（必）蘸醋。

"每（＋数）＋动量……"和"每当/到/逢……"这两类"每"字短语都是经常出现在状语位置，用以修饰主要 IP，此时两者的允准成分还可以是下面三类算子性成分。

第一种是概率副词如"往往"等。"每"字结构和主要 IP 分别指谓一个事件集合，而概率副词"往往"可以对这两个事件集合进行概率计算。另外，"往往"的语义保证了主要 IP 所指谓的事件在语义上是复数性的，因而能使"每"字结构对主要 IP 的复数性语义要求得到满足。如(38)。

(38) a. 他每次办宴会时，我??（往往）是主厨。
　　 b. 每到星期日，凌晨??（往往）下小阵雨。

第二种是频率副词如"常常"等。"常常"将"每"字结构作为主要 IP 所指谓的事件发生的情境，由此"每"字结构和主要 IP 之间会建立起事件发生的情境与事件之间的关系。而且，由于"常常"表示主要 IP 所指谓的事件发生的频率高，可以推论出其发生的次数大于"一"，这可以满足"每"字结构对主要 IP 复数性的语义要求。这里，"每"字结构所指谓的事件集合中的部分成员与主要 IP 所指谓的事件集合形成匹配关系。例如(39)。

(39) a. 敌人每次扫荡,老乡们??(常常)躲到山洞里边去。

　　b. 每逢长辈庆寿,晚辈??(常常)奉送寿桃。

　　第三种是充分算子"就"。它将"每"字结构作为前件,将主要 IP 作为后件。由于"每"字结构具有内在的逐指性特征,在"就"的作用下,会有:每个 e'能推出一个 e,即对 e 来讲 e'是其实现的充分条件/原因等。在去掉"就"之后,"每"字结构与主要 IP 之间的语义关系变得不明确了,这样相关句子变得难以接受。见(40)。

(40) a. 每次出门溜达,他??(就)一肚子的不开心。

　　b. 每逢大娘有病,战士们??(就)给大娘送医送药。

　　此外,当隐性的分配算子可以被激发时,"每(一)动量"以及"每+动+一量(名)"可以被该算子所允准。现代汉语隐性分配算子的激发条件是:具有内在逐指性特征的复数性成分充当分类关键词;分配成分(the distributive share)是活跃的(active),即谓语中带有无定数量短语或者反身代词的成分充当分配成分。"每"字结构具有内在的逐指性特征,而且在语义上是复数性的,可以充当分类关键词。当"每"字结构的右边出现一个无定数量表达与之相对应时,该数量表达是活跃的,可以充当分配成分。上述条件下,可以激发隐性的分配算子来执行分配,并在分类关键词与分配成分之间建立起配对关系,例如(41)。

(41) a. 每次十五个人。

　　b. 李四每说一句话,看一眼张三。

　　在隐性分配算子的作用下,对(41a)而言,每个"一次"都有一个"十五个人"与之配对;对(41b)来讲,"李四说一句话"和"(李四)看一眼张三"会形成一一对应关系。

有时,相关句子中还可以出现副词"就/便"来表示事件间的承接关系,例如(42)。

(42) a. 在首都北京,市民每吃 3 公斤菜,就有 1 公斤是寿光菜。

　　 b. 每吃一道菜便要更换一次盘子。

### 2.1.4.2 "每+事件性表达"与"每NP"允准成分的异同及原因

2.1 节的开头部分对限定性"每"与副词性"每"的允准成分进行了简单的比对。这里,将较为细致地比较两者的允准成分,并解释造成两者允准成分有同有异的原因。

全称量化副词"都"不仅可以关联个体集合,也可以关联事件、情境或时间集合。因此它左向既能量化"每NP"又能量化"每+事件性表达",如前面的(1a)和(2a)。

当谓语部分出现带有数量短语的无定 NP 时,主语"每NP"可以被允准。但是起允准作用的并不是数量短语本身,而是隐性的分配算子。此时,由于隐性分配算子的激发条件得以满足,因而"每"字句能被允准。当与"每+动+数量(名)"或"每(一)动量"相对应的表达中带有无定数量短语时,也满足隐性分配算子的激发条件,因而相关句子可以说。如(1b)和(2b)。

本节开头(3a)这类句子中并不是"自己"本身充当允准成分,而是此时会激发一个隐性的分配算子来允准相关句子。当"自己"作为分配成分(的组成部分)出现时,它要选择分类关键词作为先行词,而且"自己"的词汇语义使得它选择体词性成分允当先行词。(3b)中"自己"不可能选择谓词性的"每次讨论"作为先行词。因而,此时并不会激发隐性的分配算子来帮助实现分配,这导致(3b)不能说。

"总(是)"一般与左向的时间、事件或情境集合在语义上相互作用。"每＋事件性表达"是复数的事件性集合,可以作"总(是)"的量化域;而"每 NP"指谓个体集合,不适合充当"总(是)"的关联对象,因而不能被其允准。对比(43a)和(43b)。

(43) a. *过去探家,每个母亲总是包饺子。
　　 b. 过去每次探家,母亲总是包饺子。

概率副词"往往"在使用时需要两个事件集合,而"每＋事件性表达"由于可以提供一个事件性集合能与"往往"共现并被其允准。"每 NP"提供的是个体集合,它不是概率计算所需的条件,不能与"往往"相互作用。对比(44a)和(44b)。

(44) a. *星期一,每个学生往往按时到校。
　　 b. 每逢星期一,学生们往往按时到校。

频率副词"常常"表示事件的发生频率,它作用于事件。"每＋事件性表达"可用于限定相关事件的发生情境等,因而"常常"可以作为它的允准成分;而"每 NP"既不能作为"常常"的作用对象,也不能用于限定相关事件的发生情境。因此,"每 NP"不能被"常常"允准。对比(45)中的句子。

(45) a. *周三下午,每个学生常常来图书馆看书。
　　 b. 每到周三下午,学生们常常来图书馆看书。

充分算子"就"的前件和后件均要具有命题的性质,它可以将状语位置的"每＋事件性表达"作为前件;但由于"每 NP"是非命题性的,充分算子"就"不能将其作为前件。强调用法中,"就"可以左向关联个体性表达,但该表达一般要为非全称性的,如(46a)。而"每 NP"由于是全称表达,它也不能被表强调的"就"

允准,如(46b)。

(46) a. 张三就会说英语。(此时,"张三"被重读)
     b. *每个学生就会说英语。

需要说明的是,相关"每"字句的允准成分并不限于上述成分。受语体、韵律等因素影响,有时句子允许没有显性的允准成分。如(47)。

(47) 每逢暴雨,积水满街。

### 2.1.5 "每"为何不宜看作量化词

黄瓒辉、石定栩(2013)认为关联"(数词)次/回……"时,"每"是量化词,但文中没有解释为什么作为量化词的"每"需要并且可以被不同性质的算子允准。

潘海华、胡建华、黄瓒辉(2009)认为"每"和"都"共现时有两种可能的语义解释:当"每"用作加合算子时,"都"是量化词;当"每"是量化词时,"都"帮助实现匹配函项(matching function)。我们同意把"每"处理为加合算子的分析。但如果按照该文的分析认为"每"也可以看作量化词,则可能面临如下问题:

第一,如果"每"和英语中的 every 一样是量化词,那么它应该不需要"都"等来帮助允准。为了解释"每"与 every 的差异,就不得不借助于追加假设。

第二,"都"与英语中用来执行匹配函项的空介词有明显不同。Rothstein(1995)对 every time-句的语义进行分析,文中假设"every time+关系从句"结构中有一个空介词将其作为补足语。这个空介词指谓由主要动词的事件论元到介词宾语的匹配函项,即匹配函项由事件 e 的集合(该事件由主句动词所引出)映射到事件 e'的集合(该事件由"every time＋关系从句"中的关系从句所指谓)。匹配函项会带给句子 e 的数量至少与 e'一样多的匹配效应。可见,这里空介词的作用是在 e'和 e 之间建立匹配关系,它没有显性的词汇形式。而"都"本身是量化词,它的匹配能力来源于其量化能力。究其实质,是"都"全称量化的语义使得相关"每"字句获得匹配性解读。因此,将"都"视为量化词,而把"每"看作加合算子,这种解释较为合适。这样一来,就没有必要认为"都"是用来实现匹配函项的,也没有必要将"每"处理为量化词。

第三,似乎只有与"每"共现时,"都"才会被解释为帮助实现匹配函项。这种处理方式增加了"都"的语义功能,使"都"的语义复杂化,不符合经济原则。

第四,前面已经提到,能够允准"每"字句的不只是"都",还可以是"常常""往往""就"等不表达全称量化义的成分。如果假设"往往"等也是用来帮助实现匹配函项,则会出现下面的问题:(a)"往往"等一律要在原有基础上增加"帮助实现匹配函项"这一语义功能,而这一语义功能则是专门为了解释其与副词性"每"共现的情况;(b)"往往"等不具有全称量化义,它们有自身的语义贡献。这一假设忽略了其对句子的语义贡献。更为重要的是,这样一来,相关句子难以得到正确的语义解释。

那么,将限定性"每"视为量化词的其他分析是否可以涵盖副词性"每"呢?

Huang(1996,2005)提出"每"是全称量化词,它的两个论元要满足斯科林函项(skolem function),即一个变量的取值要依赖于另一个变量。她假设"都"是对事件变量进行加合的加合算子,可以用来帮助实现斯科林化。这一分析预测"每 NP"不能出现在宾语位置,因为宾语"每 NP"的辖域中只有一个变量不满足斯科林化的要求。而事实上,在一些情况下"每 NP"可以出现在宾语位置,特别是在它带有修饰/限定性成分的时候,例如(48)。

（48）王老师喜欢班里的每一个孩子。

Cheng(2009)提出"每"是强量化词,它需要显性的上下文的限定;而与之共现的"都"是有定限定词,它可以帮助允准"每"字句。然而,一般来讲,限定词要紧邻它所限定的名词性成分,而"都"不同于一般的限定词,它允许远距离限定。该文很难解释:主要IP中的"都"作为限定词如何跨越它所在的小句去限定位于从句的"每"字结构。

Luo(2011)认为"每"是分配量化词,其基本语义是一个标准的量化词加上一个匹配函项,其中匹配函项的作用是把量化域中的成员匹配给核心域中的由存在量化所引出的变量。为了解释"每"和"都"共现以及"每"出现在宾语位置时的情况,该文假设在这两种情况下"每"会实现由分配量化词到分配限定词的类型转换。作为分配限定词的"每"会给出最大化的个体集合,而且会有一个隐性的谓语提供分配性,让集合中的每个成员都具备相关特征。

Luo文假设匹配函项是为了保证分配量化所谓的"同步协变"的语义要求。比如说,对"每个学生唱了一首歌"这个句子而言,学生们唱的一定不是同一首歌。事实上,该句关注的是个体"学生"和"一首歌"之间的配对关系,至于是否唱的是同一首歌并不是句子要表达的内容,句子并不排除每个学生恰好都唱了同一首歌的可能性。为了保持"每"的分配性而假设"每"用作分配限定词时有隐性的谓语提供分配性,这一假设具有特设性,而且,在一些情况下,难以补出一个恰当的谓语来表达合适的分配义。例如(48)句就不好理解为"王老师以逐一的方式喜欢班里的每一个孩子"。

这三种分析都只能解释有关限定性"每"的部分语言事实,更难以涵盖副词性"每"的全部现象。

简言之,将"每"看作量化词的解释方案都在一定程度上存在问题,因此不宜将"每"看作量化词。

### 2.1.6 副词性"每"的语义小结

我们对副词性"每"的语义进行分析,认为将它解释为加合算子更为合适,可以涵盖相关语言事实。此时,"每"的关联对象可以是"(数)+动量……""当/到/逢……"以及"动+数量(名)"等。"每"对它所关联的事件表达进行加合,得到最大化的复数性事件集合。

在"每"的语义影响下,"每+事件性表达"具有逐指性特征,它要求句中与之相对应的部分,指谓的是语义上的复数事件集合。由于"每"限于加合算子的一元语义,它不能在其关联成分和句子的其余部分之间建立明确的语义关系。因此,相关句子常需要其他成分对其进行允准。

"每(一)动量……"以及"每当/到/逢……"具有很大的相似性,它们常用作状语,它们的允准成分主要是全称量化副词、情态词、概率/频率副词以及充分算子等。全称量化副词如"都/总"将"每"字结构所指谓的复数性的事件集合作为量化域,主要 IP 作为核心域进行量化,从而在两者之间建立匹配关系。情态词如"必/必须"等具备量化能力,对可能世界进行量化,它把"每"字结构所限定的可能世界集合作为量化域,把主要 IP 看作核心部分,由这两者之间建立起匹配关系。概率/频率副词如"往往"要求所在的主要 IP 指谓复数性事件,而且它们的语义可以把"每"字结构和主要 IP 在语义上联系起来。充分算子"就"把"每"字结构作为前件,主要 IP 作为后件,表示前件得以满足则后件为真。由于前件是复数性的且具有内在的逐指性特征,与之相对应的后件也是复数性的,因此两者之间会形成一一对应的匹配关系。此外,当"每(+数)+动量……"结构中的数词大于"一"时,与之相对应的事件性表达中也要带有无定数量表达。

在"每"的加合性语义作用下,"每+动+数量(名)"指谓的是复数性的事件集合,当与之相对应的表达带有无定数量短语时,该数量结构可以充当分配成分。此时,隐性分配算子的激发条件得以满足,"每"字结构和句子的其余部分之间可以建立起配对关系。此外,对"每+动+一量(名)"结构来讲,全称量化副词如"都/总"以及情态算子如"必"等也可以通过自身的量化能力来帮助允准相关句子。

简言之,将"每"解释成加合算子不但可以使副词性"每"和限定性"每"获得统一的语义解释,而且可以更好地解释为何"每"要求"都"等与之共现以及为何"都""往往"等不同性质的算子都可以起到允准作用。

## 2.2 "一切"的语义

"一切"是现代汉语中使用频率较高的表全称义词语。既往研究已经充分注意到"一切"和"种类"的关系。曹述敬(1955)对比"一切"和"所有",分析说"一切"的意义更接近"各种""种种""各(个)"而不是"所有"。崔显军(2007)以及彭小川、严丽明(2007)也是从对比角度讨论"一切"的语义,两篇文章都认为"一切"是对类别的总括。此外,彭、严文还提出相对"全部"和"所有"而言,"一切"的确指度最低。这些研究颇具启发性。这里将在前人研究基础上讨论"一切"的语义。

"一切"有两种用法:(a)用于限定范围,表示"全部;各种"的意思,见(1);(b)表示"(一定范围内的)全部事物",如(2)。

(1)a.一切事物都是质和量的统一体。

  b.为了家族的除夕团圆,今晚姊妹6人辞去了一切公务。

(2)a.一切都结束了,我以为事情就这样完了。

  b.否认事物的矛盾就是否认了一切。

为了讨论方便,我们将用法(a)称为"一切"的限定性用法,而用法(b)称作它的指称性用法。

那么,这两种用法中,"一切"分别有怎样的表现?又有哪些相似之处?限定性用法中,"一切"是否具有量化能力?

下面主要通过对 CCL 语料库中 8 万条左右的语料以及从BCC 语料库中抽取出的部分语料进行考查,对"一切"的语义展开详细的分析。

### 2.2.1 限定性的"一切"

"一切"对它的关联对象的指谓进行范围限定,表示"全部""整个"的意思。下面先对"一切"的关联对象及它所在的短语的特点进行描写,接着讨论"一切"的语义功能。

#### 2.2.1.1 限定性"一切"的关联对象的特点

"一切"的关联对象所指谓的可以是实体,也可以是动作、行为等,分别见(3)和(4)。

(3)a. 在这个理论体系中,太阳是行星系统的中心,一切行星都绕太阳旋转。

b. 人生标准,一切伟大的事物都来自于此。

(4)a. 到了二月初十,外人尚不肯交烟,林则徐就下命令,断绝广州出海的交通,派兵把十三行围起来,把行里的中国人都撤出,然后禁止一切的出入。

b. 塞族此前曾表示暂停与联合国部队的一切接触。

c. 禁止一切露天烧烤。

d. 要精打细算,堵住一切跑冒滴漏,开工、竣工,不搞庆典活动等。

"一切"的关联对象常常为光杆短语,如(5)。有时,加合短语

"所有 XP""凡（是）XP"也可以作"一切"的关联对象，例如（6）
和（7）。

(5) 一切交易、一切资源、一切杂念、一切敌国、一切儿童心理
　　的研究

(6) a. 一切所有号称强大的反动派统统不过是纸老虎。
　　b. 因此，我虽然接受中国科学院的奖金，但这奖金归根结
　　　 蒂是属于六亿人民的，是属于主持正义的朋友们的，是
　　　 属于一切所有爱好和平的人们的。

(7) a. 十月革命后，直奉军阀就明令禁止一切凡有"布尔什维
　　　 克""马克思""列宁"等名词的书报刊物。
　　b. 他勇敢地指出的那些弊端，那些不公正行为其实在每
　　　 个城镇，在一切凡是有人的地方都是屡见不鲜的。

我们也注意到，在实际语料中存在数量非常有限的"一切"关
联复数性表达"NP 们"以及"这些 XP"的例子，例如（8）和（9）。

(8) 有些作家"体验生活"的方法带有很大的局限性和片面
　　性，他们往往只是在"体验生活"的时候，对他所选定的环
　　境和对象进行观察，而不是随时随地地留心地观察自己
　　周围的一切事物和一切人们。

(9) a. 一切这些知识，离开生产活动是不能得到的。
　　b. 一切这些群众生活上的问题，都应该把它提到自己的
　　　 议事日程上。

一般来讲，"一切"与（数）量名短语不兼容。而且，"一切"也不
关联"每 NP"。例如（10a）以及（10b）中的短语不能接受。

(10) a. *一切（十万）个为什么、*一切（五）个人、*一切（一百）

种结果

b. *一切每个人、一切每小时、一切每棵树

"一切"可以直接限定其关联对象,例如(11);有时,"一切"的后面会出现定语标记"的",如(12)。

(11) a. 波动是振动的传播,一切波动都由振源产生。

b. 在唐代,一切政令由宰相拟定,送皇帝画敕。

(12) a. 感慨虽真切,然在印度乘旅游车(不,一切的车),却每令我魂飞魄散。

b. 这一场戏,使她压倒了一切的女同事。

### 2.2.1.2 "一切(的)XP"的限定成分

为了方便讨论,我们把"一切"和它的关联对象所组成的结构写作"一切(的)XP",其中 X 代表 N 或 V 等。"一切(的)XP"能单独充当句法成分,也能被进一步限定,其限定成分具有多样性,具体可以是指示代词、人称代词、名词短语、主谓短语、加合算子"所有""凡(是)"等。通常会构成以下(13)到(19)这些格式。

(13) 指示代词(的)+一切(的)XP,其中指示代词通常是"这""其他"等。

a. 这一切的解决都需要一定的时间。

b. 没有生存权、发展权,其他一切人权均无从谈起。

(14) 人称代词+一切的 XP/人称代词+的+一切 XP

a. 尽我有生之年,来为新中国的儿童们写作,为培养优秀的下一代,贡献出我一切的力量!

b. 她的一切活动都由两位年轻的经纪人安排。

(15) NP₁(的)一切 NP₂

a. 政府一切最高命令,皆由中书省发出。

b. 此外,从幼儿的现实表现看,幼儿期的一切行为、一切活动无不带有浓厚的情感色彩。

(16) 主谓短语＋的(＋指示代词)＋一切 NP

a. 更重要的是,"清官"们所做的这一切"好事",全都有利于巩固剥削阶级的统治,而撞不着剥削阶级、剥削制度的丝毫实际利益。

b. 我要继续努力,随时完成祖国赋予我的一切任务。

(17) 所有(的)＋(指示代词＋)一切 XP

a. 所有这一切行动都温暖着我的心。

b. 如果不是李嘉诚读了上面的英文简介,他甚至还误以为画册上的那些艳丽花草,都是一些真正的鲜花,李嘉诚读了说明才知道,所有一切花草都是意大利某塑胶厂生产的最新产品!

(18) 凡(是)＋一切(的)NP

凡一切有利于改革开放、经济建设、社会进步的积极思想和精神,有利于民族团结、祖国统一、人民幸福的积极思想和精神,以及一切用诚实劳动争取美好生活的积极思想和精神,都是我们需要和提倡的,都应当加以尊重、保护和发扬。

(19) 列举性短语＋一切(的)XP

在这里,吃、穿、住、学一切开销都由工厂负责,学生们在完成6 年制小学课程期间,还将学会制作几种藏民族传统工艺品。

位于"一切(的)XP"前面的限定成分不能是"全部"和"全",在语料库中也没有"全部／全＋一切(的)XP"这一语序存在。

有时,"一切(的)XP"的限定成分出现在它的后边,例如(20)。

(20) a. 一切机关、部队、公营企业人员、采购人员、民兵、民工凡未持有军管会所发之通行证,或佩戴军管会特许之证章者,一律禁止出入市区及工厂区。

　　b. 一切公民,无论是党内党外、上级下级,无论是什么社会地位和社会成分,在法律面前一律平等。

(20a)中位于"一切机关……民工"之后的"凡"字结构是"一切NP"的限定成分;(20b)中"无论"短语位于"一切公民"的后面对其进行限定。

为了方便说明,我们把带有限定成分的"一切(的)XP"写作"R一切(的)XP",其中 R 表示限定成分。"(R)一切(的)XP"短语是体词性的,它能出现在谓语前充当话题／主语或介词宾语,如(21),也能用在动词后充当动词的宾语,如(22)。

(21) a. 除配偶外,一切亲属都有一定的亲系可循。(主语)
　　b. 今后对于一切教育,皆应以民生为基础。("对"的宾语)
　　c. 在一个个胜利面前,圣马丁不居功自傲,把一切荣誉归于英勇作战的全体官兵。("把"的宾语)
(22) 胃里的盐酸、胃蛋白酶和黏液联合起来,几乎可以消化一切食物。

此外，"(R)一切(的)XP"还可以用作定语，如(23)。它和介词以及方位词等能构成状语，如(24)。

(23) 中国反对一切形式的暴力恐怖活动，这一立场是明确的和一贯的。（其中"一切形式"作定语修饰"暴力恐怖活动"）

(24) 实际上，在一切的俄国娱乐中，亲王最中意的是法国女演员，芭蕾舞女演员和白标香槟酒。（"在一切的俄国娱乐中"充当状语）

### 2.2.1.3　限定性"一切"的语义功能

"一切"包含语素"一"，而"一"表示"整个；全部"的意思。限定性的"一切"对它的关联对象进行加合，给出一个最大化的具有 XP 特征的整体或成员的集合。"一切"自身没有全称量化能力。

"(R)一切(的)XP"出现在谓语前且谓语具有非集合性特征时，全称量化副词常常与之共现。共现时，由于"(R)一切(的)XP"在语义上是复数性的，它能为该副词提供量化域。与之共现的全称量化副词主要有"都""全(部)""统统""一律""均""皆"等，如(25)。

(25) a. 他勤奋好学，一生酷爱读书，把一切可能利用的时间都用来学习。

b. 这次来北京看病是单位催着她来的，一切费用全部报销。

c. 上海人，特别是家庭妇女，仍然把一切出租汽车统统称为"祥生汽车"，把一切报纸统统称为"申报纸"，把一切现行货币统统称为"铜钿"或"洋钿"。

d. 对一切公民,在适用法律上一律平等,不允许有任何
特权。

e. 共产党人控制的省港罢工委员会所有成员均被缴械,
一切罢工均被取消。

f. 由此可知,一切美味,皆是本味,犹如一切美色,皆是
本色。

"(R)一切(的)XP"可与具有明显口语倾向的"统统"等共现,
也可以与具有鲜明书面语特色的"皆""均"等共现,这表明它对语
体没有选择性。

"(R)一切(的)XP"可以充当集合性谓语的主语,"一切"能与这
类谓词相兼容,说明"一切"不具有内在的逐指性特征。例如(26)。

(26) 所有这一切质疑、争论,汇成了一股史学改革的潮流。

在某些特定的语境下,"(R)一切(的)XP"可以被看作一个整
体,作整指性解读。此时,全称量化副词无须出现。例如(27)。

(27) a. 一切资源为国家所有,一切经济决策由国家做出。
b. 所有的一切迹象表明,李嘉诚也像许多政界要人一
样,在进入 80 高龄之前,稳妥有序地把自己为之奋斗
一生的事业交给他的继承人。
c. 然而,一切迹象预示着即将到来的又是一个炎热难熬
的夏天。

## 2.2.2 指称性的"一切"

"一切"表"全部的事物"时,指称的是一定范围内的所有事物。

它可以表达全部实体的集合,也可以是所有动作、事件等集合。例如(28)。

(28) a. 生命,感情,职责,学业,权利,一切在青春的阳光下闪耀,都是金色的。

b. 路险、弯急、缺氧、闷热,这一切都没有影响大家的情绪,因为珠峰就在前面。

c. 因为她发现,这里包含了她喜欢的一切:跑、跳、投。

"一切"可以直接充当句法成分,如(29)。

(29) a. 国营和集体企业在经济制度转型前,一切都依赖国家的计划指令。(作主语)

b. 春秋中期以后,晋国已经是"政出家门",由卿大夫主宰一切,国君成了傀儡,甚至被任意杀死或废掉。(作宾语)

### 2.2.2.1 指称性"一切"的限定成分

"一切"前面可以加限定成分,用来对"一切"所指谓的集合/整体进行范围限定。"一切"和它的限定成分通常会构成以下几种结构,见(30)—(36)。

(30) 指示代词("的")+"一切"

这一切,推动着初中生开始寻找合得来的友伴。

(31) 人称代词+"的"+"一切"

a. 没有您老人家,就没有我的一切。

b. 土地和勤劳是我们的一切。

(32) 人称代词＋指示代词＋"一切"

她说她知道你要甩她,你那一切不过是借口,好乘机摆脱,你不要讲话。

(33) 主谓/状中/方位短语＋"的"＋"一切"

a. 她不遗余力地做到了她所能做到的一切。
b. 耿谆老人详细诉说了四十年前所发生的一切。
c. 自然中的一切都有必然性。

(34) "所有(的)"＋(指示代词＋)"一切"

a. 细究起来,人类的今天以及拥有今天这样一个世界,所有一切,从某种意义上说,都来源于感觉。
b. 所有这一切,都为人类的生产和交往的未来展现了广阔的前景,同时也为生产和交往之间更好的协调乃至结合创造了条件。

(35) "凡(是)"＋主谓/状中/方位短语＋"的"＋"一切"

凡是与当时标准不合的一切都被否定。

(36) 列举项＋"一切",列举项是对"一切"所包含的内容的具体说明,而"一切"则是对列举项的总结,两者是同位关系

a. 吃的、喝的、用的,一切全从大陆运来,而补给船来一次又极

为不容易。

b. 尽管有时葛优躺,有时辣眼睛,有时还蓝瘦香菇,但我相信,有老司机,有这么多厉害了我的哥,<u>什么葛优躺、辣眼睛,什么蓝瘦香菇</u>一切全是套路。

这里需要特别说明的是,"一切"加上定语标识词"的"之后可以用来修饰它本身,构成"一切的一切",前后两个"一切"是领属关系。较之"一切","一切的一切"更强调全称义。它可以用作主语和宾语,分别见(37a)和(37b)。

(37) a. 一切的一切都是真性的作用,都是真性的显现。
　　 b. 在拿破仑的字典里,权力是一切的一切。

"一切的一切"前面可以加指示代词或人称代词对其进行限定,如(38)。

(38) a. 在一个孩子眼睛里,新鲜的事物让人应接不暇,这一切的一切都如同换了天地一般。
　　 b. 我们一切的一切,都是学着要做一个堂堂正正的人,轰轰烈烈地来干一番做人的事业,为我们的国家民族,为我们的祖宗父母争一口气!

### 2.2.2.2　指称性"一切"的语义贡献

指称性的"一切"与"一切(的)XP"在语义上非常相似。"(R)一切"(其中R代表"一切"前的限定成分)出现在谓语前时,句中经常有全称量化副词与之共现。共现时,"(R)一切"充当该量化词的量化域,例如(39)。

(39) a. 她想不通她把一切都交付给了刘招华,刘招华为什么
要这样骗她呢?

　　b. 这一切皆因他忠实于人民;忠实于生活,这是艺术家
的灵魂!

　　c. 没有氛围,没有经验,一切全得靠自己摸索。

主语"(R)一切"可以与集合性谓词相兼容,如(40)。

(40) 所有这一切,构成了一部半殖民地半封建社会新陈代谢
的历史长卷。

当"(R)一切"表达整指义时,如若句子不想表达全称量化义
则全称量化副词不需要出现,见(41)。

(41) a. 这一切充分说明,全体中国人团结一心,就一定能创
造出举世瞩目的伟大业绩。

　　b. 这一切已经基本上具有了管理组织与程序思想的
雏形。

　　c. 一切依正规程序处理。

### 2.2.3 "一切"的重叠形式

"一切"可以重叠使用,构成"一切一切"形式。"一切一切"能
单独使用,表示所有、全部事物,如(42)。

(42) a. 一切一切都变小了,心量也变小了。(作主语)

　　b. 王酩的夫人王香珠含着泪水深情叙述了王酩是怎样
把生命、把一切一切都献给了音乐创作的,闻者无不

为之动容。(作"把"的宾语)

　c. 五爷明白了,明白了也就都知道了,知道了一切一切。
　　(作宾语)

"一切一切"的前面可以加名词短语、人称代词、指示代词、介词短语等来帮助限定它所表示的范围,分别见(43a—d)。

(43) a. <u>民航的一切一切</u>,都事关国家的形象和信誉、改革开放的大局、人民生命的安危。

　b. 他的事业,他的荣誉,<u>他的一切一切</u>都是乒乓球队这个集体给的,是祖国母亲给的,而自己今天所做的只不过是一种回报。

　c. 他们脑子里只有一件东西:钱! 我们对于美的东西而牺牲的一切思想,我们为了我们的癖好而虚掷的一切行动,我们对于我们的消遣而荒掉的光阴,我们为了我们的娱乐而浪费的气力,我们为了爱情,为了神圣的爱情从身上耗去的热心和能力,<u>那一切一切</u>,他们都用着去寻觅黄金,去想象黄金,去堆积黄金!

　d. 他向郝玉奇诉说了<u>有关编钟的一切一切</u>……

"一切一切"也可以作定语修饰名词,例如(44)。

(44) a. "狞似虎",像老虎一样威猛、威严,把一切豺、狼、狐、犬都吓跑了,把<u>一切一切</u>邪魔、外道都慑服了。

　b. 如待一号洞修复后再行截流,工期将会拖后,又会给国家造成严重的损失……忧虑重重,重重忧虑,<u>一切一切的焦点</u>,都聚集在能否按期截流上。

"一切一切(NP)"可以与全称量化副词共现,为其提供量化域,见(45);在一些情况下,它也可以作为一个整体具备谓词的特征,例如(46)。

(45) a. 他的事业,他的荣誉,他的一切一切都是乒乓球队这个集体给的,是祖国母亲给的,而自己今天所做的只不过是一种回报。

　　b. 反正这一切一切都难以形容描绘。

(46) a. 这一切一切,使我们看到了文化事业的光明前程。

　　b. 一切一切,旨在让《农家十二月》成为一部真正意义上的东北喜剧。

### 2.2.4 "一切"的语义小结

"一切(的)XP"与指称性的"一切"主要有以下一些相似之处:

(a) 都是语义上的复数;

(b) 能充当主语、宾语;

(c) 出现在非集合性谓语前时,常常与全称量化副词共现,为该副词提供量化域;

(d) 可以与集合性谓语相兼容,不具有内在的逐指性特征;

(e) 在某些情况下,可作整指解,此时无须全称量化副词的允准。

二者之间的差异主要在于,"一切(的)XP"表示全部 XP,其中 XP 可以是实体、动作/行为等。在表实体时,XP 可以是"人""学生"等"人"的集合。而指称性的"一切"则是指全部的事物,它一般不能表示单纯的"人"的集合。

"一切的一切"和"一切一切"都有强调的意味,两者的前面都能加限定性成分。但前者只有指称性用法,指谓一定范围内的全部事物。后者则既可以是指称性的,也可以是限定性的。

## 2.3  副词"凡"及相关词语的语义

关于副词"凡",专门的讨论不多。徐颂列(1989)从逻辑学角度对"所有"和"凡"进行对比分析,认为两者都是全称量词。徐文指出,"凡"通常用在句首,主要用于表达条件关系;"所有"没有必须出现在句首这一句法位置的限制,主要用来表示现实情况。这一观察是准确的。

用作副词时,"凡"有两种用法:其一是充当累积性副词,表"总共""一共"的意思;其二是表示它的关联对象所指谓的集合中没有成员是例外。

这里我们将集中讨论以下几个问题:

(a)"凡"的这两种用法具体是怎样的?

(b)用来表示"一定范围内没有例外"这一意义时,"凡"是什么性质的算子? 即它是加合算子还是全称量化算子抑或其他?

(c)包含"凡"的词语如"凡是""举凡""大凡""但凡""凡此种种"分别具有怎样的语义?

这部分的第1小节将集中讨论副词"凡"的语义,重点分析表范围义时"凡"的语义;第2小节简要说明"凡是"的语义;第3到5小节分别探讨"举凡""大凡"及"但凡"的语义;第6小节分析"凡此种种"的用法。最后是"凡"及相关含"凡"词语语义的小结。

### 2.3.1  副词"凡"的语义

先简单来说一下表累积义的"凡"。"凡"表示"总共"义的用法由来已久。比如说《孟子·万章篇》中有这样的例子:"天子一位,公一位,侯一位,伯一位,子男同一位,凡五等也",其中"凡"就是表"一共"的意思(参考王叔岷 2007:573)。

通过观察从 CCL 语料库中整理出的相关语料,可以发现,累积性副词"凡"的用例很大一部分出现在五四运动之后到建国初期的文白交杂时期,如(1)。

(1) a. 一堂济济,凡四五百人,为政协代表及其他人士。

b. 余之一组凡 22 人,以林伯渠为召集人。

c. 如是之单位凡二十三,人数凡一百三十四。

d. 当大会主席介绍到中国代表时,大陆代表、港澳代表、台湾代表,以及美籍华人代表,凡十余人,整整齐齐,一同站了起来,整个会场报以热烈掌声。

另外的用例则多是来自具有书面语性质的文学作品,见(2)。

(2) a. 1963 年于山东艺术学院毕业后,西上昆仑,专攻国画山水,兼擅花鸟,凡 30 载。

b.《我的画》凡百余幅,皆是孟伟哉在文学创作之余的生活触激、心灵升华和感情燃烧的力与美的产物。

累积性用法中,"凡"后面一般直接加数量短语。而且,"凡"一般不出现在日常口语表达中,如(3)这类句子让人难以接受。

(3) a. #我们班凡 37 名同学。

b. #这本书凡 12 章。

下面开始讨论表范围义的"凡"。

### 2.3.1.1 "凡"的关联对象的特点

2.3.1.1.1 "凡"的关联对象的句法类型

"凡"总是关联它右边的、与之相邻的表达。其关联对象常常是名词或名词性短语,如(4)。此外,该成分也可以是动宾/联合型动词短语、状中短语、主谓短语等非体词性短语,分别见(5)—(7)。

(4) a. 当然,凡事都不是绝对的、无条件的。(后接名词)

　　 b. 凡有远见的、成熟的领导者都把抓好教育作为振兴事业、取得成就的重大举措。(后接定中结构的名词短语)

　　 c. 凡完不成任职目标的,按规定从抵押金中扣除经济赔偿。(后接"的"字短语)

(5) a. ……,兄弟俩默契配合,凡伤筋动骨跌打损伤,往往手到病除。(后接并列式动词短语)

　　 b. 凡发生工程质量事故,要按"三不放过"的原则进行查处。(后接动宾短语)

(6) a. 凡通过普通邮电线路向境外打电话、发电报和传真、投寄信件、稿件和音像制品等,不得涉及国家秘密。

　　 b. 凡在四川省行政区域内从事测绘活动均适用本例。

(7) a. 凡在山西的客人到香港,无论是官员还是商人,他知道了都要主动出面联络、帮助他们,以尽地主之谊。

　　 b. 凡经批准的外来客户在我市经济开发区内兴办企业,一律免征土地出让金和投资方向调节税。

### 2.3.1.1.2　"凡"的关联对象所能充当的句法成分

"凡"的关联对象可在句中充当的句法成分具有多样性,它可以是主语如(8),宾语如(9),定语如(10)以及状语如(11)等。

(8) a. 凡向黄河河道排污的,应严格执行有关水污染防治和环境保护的法律、法规。

　　 b. 凡领取《中华人民共和国企业法人营业执照》的企业均须参加年检。

(9) a. 凡禁止出口的商品任何企业不得经营出口。

b. 广义的黑色食品,把凡含有黑色素的食品和粗纤维含量高的食品,均统称为黑色食品,如海带、倭瓜、发菜等。

(10) a. 读者凡在这里读书读出了成果的,就会受到图书馆的奖励。

b. 我国领导人凡来深圳的,大都要去盐田港看看。

(11) a. 玄奘法师在前往印度取经,出关以后经过莫贺延迹地方,凡在有困难危厄的情况下,都经常一心称念观世音菩萨名号以及《般若波罗蜜多心经》。

b. 熟悉李明波的人都说:凡在关键的时候,明波书记都善于轻言说重语,敢于负责任。

(9a)中,"凡"所关联的"禁止出口的商品"是"不得经营出口"的宾语,它出现在话题位置上。(9b)中,"凡"的关联对象为"把"的宾语。(10)的两个例子中,"凡"的关联对象都是"凡"前面的名词(短语)的后置定语。值得注意的是,"凡"一般出现在谓语前的某个位置,它不能出现在句末宾语位置,如(12)不能说。

(12) *任何企业不得经营出口凡禁止出口的商品。

语料库中,有两个或以上"凡"字结构连用的情况,例如(13)。

(13) 凡中央、地方领导支持的,凡是职工拥护的,我就敢闯敢做,顶风破浪,逆流勇进。

2.3.1.1.3 "凡"的关联对象表达的语义内容

一般来讲,"凡"的关联对象表达的是实体或事件类别。"凡"表示该类别中的每个成员都属于其关联对象所指谓的集合,即"一定范围内没有例外"的意思。见(14)和(15)。

（14）a. 凡质量不合格的工程，不得投入使用。
　　　b. 凡已经报废的船舶，不准再行转卖用于营运。

（15）a. 十分重视馈赠，凡遇喜庆，必互相送礼致贺。
　　　b. 凡大学生结婚，都保证两室一厅的住房，提供一套基本生活用具。

（14）中，"凡"的关联对象表示的是实体的类别。（14a）中，该关联对象指谓的是具有质量不合格特征的工程组成的集合；（14b）中，指谓由已经报废的船舶组成的集合。与之相类似的，（15）中，"凡"的关联对象表达的是事件类别，不是具体的某个事件。（15a）中，"遇喜庆"指谓的是"遇喜庆"这个类别的事件的集合；（15b）中，"大学生结婚"则指谓该类事件的集合。

### 2.3.1.2　"凡"的语义功能

由于"凡"及其关联对象一般出现在谓语前的某个位置，这里将结合对"凡"字句中谓语部分所呈现出的特征的讨论来帮助确定"凡"的语义功能。

#### 2.3.1.2.1　"凡"与量化副词共现时的语义功能

先来看，"凡"字句谓语受全称量化副词修饰时的情况，即"凡"与全称量化副词共现时的情况。"凡"基本上能与所有的全称量化副词共现。具体如下：

"都"是现代汉语中最常用到的全称量化副词，"凡"可以与之搭配使用，如（16）。

（16）a. 自郝象贤之后，一直到武则天退位，凡执行死刑时，??（都）用木塞把犯人的嘴塞紧，不让再开口。
　　　b. 凡去过的人*（都）看得见，赛特和燕莎的服务态度确实比北京一般百货商场略好些。

"均"用作全称量化词时,意思与"都"大致相当,它一般出现在书面语中。"凡"能与"均"共现,见(17)。

(17) a. 凡含有大量细胞核的器官或组织,如胸腺、胰脏、脾脏等??（均)富含核酸……
    b. 凡本省境内的经纪人*(均)适用本办法。

"皆"也是一个具有书面语色彩的全称量化词,它也可以与"凡"配合在一起使用,如(18)。

(18) a. 按当时统一的界定：凡男 27 岁以上未娶者、女 25 岁以上未嫁者,??（皆)属这个范畴。
    b. 大城小镇,凡有人之处??（皆)有狗,手牵狗、车载狗逛街、兜风、进商场、逛公园者有之。

全称量化副词"全"以及"全部",与"都"相比,具有集合性特征。这两个副词也可以和"凡"配合使用,见(19)和(20)。

(19) 近几天来,洞城百姓凡能上阵打仗的,*(全)到练兵场集训去了,剩下的老弱残疾人员,在家忙着做饭、洗衣。城门紧闭,城墙上岗哨林立。

(20) a. 到 4 月 1 日,凡喷了"麦草灵"的贝母苗几乎*(全部)死亡。
    b. 在价格上规定,凡同香型、同档次的名白酒,??（全部)按比例低于兄弟厂家供应市场。

全称量化副词"一概"和"一律"都具有强调无例外的特征,它们也能与"凡"共现使用,例如(21)和(22)。

(21) a. 凡愿继续在美国学习而经费有困难的,政府??(一概)提供奖学金。

b. 凡有人登门求教,??(一概)不厌其烦,热情解答。

(22) a. 扩大保险对象,凡定居台湾地区6个月以上的公民,除军人外,??(一律)纳入全民健康保险;保险对象分为被保险人及配偶、父母、子女等。

b. 凡车籍属四川的机动车??(一律)实行第三者责任法定保险。

"统统"具有较强的口语化倾向,它也可以与"凡"共用,如(23)。

(23) a. 瑞士的公务员范围最广,除了议会议员和职员之外,凡政府系统和司法系统的官员、职员和国营公共企事业的管理人员、工作人员,*(统统)称为公务员。

b. 严格按政策办事,凡国家规定应减去的负担??(统统)免除,去年共核减农民合同外的负担71万元,人均12元;今年年初合同到户,合同外一律不得追负担。

"总"用作全称量化词时通常与情境集合相关联,它也可以与"凡"一起使用,见(24)。

(24) a. 凡到大都市,(总)免不了要去逛逛大商场的。

b. 凡事?(总)朝坏处想,好像树叶落下来都会砸破脑袋似的。

"凡"能与具有不同特点的全称量化副词配合使用,说明它与该类副词的兼容性强。也说明,它对语体的适应性强,既可以用在书面语中,也可以用在口语中。在很多时候,当把全称量化副词去掉后,句子的可接受性会大大降低,这说明这些"凡"字句对该类别副词有一定的依赖性。

双重否定表达如"没有不""莫不""无不"等,可以被理解为"都""皆"的意思,也具有全称量化的表义效果,与此同时这类表达带有强调的色彩。当谓语部分带有双重否定表达时,该类表达也可以带给"凡"的关联对象全称量化解读,如(25)到(27)。

(25) a. 那在蓝天碧海之间扬起的数角白色风帆,凡来悉尼的游客??（没有不)到此摄影留念的。

　　 b. 凡到贵阳的人几乎??（没有不)去花溪的。

(26) a. 凡到过此地的中外人士,??（莫不)对中国边防官兵的威武军姿、敬业精神、良好素质和文明举止留下极其深刻、难忘的印象。

　　 b. 在我国历史上,人们往往依据面对各种诱惑能否善于把握自己而对官吏作出或清或贪、或忠或奸的判断,凡青史留名者,??（莫不)与其善于把握自己有关。

(27) a. 这位形体训练专家素以严格著称,凡中戏表、导演专业的老毕业生们？(无不)对其敬畏三分。

　　 b. 北自辽宁的辽河,南到广西的合浦,凡沿海河道的较大入海口处,??（无不)有河蟹的踪迹。

那么,当"凡"与全称量化副词如"都"等共现且关联对象相同时,"凡"可能的语义功能是什么？两者的语义分工是怎样的？

首先可以确定的是,在共现时,"都"等依旧是全称量化副词。因为如果"都"等不是全称量化副词,那么它们的语义功能只剩下另外一种可能性,就是充当范围限定词,用来限定关联对象的范围。由于"都"等出现在"凡"字结构的右边,从句法位置上来说,这一假设可以成立。但是,基于我们对"全""都"等用作范围限定词的讨论,详见李宝伦、张蕾、潘海华(2009a)等,范围限定词的作用是对量化域进行限定。一般来讲,范围限定词的右边会出现对其所限定的范围进行量化的量化词。此时,若"都"等的右边缺少一个可用的量化词,这将使得它限定量化域的语义无法实现。

即使我们假设范围限定词可以帮助位于它左边的量化词限定量化域,并把"凡"看作量化词,也行不通,因为:"凡"出现在"都"等的左边,从句子的线性序列来讲,它会先执行量化,而后"都"等才能进行范围限定。这不是范围限定词和量化算子正常的操作顺序。而且,在"凡"对其关联对象进行量化之后,"都"等原本的限定对象就不存在了,取而代之的是"凡"量化域中的成员而不是量化域成了"都"等的关联对象。在这种情况下,相关句子很难得到正确的语义解读。

现在需要讨论的是共现时"凡"的语义功能。假设此时"凡"也是全称量化词,则会出现问题。因为不管是"凡"还是"都"等谁先执行量化操作,后一个词在进行量化时都会出现问题。以(28)为例。

(28) 凡熟悉高庆田的人,都说他很重友谊,心肠好。

对该句来讲,如果"凡"先做量化,句子会变成:对于每个 x 来讲,如果 x 是一个熟悉高庆田的人,那么 x 都说他很重友谊,心肠好。此时,"都"会出现在"凡"的核心部分。接下来,"都"是对 x 执行量化,所得到的解释是:对于每一个属于 x 的 y 来讲,y 说他很重友谊,心肠好。也就是说,对于人 x 的每个部分 y 来讲,y 说他很重友谊,心肠好。这显然不是这一句子所要表达的意义。如果"都"先来进行量化,句子会变成:对于每个 x 来讲,如果 x 是"凡熟悉高庆田的人"当中的一员,那么 x 说他很重友谊,心肠好。尽管针对"都"的这部分解释没有问题了,但这里"凡"没有办法成功进行量化了,因为它的辖域变成了"熟悉高庆田的人",其中只有 NP"熟悉高庆田的人"一个论元。"凡"因为缺少第二个论元而不能实现量化的语义。

接下来,我们尝试分析"凡"语义的其他可能性。从它所处的句法位置看,把它看作范围限定词不合适,因为它往往并不是处在范围限定词的典型句法位置即不在谓词的修饰语位置。

剩下的可能性就是共现时"凡"是加合算子。这种假设能反映出"凡"所表达的意义,也能使相关句子得到正确的语义解释。以(29)为例。

(29) 凡见过这阵式的人都难以忘怀。

如果该句中"凡"是加合算子,那么它作用于其关联对象"见过这阵式的人"并给出最大化的具有"见过这阵式"的特征的人的集合。作为全称量化词"都"会对该集合进行量化,表示:每个见过这阵式的人都难以忘怀。这是句子正确的语义解释。可见,将与"都"等共现时的"凡"看作加合算子是合理的。

不仅是全称量化副词,非全称性的"大多""多数"等用在修饰语位置时,也会帮助允准"凡"字句,例如(30)。

(30) a. 与此相反的是,凡在七运会上老将"回笼"多、青黄不接的项目,??(大多)在训练、竞赛体制上缺少改革举动,抱着旧经验、旧框框不放。
    b. 田处长说,凡有劳资纠纷的三资企业,??(多数)没组建工会。

### 2.3.1.2.2 "凡"与情态算子共现时的语义表现

再看"凡"字句中谓语带有情态算子的情况。实际语料中,"凡"常常与情态算子共现,这些算子主要包括:认识情态算子中,表必然的如"一定",见(31)。道义情态算子中,表命令的如"必须/须",见(32);表指令的"应该/应/应当""要",见(33)和(34);表允许、允诺的"可/可以",见(35);表允许的如"许""得""准",其通常与否定连用作"不许""不得""不准",表示不允许的意思,例如(36)。

(31) a. 凡读过《浙江经济报》的人,?? (一定)会被头版文章所吸引并为之震动。

　　 b. 凡认为自己遇到这种天花板的人,?? (一定)是自己的问题。

(32) a. 凡施行节育手术的医疗单位和计划生育服务机构,* (必须)具备手术条件。

　　 b. 凡治燥证,*(须)分外燥、内燥。

(33) a. 凡符合条件的,审批工作*(应当)从速,使更多的企业、院所直接走向国际市场去竞争和发展,这也是扩大出口的重要措施。

　　 b. 凡向黄河河道排污的,(应)严格执行有关水污染防治和环境保护的法律、法规。

　　 c. 凡有作战能力的人员,*(应该)自动前去鼓动站登记,不要再观望犹豫了。

(34) a. 除国家规定专用设施的专用颜色外,凡不符合本通告规定用色的,(要)予以改正。

　　 b. 河道内已建工程,凡不符合河道工程管理规定的,(要)限期拆除。

(35) a. 凡和我国有外交关系的国家,(可)实行免签证入境。

　　 b. 凡有功者*(可以)获得爵位与土地;凡耕作努力者*(可以)获得私有土地或更多土地。

(36) a. 根据企业所得税税前扣除相关性原则,凡与企业生产经营无关的成本、费用*(不得)扣除。

　　 b. 凡涉机密的,*(不许)抄传。

与"凡"和全称量化副词共现的情形相类似,如果删除共现的情态算子,相关"凡"字句的可接受性往往会变差,甚至变得难以接受。这说明,情态算子可以在一定程度上起到允准作用。情态算子是对可能世界进行量化,也具有量化能力。但是,"凡"字短语往往本身并不是可能世界的显性表现形式。因此,"凡"字句中情态算子起允准作用的机制还有待深入考查。至于这里"凡"的语义功能,还需要综合考虑它的其他一些表现才能做出明确的判断。尽管如此,可以确定的是"凡"表示它的关联对象所指谓的集合中无一成员是例外。

此外,"凡"字句的谓语部分中,全称量化副词和情态算子有时会同时出现,如(37)。

(37) a. 凡在本省行政区域内从事与农业环境有关的活动的单位和个人,都必须遵守本条例。

b. 凡在本省行政区域内从事测绘活动,均应遵守本办法。

c. 凡经批准有进出口经营权的企业,均能开展此项业务。

2.3.1.2.3 "凡"与连接性副词共现时的语义表现

接下来看谓语部分带有表连接关系的副词"就"的情况。"凡"字句中,"就"的用法有两种可能性:一种是,用作充分算子表示前件是后件实现的充分原因、条件或理由等。由于"就"本身是二元算子,它会把"凡"字短语作为前件,把它所在的谓语部分作为后件,在两者之间建立充分关系。另一种是,表示"凡"字短语所指谓的事件与谓语部分所指谓的事件紧接着发生。此时,"凡"只能看作是加合算子,因为在"凡"的辖域内只有一个论元,即它的关联对象。例如(38)。

(38) a. 一行一行地从左到右逐个检查表上的数字,凡遇到指

定的数字<u>*（就）划掉</u>，一直要把这张数字表检查完，把
该划的数字划完。

　　b.凡不属医疗事故的??（就）不处理。

　　以(38a)的画线部分为例。"凡遇到指定的数字"指谓一类事件，而谓语"划掉"指谓另一个事件。"就"表示前件是后件实现的充分条件。"凡"关联"遇到指定的数字"表示该类事件中没有单个事件是例外。

　　此外，谓语受时间副词"立即"修饰时，也有类似的效果，"凡"字句也可以不需要其他算子性成分的允准。这是由于对于"凡"的关联对象所指谓的集合中的所有成员而言，"立即"修饰的谓语所指谓的事件会马上发生。例如(39)。

(39) 李世勋当众宣布：申工在生产经营上享有绝对的决策权和指挥权，凡申工点了头的施工方案，立即动工；凡是申工把了关的设备，立即安装；……。

　　(39)中"凡申工点了头的施工方案，立即动工"这部分说的是，对于所有属于"申工点了头的方案"来讲，事件"动工"会紧接着发生。

　　2.3.1.2.4　"凡"在其他类型谓语中的语义表现

　　再往下，我们将考察"凡"字句的谓语部分不带有量化、否定、情态、连接等算子性成分的情况。具体包括以下几类：

　　"凡"字句的谓语可以是集合性谓语，如(40)。"凡"字短语可以充当这类谓语的主语，说明"凡"可以与集合性谓语相兼容，由此可以推断出它不具备内在的分配性特征。

(40) a. 画有各种图形的卡片10套，每套10张，图形分蓝红两色，凡同套内的红色图形有相同的部分，而蓝色图

形则都不具有这类相同的部分，……

    b. 凡穿红色队服的学生在东边集合。

不但如此，"凡"字句的谓语还可以是具有分配性特征的谓语。见(41)和(42)。这表明，"凡"的语义特征可以与这类谓语相兼容。结合上面"凡"与集合性谓语也相兼容的语言事实，可以推论出，"凡"的语义特征是偏中性的，具有弱的逐指性特征。

(41) a. 公司明文规定："凡是到红嘴来的大学毕业生、工程师给 100 平方米楼房；凡创部优产品的奖励两万元，创省优产品的 1 万元。"

     b. 和平村重视科技人才由来已久，重奖管理、科技人才的政策规定，凡应聘而来的管理、科技人才，月工资在原来的基础上上浮 3—4 级，工作满 5 年后固定一级，再继续上浮。

(42) 凡不按国家规定收费的，发现一起查处一起。

"凡"字句中的谓语中心语也可以是"为""称""视为"等表示等同或者同一性关系的动词。它们都有定性或命名的作用。例如(43)。

(43) a. 凡在家庭成员间发生的触犯刑律的杀人、伤害（重伤、一般伤害）、虐待（情节恶劣的行为）等行为为家庭暴力中的重大暴力；凡在家庭成员间发生的违反治安管理处罚条例或其他行政法规的殴打、捆绑、禁闭、虐待等行为为一般暴力。

     b. 凡委托拍卖机构拍卖农副产品的单位和个人称委托人，凡参与拍卖竞价购买农副产品的单位或个人称竞买人。

     c. 凡不在公布之列的收费项目视为乱收费，超过所公布标准的视为乱加价。

"凡"字句中的谓语中心语也可以为"予以""免（除）""禁止""允许""奖/惩"这类词或是谓语带有"依""按照"字样等。这些表达的共性是带有鲜明的行政色彩，用于表达规定、行政命令、行政态度等。相关句子具有书面语特征。例如(44)和(45)。

(44) a. 当然，他的措施今天看来也无特别之处：发动职工提合理化建议，凡被采纳者奖；凡报喜不报忧者罚。

　　 b. 凡实行许可证管理的货物，从境外运入保税区时，免领进口许可证；从境内非保税区运入保税区时，按海关规定执行。

(45) a. 凡参加总部和军区组织的军事演习或集训的，按照实际训练日计发补贴。

　　 b. 凡有下列行为之一者，依法追究直接责任人的行政责任和民事责任；构成犯罪的，依法追究刑事责任。

这些具有鲜明行政管理色彩的谓语中心语与上面列举的情态算子有类同之处，都是表命令、许可、规定等。由此，我们假设，特定的语境如表命名、命令、规定、许可等语境可以帮助允准"凡"字句，而"凡"是加合算子。

还存在这样一类情况。"凡"字短语充当句子的话题，在述题部分会有一个成分跟它在语义上相呼应。例如(46a)中，"凡试行配额招标的商品"与"（该类商品的）发证机关"构成领属关系；而(46b)中，"凡进入60强的企业"和述题中的"其"所指谓的对象相同。这里"凡"的关联对象是作为一个复数性整体来使用的，"凡"可以看作加合算子。

(46) a. 凡试行配额招标的商品，从4月1日起，发证机关调整为配额许可证事务局和特派员办事处。

    b. 凡进入 60 强的企业,市各机关部门为其专门服务,一
       路绿灯。

此外,当"凡事"用作主语时,谓语可以不受量化词等算子修饰,如(47)。当然,谓语也可以受量化词等算子性成分修饰,如(48)。也就是说,"凡事"后的谓语部分带不带算子性成分是可选的。之所以会出现"凡事"无须某个特定成分允准的情况,可能是由"凡事"的常用性以及"凡"的语义特征共同作用的结果。

(47) 郝主任好在凡事率先拼搏,身体力行。

(48) a. 我自尊心很强,凡事总想争第一,而面对着这种尴尬
       的局面,我似乎觉得受到了屈辱,内心里已埋下了"雪
       耻"的种子。

    b. 王孝宁天性就不安分,凡事都爱琢磨,爱问个为什么。

    c. 她从小要强,凡事不愿落在人后。

总的来讲,将"凡"看作加合算子的分析是较为合理的。"凡"表示它的关联对象所指谓的集合中成员无一例外。"凡"字句可以被允准成分如量化副词、连接副词"就"等允准;它也可以被语境允准,命令、规定、许可、禁止等下文语境可以作为允准者,保证"凡"字句能够被接受。"凡"的允准者没有显现出严整的规律性,可能的原因是"凡"本身在语义特征上没有明显的倾向性,语境容易将"凡"字短语与谓语部分在语义上成功联系起来。"凡"副词的词性使得这种语境上的允准更容易在语法上实现。

## 2.3.2　副词"凡是"的语义

《现代汉语八百词》在解释"凡是"时,指出其句法位置是在主

语之前。在实际语料中,"凡是"确实大多出现在主语前这一句法位置上,如(49)。

(49) a. 凡是留籽儿的剑麻,叶子老了,抽不出纤维来,根本没
　　　 用处。

　　 b. 凡是法律法规没有明令禁入的领域,都要向社会资本
　　　 开放。

　　然而,也有"例外"。有时,"凡是"会出现在句中状语前或宾语前的位置,用以修饰状语或宾语,分别见(50)和(51)。

(50) a. 凡是 3 月 1 日这一天,孩子们把自己假扮成各种各样
　　　 奇特的形象,然后才走出家门。

　　 b. 凡是不在工作、吃饭、睡觉的时候,他一定是在参加某
　　　 种集体的文娱活动。

(51) a. 凡是与人才有关的信息,他们很快就能接收到。
　　 b. 他们把凡是能栽树的地方都栽上了树。

　　(50)中,"凡是"的后面是时间状语。(51a)中,"凡是与人才有关的信息"出现在话题位置,它是"能接收到"的宾语;(51b)中"凡是"修饰"能栽树的地方",该"凡事"短语充当介词宾语。可见,"凡是"短语一般出现在谓语前的某个位置。

　　"凡是"的关联对象是其右边紧临它的成分。该成分多以名词或名词性短语的形式出现,如(52)。此外,该成分还可能是动宾短语、状中短语、主谓短语等句法形式,如(53)。

(52) a. 这里有各种各样的鸟。凡是中国产的鸟全有。(后接
　　　 定中型名词短语)

　　 b. 世界是人创造的,凡是不懂的你去学就懂了。(后接

"的"字短语）

（53）a. 他常说："治家好比针挑土,败家好比水冲沙",凡是用
人用钱用物,处处讲究经济核算,经济实效。（后接并
列的动宾短语）

b. 从此以后,凡是在中餐馆吃面条,我总会先叮咛一句：
把菜焗一焗。（后接状中短语）

c. 虽讲演了两三小时以后,凡是有人提出疑难,总是有
问必答,不愧为我们的良师益友。（后接主谓短语）

"凡是"由"凡"和"是"结合而成,其中"是"为焦点标识词。"凡
是"没有统计副词的用法,它用来表示其关联对象所指谓的集合中
没有成员例外,即"凡是"与表范围义的"凡"表义基本一致。

从实际语料来看,"凡是"的句法和语义表现与"凡"也非常相
似。两者基本上能互换使用。它们之间细微的差别在于：在法
律、法规中,多用"凡"。因此,对表范围义的"凡"的分析基本上能
应用于对"凡是"的讨论。

### 2.3.3 "举凡"的语义

#### 2.3.3.1 "举凡"的用法

《现代汉语词典》中将"举凡"解释为表"凡是"义的副词,并指出它
的下文多是列举性表达。实际语料中,"举凡"的关联对象即《现代汉
语词典》中所说的"下文"确实在很多时候都是列举性表达,见(54)。

（54）每天早晨清理房屋,倒痰盂是第一桩事。因为其中不仅
有痰,举凡烟蒂、茶根、漱口水、果皮、瓜子皮、纸屑,都兼
容并蓄,甚至有时也权充老幼咸宜的卫生设备。

(54)中,"举凡"的关联对象是由"烟蒂"等六个并列项组成的

并列结构。此时,该关联对象是以列举的方式说明痰盂中的杂物有哪些具体类别。

《国语辞典》中"举凡"有两个义项,除表"凡是"外,另一个义项是"举出重要之点",较之《现代汉语词典》多了一个义项。而"举凡"表"举出要点"这一用法在实际语料中十分少见。如(55)。

(55) 这里,仅就笔者阅读笔记,举凡略陈。

在语料库中,还有类似(56)这类例子。其中"举凡"既不适合理解为"凡是",也不是表"举出要点"。它表达的是"一共;总共"的意思,后面接数量表达。

(56) a. 试看这台晚会,举凡 42 个节目,论艺术形式,有相声,有小品,有短剧;有歌舞组合,有杂技魔术,有综艺表演,有戏曲名段,有现场活动(仪式);有独舞,有双人舞,有集体伴舞;有独唱,有合唱,有组合唱,有小型音乐剧……真是丰富多样。

b. 日前,五卷本、300 多万字的《胡经之文集》由深圳海天出版社出版发行。皇皇五大卷、举凡数百万言,这是深圳大学教授、著名文艺学学者胡经之先生学术研究的集大成著作,是其人生"立言"的至高境界。

由此可见,在实际使用过程中,"举凡"是有三种用法的。下面,我们将集中讨论表"凡是"义的"举凡"。

### 2.3.3.2 "举凡"的关联方向及关联对象

"举凡"总是关联它右边的、紧邻它的成分。该成分主要有两种类型。一种是非列举性表达。此时,"举凡"的关联对象相当于一元谓词,指谓的是具有相关特征的实体的集合。"举凡"表示该集合中没有成员是例外。"举凡"的关联对象可能的句法位置主要是(次)话题、主语和谓语前修饰语这几种,分别见(57a—c)。

(57) a. 举凡国内外的盛大节会,赵才萱总是努力争取使剪纸获取一席之地,进入人们的欣赏视野。

b. 举凡大点的会,总有这样一个节目:众多与会者密密层层排开,由大型转动相机"扫描"一番。

c. 举凡学校有来宾或会议需要用美丽女孩作为仪式装饰时,她必在场有份,一面有点害怕,有点不安,一面却实在乐意在公众中露面,接受多数人带点阿谀的赞颂。

由"举凡"和它的关联对象所构成的"举凡"短语不能用作宾语,这是由于:如果出现在宾语位置,该短语就会因为缺少陈述、说明部分而让人难以接受。

"举凡"的关联对象的另一种类型是列举性表达。此时,该关联对象主要用来充当主语。例如(58)。

(58) a. 举凡儿童艺术展览、戏剧表演、音乐演奏、运动竞技比赛、飞机及汽车模型制作竞赛等等都时常地展开和举行。

b. 工人新村的居民清楚地记得,原先在这里,连买瓶酱油都得跑上几里路,更别提生活的其他不方便了。如今,这一带近5万居民举凡买菜、做衣、理发、医疗、订奶、订报等事情,在散步之中就顺手办了。这些便利是北村办事处为居民创造的。

这一列举性表达内部可能是类别性表达的并列,也可能是同一个类别中具体实例的并列,分别见(59)和(60)。

(59) 据统计,高山族祭祀多达 70 多项,举凡农耕、渔猎、征
战、生育、婚丧、建筑、长旅等皆有祭,特别是围绕粟、稻、
芋、薯等农事的系列性祭祀活动……

(60) 两人在"松鹤楼"吃了晚饭,举凡"松鹤楼"的名菜"清炒
虾仁""清炒鳝糊"等等尽皆吃了,才兴尽而归。

(59)中,"举凡"所关联的"农耕"等都是类别性表达,比如说
"农耕"包括"开垦"等具体实例;(60)中"举凡"所关联的"清炒虾
仁"等都属于"松鹤楼"名菜这一类别中的具体实例。

### 2.3.3.3 "举凡"短语与上位、下位表达之间的呼应

当"举凡"的关联对象为类别性表达时,由于类别性表达是将
属于该类别的事物加以概括,该关联对象相对于它的成员来讲是
上位概念;又由于一个下位类别属于上位的类别的一个子集,所有
相关的、下位的类别性表达并列在一起时,就可以用它们的母集对
其进行描述,而母集对于子集而言是上位概念。当"举凡"的关联
对象由某个特定类别的具体实例组成时,这些具体实例与它所属
的类别是上下位概念的关系。由此,"举凡"的关联对象可以与上
文或下文中的上位或下位表达形成呼应关系。而这种呼应能够促
进语篇的连贯与衔接。具体有如下几种情形。

"举凡"短语可以出现在相对于"举凡"的关联对象而言的上位
的总括性表达的后面,通过列举的方式对这一总括所包含的内容
进行具体化说明,例如(61)。

(61) 韩淑秀治病的范围极广,举凡心脏病、胃病、糖尿病、高
血压、肾病、类风湿、牛皮癣、关节炎、腰椎病、妇科诸症、
脑病、各种肿块、肿瘤及癌症。

"举凡"的关联对象作为上位类别出现在列举说明性表达之前

或之后时,"举凡"短语(以及它所在的小句)对列举项起概括作用。例如(62)和(63)。

(62) a. 原来,新加坡政府对吸烟有着极为严格的限制,在办公室、餐厅、车站、商店、影剧院、地铁、汽车内等举凡有空调的地方一律禁止吸烟,违者必定严处。

b. 说说咱酒国的名吃,挂一漏万在所难免,请多多包涵。站在驴街,放眼酒国,真正是美吃如云,目不暇接:驴街杀驴,鹿街杀鹿,牛街宰牛,羊巷宰羊,猪厂杀猪,马胡同杀马,狗集猫市杀狗宰猫……数不胜数,令人心烦意乱唇干舌燥,总之,举凡山珍海味飞禽走兽鱼鳞虫介地球上能吃的东西在咱酒国都能吃到。

(63) a. 但有一点我们容易疏忽处,英国人对于支持传统虽十分注意,正因为支持传统,举凡一切进步的技术,可并不轻视。他保守,在工业上却不落后,在武备上也不落后,在人事管理上也不落后。

b. 举凡胸有大志、心存敬畏的仕者,诸如范仲淹、于谦、海瑞、张伯行等,正因为"明而刚",即便在污浊的官场中亦能守身如玉。

(62a)中,位于"举凡"前面的"办公室""餐厅"等都属于"举凡"的关联对象"有空调的地方"所指谓的集合。"举凡有空调的地方"是对"办公室、餐厅、车站、商店、影剧院、地铁、汽车内等"的概括。(62b)中,"举凡"句上文中的"驴""鹿""牛""羊""猪""马""狗""猫"等都属于"举凡"的关联对象"山珍海味飞禽走兽鱼鳞虫介"所指谓的集合。

(63a)中,"举凡"的关联对象"一切进步的技术"包括"工业""武备""人事管理"。"举凡"所在的小句是对下一句的概括,而下一句则是以列举方式对"举凡"小句进行具体说明。(63b)中,"举凡"的关联对象"胸有大志、心存敬畏的仕者"与其后面的例子"范仲淹"等之间是类别和具体实例之间的关系。

### 2.3.3.4 "举凡"的语义功能

当"举凡"短语单纯用来列举上文或下文中某个上位概念的成员时,"举凡"毫无疑问是加合算子。因为此时它仅作用于其关联对象,确保其关联对象所指谓的集合中所有成员都包括在内。"举凡"的关联对象与上位概念所指谓的内容相同,它们是同位关系。"举凡"本身和句中其他成分没有句法关系。见(64)。

（64）a. 除此之外,"虎"还因为古代方言的叫法不同,又无端增添了许多土名、诨名,因为年代久远,这些土名、诨名无一例外成了无法索解的雅号,举凡称"李父",称"李耳",称"伯都",称"於菟",等等。

b. 为避免因人物过多所形成的单调感,他一反人物画注重对面目表情的刻画,转以各行其是的动态特征显示不同人物的神态和心态,举凡打幡送殡出城的,骑马迎亲进城的,挑担推车的,遛鸟练武的,甚至城墙拐角处背人解小手的……

(64)的这两个例子中,"举凡"的辖域内只有它的关联对象,没有其他成分。如果要假设"举凡"是全称量化词,则它一定要有两个可用的论元。因此,在这里"举凡"是量化词的可能性能够被排除。此时的"举凡"与"诸如""比如说"的意义有相近之处,都是用来引出例证,所不同的是,"举凡"能给山关联对象最大化解读,即该关联对象所指谓的集合中没有成员是例外。

除此之外的其他情形下,"举凡"常常与全称量化副词或是与全称量化在逻辑上等价的双重否定表达共现。而且,当两者共现时,很多时候,去掉该量化表达会使句子的可接受性大大降低,甚至是变得不能接受。见(65)和(66)。

(65) a. 举凡关于书的千字文，我们 *(都)欢迎，希望大家热情
　　　赐稿支持。

　　b. 举凡经解、性理、物理、文章、经济、小学、方技、律历、
　　　医药诸门学问，?? (均)审订真伪，发其精粹，清其条
　　　理，详其始末，编为百卷之书。

　　c. 举凡初游北京的人，*(总是)要看看王府。

(66) a. 园区面积 27 公顷，采用传统中国建筑与闽南建筑的
　　　特色，举凡建筑设计、庭园布局、院落搭配、建材引用、
　　　雕刻装饰，*(无不)巧妙，值得仔细回味。

　　b. 古今中外，举凡卓越的领导人或领袖，*(莫不)是勤奋
　　　学习、追求新知的典范。

不仅是全称量化副词，其他类型的量化词如"多"等也可以与
"举凡"共现，并帮助允准相关句子，如(67)。

(67)《中国历代书画艺术论著丛编》选取中国历代留存至今
　　的、重要的书法绘画艺术论著共六十七种。上起南北
　　朝，下迄民国初年，举凡书法绘画通史、断代史、专史、书
　　画家传记、通论、杂论、题跋、公私著录、丛纂等，*(多)搜
　　集在内，具有较高的学术性、史料性和代表性。

"举凡"与量化词共现，且该量化词与"举凡"的关联对象在语
义上关联时，"举凡"和这一量化词不能同时充当量化词。从"举
凡"所在的句法位置看，它应该不是量化词。那么，它就应该是加
合算子。将"举凡"处理成加合算子，相关句子可以得到正确的语
义解释，说明这一假设有着合理性。

"举凡"短语可以充当集合性谓语的主语，这说明其在语义上

是复数性的,且不具备内在的分配性特征。加之,"举凡"短语与加合短语"所有 NP"一样,在不需要借助允准者的情况下可以与集合性谓语共现,可以进一步说明把"举凡"视为加合算子是有道理的。例如(68)。

(68) a. 有关专家以"博、大、精、深"四字概括其特点:举凡历史、种植、加工、贸易、茶俗、茶具、茶著、相关机构等,融于一炉,不可谓不博……

　　 b. 举凡文明古国和当今强国,历史不同,文化各异,但有一点是相通的,就是好学不倦。

此外,当充分算子如"就"以及"即"等出现并将"举凡"短语作为前件时,该类算子由于自身的匹配功能会帮助允准"举凡"句。此时,由于"举凡"短语提供的是前件,"举凡"仅与它的关联对象相互作用,所以"举凡"应处理为加合算子,而不是量化词。见(69)。

(69) a. 举凡他们不能通过理智和辩论战胜的东西,他们便采用拖延的办法和玩弄法律的手段来加以阻挠。

　　 b. 举凡一国明显地向另一国进攻,即构成侵略行为。

"举凡"短语的允准者并不限于上述成分,有时还可以是以下的情况,如见(70)—(72)。

(70) a. 举凡政见之沟通,文化之融进,经贸之中介,(多)可借我以畅其流。

　　 b. 国人多不把草放在眼里,举凡与草沾了边的,??(十之八九)要降价处理:草民、草芥、草寇、草包之类皆是;即使至尊至贵的王,一旦与草有了瓜葛,立时变成胡传魁式的"草头王"。

(71) a. 举凡想利用手中权力谋取优质资源、特殊服务，并以
此炫耀特权、显示身份、夸饰地位的，（多）是染上了特
权思维之毒。

b. 举凡医药公司、用药单位、新闻记者、作家、律师、院外
活动者和其他特殊利益集团，不是指责它太死板，就
是批评它过于宽容，这就要看他们站在哪个方面说
话了。

(72) a. 很简单，举凡一切过节所需用品，从室内装饰到晚餐、
礼物，分成几个等级，由购买者用分期付款的办法
购买。

b. 举凡写到这群童蒙初开的高中学生被时代所唤醒的
个性意识和价值观念的蓦然跃动时，一种新的诗
情——闪耀着对未来世界的憧憬、向往和追求的诗
情，油然而生，感人肺腑。

　　(70a)以及(70b)中，"举凡"短语充当主语，谓语部分带有量化
词"多"或"十之八九"，可用于允准相关句子。而去掉这个量化词
之后，相关"举凡"句还基本可以接受，这说明句中其他成分也有允
准能力。这两个句子的谓语动词前都出现了情态算子，而情态算
子具备量化能力，它对可能世界进行量化，具有允准功能。虽说如
此，"举凡"短语所提供的并不是可能世界集合。关于情态算子对
这类句子的允准机制，还有待进一步考察。

　　(71a)和(71b)中，"举凡"短语充当的都是主语，(71a)中谓语
动词是表示等同义的"是"；(71b)中谓语部分是"不是 X，就是 Y"
结构，该结构表示选择义，单看其中任意一个部分又都是表等同义
的。可见，表等同义的谓语由于自身的语义加之"举凡"的语义特
性，能够使得"举凡"句不需要其他成分允准。

　　最后来看(72)这组句子。这组句子中没有具有量化能力的算
子性成分，也没有充分算子"就"出现，谓语也不是表等同义的"是"

或集合性谓语。它们之所以能够被接受可能是句子长度、韵律、语体等多种因素共同作用的结果。

## 2.3.4 "大凡"的语义

《现代汉语词典》中将"大凡"认定为副词,认为它表示"总括一般的情形",用在句首的位置,后面常常有"总""都"等与之相呼应。

《现代汉语词典》对"大凡"的语义解释是准确的。"大凡"相当于是"大概"和"凡(是)"在语义上的结合,其中"大概"表示的是"估计、推测"的意思,受其语义影响,"大凡"所做出的总括是基于推测而来的,它概括的是一般的情形,允许个别例外。

而通过考察实际语料,我们发现,"大凡"的句法位置并不限于句首。它既可以用作限定词与其关联对象构成"大凡"短语充当句子成分,也可以直接用作谓词修饰语。

下面我们将分别讨论"大凡"的限定性和修饰性用法。

### 2.3.4.1 限定性的"大凡"

这里我们将从"大凡"与"凡是"的差异,"大凡"的关联对象的句法类型及功能,"大凡"短语的语义贡献以及相关句子的允准成分,这几个方面讨论限定性"大凡"。

2.3.4.1.1 "大凡"与"凡是"的表义差异

"大凡"和"凡是"在语义上很接近,因此会有将"大凡"解释为"凡是"的说法。两者的语义确实很接近,它们都是用来总括其关联对象,区别在于:"凡是"强调它的关联对象的指谓中没有成员是例外,而"大凡"是推测性的总括,它概括的是一般的情形,个排除可能会有例外存在。对比(73a)和(73b)。

(73) a. 凡是有作为的企业家,都有鲜明的个性。
 b. 大凡有作为的企业家,都有鲜明的个性。

(73)的两个例子中,"凡是"和"大凡"的关联对象都是"有作为的企业家"。(73a)在"凡是"的作用下表示:所有的有作为的企业家都有鲜明的个性,不存在有作为的企业家是例外。(73b)中由于使用的是"大凡",在语义上会与(73a)有细微差异,该句表示一般来讲所有有作为的企业家都有鲜明的个性。"大凡"的出现表明该句所得出的结论具有推测性,因此可能会出现为数不多的例外,即存在有作为的企业家没有鲜明个性的情况。

2.3.4.1.2 "大凡"的关联对象的句法类型及句法功能

"大凡"不直接充当句法成分,它用来修饰其关联对象。"大凡"的关联对象在句法类型上具有多样性,该对象可以是名词短语、谓词短语、主谓短语、介词短语等,分别见(74)—(77)。

(74) a. 大凡一件新的事物,都会引起人们的兴趣。

b. 大凡上了点年纪的人,都会对昔日的药品商标、广告记忆犹新。

(75) a. 这其实也容易理解,大凡写小说和其他作品,固然也需要各方面的知识,但要者是需卷入到生活里去,体察生活,理解生活……

b. 大凡打仗作战,士气是至关紧要的。

(76) a. 大凡一个人身临仕途升迁,除了感到责任加重的压力之外,可能还会有一点踌躇满志的感觉。

b. 大凡一个商品出了名,总有人跟在后头,仿效制作。

(77) a. 在日常生活中,大凡出现腹痛、腹泻、泻下赤白脓血便症状时,人们自然而然地就会想到痢疾。

b. 大凡在社会转折时刻,沉渣最易泛起,这些货色最易繁衍。

"大凡"的关联对象所充当的句法成分可以是话题、主语、状语以及复句的前一个小句,分别见(78)—(81)。

(78) a. 大凡属于大科学范畴的科研项目,社会主义国家均有一定的优势。

　　b. 世界上大凡经济发展速度快的地方,人们的收入和物价增长的幅度都比较高,货币贬值是必然的。

(79) a. 大凡成为明星的,都有一段传奇色彩的故事。

　　b. 大凡集邮者,都有强烈的邮品占有欲……

(80) a. 鲁迅曾经批评过这样一种人:"胜了,我是一群中的人,自然也胜了;若败了时,一群中有许多人,未必是我受亏;大凡聚众滋事时,多是这种心理"。

　　b. 马伯乐大凡在高兴的时候,对着他的宾客没有不说这话的。

(81) 大凡要看文人之文品与人品,有一条民间约定俗成的话大可用来一试,那就是"听其言,观其行"。


### 2.3.4.1.3　"大凡"的语义功能及相关句子的语义允准

限定性"大凡"的语义由两部分组成:"大"即"大概"贡献推测义;"凡"则贡献加合义,它会对其关联对象进行加合,从而得到一个复数性的集合。

由于"大凡"执行的是加合功能,相关句子通常需要某个成分来允准。通过观察,不难发现,可以充当允准成分的主要有以下几种:

量化副词用来允准"大凡"句。量化副词将"大凡"短语作为量化域,把句子的其余部分作为核心域,进行量化操作。常与之共现的量化副词有全称量化副词"都""总(是)"等以及非全称的量化副词"多"等,例如(82)—(84)。


(82) a. 大凡中国传统的民间艺术节,诸如西双版纳的泼水节、潍坊的风筝节、山西的锣鼓节、湖南的龙舟节、洛阳的牡丹花节等等,??(都)少不了他的身影。

b. 大凡任何事物?? (都)有它的两面性。

(83) a. 大凡人们出主意、办事情,?? (总)有两种情形:一种是合理,另一种是不合理。

b. 大凡一个时代,?? (总)有一个时代的特别空气。

(84) a. 历史上大凡后来居上者,?? (多)是利用转轨段上的超越。

b. 大凡知青*(多)出生在百废待兴的五十年代,他们与六七十年代的人不同,他们当过地道的农民,用行为和青春真正诠释了"苦难"。

这里仍有待进一步讨论的是,下面(85)中,"总(是)"是针对情境集合而不是"大凡"短语进行量化,但它仍旧能允准相关的"大凡"句。

(85) a. 大凡"抬轿子""吹喇叭"的人,?? (总是)抱着一己私念,从"抬"和"吹"中寻求好处。

b. 大凡政治骗子,?? (总)有一套骗术。

双重否定表达具有全称量化的语义效果,因此,也可以允准"大凡"句,如(86)。

(86) a. 大凡搞文学创作的,?? (莫不)以长篇巨制为目标,而视小小说为小儿科。

b. 大凡企业界的厂长、经理,几乎*(无一不)希望广告给他们带来巨大的利润。

情态算子如"必"等具备量化能力,对可能世界进行量化。这类算子也能帮助允准"大凡"句。例如(87)。

(87) a. 大凡盛名者，*（必）有独特之处。

　　 b. 大凡像样的书店，??（必）有《红楼梦》销售，就像星级
　　　 酒店少不了外币兑换台一样，显示一种身价。

谓词为最高级表达时，由于最高级表达可以转化为全称量化
表达，也可以帮助允准"大凡"句，如(88)。

(88) 大凡世间景色，最美莫过于自然山水，而自然山水中最
　　 诱人也最为动人的莫过于大瀑布。

(88)中，"最美莫过于自然山水"可以转化为"对于每个 x 来
讲，自然山水美过 x"。"大凡世间景色"可以看作量化域，x 从其中
取值，而"自然山水"是该量化域中的成员。频率副词"一般"以及
概率副词"往往"也能允准"大凡"句，如(89)。

(89) a. 大凡创新，*（一般）具有科学性、实践性、开放性的
　　　 特征。

　　 b. 从古到今，大凡在中国这块土地上发生的那些震撼天
　　　 地的大事，??（往往）首先发生在农村。

连接副词"就"会在两个事件之间建立语义联系，它可以表示前
件是后件实现的充分条件、原因等，也可以表示两件事紧接着发生。
因此诸如"就"这类连接副词可以起到允准句子的作用。如(90)。

(90) a. 大凡有婚庆、乔迁、生日、满月、升学、提职等好事，主
　　　 人?（便）要发请帖、摆酒宴。

　　 b. 但大凡亲身到广州、深圳来看过的人，??（就）不再相
　　　 信这种谣言了。

添加性副词"也"在自身的语义得到满足时也能允准相关"大凡"句,见(91)。

(91) 过去的经验证明,大凡冬学工作做得好的地区,中心工作??（也）容易开展。

谓词为"是……的"准分裂结构、"既……又……"或是"不是……就是……"等结构时,相关"大凡"句不需要量化副词的允准也可以说,如(92)。

(92) a. 其实,大凡明智的领导干部,??（是）愿意听真话（的）。
b. 大凡在海外出生或在国外长大的中国留学生的孩子,耳濡目染的不是高雅的古典音乐,就是疯狂的现代摇滚,很少有机会体验中国民乐的魅力。
c. 大凡写这种热闹场面,既要写得错综,又要条理分明,既要有全场的鸟瞰图,又要有个别角落及人物的"特写"。

"大凡"的关联对象中(某个成分)的指谓与谓语前代词的指谓相同时,先行词和代词之间会构成语义上的联系,整个句子的语义也得以明确。见(93)。

(93) a. 大凡一个主角,能演着与他痛痒相关的剧本,他一定是演得更亲切,由这一点上来证明,也觉得主角是燕西的化身了。
b. 大凡人们对自己付出劳动或财物的事情,其关注程度会更高。

以(93a)为例。"大凡"的关联对象"一个主角"和下文中的

"他"指谓相同。这使得"大凡一个主角"和句子的其余部分之间能有明确的语义关系。

简言之，"大凡"在"凡"的语义作用下具有加合算子的性质，它可以被上述几类算子允准。

### 2.3.4.2　修饰性的"大凡"

修饰性的"大凡"直接充当句法成分，用在句子核心谓语的修饰语位置。例如(94)。

(94) a. 任何新生事物的成长，大凡都不风顺。

　　 b. 在革命军队的大熔炉中锻炼成长的优秀诗人李瑛，其诗作大凡是"时代的纪事""进军的号角"。

这里"大凡"不能理解为"凡是"的意思。"凡是"不具有这一功能。如果用"凡是"替换(94)中的"大凡"，句子将变得不能说，见(95)。

(95) a. *任何新生事物的成长，凡是都不风顺。

　　 b. *在革命军队的大熔炉中锻炼成长的优秀诗人李瑛，其诗作凡(是)是"时代的纪事""进军的号角"。

该用法中，"大凡"与"大概"意义接近，句中的"大凡"常常可以用"大概"来替换。如(96)。

(96) a.《护生画集》的意义大凡/大概主要体现于此。

　　 b. 文章认为，对于加班，大凡/大概看来，应该一是生产确实紧张，不加班不足以完成任务；一是因为连续性作业，生产操作不能停止；再就是遇到了临时性的突击任务。

虽说如此,"大凡"与副词"大概"在用法和分布上有明显的差异。"大概"可以用来估测数量和时间,而"大凡"没有这一功能。对比(97)和(98)。

(97) a. 兰兰大概在月底回国。
     b. 李老师大概讲了两个小时。
(98) a. *兰兰大凡在月底回国。
     b. *李老师大凡讲了两个小时。

"大凡"和"大概"都可以表示对情况进行推测。两者都能针对一般情况作出推测,例如(99)中两者都可以出现。所不同的是,"大概"还可以对某个单一事件作推测。对比(100)中的句子。

(99) a. 她们之所以敢冒天下之大不韪,大凡/大概是"悟出"
        了自家夫君权力的"含金量"。
     b. 对于人际组合,差不多的人都希望完美的人结合,使
        之情投意合、珠联璧合。这在婚姻上也大凡/大概有
        这样的意思。
(100) a. 这么晚了,他大概/*大凡不会来了。
      b. 我想他大概/*大凡会同意这个决定。

## 2.3.5 "但凡"的语义

### 2.3.5.1 "但凡"的关联对象

"但凡"用来表示"只要(是);凡(是)"的意思。它的关联对象是出现在它右边的、紧邻它的成分。从句法类型上看,"但凡"的关联对象可以是名词性短语、谓词性短语、主谓短语,分别见(101)—(103)。

(101) a. 但凡奇迹的背后,都会有一个个动人的故事。

b. 但凡记者,都想成为"铁笔",李庄直到现在还没有放弃这种愿望。

(102) a. 过去在街市上开店,但凡打出了名气、树起了牌,总爱标榜一句"独此一家,别无分号"。(动宾短语)

b. 近几年,但凡稍微留意一点都会发现,几乎是每幢楼房,每片小区,每条街道,甚至是浴池、商场、电梯间、公共交通工具上等公共场所,都有犬影出没……(状中短语)

(103) a. 但凡一个人干了什么,干得还可以,必是一个撺掇一个,先是本家亲戚一伙,再是同村同乡一帮,就都相继出来了,逐渐也形成以商州人为主的送煤群体和拾破烂群体。

b. 但凡一个人有了贼心,那么一切贼言贼行,皆可由此发生,故此僭拟天王、妄称先圣、煽聚朋党等等,也就不足为奇了。

"但凡"可以用在单句中,也可以用在复句中。单句中,"但凡"的关联对象主要用来充当主语或话题,如(104a)和(104b);复句中,该对象是条件句的条件子句,如(105)。

(104) a. 但凡那样的人,都要向他夸耀小伙子如何地好,他的家庭如何富裕,等等。

b. 他倒不是怕你一个人。但凡年轻漂亮、妖里妖气的姑娘,他都怕。

(105) a. 于是,但凡家里急需现金,林农就跑到山上集体林中砍上几棵树。

b. 但凡老徐除夕值班,妻子总是默默地提前准备饭菜,提前过年。

### 2.3.5.2 "但凡"所表达的意义

单句中,充当主语或话题的"但凡"的关联对象在语义上是谓词性的,可以看作"(是)DP",它表达的是具有谓词特征的个体的集合。具备"(是)DP"这一特征可以看作条件,而谓语/述题部分所指谓的特征则可以看作结果。处在谓语修饰语位置的"都""总""就"等二元算子可以在条件和结果之间建立蕴涵的语义关系。"但凡"既可以作"凡是"又可以作"只要(是)"解读。"但凡"具有加合作用,它表示具备相关特征的集合中没有成员是例外。这与"凡是"所表达的加合功能大致相同,所以它可以作"凡是"讲。又由于可以理解为满足"(是)DP"条件的所有这些成员都能使谓语/述题所指谓的结果为真,因此"但凡+关联对象"可以看作充分条件,这样"但凡"就有了"只要(是)"的语义。例如(106)。

(106) 但凡接触我们的人都会受到审问。

(106)中,"但凡"的关联对象是"接触我们的人",该名词短语在语义上相当于一元谓词。"但凡"把所有具备"(是)接触我们的人"的特征的个体进行加合,而"都"表示:每一个具有"接触我们的人"特征的个体"人"都会受到审问。"(是)接触我们的人"可以看作条件,满足该条件的"人"都会使结果"会受到审问"为真。所以"但凡"会有标识充分条件的功能。

"但凡"出现在复句中时,该复句一般为条件句。它用在条件句的前件中。当"但凡"的关联对象指谓事件类别时,"但凡"句表示所有属于该类别的事件发生时,都会有后件所指谓的结果出现。起允准作用的算子如"就"等会表明前件和后件之间的充分关系。"但凡"可作"凡是"解,表示它所限定的条件类别中所有的单个条件都包含在讨论范围内。由于这些条件对结果来讲是充分的,"但凡"也可以看作"只要是",起标识充分条件的作用。例如(107)。

(107)但凡我根据所见直言不讳,人们就加倍地大声反对。

(107)中,从句中的"但凡"关联事件类别"我根据所见直言不讳",主句中的"就"表示前件是后件实现的充分条件。

当"但凡"的关联对象所表达的是某个特定的假设条件时,"但凡"的作用是将该条件标识为充分条件。此时,把"但凡"换作"凡是",句子的可接受性会变差。例如(108)。

(108) a. 朋友最近因为常常挤公交,观察到了一个有趣的现象。但凡/? 凡是车上有第一个人主动让座,这辆车的让座率就一定会高,反之……
　　　 b. 但凡/? 凡是宗族里有聪慧灵秀的孩子,即便家庭贫困,也不让他失学。

"但凡"所关联的条件可以是违背客观事实的假设性条件,例如(109)。

(109)但凡当年我能住上间平房,我现在还两袖清风呢。

对(109)来讲,通过语境可知,当年我并没有住上平房,因此这里"但凡"所关联的条件是与客观事实相反的。

### 2.3.5.3　与"只要""凡是"比较

"但凡"和"凡是"都可以看作加合算子。两者的差异主要体现在以下几个方面:第一,"凡是"的关联对象指谓的是类别或复数性集合,一般不能是某个特定的假设性事件;而"但凡"的关联对象可以是特定的假设性事件。例如上面的例(108)。第二,"凡是"侧重说"无例外";而"但凡"既可以表示"无例外"也可以表示假设。第三,从主观性上来讲,"但凡"可用于表达无奈、后悔等主观情绪;而"凡是"则不会凸显这一主观性。对比(110a)和(110b)。

"只要"侧重在说它所关联的成分是充分条件,该条件得以满足则结果为真。"只有"的这一语义会引出结果容易实现的推论。相应地,它所标识的充分条件常常会被看作较低要求、易于实现的条件。因此,"只要"一般也不用来突出无奈、后悔等主观情绪。对比(110a)和(110c)。

(110) a. 想当年,但凡有一点儿办法,我们也不会把厂房卖了。

b. 想当年,凡是有一点儿办法,我们也不会把厂房卖了。

c. (?)想当年,只要有一点儿办法,我们也不会把厂房卖了。

(110a)中,使用"但凡"表现出说话人对当年把厂房卖掉的无奈;(110b)中,"凡是"侧重说的是所有属于"有一点儿办法"的条件都会有"我们不会把厂房卖了"的结果。虽然也可以推出说话人无奈的情绪,但是这一主观性相对要弱;(110c)中,"只要"的出现强调的是,"有一点儿办法"是较低的要求。

此外,"只要"不同于"但凡"和"凡是",它不能直接关联名词短语,将其作为条件。在名词短语之前要加上"是"将其变成命题性的才能作为"只要"的关联对象,除非该名词性短语是"有(NP)的"形式的"的"字短语。分别对比(111)和(112)中的例子。

(111) a. 在什么时代大概都一样,但凡/凡是亡命者,总想为自己的庇护者做些事情,以报恩德。

b. 在什么时代大概都一样,只要*(是)亡命者,总想为
自己的庇护者做些事情,以报恩德。

(112) a. 但凡/凡是有条件的,纷纷开辟出花园。
b. 只要有条件的,纷纷开辟出花园。

## 2.3.6 "凡此种种"的意义和用法

"凡此种种"相当于一个复数性的名词短语,其中,"凡"是"凡
是"的意思,"此"是代词,是"这"的意思,而"种种"表示属于同一类
别的各种各样的情况。整个表达大致相当于"所有这些(情况)"的
意思。

"凡此种种"的前面一般会出现若干具体实例,而"凡此种种"
正是对这些实例的概括,表示把前面所列的情况都包括在内。例
如(113)。

(113) a. 有的顾客刚吃完油腻食品,即在服装店的高档服装
上东摸西捻,留下污迹;有的顾客大汗淋漓即去试穿
服装;有的顾客对着食品柜台大声说话、咳嗽,以致
唾沫飞溅。凡此种种,也许本人毫无觉察,可是会给
商家、其他顾客带来损害。

b. 几个审判官,一个记录员,一些法警,一群幸灾乐祸
赶热闹的面孔,凡此种种,他在二十七年前都曾见过
一次。

(113)的两个例子中,"凡此种种"都是对前面画线部分内容的
总结概括。

"凡此种种"具有名词的语法性质。它常常用来充当话题或主
语,如(114)和(115)。它后面的述题/谓语对其进行陈述、说明。

(114) a. 凡此种种作品都没有写,他作为一个人成长起来那
种类似筋骨的东西也几乎没有。

b. 凡此种种,我们将永志不忘。

(115) a. 凡此种种使人们对私有化容易产生心理障碍。

b. 凡此种种表明:提高通俗音乐作品质量和演奏、演
唱水平,已成为迫在眉睫的任务。

有时,"凡此种种"也可以用作定语,如(116)。

(116) 凡此种种的背后,更有文明安定的社会环境、民众整体
教育水平的提高。

此外,"凡此种种"还可以单独成句。由于是对前面例子的概
括总结,"凡此种种"不出现在宾语位置。在我们所考察的实际语
料中,也确实没有用在动词后作宾语的例子。

## 2.3.7 "凡"及含"凡"词语语义小结

"凡(是)""大凡""举凡""但凡""凡此种种",这些词语都包含
相同的语素"凡"。它们既有相似之处,也存在差异。

"凡(是)"和"举凡"都表示其关联对象所指谓的集合中没有成
员例外,它们可以看作加合算子,赋予其关联对象全称义。而且,
它们都是右向关联的。"举凡"的后面常常是列举性表达。

"大凡"是对一般情形进行概括,它允许有个别例外存在。"大
凡"有限定性和修饰性两种用法。

"但凡"表示"凡(是);只要(是)"的意思。"但凡"关联假设性
的条件时,会表现出无奈、后悔等主观情绪。

"凡此种种"已基本固化成一个词语,它相当于一个复数性的
名词,一般是对前面所列举的情况的总括。

## 2.4　本章小结

从 Lee(1986)开始,前人就注意到现代汉语限定性全称量化词与英语 every 等存在明显差异。在与英语 every 等进行比较分析之后,Huang(1996,2005)等提出可能的解决方案。遗憾的是,到目前为止,各种把"每"等看作全称量化词的分析都难以涵盖相关语言事实。

而且,当我们把研究的视野从"每"和"所有"扩大到汉语其他限定性全称量化词之后,发现具有统指性或逐指性特征的汉语全称量化短语在作分配性解读时,需要"都"等的允准是普遍现象。而当我们把"每"等看作加合算子之后,相关语言现象可以得到合理的解释。

本章在既往研究基础上着力分析关联事件性表达时"每"的语义、"一切"以及含"凡"词语的语义,研究发现:关联事件性表达时的"每"、限定性"一切"以及"凡(是)"和"举凡"等都是加合算子。

张蕾、潘海华(2019)假设现代汉语缺少限定性全称量化词。通过上述分析,我们认为这一假设具有合理性,符合现代汉语的相关语言事实。

第三章

A 型全称量化词之一般性全称量化
副词——典型的全称量化词

A 型全称量化词不要求紧邻其关联对象,从词性上来讲,它们一般是用作谓词前修饰语的副词(adverbs),或是用在动词后充当补语的形容词(adjectives),它们的英文名称的首字母都是 a,故此将其称为 A 型全称量化词。

　　根据与谓词的相对位置,可将 A 型全称量化词进一步分成修饰性和补足性两类,前者出现在谓语前,而后者出现在谓词后的补语位置。根据是否具有内在的排他性特征,又可将修饰性全称量化词分作一般性全称量化副词和排他性副词两类。

　　一般性全称量化副词的共性特点是:出现在谓词前修饰语位置,具有全称量化能力,没有内在的排他性特征,主要包括"都""总""一概""一律""统统""通通""通统""一直""到处""处处""一一""逐一""皆",修饰性的"全""全部""全体"以及表全称量化义的"均"等成员。

　　本章将讨论"都"等一般性全称量化副词的语义。在讨论时我们会将意义相近的词放在一组进行分析。

　　张蕾、潘海华、李宝伦(2010),Lee, Pan and Zhang(2013)等讨论副词"全"的语义,认为:单独使用时,即不与其他量化或分配算子共现时,副词"全"是全称量化词,拥有强调整体无例外的特征。我们认为这一分析较为可靠。针对副词"总"的讨论也较为允分,可参考黄瓒辉(2016)等的分析。"总"用作全称量化词时对情境或事件集合执行量化操作,它一般不以个体作为量化对象。关于现代汉语"皆"的语义,张超超(2020)有比较细致的描写,本书将参考该论文的分析。至于"均",它与"皆"一样都具有鲜明的书面语色彩,两者用法很接近。因此,对于副词"全""总"以及"皆""均",这里不再进行单独讨论。

"满""满满""整(个)""整整""全部""全体""光"等不仅能出现在修饰语位置,也可以出现在其他的句法位置上,因此,我们将这几个词放在 F 型量化词这一类别中一并进行讨论。

## 3.1 "都"的语义

副词"都"是汉语语言学研究的热门话题。近四十年来,关于"都"的研究层出不穷。既往研究运用多种理论方法从各种角度对"都"展开讨论,产生了非常丰富的研究成果。这些研究促使我们对"都"的认识不断深入。

我们在回顾前人研究的基础上,从"都"的关联方向,关联对象的特征,"都"的语义要求和特征,"都"的辖域和阻断,"都"的语义功能,以及"都"的语义分合这几个方面着手对"都"的语义展开讨论。第 1 到第 5 小节如果没有特别说明,所讨论的都是表全称量化义的"都"。

### 3.1.1 "都"的关联方向问题

在传统语言学视角下,把"都"所总括的对象称为总括对象。以"都"为参照物,该对象所在的方向叫总括方向。

在语义指向理论出现后,学者们转而用语义指向来说明"都"的总括对象及其所在的位置。比如,我们可以说"都"的语义指向某个句法成分(如主语等),或"都"的语义指向某个方向(如它左边/右边的某个成分等)。

在形式语义学理论框架下,"都"在语义上相互作用的成分被称作它的关联对象或与之相互作用的成分。而"都"与其关联对象的相对位置被称为关联方向。具体来讲,左向关联即"都"的关联对象出现在"都"的左边,而右向关联指关联对象出现在"都"的右边。

在回顾相关文献时,为尊重作者的观点,我们沿用作者文中所采用的术语。而在给出我们自己的分析时,我们使用的是关联对象和关联方向这类形式语义学术语。

关于"都"的关联方向主要有以下三种认识。

### 3.1.1.1　观点一:"都"既可以左向关联又可以右向关联

吕叔湘(1980),马真(1983),徐杰(1985),J. Li(1995),袁毓林(2005b),潘海华(2006),Shin(2007),熊仲儒(2008),蒋静忠、潘海华(2013),冯予力、潘海华(2018)等均认为"都"既能左向关联又能右向关联。经统计,在"都"的关联方向问题上持这一观点的学者占多数。

吕叔湘(1980)指出:问话中作为总括对象的疑问代词出现在"都"的后边;而其他情况下,"都"的总括对象位于它的前边。

马真(1983)专门讨论"都/全"的总括对象在后的情况,并将其概括为以下七种格式。

格式1:"都/全"+疑问代词+动。

(1) 都谁喜欢书法?

格式2:"都/全"+动+疑问代词。

(2) a. 你都认识哪些教授?
　　　b. 你都瞎想些什么!

该格式中的疑问代词可以表疑问也可以是虚指。表虚指时,疑问代词一般为"什么",而且前面会有"(一)些"对其进行限定;而整个格式多为感叹句,用以表达否定或不满的态度。

格式 3:"都/全"＋动＋"(一)些"＋名。

(3) 他都说些废话。

格式 4:"都/全"＋动＋人称代词。

(4) 我都见过他们。

格式 5:"都/全"＋"把"＋代词＋动。其中代词为人称代词或疑问代词。

(5) a. 你都把谁叫来了？
    b. 你看看,我都把他们叫来了。

格式 6:"都/全"＋动＋"的"＋名。

(6) 他都吃的花卷。

格式 7:"都/全"＋动＋名。

(7) 他都吃花卷。

此外,马文列举出古汉语中"皆""具"等总括副词总括对象在后的情况,以此说明"都/全"总括对象在后并非是孤立的现象。

马先生对"都/全"总括对象在后的情况有着细致的分类和精当的刻画。此后,对"都"总括方向的研究都会涉及其中的部分或全部现象。

"都"前边的疑问短语会获得任指性解读,而位于"都"后的疑问短语只能是虚指或疑问解读。为什么会有这种差异？如果认为

"都"能右向关联疑问短语则要解释为什么"都"右向关联时,该短语不能获得全称性解读。相类似地,"都＋动＋(的)＋名"格式中,如果"都"关联"名",为什么"名"所获得的不是全称解读? 对于上述问题,学者们尝试给出不同的解释方案。

徐杰(1985)认为,"都"类副词的总括对象有隐去和显现两种情况。当其总括对象在句中显现时,它一般位于"都"的前面;位于"都"后,则受到严格的限制,如"都＋动＋人称代词"属于总括对象后置的情况,例如上面的(4)。当其总括对象隐去时,可通过补出省略成分或变换句式的方式找出"都"类副词的总括对象。以下(8)—(11)中"都"的总括对象并非在它的后边,而是要通过变换句式的方式找到。这四个例子均引自该文。

(8) 都是＋宾语

都是我不好,才让她受那么大委屈。⇒让她受那么大委屈的原因都是我不好。

(9)"都"＋动＋"些"＋名

他都说些废话。⇒他说的都是些废话。

(10)"都"＋动＋名

他都买呢子的衣服。⇒ 他买的衣服都是呢子的。

(11)"都"｜疑问代词

都谁来晚了? ⇒来晚的人都是谁?

徐文认为表虚指的疑问代词不作"都"的总括对象,而对于表疑问的疑问代词能否充当总括对象,文中仍存疑。

袁毓林(2005b)用焦点冲突假设解释为什么表疑问的疑问短语要出现在"都"的右边。袁文提出,作为局部性的信息焦点,疑问短语必须处在全局性焦点算子"都"的辖域之内。这一解释具有合理性。

潘海华(2006),Shin(2007),蒋静忠、潘海华(2013),冯予力、潘海华(2018)等运用三分结构理论取代预设理论来解释"都"的语义。这几篇文章都认同"都"既可以左向关联又可以右向关联:当"都"的左边存在可以充当量化域的(隐性)成分时,"都"左向关联;当述题部分含有对比焦点或疑问焦点时,"都"右向关联。

引入三分结构理论最大的优势是不需要借助句法上的转换分析或是预设就可以给"都"特别是对右向关联时的"都"正确的语义解释。例如(12a)—(14a),其可能的三分结构见(12b)—(14b)。

(12) a. 谁都来了。

　　b. $\text{Dou}_x [x \in (\text{人})] [x \text{ 来了}]$

　　　$\forall_x [x \in (\text{人}) \rightarrow x \text{ 来了}]$

　　　"对于每个 x 而言,如果 x 是人,那么 x 来了。"

(13) a. 都谁来了?

　　b. $\text{Dou}_x [x \text{ 来了}] [x = (\text{人})] (\text{Dou}_x [x \text{ 来了}] [Q_y [y = x \, \& \, \text{人}(x)]])$

　　　$\forall_x [x \text{ 来了} \rightarrow Q_y [y = x \, \& \, \text{人}(y)]]$

　　　"对于每个人 x 来讲,如果 x 都具备'来'的特征,那么 x 都是谁?"

(14) a. 他都吃的寿司。

　　b. $\text{Dou}_x [\text{他吃的 } x] [x = \text{寿司}]$

　　　$\forall_x [\text{他吃的 } x \rightarrow x = \text{寿司}]$

"对于每个 x 来讲,如果他吃的 x,那么 x 是寿司。"

此外,潘海华(2006)等同意蒋严(1998)将"都＋动＋人称代词"中"都"的关联对象认定为人称代词的先行词的观点,这样该类句子中"都"的三分结构也是由话题规则决定。

熊仲儒(2008)从句法角度证明右向关联时,该关联成分会通过 LF(Logical Form,逻辑形式)移位成分统制(c-command)"都",而"都"能约束该成分。对于熊文中的观点,张蕾、李宝伦、潘海华(2012)中有较多的评述。这里不再赘述。

### 3.1.1.2　观点二:"都"左向关联

Lee(1986)、蒋严(1998)、Wu(1999)、李晓光(2002)、袁毓林(2007)等学者在对"都"的语义进行解释时,着力赋予"都"一个统一的关联方向。他们认为"都"的关联对象出现在其左边。

Lee(1986)指出"都"的量化作用在表层结构,不是深层结构。对比(15a)和(15b)。如果"都"的量化在深层结构,那么(15a)和(15b)的意思应该相同,它们合语法的程度也该相同。

(15) a. *我都认识张三和李四。
　　　b. 张三和李四我都认识。

"都"的量化也不能发生在逻辑形式层面,对比(16a)和(16b)。如果"都"的量化能发生在逻辑形式层面,那么(16a)应该和(16b)一样都是可以接受的句子,并且获得同样的语义解读。

(16) a. ?? 张三都见过每个学生。
　　　b. 每个学生张三都见过。

Lee 提出"都"通过同标规则(co-indexation rule)左向量化

NP。"都"与它左边成分统制域内的任何成分同标(co-index)。对于成分统制,是这样定义的:当且仅当 A 和 B 互不统制对方,并且第一个最大投射(maximal projection)统制 A 也统制 B 时,A 成分统制 B。遗憾的是,Lee 的博士论文中并未提及如何来看待马真(1983)所提出的"都"右向关联的情况。

蒋严(1998)引入预设的概念,指出"都"的关联对象如果出现在表层结构中,那么它位于"都"的左边。此外,"都"的关联对象还可以是预设中的成分。具体来讲,"都+动+的+名""都+动+人称代词""都+动+疑问代词"以及"都是+宾语"这几种格式中,"都"的关联对象都是在预设中。

例如:"他都买呢子的衣服"预设"他在一段时间买了一些衣服/东西","都"关联预设,表示他在这段时间中买的衣服/东西都是呢子的衣服;"我都见过他们"这个句子中代词"他们"已经存在于交际双方的共享知识中,它的指谓属于预设的一部分。因此,"都"所作用的是预设中"他们"的先行词;"都谁来晚了?"预设"有一些人来晚了"。"都"关联的是预设中这些来晚的人,问的是"来晚的人都有谁?";"都是我不好"预设了各种可能的原因,而"我不好"是其中最重要的原因。"都"把各种可能的原因都归结为这个最重要的原因。

蒋文的分析与徐杰(1985)有相通之处。他们都认为相关句子中"都"是左向关联的,而且量化对象是 NP。区别在于量化对象的得出方式不同:徐文是通过句式变换分析,直接把"都"的量化对象放到它的左边;蒋文则是借助预设把量化对象引出来。

为了保持"都"量化方向的一致性,李晓光(2002)运用隐性的事件论元把"都"在"都+疑问词"格式中的量化方向也归入到左向量化。由此,他得出"都"与它的量化对象之间存在结构关系而"都"在句子的线性序列中呈现左向量化的结论。例如(17)。

(17) a. 小王都买了什么?

b. 小王买了背包、衣服和化妆品。

c. 小王都买了衣服。

假设小王今天去过海港城、又一城、崇光百货买东西。此时，对于(17a)来讲，就会有一个相应的隐性事件论元。当该事件论元取宽域而疑问词"什么"取窄域时，问的是小王去这三个商场一共买了哪些东西，可以用(17b)来回答；当该事件论元取窄域而疑问短语取宽域时，问的是在这几个商场小王买了同样的东西，这个/些东西是什么？可以用(17c)来回答。

假设今天小王只经历了一个购买事件，如在又一城一次性买了一些东西，然后付了一次款。那么，(17a)要问的是在这个单一的购物事件中小王一共买了哪些东西，可用(17b)来回答。此时就要借用事件切片的概念把这个单一事件复数化，使之能满足"都"的复数性要求。具体来讲，"都"把上面所说的单一事件切成小片，让每个切片都与所购买的一样东西相对应。

李文中引出事件切片的概念能够帮助"都"满足复数性的要求。特别是能够帮助解释"都"的右边存在对比焦点而左边没有复数性成分的情况，例如(14a)。

袁毓林(2007)认为"都"的量化遵循线性序列。"都"左向关联话题性成分。在非典型"都"字句中，"都"关联的是预设中的拷贝型事件话题。例如"张三都说家乡话"这个句子中，"都"的量化对象是动词拷贝型事件话题如"说话"。袁文在蒋严(1998)的基础上用预设解释"都＋疑问词"以及"都＋动＋(的)＋名"等情况。与蒋文不同的是，袁文认为"都"量化的是事件而不是NP。

### 3.1.1.3 观点三："都"右向关联

沈家煊(2015)提出了与以往不同的全新观点，认为"都"的关联对象一律向右。沈先生认为这样就实现了"都"的"管辖域与量化域一致"。右向管辖规则的具体内容是：按照句子的话题-焦点结构，"都"右边的它句法上管辖的焦点会被映射到限定部分，而句子的其余部分则被映射到核心部分。

沈先生通过将宾语部分设置成疑问部分的方式，把宾语理解为信息焦点。句末宾语确实是句子信息焦点默认的句法位置，这一点徐烈炯先生有过专门的讨论。然而，认为"都"关联这一信息焦点则会出现问题。例如引自该文的(18b)(19b)和(20b)，并不是句子正确的语义解释。

(18) a. 他们都是老师。
    b. Dou [x∈老师][x＝他们]
(19) a. 他都买呢子的衣服。
    b. Dou [x∈买呢子的衣服][x＝他]
(20) a. 他都买的呢子衣服。
    b. Dou [x∈呢子衣服][x＝他买的]

(18b)表示的是：对于每个 x 来讲，如果 x 是老师，那么 x 从他们中取值，即每个是老师的人都是"他们"中的一员。换句话说，"他们"之外的人不是老师。而(18a)要表达的并不是这个意思，该句要表达的是：他们中的每个人都是老师。至于其他人是不是老师，并不能通过该句来判定。也就是说(18a)并没有排他性。

(19b)表示：对于每个 x 来讲，如果 x 是"买呢子衣服"的人，那么 x 是他。显然，这不是对(19a)正确的语义解释。对(19a)而言，当"都"关联隐性的事件(如"每次买衣服/这几次买衣服")或NP(如"他买的东西/衣服")，该句表示：每次/这几次买衣服他都买呢子的衣服或他买的东西/衣服都是呢子的衣服。假设"呢子"是对比焦点时，该句表示每个他买的衣服都是呢子的；如果"呢子的衣服"整个作为对比焦点，该句表示每个买的东西都是呢子衣服。无论何种可能,(19a)都不排除"他"之外的人买东西的可能性。

(20b)表达的是:对于每个 x 来讲,如果 x 是呢子的衣服,那么 x 是他买的,即所有的呢子衣服都被他买了。而(20a)的正确语义是他买的都是呢子衣服,不是其他的衣服／东西,并没有他把所有的呢子衣服都买了的意思。

### 3.1.1.4　我们对"都"关联方向的认识

"都"的关联对象通常在它的左边。《现代汉语八百词》和马真(1983)等关注到"都"总括对象在后的现象。此后,研究者尝试对相关现象进行解释。

徐杰(1985)的句法变换分析、蒋严(1998)的预设引入、李晓光(2002)的隐性事件论元以及事件切片、袁毓林(2007)的预设中的谓词型拷贝事件等都旨在将"都"的关联方向归为左向。潘海华(2006)等维持"都"有两个可能的关联方向的观点,利用三分结构来解释"都"的语义。

上述几种方案都能给出"都"字句正确的语义解释。大多数研究能达成共识的是"都"可以左向关联,"都"的关联对象可以是隐性的。

蒋文的预设理念以及潘海华等的三分结构理论是两种颇具影响力的观点。预设体现了语用因素在"都"字句编码过程中的作用,较之三分结构理论更贴合人们朴素的语感。然而,预设内容的判定对语境的依赖性更强。当面对一个孤立的"都"字句时,有时很难判断句子的预设到底是什么。这会影响对"都"的量化域的选择,进而影响句子的语义解释。

三分结构则主要是从句法和语义角度来给出"都"的语义,较之引入预设的方式则更为形式化,语义包容性更强。尽管如此,三分结构对语境也有依赖性,有时"都"关联的是隐性表达,如隐性的情境集合等,而该集合的指谓要通过语境来确定。而且,在所谓

"都"右向关联时,我们也能感觉到"都"的左向有个相应的隐性复数性成分在起作用。

相较之下,我们更接受"都"左向关联的观点,认为"都"的关联方向一律向左。对于马真(1983)等所说的"都"右向关联的情况,实际上都可以通过语境明确其隐性的关联对象。例如(21)和(22)。

(21) a. 小王都买了什么?
　　　b. ♯/小王都买了哪一本书?
(22) a. 小王都买的推理小说。
　　　b. 这次买书/今天去同仁书店,小王都买的推理小说。

(21a)在使用时,会有这样一个预设:存在一些东西,这些东西具有"小王买了"的特征。"都"关联隐性的东西集合,表示该集合中的每个成员都具有"小王买了"的特征。说话人用这个问句是希望听话人穷尽性地回答出具有相关特征的东西。(21b)能接受时,"都"关联的是隐性的、复数性"购买/买书"事件。该句预设:小王在这些购买/买书事件中都买了相同的书。问的是,这本相同的书是什么? 如果说在单一购买事件这一语境下,(21b)预设的是:小王在该购买事件中买了一本书。此时,句子是不能接受的,因为"都"的隐性关联对象不是单数性的。

对(22a)来讲,"都"所关联的隐性集合有不确定性,它可以是复数性的购买事件集合如"这几次买书",也可以是复数性的时间集合如"这段时间"。(22b)中,将事件限定为某一特定的事件,要想对该句进行解释,其中一个可能的方法就是引进李晓光(2002)的事件切片理论。另一种可能的分析是,在这类"都"的左边没有显性复数性成分的准分裂句中,"都"在语义上关联的是复数性实体集合,例如(22b)中为"小王买的(书)"。在和对比焦点的配合作用下,该句表示:小王买的(书)都是推理小说,不是其他类型的小说/东西。我们倾向于采用第二种分析。

## 3.1.2　"都"的关联对象的特征问题

"都"的关联对象是指在语义上与"都"相互作用的成分。关于"都"的关联对象的特点既往有很多讨论,如 Lee(1986),Liu(1990),Cheng(1995),J. Li(1995),Wu(1999),张谊生(2003),曹秀玲(2006)等等。

当"都"的关联对象以显性形式存在时,该成分在句法类型上具有多样性,可以是位于"都"左边的体词性短语,如例(23)到(26);副词所限定的范围,如例(27);动词短语或句子等事件性表达,见例(28)等。

(23) 关联普通名词短语

a. 狗都有四条腿。(光杆名词)

b. 张三和李四都喜欢书法。(专有名词构成的联合短语)

c. 学生们都喜欢书法。(复数性名词"N+们")

d. 三个学生都通过了测验。(数量名结构)

e. 鲁迅的书都有教育意义。(NP$_1$ 的 NP$_2$)

f. 李白写的诗都很出名。(IP 的 NP)

g. 描写春天景色的文章都可以看看。(VP 的 NP)

(24) 关联代词(短语)

a. 我们都吃过中午饭了。(人称代词)

b. 这些我都读完了。(指示代词)

c. 谁/什么人都不相信他说的话。(表全称的疑问表达)

(25) 关联全称性表达

a. 每个学生/所有学生都参加了活动。("每NP""所有NP"
  等表全称义短语)

b. 家家都贴着红色的对联。((准)名量词重叠形式)

(26) 关联"很多NP"等非全称性表达

很多教师都出席了活动。

(27) 关联"常常"等频率副词

他上班常常都迟到。

(28) 关联VP等事件性表达

买书他都买漫画书。

"都"的关联对象还可以以隐性的方式存在,如(29)。

(29) a. 张三都说了什么?
  b. 老王都喝的红茶。

那么,"都"的关联对象具有哪些特征?

### 3.1.2.1 "都"的关联对象的复数性特征

"都"的关联对象所具有的特征一直受到研究者们的关注。一般的研究都认为"都"具有复数性特征。

在研究初期,学者们观察认为"都"的总括对象是复数性名词,对比(30a)和(30b)。

(30) a. 张三和李四都吃了苹果。

　　 b. *张三都吃了苹果。

　　(30a)中,"张三和李四"是两个专有名词组成的并列结构,是复数性的;而(30b)中"张三"由于是单数性的,不满足"都"的语义要求。

3.1.2.1.1　认为"都"的关联对象是语义复数的分析

　　而随着研究的深入,王还(1983)等发现与"都"相互作用的名词性成分不仅可以是诸如(30a)这类形式上的复数名词短语,在一些情况下还可以是形式上是单数但语义上为复数的表达。例如(31)中的"那块蛋糕"以及"一本书"可以看作由若干个部分构成的整体,即语义上是复数性的。于是,Lee(1986)、兰宾汉(1988)、Liu(1990)、Lin(1996)、蒋严(1998)等进一步提出"都"的关联对象在语义上是复数性的(即非单数性)。

(31) a. 那块蛋糕都被张三吃掉了。

　　 b. 他把这本书都看完了。

　　单数名词在与"都"相互作用时受到一定限制,例如(32)不能接受。

(32) a. *那块蛋糕都被张三买了。

　　 b. *他把这本书都卖了。

　　那么单数名词短语在什么情况下可以被"都"量化呢? 从(31)和(32)的差异来看,单数名词短语能否被"都"量化与该名词和谓语之间的语义关系有关。兰宾汉(1988),N. Zhang(1997),张谊生(2003),陈振宇、刘承峰(2008),蒋静忠(2008)等对这一问题给出分析。

兰宾汉(1988)指出,"都"所总括的单数名词所表示的事物对动词来讲在语义上是"可分割的"。比如说"那块蛋糕"可以被张三一口一口地吃掉,"一本书"在被看时,可以是一部分一部分被看完;而"一本书/那本书"在被买时,则一般不能分成更小的单位。

N. Zhang(1997)在对这类现象进行解释时,有类似的观点,认为:对谓语所表达的事态(eventuality)而言,"都"所量化的 NP 必须是语义上可计数的(semantically measurable)。

### 3.1.2.1.2 认为相关事件为复数性的分析

张谊生(2003)认为,(31)和(32)这类"都"量化单数名词短语的句子能否成立,不仅要看 NP 的单复数,还要看 VP 的语义性质,即"都"字句能否成立由 NP 和 VP 结合所形成的事件的性质决定。如果该事件是不可持续或重复的,那么 VP 只能表全称量化义,NP 是复数形式;如果该事件是可持续或重复的,那么 NP 可以是复数形式,也可以是单数形式。复数形式时,是对多个 NP 进行全称量化;单数形式时,则是对单个 NP 进行多次量化。(31)中,"吃蛋糕"和"看书"事件都可以重复多次发生,所以可以实现多次量化;(32)中,"买蛋糕"和"卖书"事件对特定的某块蛋糕及某本书而言不能重复发生,而 NP 又是单数形式,所以句子不合语法。

为了解释诸如例(33)不能说的原因,张文进一步追加对 NP 的限定,要求 NP 要能被"分成更小的个体"。

(33) *这粒药他都吃了。

张文在解释"都"量化单数 NP 现象时,关注 VP 以及事件的性质是具有启发性的。但多次量化的说法有欠准确。例如,文中认为,(31b)"他把这本书都看完了"属于多次量化的例子。多次量化会导致产生多个量化事件。但这不是句子所要表达的意思。该句要说的是:这本书的每个部分他都看完了。可见(31b)应该也是可以用全称量化解释的。

3.1.2.1.3　认为"都"的关联对象为语用复数的分析

陈振宇、刘承峰(2008)放弃使用语义数的概念,转而建立语用数概念。用语用数来解释有关现象,提出"都"的"总括对象必须是语用复数"。

语用数是以"一个事件所涉及实体的最小的量为单位,对所考察的该种实体进行测量"。当一个实体参与事件时,先用离散事件的方式,确定事件的最小动量,然后确定临界量即"参与最小动量事件的实体的物量",接着把要考察的实体的量与临界量进行对比。当实体的量小于临界量时,事件不能成立;当实体的量等于临界量时,实体是语用单数;当实体的量大于临界量时,实体是语用复数。例如(34)。

(34) a. *他杀了半只鸡。

　　 b. 他杀了一只鸡。

　　 c. 他杀了两只鸡。

对于"杀"这个事件来讲,该事件的最小动量为"次",参与"杀一次"的实体的最小物量是一个个体,即这里临界量是鸡的单位量"一只"。(34a)中,实体的量"半只"小于临界量"一只",因此(34a)所表述的事件不能成立;(34b)中,实体的量"一只"等于临界量,所以它是语用单数;(34c)中,实体的量"两只"大于临界量,所以是语用复数。

陈刘文认为,由于事件涉及实体的空间量、时间量和功能量,因此就有空间分割、时间分割和功能分割。比如说,针对(35)而言,"'看'是看书的空间的一部分",就是说当"他"看书时,"他"就临时占据了这整本书,其他人就不能看了。这里的临界量就是"一本书"。此时,实体的空间量与临界量相等,实体是被空间分割的语用单数,不满足"都"的语义要求,因此该句不能说。

(35) *这本书他都正在看。

实体的时间量指的是该实体存在或被关注的时间,而"临界量是最小动量事件占用的时间"。例如(36)中,实体被关注的时间是"这些天",实体"我"的存在时间则由百科知识给出,"每次喝牛奶"所占用的时间就是临界时间。实体被关注的时间和存在时间都大于临界时间,因此它们都是时间分割的语用复数,满足"都"的"总括"要求。

(36) 这些天我都喝牛奶。

从功能分割角度讲,"如果该实体可以同时参加两个或多个事件,则每一事件只涉及该实体的部分功能,该实体是语用复数;如果该实体在同一时间内只能参与一个事件,则这一事件占用了该实体的全部功能,该实体是语用单数"。例如(37)。

(37) *他们都在吃那颗花生。(陈振宇、刘承峰2008:345)

为了解释(38)中两个句子合法性存在差异的原因,该文假设"吃面"在两个句子中的最小动量不同。

(38) a. 张三把这碗面都吃了。
b. *每次吃早餐张三都吃这碗面。

该文解释说:对(38a)来讲,由于是某一次具体的吃面,所以最小动量是"一口"。临界量是"一口"所吃下的面,这个量小于"这碗面",所以"这碗面"是空间复数;而对(38b)来讲,由于是多次吃面,所以最小动量是"一次"。一般来讲吃一次面至少吃一碗,因此"这碗面"是空间单数。

语用数这一概念的出现确实可以帮助解释相关现象。但该文有以下有待完善之处:(a) 把"看"当作看书的空间的一部分,这种解释让人有些费解;(b) 在解释时间分割时,该文将实体的存在时间也纳入考察范围内,使得量的确定过程变得烦琐,似乎没有必要;(c) 在说到例(37)的功能分割时,该文所考察的实体"那颗花生"并不是"都"的总括对象。所以确定"那颗花生"是语用单数,并不能有效解释为什么(37)不合法;(d) 在我们看来,(38b)不合语法的真正原因是:"吃"是消耗类动词,"这碗面"是有定 NP,它在被消耗掉后不可能再次被吃。如果我们把"这碗面"换成"一碗面"则句子就可以接受了。也就是说,把(38b)中"吃"的最小动量设定为"一次"并不能帮助解释该句不能说的原因。而且,如果因为这里"都"的量化对象是"每次吃早餐"就把"吃"的最小动量认作"一次"似乎有些奇怪。

　　蒋静忠(2008)专门讨论"都"关联"一量名"时的制约条件。蒋文通过观察提出,"都"在语义上指向单数"一量名"时要遵循"动词分割规则",该规则具体包括:(a) 动词要是表动作或变化的动词;(b) "一量名"充当的是动词的受事;(c) "'一量名'必须大于动词的单位量"。而动词的单位量是指"动词一次作用的事物的量",它有常规和非常规之分。比如说"吃"的常规单位量是"一口",在特殊情况下也可以是比"一口"更小的单位,如下面例(39)。

(39) 张三把面条一点一点地都吃了。
　　　　　　　　　　　　　　．

　　陈刘文和蒋文有共通之处,都是将动词的最小量与"都"的总括对象的量进行比较。上述这些研究对我们解释"都"关联形式上的单数名词很有启发性。利用动词的最小量确实可以帮助解释相关现象。

### 3.1.2.1.4　对"都"关联对象复数性特征的分析

　　尽管如此,我们还是倾向于在语义层面而非语用层面解释这一现象,认为语义上的复数是"都"对关联对象的要求之一。相应地,从"都"的关联对象的角度来讲,该成分要是语义上的复数。这里所说的语义上的单复数,不只是该 NP 本身是否可以再分,而是针对相关事件而言它是单数还是复数的。例如(32a)中,尽管"这本书"可以再分,看作由若干页或是若干部分组成的,但是对于"买书"而言,一般来讲要以一本为单位,所以"这本书"是单数的。与之相类,(33)中的"这粒药"在"吃药"语境中是单数的,因为"粒"是最小的自然的"药"的计量单位,"吃药"一般以"粒"为单位吃。(35)中有进行体标记"在"标识"看书"事件在进行中,因为一个人不可能同时看一本书的各个部分,所以全称量化不能成立。(37)不合语法的原因不在于"都"的关联对象的单复数,而是"在吃那颗花生"不能同时被分配给不同的个体。

这里需要强调语义上的复数性与形式上的复数性在某些特定的情况下是存在差异的,比如说当谓语为关系谓语时"都"的量化。例如(40)。

(40) a. 小张和小李(*都)是夫妻。

　　 b. 小张和小李(? 都)是邻居。

关系性谓语需要两个或以上论元构成某种特定的关系。换句话说,关系性谓词并不是以单个个体为论元。以"是夫妻"为例。按照我国《婚姻法》规定的一夫一妻制,谓语"是夫妻"会带有两个个体论元。对上面(40a)来讲,"小张"和"小李"分别是谓语"是夫妻"的两个论元。

根据 Lin(1998),"都"是对复数性集盖(plurality cover)进行操作,对"是夫妻"这类谓语而言,集盖中的每个成员都要是一对夫妻。而(40a)中"小张和小李"是一对夫妻,即该集盖中只有一个成员。这使得带"都"的(40a)因不满足"都"的语义要求而不能说。

(40b)的可接受性要高于(40a)。当该句可接受时,表示的是小张和小李都和某个人如"我"是邻居,这里会有一个隐性的论元把谓语变成分配性谓语,详见 Pan(2000)等的分析。当要表示小张和小李是邻居时,"都"不能出现,因为此时"都"的复数性语义要求得不到满足。

(40a)这类例子进一步说明,"都"要求其量化域在语义上是复数性的。当句中谓语为关系性谓语时,"都"的量化域是复数性集盖,集盖的成员为若干成对的个体而非若干单个个体。

张谊生(2003)对诸如(40a)这类句子有不同的分析,认为:这类句子不能说,是因为"都"不能用在表示互逆关系的关系判断句中。这一点值得商榷。Lin(1998)的讨论中就有"那些人都是夫妻"这种带有表互逆关系的关系谓语的"都"字句。Lin(1998)指出,这种句子成立的条件是:集盖是复数性的,即有若干个由成对个体组成的成员。

此外,最小量(minimizer)在否定语境下可以成为"都"的关联对象,如(41)。此时的"都"一般被认定成"都$_2$"。我们将在讨论"都"的语义分合时,对这一现象进行讨论。

(41) 老王一件衣服都舍不得买。

### 3.1.2.2 "都"的关联对象的特指性特征

那么,是不是只要是语义上的复数性 NP 就都可以自然地作为"都"的量化对象? 前人观察发现事实并非如此。"一些 NP""很少 NP"等一般不能充当"都"的关联对象。例如(42)。

(42) a. *一些学生都来了。

　　b. *少数教师都参加了会议。

　　c. *不到三分之一的代表都投了赞成票。

#### 3.1.2.2.1 Liu(1990)的有关分析

Liu(1990)根据 NP 的辖域解释是否依赖于其他 NP 将 NP 分成两类。当一个 NP 的辖域解释依赖于其他 NP 并且它在宾语位置上时对主语没有辖域依赖性,那么该 NP 就是非特指性 NP (non-specific NP)。非特指性 NP 之外的其他 NP 都属于广义特指性 NP(generalized-specific NP,即 G-specific NP),而各种 G-specific NP 的共性是总会涉及辖域独立解读。

具体来讲,非特指性 NP 包括:(a) 带有约数限定词的 NP,如"十多个 NP""三五个 NP"等;(b) 带有被修饰的数词限定词的 NP,如"至少/最多/正好/只有/超过/不到+数词+NP";(c) XP 表示的比例低于 50% 的复杂 NP(complex NP,可以写作"XP 的 CNP"或"XP 的 NP"的形式),如"四分之一的工作"。

广义特指性 NP 包括:(a) 不带限定词的 NP,具体有专有名词、代词、处所短语、光杆 NP 四种,如"张三和李四""他们""桌子上""狗"等;(b) 带限定词的 NP 中,限定词为光杆数词性限定词(bare numerical determiner)或逻辑限定词(logical determiner)的 NP,如"三个学生""每本书"等;(c) XP 为 NP、逻辑词、表示高于 50% 的比例词等的复杂 NP,如"张三(写)的书""每位书法家写的字""三分之二的老师"等。

Liu 文认为,"都"是出现在谓词前的全称量化副词,它只能左向关联。因而,只有能出现在谓词前的 NP 才有可能成为"都"的关联对象。广义特指性 NP 以及带有表示比例低于 50% 的量化词的复杂 NP 都可以出现在谓词前,而其中广义特指性 NP 可以充当"都"的关联对象,非特指性 NP 则不能成为"都"的关联对象。

Liu 文区分非特指性 NP 和广义特指性 NP,指出广义特指性 NP 的特性之一就是可以充当"都"的关联对象。这一分析颇具启发性,在一定程度上揭示了"都"左向关联时关联对象的总体特征。广义特指性 NP 可以出现在动词之前,能获得有定解读,因此语义上复数性的广义特指性 NP 能与"都"相互作用。该分析可以成功解释上面(42)以及下面(43)不能接受的原因。

(43) *一半以下的学生都通过了考试。

"都"左向关联 NP 的实际情况比 Liu 文的分析要复杂。第一,按照该文的说法,(44)中的例子会因为复杂 NP 中 XP 所表示的比例低于 50% 而不能说,而事实上(44)在特定语境下是可以接受的。例如在 BCC 语料库中有下面(45)这类例子。

(44) 三分之一的孩子都生病了。

(45) a. 澳大利亚五分之一的财富都出自羊的身上,被称为"牧羊之国"。

　　b. 这个厂现有的生产工人中,有四分之一的人都是近两年进厂的新工人。

　　c. 三分之一的听众都在臂上缠了黑纱。

第二,带有被修饰的数词限定词的 NP 并非一概不能充当"都"的关联对象,"至少 NP"以及"超过 NP"在某些情况下可以充当"都"的关联对象。见(46)。

(46) a. 今年"五一"与"连云港之夏"期间,市内花果山、连岛等风景区停车场内的车辆至少 80% 都挂着连云港市的牌照。

　　b. 年龄在 16 岁到 65 岁之间的香港市民超过 95% 都使用八达通卡,仰赖它背后庞大的电子收费系统。

第三,带有约数限定词的 NP 如"几个 NP""一些 NP"在某些特定的情况下会得到特指性解读,此时它是可以与"都"相互作用的,例如(47)和(48)。这与 Liu 文的观察也有出入。

(47) a. 屋子里几个青年都笑了。

　　b. 这时几个人都争着要去。

(48) a. 一些经济学家都有这种设想。

b. 迟宝璋组阁时，一些朋友都为他捏了一把汗。

### 3.1.2.2.2　Wu(1999)的有关分析

Wu(1999)从句法角度运用最简方案对"都"进行分析，提出"都"是分配短语(distributional phrase)的中心语，它拥有强量化特征(strong quantificational feature，简称 Q-feature)，该特征须在读出(spell-out)之前核查。量化特征核查不但要求核查者(checker)和被核查者(checkee)特征一致，而且要求两者特征强度相同。"都"具有强量化特征，因而其关联对象也要具备强特征。量化特征可以通过移位或合并(merge)的方式被核查。只要"都"的关联对象在推导(derivation)过程中的某个时刻通过分配短语的标志语位置，"都"和它的关联对象之间的量化就得以建立。

Barwise and Cooper(1981)依据能否在"Det N′ is an N′"格式中使用，把限定词分成两类。带有强限定词的 NP 不能出现在存在句中，而带有弱限定词的 NP 则可以。Wu 文根据 Barwise and Cooper 对强弱限定词的区分，把汉语的名词分成强弱两类，并提出强名词短语能被"都"量化，而弱名词短语不能。

该文指出，其中较为特殊的是"许多 NP"和"一些"。"许多 NP"有歧义，它既能用在存在句中又能被"都"量化。在表示部分解读(partitive reading)时，它是强限定词。此时，"许多 NP"可以与"都"相互作用，例如(49a)；在表示存在解读(existential reading)时，它是弱限定词，例如(49b)。

(49) a. 许多工程师都参与了讨论。
　　 b. 会议室里有许多工程师。

而对"一些"来讲，当它出现在 NP 前与 NP 构成"一些 NP"时，"一些 NP"获得存在解读，是弱 NP；当它出现在 NP 后构成"NP 一些"时，"NP 一些"获得部分解读，是强 NP。

在此基础上,Wu 文把 Barwise and Cooper 对强弱 NP 的划分推广到对副词的分类。文中认为,"常常"和"一直"是强副词,因此可以被"都"约束;而"偶尔"和"有时"则是弱副词,不能成为"都"的关联对象。对比(50a)和(50b)。

(50) a. 他周末常常都去吃烧烤。

   b. *他周末偶尔都去吃烧烤。

Wu 文的有关分析在很大程度上解释了"都"对关联对象的选择限制。但该分析也有一定的局限性。首先来讲,该文忽略了一个情况,就是既能够用在存现句又能够充当"都"的关联对象的不只是"许多 NP",现代汉语当中"很多 NP""几个 NP"等也有类似的表现。如(51)和(52)。

(51) a. 他说,在台湾,有很多"蝴蝶谷"。

   b. 根据各地反映,很多农民都因为去年没有种上棉花而后悔。

(52) a. 小镇上有几个上了年纪的人来请三舅帮助寻找他们的亲人。

   b. 几个人都是十八九岁的青年,谁也没有建筑过房子。

再有,Wu 文对"一些"的分析基本上符合相关语言事实,但也有需要补充的地方。当"一些 NP"的前面有对量化域的(隐性)限定成分时,"都"可以对其进行量化。见(53)。

(53) a. 在游艺会和舞会上,军人也受到排斥,一些姑娘都拒绝和军人跳舞。

   b. 在集二线未建成前,一些日用品都要靠外地进货。

在自然语言中,还有这样的情况:"有"和"都"共现并作用于同一个成分。"有NP"中"有"将该NP作为新实体引出,而"都"对于这一存在的NP进行量化。在很多时候,"有"是可以省略的。例如(54)。

(54) a. 在鞍钢,有很多人都像马宾同志那样,想尽一切办法挤出时间,辛勤、刻苦地学习。
　　 b. 有不少人都说它"凝固"了,"僵化"了。
　　 c. 我的同事里面,有一些年轻人都有过抑郁的过程。

简言之,"都"的关联对象在语义上是复数性的,而且为有定或特指性表达,能够满足全称量化的存在承诺。这说明"都"的关联对象具有全称量化词量化域的特征,也从侧面印证了"都"是全称量化词这一观点的可靠性。

### 3.1.3　"都"的语义特征问题

这一小节我们将对"都"的语义特征进行分析。总的来说,"都"对其关联对象有复数性要求。而"都"全称量化的语义会赋予其关联对象分配性(distributive)和穷尽性(exhaustive)解读。

J. Li(1995)提出"都"不管在左向关联还是在右向关联时都具备复数性、穷尽性和分配性这三个特征。李晓光(2002)认为"都"在使用时受到复数条件、无遗漏条件和分别义(distributive meaning)条件这三个条件的限制。虽然在表述上有所不同,但这两篇文章都认为"都"有复数性、穷尽性及分配性三种特征。

下面我们将就"都"与分配性、穷尽性、排他性等特征的关系进行讨论。

#### 3.1.3.1　"都"的分配性和穷尽性特征

"都"全称量化的语义必然会导致其量化域中的每个成员都具

备相关特征。由此,其量化对象会得到穷尽性解读。

对于"都"的穷尽性或者说最大化特征,崔希亮(1993)、徐烈炯(2014)等提出质疑。尽管如此,我们同意 J. Li (1995),冯予力、潘海华(2018)等的有关分析,认为"都"具有这一特征,具体原因如下。

首先,"都"的全称量化作用是针对其量化域的,而量化域则是可以被限定的。根据 Beaver and Clark(2008)对全称量化域限定方式的分析,量化域是可以通过显性或隐性的方式被限定的。量化域一般都是针对某个范围内的对象而言的。比如说对于"学生们都喜欢李老师的课"这个句子来讲,"学生们"指的是一定范围内的学生,而不大可能是整个世界的学生。而对(55)来讲,"都"不是量化"学生"而是量化"很多学生",其中"很多"是对"学生"在数量上的限定。

(55) 很多学生都参加了讨论。

此外,全称量化词并不要求其量化域表达全称义。例如说"孩子们都吃过中午饭了"这个句子中的"孩子们"就不是全称性表达。"都"要求它的关联对象在语义上是复数性的。这也是为什么"大家"等词可以与"都"共现并充当"都"的量化域。例如(56)。

(56) 大家都坐了下来。

其次,当为了通过对比的方式强调"例外"的特殊性时,"都"字句允许例外的存在。例如(57),该例引自崔希亮(1993)。这种情况不仅现代汉语中存在,古代汉语中也有类似的情况,例如(58)。

(57) 我一周都有课,就星期一没课。
(58) a. 乃歌曰:"暇豫之吾吾,不如鸟乌。人皆集于苑,己独集于枯。"(《国语·晋语》)

b. 举世皆浊我独清，众人皆醉我独醒。(《楚辞·渔夫》)

分配性特征也有学者将其称为周延性特征。"都"左向关联时具有分配性特征，这一点学者们基本达成了共识，Lee(1986)，Liu(1990)，J. Li (1995)，Lin(1998)，Wu(1999)，张蕾、李宝伦、潘海华(2012)，冯予力、潘海华(2018)等在讨论中都有所提及。"都"全称量化的穷尽性会使得其量化域获得分配性解读。"都"的分配性主要体现在以下两方面：

第一，不管谓语具有怎样的特征，"都"总是带给其关联对象分配性解读。例如(59)—(63)。

(59) a. 他们喝了一瓶白酒。

b. 他们都喝了一瓶白酒。

(60) a. 他们是同学。

b. 他们都是同学。

(61) a. 他们合写了一本书。

b. 他们都合写了一本书。

(62) a. 快到中午了，村民们都聚集到了院落前的老槐树下来了。

b. 大操场上，军校全体师生都集合好了。

(63) a. 张三今天上午都见过谁？

b. 小张都喝的红酒。

(59)中"喝"是分配性谓词。对(59a)而言，他们喝的白酒总量是一瓶。就(59b)而言，由于"都"的出现，该句中"他们"得到的是分配性解读，即"他们"每个人都"喝了一瓶白酒"，假设"他们"所指谓的集合的基数是"三"，那么白酒的瓶数就是三瓶。

(60)中，"是同学"是关系谓语。(60a)表示"他们"具有"是同学"的特征。(60b)中"他们"在"都"的语义作用下，获得分配性解读。该句有两种可能的解释。一种可能是表示：他们中的每个人都和其他人是同学。第二种可能是表示：他们中的任意两个人是同学。为讨论方便假设"他们"的集合指谓"张三、李四和王五"三个人。就第二种可能的语义来讲，这三个人可能是每两个人在某个阶段同学过，比如说："张三和李四"是大学同学；"张三和王五"是中学同学；而"李四和王五"是小学同学。

(61)中谓语包含"合 V"属于集合性谓语（the collective predicates）。(61a)中，"他们"获得的是集合性解读，即"他们"所合写的书一共是一本。(61b)中的"他们"在"都"的作用下获得分配性解读，表示"他们"当中的每个人都具有"合写了一本书"的特征。

(62)中"集合"和"聚集"都是聚集类动词。对这类谓语而言，"都"的分配性体现在其量化域中的每个成员都参与到相关聚集事件中。以(62a)为例，在"都"的作用下，"村民们"都无一例外地参与到"聚集到了院落前的老槐树下来"这一事件。

(63a)中，"都"的量化域中的每个个体 x 都具有"张三今天上午见过"的特征。说话人用该句意在询问张三今天上午见过的人都有谁，期待听话人在回答时能穷尽性地说出具有"张三上午见过"特征的人；在"都"的量化作用下，(63b)表示：对于每个 x 而言，如果小张喝了 x，那么 x 是从"红酒"中取值。相应地，其中每个 x 都具备"小张喝了"的特征。

第二，当谓语部分不可分配给不同个体/集合时，相关"都"字句不能说。这可以从侧面证明"都"的分配性特征。例如(64)和(65)。

(64) a. 他们创作了那一幅画。

　　　b. *他们都创作了那一幅画。

(65) a. 他们吃掉了那块蛋糕。

　　　b. *他们都吃掉了那块蛋糕。

(64)中动词为创造类动词。该动词的宾语一旦被"创造"出来,就存在了。同一个对象不能反复被创造。其中,"那一幅画"指的是特定的某一幅画。"那一幅画"一旦被创作出来,它就存在了。"创作了那一幅画"作为一个特定事件不能重复和不同的个体相匹配,即该事件无法分配给不同的个体。这与"都"的分配性特征不匹配。因此(64b)不能接受。

(65)中动词为消耗类动词。该动词的宾语一旦被消耗掉就不复存在了,不能重复被消耗。"吃掉了那块蛋糕"中的"那块蛋糕"是特指性宾语,因此该谓语所指谓的事件只能发生一次。Huang(1996:75)称这类谓语为一次性谓语(once-only predicates),详见其对"张三和李四都烧了这封信"的分析。(65b)因为不满足"都"的分配性特征不能说。

我们认同冯予力、潘海华(2018)的观点,"都"的分配性来源于其全称量化义,是全称量化义的伴随义。但是认为该文所说的"不同的映射规则导致'都'的全称量化分化为不同的语义特征"这一说法值得商榷。"都"的分配性特征并不是话题-述题映射规则导致的,是"都"全称量化语义的必然结果。话题-述题规则之所以能够成立是因为它准确地反映出了"都"的语义。

### 3.1.3.2 "都"的概括性和主观性特征

"都"全称量化的语义使得它具有对具备相关特征的个体/集合进行概括的能力。例如(66)。

(66) a. 除了小明,五班的学生都通过了考试。
     b. 运动会上,五班的学生都穿红色上衣。

(66a),"都"可以看作对"通过了考试"的(五班)学生进行概括。"除了"对量化域进行限定,表示把"小明"排除在外。"都"表示不包括"小明"在内的"五班的学生"都具备"通过了考试"这一特征。(66b)可以看作对运动会上"五班的学生"的共性特征的概括,即"穿红色上衣"是"五班的学生"的共性特征。

张谊生(2003)用主观量来解释"都"与"少数/少量/一部分/有一些NP"的兼容性问题,认为:"都"会选择表示主观大量的NP与之相关联,表示主观小量的NP不能充当"都"的关联对象。徐烈炯(2014)也有类似的分析,该文认为"都"用来表示达到某种程度,即"达到或超越期望值",而这个值不是客观值而是主观的相对值。徐文认为"都$_1$"也带有主观性。蒋静忠、魏红华(2017a)专门讨论"都"的主观量问题,其中也涉及了"都$_1$"所表达的主观量。

此外,Chen(2008)用"都"的预设来解释"都"与"很少NP"等的不兼容问题,认为"都"会带有一个高于预期的预设,而"很少"则表示小量,因而两者不兼容。我们认为,把高于预期看作"都"的预设,并不十分合适。因为"都"并不总是带有高于预期义。

认为"都"在某些情况下带有主观性的观点可以帮助解释有关现象。当与"很多NP"等非全称量化短语或带有数量量化词(numeral quantifier)的DP共现时,"都"更容易显示出主观性。因为这类DP本身并不需要"都"的允准,"很多"及数量量化词赋予DP相应的量并实现量化功能。"都"出现在相关句子中时,在表达概括义的同时贡献说话人认为数量大或程度高的语义。分别对比(67)和(68)中的句子。与a句相比,b句有表示说话人认为相关人数多的意思。

(67) a. 很多人相信他说的话。

　　　b. 很多人都相信他说的话。

(68) a. 一半以上的学生参加了活动。

　　　b. 一半以上的学生都参加了活动。

### 3.1.3.3　"都"与排他性特征

"都"的右向出现对比焦点时,对比焦点会有排他性解读。关

于这一排他性的来源,主要有两种观点:观点一认为,排他性来自
"都",如潘海华(2006),蒋静忠、潘海华(2013),李强、袁毓林
(2018),冯予力、潘海华(2018)等。观点二认为,排他性不是来自
"都",见徐烈炯(2014),陈振宇、刘承峰(2015),罗琼鹏(2016)等。

　　潘文提出准分裂句中"都"关联对比焦点。相关句子的三分结
构由焦点规则决定:焦点会被映射到核心部分,而句子的其余部
分被映射到限定部分。蒋潘文根据"都"的关联方向以及量化域中
各成员间是否有等级差异,对"都"的语义进行细化并给出相应的
解释规则。该文认为右向关联焦点时,"都"具有排他性,适用于焦
点规则。量化域中各成员存在无等级差异和有等级差异两种情
况,分别见(69a)和(69b)。(69b)因涉及"都₃",我们将在第7部分
对这类例子进行讨论。冯潘文(2018)进一步论证背景-焦点映射
规则导致"都"的排他性。


(69) a. 他都读的《红楼梦》。

　　　b. 天都[黑]F了,张三还没来。


　　运用潘海华(2006)等所给出的焦点规则可以为相关"都"字句
提供正确的语义解释,但是将排他性看作"都"的语义特征并不是
十分合适的。基于以下原因,我们认同"都"的作用是进行全称量
化,排他性来源于对比焦点的观点。

　　第一,"都"与"只"之间的差异说明"都"不具有内在的排他性。
胡建华(2009),郭锐(2010),徐烈炯(2014),李强、袁毓林(2018)等
关注并分析了"都"与"只"之间的差异。我们赞同胡建华(2009)等
的观点,"都"可能并不具备排他性。

　　虽然"只"的语义也可以用全称量化来表示,但是"都"和"只"
在词汇语义上存在显著的不同:

　　其一,"只"是焦点小品词(focus particle),它总是与位于它右
边的焦点相关联。当句中没有成分被标识为焦点时,它将其成分

统制域内与之相互作用的成分标识为焦点。而"都"不同于焦点小品词，"都"可以关联隐性成分。例如(70)和(71)。

(70) a. 老张只在周末喝高度酒。

b. 老张在周末只喝高度酒。

(71) a. 老张都在周末喝高度酒。

b. 老张在周末都喝高度酒。

(70a)中，"只"倾向关联与之相邻的介词短语"在周末"，表示：老张在周末喝高度酒，而周末之外的其他时间不喝高度酒。(70b)中，"在周末"出现在"只"的成分统制域之外，不能成为"只"的量化对象。"只"倾向于关联宾语"高度酒"，表示：老张在周末喝高度酒，不喝高度酒之外的酒如低度酒。

对(71a)来讲，当"都"的右向没有成分被标识为焦点时，"都"倾向于左向关联隐性的成分，可能的量化对象是隐性的时间或事件集合，如"这段时间"或"喝酒"等。假设"都"关联的是由语境给出的时间集合"这段时间"，该句表示：对于这段时间中的每个子时间段 d 来讲，老张会在周末喝高度酒 in d。对(71b)来讲，"都"会选择它左边带有类指性表达的介词短语"在周末"进行量化，表示：每个周末老张都喝高度酒。

其二，"只"具有内在的排他性特征，而且它对其关联对象没有复数性要求。"都"没有内在的排他性，它要求其关联对象在语义上是复数性的。分别对比(72)—(74)。

(72) a. 老张只见了老李。

b. 老张都见了老李。

(73) a. *张三都吃过馒头。

b. 张三只吃过馒头。

(74) a. 笑笑只写了作文。

　　　　b. 笑笑都写了作文。

　　(72a)中,"只"会在它的成分统制域内寻找关联对象,假设它的关联对象是"老李",该句表示:老张见了老李,没见其他人。句子所表达的事件不需要是复数性的,可以表达某个特定的事件,在该事件中老张没见老李之外的其他人。(72b)成立的前提是,"都"关联一个隐性的事件或时间集合,表示在每个时间/事件 x 中,老张都见了老李。

　　(73)中谓语"吃过馒头"表示有吃馒头的经历。对(73a)而言,"都"由于具有分配性特征,它要求存在相应的复数性事件,而在这一语境下"都"的语义要求难以得到满足。(73b)中,"只"不要求复数性事件,因此该句能接受。"只"所排除的内容与它所选择的量化对象有关。如果"只"关联"馒头",该句表示:张三吃过馒头,但是没吃过馒头之外的东西/(中餐)主食;如果"只"关联"吃",则该句表示:张三吃过馒头,但是没对馒头做过其他动作,如"做"等。

　　对(74a)来讲,在"只"的作用下,"只"的关联对象会产生排他性解读。假设"只"关联"作文",该句表示:笑笑写了作文,没写其他作业/东西。对(74b)来讲,"都"会选择一个隐性集合作为关联对象,此时的"都"是没有排他性的。

　　第二,所谓的"都"的排他性是依赖于对比焦点的。根据 Kiss (1998),对比焦点具有穷尽性和对比特征。对比性特征会帮助引出候选项集合,而穷尽性特征则会使对比焦点之外的其他候选项满足相关开语句的可能性被排除。对比焦点会自然带有排他性,这一特性不依赖于"都"而存在,如(75a)和(76a)。而"都"表现出排他性时,正是它跟对比焦点在语义上相互作用时。当"都"的右边存在对比焦点时,该焦点显示出排他性很正常,如(75b)和(76b)。对潘海华(2006)等而言,焦点规则的使用前提也是"都"的右边存在焦点,而排他性出现的条件是对比焦点存在。

(75) a. 笑笑读的《三国演义》。

　　　b. 笑笑都读的《三国演义》。

(76) a. 笑笑读了《三国演义》,没读《红楼梦》。

　　　b. 笑笑都读了《三国演义》,没读《红楼梦》。

(75)是准分裂句。"的"后的成分"《三国演义》"是对比焦点。(75a)不带"都"。该句的三分结构中,焦点"《三国演义》"会被映射到核心部分,句子的其余部分进入到限定部分,可能的算子是由对比焦点引出的隐性的焦点算子。对比焦点会产生排他性,把笑笑读其他名著/书的可能性给排除掉。(75b)带有"都"。按照潘海华(2006)等的分析,该句的三分结构也由焦点规则决定,与(75a)所不同的是,引出三分结构的算子是全称量化算子"都"。我们认为此时"都"贡献的仍旧是全称量化义,"都"要求形成复数性的事件可以视为一个佐证。另外一种可能的方案是:认为(75b)中"都"关联隐性的复数性集合,引出第一个层次的三分结构,由隐性算子再引出第二个层次的三分结构。这样不但可以使句子得到正确的语义解释,还可以使"都"的量化对象得以突显。按照这一方案,排他性是不直接跟"都"相关的。

对(76)来讲,在上下文语境的作用下,宾语"《三国演义》"成为对比焦点。后续句"没读《红楼梦》"在起对比作用的同时帮助明确《三国演义》所引出的候选项集合由《三国演义》和《红楼梦》两个成员构成。(76a)中的"笑笑读了《三国演义》",在隐性算子的作用下,断言笑笑读了《三国演义》,排除她读《红楼梦》的可能性。(76b)在"都"的作用下表示:对每个 x 而言,笑笑都读了《三国演义》没读《红楼梦》in x。该句中起排他作用的仍是对比焦点。

按照潘文等的分析,当"都"右向关联疑问焦点时,也是运用焦点规则。而疑问焦点并没有显现出排他性。"都"在相关疑问句中表现出的也只是穷尽性。这也说明排他性是由对比焦点带来的。见(77)。

（77）都谁喜欢吃奶油蛋糕？

（77）问的是喜欢吃奶油蛋糕的人。说话人用"都"是希望听话人把所有具有喜欢吃奶油蛋糕特征的人都说出来。

第三，冯潘文中认为"连……都……"结构中"连"后的成分是对比焦点，而该焦点不具有排他性。该文以此来佐证对比焦点不具有排他性的观点。我们认为，"连"后的成分不是对比焦点。该焦点的作用只在于引出候选项集合，而该集合中的各候选项以某种方式在梯级上排序；同时，并不是所有的焦点都具有排他性。与添加性副词（additive particles）相关联的焦点，就不排他。"连"具有添加性副词的部分特征，会引出按梯级排序的候选项集合。

此外，在某些特定的情况下，"都"的穷尽性特征可能会帮助推导出排他性的解读。例如（78）。

（78）桌子上都是他的东西。

该句中"都"左向关联处所短语"桌子上"，表示：桌子上的每个地方都是他的东西。由于桌子上的每个地方放的都是他的东西，那么在该处所内就不可能再有其他人的东西。由此，可以排除桌子上有其他人东西的可能性。尽管如此，此时"都"是左向关联，其三分结构是由话题规则而不是焦点规则决定。

### 3.1.4 "都"的辖域和阻断问题

#### 3.1.4.1 "都"的辖域

Huang(1981)观察发现"都"的量化不能超越它所在的小句，即"都"的量化对象要出现在其所在的小句中。Lee(1986)，Chiu(1993)，Cheng(1995)以及 Wu(1999)等也都认为"都"的辖域是其所在的小句，即"都"量化具有局域性（locality）。例如（79）。

(79) a. *他们知道我都认识张三。(这里"都"按"都₁"解)

　　 b. 他们都知道我认识张三。

　　(79a)中,"都"所在的小句为"我都认识张三","都"不能跨越其所在的小句关联句子的主语"他们"。"都"只能在它所在的小句中寻找关联对象,由于它在该小句中找不到可以关联的对象,因此它的语义无法得以实现。这导致该句不能说;(79b)中"都"和"他们"在同一个小句中,因而能量化"他们"。

　　只有当"都"和它的关联对象在同一个小句基础生成时,"都"的跨小句量化才能实现,对比(80a)和(80b)。见 Cheng(1995),Wu(1999)等的分析。

(80) a. *这些书我都相信张三喜欢。

　　 b. 这些书我相信张三都喜欢。

　　(80a)中,"都"左边只有一个复数性 NP"这些书",但是该 NP不能成为"都"的关联对象,因为两者不属于同一个小句:"这些书"是"张三喜欢"的宾语,它从子句的宾语位置位移到话题位置,而"都"处于母句(matrix clause)谓语修饰语位置。(80b)中,"这些书"和"都"都是在子句基础生成的,所以尽管"这些书"移位到话题位置,"都"依旧可以与之相关联。

　　Cheng and Huang(1993),Cheng(1995)以及 Wu(1999)等都注意到"都"的跨越孤岛(island)问题。当主语为小句或定语从句时,"都"可以进入孤岛中量化 wh-疑问表达。例如(81)。

(81) a. 张三去哪里吃饭都跟我无关。

　　 b. 谁说的话他都信。

　　在条件复句中,出现在主句修饰语位置的"都"会跨越它所在

的小句去量化从句所指谓的条件集合(见 Cheng(1995)等),例如
(82)。这与 always 有相类似之处。关于 always 量化从句的相关
讨论见 von Fintel(1994)等。

(82) a. 你同不同意我都会去。
  b. 不管你怎么想的,我都相信他的选择。
  c. 无论星期天是阴天还是晴天,我都会去南湖公园
    骑车。

(82a)中,"都"所在的小句是"我都会去",它跨越该小句关联
从句"你同不同意",而该从句所指谓的集合由"你同意"和"你不同
意"两个条件组成。"都"表示在两个条件中的任意一个条件下"我
去"都会发生。(82b)和(82c)中的从句分别由"不管"和"无论"引
导,而"都"出现在主句中,传统分析将这类句子称为无条件句。
"都"量化的是条件从句。它可能的三分结构是将条件从句映射到
限定部分而主句映射到核心部分。

此外,"都"还可以跨越自己所在的小句量化位于从句的"每"
字结构。见(83)。

(83) 每次去书店,笑笑都会买漫画书。

### 3.1.4.2 "都"量化的阻断

文献中已经注意到某些特定的成分可以阻断"都"的量化。当
该成分出现在"都"的左边紧邻"都"的位置时,"都"不能跨越该成
分去关联该成分左边的某个成分。这类成分会造成"都"量化的阻
断效应(blocking effect)。

Li and Thompson(1981),Lee(1986),Cheng(1995)等观察发
现"都"的量化不能跨越"把"字短语。对比(84a)和(84b)。

（84）a. 他把这些书都借走了。

　　　b. *他们把这本书都借走了。

（84a）中，"都"关联"把"的宾语，对其进行量化，表示：他把这些书中的每本书都借走了。（84b）中，"把"的宾语"这本书"是单数性的，不满足"都"的复数性语义要求。"都"不能跨越"把"字短语去关联"把"字短语左边的主语"他们"，这使得"都"找不到可用的关联对象，从而导致该句不能说。

Wu（1999）对"都"量化的阻断讨论得较为充分。该文观察认为不仅是"把"字短语，工具短语以及方式短语也会阻断"都"对它们左向成分的量化。也就是说，当"都"的左边是这三类短语中的任意一种时，"都"的关联对象都只能是该短语，而当该短语不能充当"都"的关联对象时，"都"的语义不能实现。Wu 文解释说，由于这几类短语都是在 VP 投射内生成，因此当它们出现在"都"左边时，就会形成阻断效应。分别对比（85）和（86）中的句子。

（85）a. 这些留学生都用筷子吃饭。

　　　b. *这些留学生用筷子都吃饭。

（86）a. 五班的学生都静静地坐在教室里。

　　　b. *五班的学生静静地都坐在教室里。

（85a）和（86a）中，"都"能够量化位于它左边的主语；而（85b）和（86b）中，"都"不能跨过紧邻其左边的工具短语"用筷子"和方式短语"静静地"去量化处在这两类短语左边的主语，尽管主语是复数性的，能满足"都"量化的复数性要求。

Wu 文还指出，时间副词、伴随性短语"跟 NP"等在 VP 投射之外生成的成分不影响"都"的量化，不起阻断作用。例如（87）和（88）。

（87）a. 孩子们都昨天去游园了。

　　　b. 孩子们昨天都去游园了。

（88）a. 我们都跟李四很熟。

　　　b. 我们跟李四都很熟。

"每 NP"是强量化词,它阻止"都"关联"什么",否则会造成双重核查(double check)。例如(89)。

（89）a. 什么每个人都买了?

　　　b. ? 每个人什么都买了。

（89a)中,"都"只能量化"每个人",不能越过"每个人"量化疑问 NP"什么",否则会造成双重核查;(89b)中,"都"关联的是"什么",这使得"都"不大再能允准"每个人",这导致(89b)的可接受性受影响。

## 3.1.5 "都"的语义功能问题

关于"都₁"的语义功能以及"都"的核心语义,学界一直存在争议。这一节将在分析前人对"都₁"语义功能的各种分析的基础上,阐释把"都₁"看作全称量化词的合理性和解释力。

关于"都₁"的语义功能,文献中主要有:全称量化词、加合算子、(广义)分配算子、最大值算子、表程度高义等几种说法。下面将逐一进行简要回顾。

### 3.1.5.1 "都"是全称量化词

Lee(1986),Chiu(1990,1993),Liu(1990),Gao(1994),李晓光(2002),张谊生(2003),潘海华(2006),Shin(2007),熊仲儒(2008,2016),Luo(2011),张蕾、李宝伦、潘海华(2012),袁毓林

(2012),蒋静忠、潘海华(2013),Feng(2014),沈家煊(2015),冯予力、潘海华(2018),陈振宇、刘承峰(2019),潘海华、薛博(2020)等等都同意将"都"看作全称量化词。至于"都"是怎样的全称量化词,学者们有不同的见解。

3.1.5.1.1　Lee(1986):"都"是无选择性量化词

Lee(1986)基于May(1977,1985)的量化理论考察汉语全称量化、量化短语的句法分布和指称特征以及量化词辖域。他提出汉语量化短语有算子和变量双重特征。"都"是无选择性量化词(unselective quantifier),它可以选择不同句法类型的成分进行量化,而"每""所有"等只能量化名词性成分。"都"能自由选择它成分统制域内的自由变量,去约束至少一个自由变量。

Lee根据能否与对称类谓语(symmetric predicates)共现,将量化词分成分配性量化词(distributive quantifiers)和非分配性量化词(non-distributive quantifiers)两类。分配性量化词不能与对称类谓语共现。而"都"由于不能与对称类谓语共现,被归入到分配性量化词。对比(90a)和(90b)。

(90) a. 小张和小李下周日结婚。

　　　b. 小张和小李都下周日结婚。

(90a)表示小张和小李两个人在下周日结婚。他们俩互为结婚对象。(90b)则表示:小张和小李在下周日分别和某个人结婚。此时,二人不能互为结婚对象。

Lee将禁止双重约束原则(bijection principlc)修改为:一个算子不能同时被不同类型的量化词约束。这样"每"与"都"共现的情况等可以得到合理解释。见(91)。

(91) 每个家长都投了赞成票。

3.1.5.1.2  Chiu(1990,1993):"都"是浮动量化词

Chiu(1990,1993)把"都"看作浮动量化词,认为:起初,"都"和它所关联的 NP 是一个成分(constituent);接着,该成分移位到VP 的边缘(edge);最后,这一 NP 把"都"搁置,自己则从该成分中移出。关于该分析可能存在的问题,Cheng(1995)等已有讨论。这里不再赘述。

3.1.5.1.3  潘海华(2006)等:"都"是具有两条映射规则的全称量化词

潘海华(2006)引入三分结构理论解释"都"的语义,提出"都"的三分结构由句法结构和焦点共同决定。如果"都"的左边有可以充当量化域的短语,该短语会被映射到限定部分,而句子的其余部分被映射到核心部分;如果述题部分带有焦点,则焦点会被映射到核心部分,句子的其余部分被映射到限定部分。

蒋静忠、潘海华(2013)在潘海华(2006)的基础上把"都"的语义映射规则发展为话题规则和焦点规则。话题规则指"如果'都'的左边存在着可以充当量化域的短语,或者可以由焦点、语境等推导出'都'的量化域,就把它映射到限定部分,并把句子的其余部分映射到核心部分";焦点规则指"如果述题中含有一个对比焦点,就把它映射到核心部分,同时把句子的其余部分映射到限定部分"。文中规定了两条规则的使用顺序是话题规则优先于焦点规则。该文同时根据量化域中的成员有无等级差别以及是否具有排他性,将"都"的语义细化。这对"都"的语义研究有推进作用。

冯予力、潘海华(2018)着重分析"都"的语义解释规则和"都"的穷尽性及排他性这两种语义特征之间的关系,认为是不同的映射规则分别导致"都"的穷尽性和排他性。我们认为"都"的穷尽性是"都"的语义导致的,规则的作用是正确反映"都"的语义;而"都"所谓的排他性特征确实是由规则造成的,"都"本身并没有排他性特征。

当"都"的左边没有可用的复数性成分而右边存在对比焦点

时,焦点规则能给相关"都"字句提供较为简便的语义解释。焦点规则也可以帮助解释"都"右向关联疑问短语的情况。尽管如此,潘海华(2006)等所提出的焦点规则可能会带来以下问题:第一,对"都"复数性的语义要求体现得不够,没有反映出要求背后的原因:事实上"都"是与某个特定的隐性复数性成分相关联。第二,不能准确反映"都"与排他性的关系。前面我们已经论证,"都"没有内在的排他性,排他性由对比焦点带来。而且,按照潘海华(2006)的说法,当"都"的左向有可能的量化域而右边有对比焦点时,是"都"引出第一个层次的三分结构,其中量化域被映射到限定部分,而句子的其余部分被映射到核心部分。此时,全称或者断言算子引出第二个层次的三分结构。这里为了避免违反禁止双重约束/量化原则,并不是"都"引出第二个层次的三分结构。见(92)。

(92)　这几次张三都喝的二锅头。

按照这一分析,(92)中,"都"左向关联"这几次",引出第一个层次的三分结构,其中"这几次"被映射到限定部分;全称或断言算子关联焦点"二锅头",它所引出的三分结构中,"二锅头"被映射到核心部分。不难发现,认为断言算子引出三分结构时,实际上是在承认排他性由对比焦点引出。

此外,蒋潘文中所规定的规则使用优先顺序:话题规则优先焦点规则,即当"都"的左右两边同时出现可充当量化域的成分时,先使用话题规则。这一做法的好处是可以使上面(92)这样的句子得到正确的语义解释。我们猜想文中要说的应该是当两条规则都需要应用的情形。因为在下面(93)中,句子是有歧义的。如果认为此时优先使用话题规则,则会排除句子其他可能的语义解释。而运用话题规则所给出的解释不一定是说话人想要表达的意思。

(93)　她们都吃了什么?

为说明方便,假设(93)中"她们"指谓的是"乐乐、笑笑、团团"所组成的集合。该句可以是配对性解读,问的是:乐乐吃了什么? 笑笑吃了什么? 团团吃了什么? 该句也可以用来问"她们吃的相同的东西是什么?"这两种情况下,"都"与"她们"相互作用。而如果该句问的是"她们一共吃了哪些东西?"则"都"不与"她们"关联。优先运用话题规则将无法得到最后一种解读。

### 3.1.5.1.4　Luo(2011):"都"是分配性量化词

Luo(2011)把"每"和"都"都看作分配性量化词,认为它们具有复杂的语义,其语义由标准全称量化词加上匹配函项构成。该文重点解释"每"的语义。文中认为"每"和"都"共现时,"每"会在经济原则作用下实现定义域的转换(domain-shift),会变成限定词。对该文的分析,张蕾、潘海华(2019)有所评述,这里不再重复。

### 3.1.5.1.5　陈振宇、刘承峰(2019):"都"是能应用于外部量化和内部量化的量化词

陈振宇、刘承峰(2019)从语言发展演变和修辞语用角度论证"每"和"都"的共现是基于修辞语用因素。关注语言的历时演变确实可以帮助我们更好地了解和解释有关现象,语用和语体因素也确实会影响"每"字句中"都"的隐现。该文的讨论是很有借鉴价值的。但对于将"每"和"都"的共现归于修辞语用,我们持保留意见。关于"每"的语义以及"每"与"都"等的共现,我们更倾向于张蕾、潘海华(2019)的分析。此外,对于"每"早期只表示外部量化这点,也有需要商榷之处。该文将量化解释为"将集合 X 的成员投射到集合 Y 中",并把量化分为内部量化和外部量化两类。内部量化指 Y 和 X 是事件和它的论元之间的关系,其中 X 是实体;外部量化则指 X 是 Y 的时间论域、背景或条件。数量对应句如"每人一亩地"被视为"每"外部量化的一个小类。而在这类句子中"每 NP"是由数量短语所充当的谓语的论元,似乎归入到内部量化更为合适。而且,早期的汉语中存在带有"每"的数量句,这就说明在这一时期

"每"也可以是内部量化的。

### 3.1.5.2 "都"是加合算子的观点

Huang(1996,2005)尝试将汉语"每"和英语 every 做一致性的语义解释,认为两者都是全称量化词。全称量化词的两个论元通过斯科林函项(skolem function)联系起来,而斯科林函项要求全称量化词 every 以及"每"的辖域内出现变量。Huang 假设只有形态或词汇上被允准的变量才能充当量化的可用变量。英语是有时态的语言,时态算子可以允准变量,而汉语由于缺少时态标记就要借助加合算子"都"或词汇手段如无定 NP 以及反身代词。

Huang 提出"都"是加合算子对事件变量进行加合操作,得出复数性事件。"都"是对谓词所陈述的复数性最小事件进行加合,而最小事件的规模与谓语的语义相一致,由此可以解释"都"与各类谓语的配合使用。Huang 对"都"的分析在相当大的程度上是为解释"每"的语义服务的。

袁毓林(2005b)同意 Huang(1996,2005)把"都"看作加合算子的观点,认为"都"是对一组最小事件进行加合,加合性语义会带来总括性和分配性语义。

然而,把"都"视为加合算子,在解释"都"对表全称的疑问短语的允准能力等问题时会遇到困难。

### 3.1.5.3 "都"是(广义)分配算子

3.1.5.3.1 "都"是分配算子

Li(1997)专门讨论汉语分配义的获得。Li 在这篇博士论文中将分配性与时态(tensc)联系起来讨论,假设如果一种语言拥有时态标识,那么即使在缺少显性分配标识词(distributive marker)的情况下,动词前 NP 也可以获得分配性解读。对英语而言,动词在移位过程中经过分配短语的中心语位置,从而使动词前 NP 得到分配性解读,也就是说,英语分配短语在隐性的从 V 到 I 的移位过程中得到允准。而汉语是缺乏时态的语言,参考 Tsai(1994),Li 假设现代汉语无论是在表层结构还是在逻辑形式层面都没有从 V 到 I 的移位,因而动词前 NP 就无法像英语那样得到分配性解读。Li 进一步假设,对于汉语动词前的任何潜在的分配性成分而言,分配性解读需要被显性的分配成分激发。分配成分“都”占据分配短语的中心语位置可以实现分配投射。为解释动词前出现“每NP”“所有 NP”等时“都”的强制共现,Li 假设汉语全称量化词需要外在的分配能力(the distributive force),而“都”在这类句子中是分配补充者(distributive supplier)。

Li 文的分析从英汉动词前 NP 的解读差异入手,将这种差异与时态联系在一起,为我们提供新的观察视角。但文中对“每”和“都”的强制共现的分析,存在问题。全称量化词会赋予其关联对象分配性解读。认为“每”是全称量化词但却需要外在的分配能力,这一解释存在自相矛盾之处。

Wu(1999)从句法和语义两方面对“都”进行讨论,讨论内容主要包括:“都”的句法位置、语义特征、“都”量化的阻断效应以及“都”对量化对象的选择等。在最简方案的框架下,Wu 把“都”看作分配短语的中心语,它把谓语的特征分配给 NP。Wu 认为“都”具有强量化特征,这一特征必须被强量化成分核查,而该成分通过移位或合并到它的标志语位置。该文在讨论时实际上并没有区分分配与量化。在对“都”进行说明时,分配和量化这两个术语交替进行使用。

### 3.1.5.3.2 “都”是广义分配算子

普通分配算子(ordinary distributive operator)针对原子个体(atom individuals)进行分配操作,而“都”可以与不同类型的 NP 以及谓语配合使用。为了解释“都”的这一现象,Lin(1998)接受 Schwarzschild(1996)的集盖(cover)理论,将“都”看作广义分配算子(generalized distributive operator),认为“都”针对复数性集盖进行操作。

Lin 文对“每”和都”共现时各自的语义分工的解释非常有见

地。该文指出"每"不是量化词而是加合算子,"每NP"指谓复数性个体。"每NP"必须占据分配短语的标志语位置,这就要求分配短语必须被投射出来。如果分配短语被投射,则"都"必须出现。这一分析解释了"每"字句中"都"强制出现的情况。遗憾的是,该文对"每NP"允准成分的观察不够充分,忽视了其他允准成分的存在。事实上,"每NP"的允准成分还可以是(隐性)分配算子。

认为"都"是(广义)分配算子的观点,可以解释"都₁"的绝大部分现象。但该分析面临以下挑战。首先来讲,(广义)分配算子不能赋予wh-疑问短语全称性解读。那么,当"都"与表全称的疑问短语相互作用时,是什么提供给疑问短语全称义?这是该分析需要应对的一个问题。第二,如何理解"都"与其他分配算子的差异?例如分配算子"各"及隐性的分配算子都需要谓语后出现无定NP或反身代词,而"都"没有这一要求。

如果认为"都"是全称量化词则可以避免上述两个问题。由于"都"的全称量化性,它会有分配性效应。这样"都"的分配性以及"都"与其他分配算子的差异都可以得到解释。

### 3.1.5.4 "都"是最大值算子及有定算子的观点

3.1.5.4.1 Giannakidou and Cheng(2006)及Cheng(2009)的分析及可能存在的问题

Giannakidou and Cheng(2006)讨论自由选择成分(free choice item)的语义,发现"都"的出现与否影响到汉语自由选择成分有定性和无定性的选择。鉴于"都"会带给自由选择成分有定解读,该文提出"都"是最大值算子(maximality operator),能提供有定性和穷尽性。

在Giannakidou and Cheng(2006)基础上,Cheng(2009)提出"都"在句法上是有定限定词,它出现在限定短语之外,在语义上是有定算子(iota operator)。"都"作为有定限定词提供上下文定义域的限定(contextual domain restriction)和特定性(giveness)。

理由如下：

第一，"都"能给自由选择成分提供有定解读，例如(94)。

(94) 谁都认识老王。

第二，"都"能允准主语位置上的无定 NP，并带给其有定解读，例如(95)。

(95) a. ?? 三个学生走了。

　　 b. 有三个学生走了。

　　 c. 三个学生都走了。

(95a)一般不能接受；(95b)中"有"带给"三个学生"存在量化解读；(95c)中，"都"引入熟悉性(familiarity)，提供上下文定义域的限定。在"都"的作用下，"三个学生"表示特定的某三个学生。

第三，与"每"共现时，"都"用于限定"每"的量化域。该文假设，与希腊语和巴斯克语一样，汉语的强量化词如"每""所有"等也需要显性的上下文定义域的限定，而"都"作为有定算子可以帮助实现量化域的限定。分别对比(96)和(97)中的句子。其中(97)引自该文。

(96) a. *每个孩子吃了午餐。

　　 b. 每个孩子都吃了午餐。

(97) a. 我教过*(这个班)所有的学生。

　　 b. 我所有的学生都教过。

Cheng 文中充分关注"都"能带给其关联对象有定性解读的特征，但是文中的分析则可能引发出以下问题。

第一，该文认为"都"不表达分配。比如说在下面(98)这样的例子中"都"是非分配性的,它表达最大值的语义。

（98）a. 这些学生都一起唱起歌来。

　　　 b. 整面墙都倒下了。

(98a)中,谓语部分带有协同副词"一起",该谓语是非分配性的。该句表示:"这些学生"所指谓的集合中所有成员学生"一起唱起歌来"。"这些学生"不能得到分配性解读,因为"一起 VP"要求复数性 NP 作主语,不能说:对于每个个体学生 x 来讲,x 一起唱起歌来。(98b)中"整面墙"表示"墙"作为一个整体。

　　　我们认同"都"在此时表现出最大化语义的观点,与不带"都"的(99)相比,"都"强调穷尽性或者说最大值。

（99）a. 这些学生一起唱起歌来。

　　　 b. 整面墙倒下了。

　　　但如果认为"都"是最大化算子至少在(98b)这类例子中不十分恰当。(98b)这类例子不能构成"都"表分配性的反例。其中,"都"依旧是具有分配性的,它对"整 CL＋NP"的各个部分进行操作(见 Feng 2014 等)。

　　　我们认为,"都"的最大值语义源自它作为全称量化词的语义,它对量化域中的每个成员进行量化,使之具有穷尽性,从而导致最大化语义。

　　　(98a)这类例子是"都"为全称量化词这一观点需要应对的一个挑战。当"都"后的谓语带有协同副词" 起／一齐"或为"聚集"类谓语时,主语不大能获得分配性解读。当然其中一个可能的做法是认为"都"是对复数性集盖进行量化,这样可以保证"都"的量化得以实现。但我们的语感似乎难以得出这一解释。这里我们提出两种可能的分析:一种可能的分析是,"都"是范围限定词,它带给其关联对象最大化解读。当然,也可以将其看作最大值算子。另一种可能的分析是,维持"都"是全称量化词的分析,假设当这两类谓语出现时,"都"的全称量化表现为量化域中的每个成员都是相关事件的参与者。例如说,在"都"的作用下,(98a)表示:对于每个 x 来讲,如果 x 是"这些学生"中的一个成员"学生",那么 x 参与事件"一起唱起歌来"。

第二,文中认为,"每一＋CL＋NP"中"每"是强量化词,提供全称能力,但"每"既不表示最大值,也不表示分配。我们同意"每"不是分配算子,但不认同"每"是全称量化词却不表最大值语义的观点,因为:全称量化词会使其量化对象获得穷尽性解读,由此其量化对象会具有最大化和分配性语义。一个全称量化算子不可能缺少最大化特征。比如说,如果"每"是全称量化词,那么"每一个学生"中,"每"是把具有"是一个学生"特征的个体都计算在内,它必然会有最大化语义。

第三,该文认为"都"本身不表分配,"每"本身也不表分配。"每"和"都"的组合表分配。"每"的作用是引出个体集合,"都"作用于该集合,并且封闭其定义域(close the domain)。但仅凭这一分析看不出为何两者配合使用会产生分配性。

文中解释说,"都"具有假分配性(pesudo-distributivity),而假分配性会牵涉到隐性分配算子。文中很有见地地指出,当分配成分是活跃的,将会引出隐性分配算子。例如(100)。

(100) a. 每一个人讲一个故事。

　　　 b. 两个人住一个房间。

(100a)中,"每"不表达分配,是隐性的分配算子表示分配;(100b)中既没有"每"也没有"都",但句子具有分配性,说明有关句子中 NP 的分配性不是来自这两个词。(100)的共性特征是:主语NP 带有数量短语,宾语为带有数量短语的无定 NP。可见,分配性与此有关。

那么,按照这一说法,当句中没有(带有数量短语的)无定 NP 时,隐性的分配不能实现。如果句中也没有显性的分配算子时,分配应该是不能实现的。在这种情况下,"每"和"都"共现的分配性来自哪里呢? 这是该文需要解决的一个问题。

第四,按照该文的假设,汉语强量化词需要显性的上下文定义域的限定。这一说法值得商榷。根据 Beaver and Clark(2008),全称量化一般都是针对某个特定的语境而言的,尽管有时量化域前面并没有出现限定成分。比如说"Every student came"这个句子说的是特定范围内的每个学生,不大可能是说世界上的每个学生。我们认为这一分析也适用于汉语。Cheng 文中认为"每一个厨师做了一道菜"因为缺少显性限定成分不大能接受。确实不大可能世界上的每一个厨师都做了一道菜。而事实上当我们使用该句时,是会有相应的上下文语境来帮助限定量化域的,比如说如果指的是某个饭店的情况,那么"每一个厨师"就是这饭店范围内的每一个厨师。而且,下面(101)中,虽然存在显性的定义域,但是句子也不能说。可见"每"的允准条件不(光)是显性定义域的问题。

(101) *这个饭店的每一个厨师做了那道菜。

第五,Cheng 文中也提到将"都"看作限定词短语外的限定词需要解释"都"的句法位置问题。这确实也是对该假设的一个挑战。因为"都"和它所限定的成分之间的距离可以很远,甚至可以不在同一个小句。例如(102)中"都"处在主句中,而"每次 IP"是从句。

(102) 每次李四来找张三喝酒,张三都假装生病。

### 3.1.5.4.2　Xiang(2008)的分析及可能的问题

Xiang(2008)论证"都"的核心语义是最大值算子,认为"都"

把最大值赋予上下文决定的复数性集合(contextually determined plural set),该集合可以是集盖的集合、焦点引出的候选项的集合、在梯级(scale)上排序的程度集合等。"都"对复数性集合进行操作,输出最大化复数性个体(maximal plural individual)。"都₂"中,选择可能程度集合中的最大程度,最意外的程度为真蕴涵(entail)其余的候选项也为真,进而保证了穷尽性解读。"都₃"用于强调意外的最大程度。

将"都"视为最大化算子具有一定的解释力,在很多情况下"都"确实会显现出最大化特征。但是,这一观点也存在明显的问题:第一,如果"都"只是输出最大化的复数性集合,那么"都₁"句中相关句子的分配性从何而来? 例如(103b)中"张三和李四"获得分配性解读。第二,"都₃"所强调的不一定是"意外的最大程度",可能只是表达程度高,详见徐烈炯(2014)的有关分析。

(103) a. 张三和李四买了一本书。
　　　b. 张三和李四都买了一本书。

### 3.1.5.5 "都"表程度义的观点

#### 3.1.5.5.1 "都"表"到达相当程度"

徐烈炯(2014)分析认为将"都"看作量化词、最大值算子以及分配算子都存在问题,"都"实际上表"达到相当程度"的意思,当要表示"达到或超过期望值"时就可以用"都"。例如(104)。

(104) a. 教师们都赞成。
　　　b. 小李都穿呢子衣服。

(104a)可以理解为:达到了教师们都赞成的程度。(104b)可以理解为:小李的穿着特别,达到了在各种场合/各种天气都穿呢子衣服的程度。

徐先生认为将"都"看作量化词将会面临双重量化的问题，违背禁止双重约束原则。按照该原则，一个算子不能重复约束一个以上的变量，而一个变量不能受一个以上的算子重复约束。而当"每""所有"等与"都"共现时，就会面临这一问题。在下面(105)中"所有"和"都"这两个全称量化词都是作用于"所有 NP"中的 NP。

(105) 现在，所有矿井都已开工。

再者，全称量化副词"全"要求其量化域"涵盖全量全数"，而"都"与"全"不同，"都"的关联对象可以是并非表全量全数的 NP，如"多数 NP""大部分 NP"等。

该文指出，将"都"视为最大值算子也不合适。因为在某些情况下，"都"并非取最大值，如(106)和(107)这两组文中原例。

(106) 中午时分，车间里工人们都在休息，只有三个工人在检修机器。

(107) a. 都来了，就差一个人了。

　　　b. 我一周都有课，就星期一没课。

将"都"看作分配算子的观点也会受到以下挑战。第一，在某些情况下"都"的关联对象得到的不是分配性解读，如(108)中"小朋友们"倾向于获得集合性解读。

(108) 小朋友们都在开开心心地吃一个大蛋糕。

第二，在诸如(109)的句子中，分配性解读不是唯一可能的解读。该句中"都"可以理解为"都₁"也可以理解为"都₂"。

(109) 一班、二班都种了一百多棵树了。（该例引自徐烈炯 2014）

第三，当主语由两个个体组成时，关系谓语不与"都""各"兼容，但在下面(110a)中"都"可以起其他作用。

(110) a. 张三和李四一直都是朋友。
　　　 b. *张三和李四一直各是朋友。

第四，如果认为"都"是分配算子，那么还要解释为什么"都"和分配算子"各"可以叠加使用。例如(111)。

(111) 他们都各买了一本书。

徐先生的讨论具有启发性，帮助我们审视既往有关"都"的分析。徐文针对"都"的分析对"都$_2$"和"都$_3$"的解释力更强，而针对"都$_1$"则有不足，因为在实际使用中"都$_1$"不一定带有主观性，认为其表示达到一定程度并不十分符合说话人的表述初衷和我们的语感。例如(112)。如果认为"都"表达到了张三和李四都参加了普通话测试的程度，会让人觉得有些奇怪。说话人想表达的可能就是这两个人都具有参加了普通话测试的特征。

(112) 张三和李四都参加了普通话测试。

徐文中所说的双重量化问题，我们给出的解决方案是汉语中限定词位置没有全称量化词，"每"和"所有"等都是加合算子。以(113)为例。

(113) 每个人都听见了他的哭声。

该句中,"每"对"(一)个人"进行加合得到最大化"人"的集合,"都"对"每个人"进行量化操作。按照这一分析就不存在双重量化的问题了。

"都"与"各"的差异确实在于两者的基本语义不同。"各"是典型的分配算子,而"都"的分配性是它全称量化语义所产生的语义效应之一。诸如(111)的"都各"语序中,"都"可以看作范围限定词,"各"是分配算子,详见李宝伦、张蕾、潘海华(2009b)的相关分析。"都₁"与"全"之间存在差异,造成这种差异的原因之一是两者的词汇语义不同,而不是语义功能不同。"都"的量化不需要量化域是全称性的。

至于(106)和(107),我们有不同的分析。对(106)而言,一种可能的理解是:在休息的是在车间工作的工人们,而检修机器的"三个工人"不属于该车间的"工人们",两者分属于不同的集合。这里其实并不涉及例外的存在。另一种可能的理解是:"只有"引导的小句是对"都"的量化域进行限定/修正,表示三个检修机器的工人之外的其他车间里的工人都在休息。(107)这类句子之所以存在是因为表达需要。采用该类表达方式往往是为了突出特殊情况。

### 3.1.5.5.2　"都"是表程度加强的副词

吴义诚、周永(2019)分析了既往对"都"语义功能的主要观点,指出其中可能存在的问题,认为"都₁""都₂""都₃"的共同义素是表程度。"都"是一个表示程度加强的副词(intensifier),它的作用是增强句子的语力(illocutionary)。"都"会"引发一个关涉域(domain)",该关涉域可以是显性的也可以是隐性的。

认为"都"表示程度义,对"都₂"和"都₃"具有很强的解释力,对带有主观性时的"都₁"也可以做到较好的解释。但是可能面临这样的问题:表程度义的"都"为何会有允准能力,能允准"每NP""所有NP"等?为何能允准wh-疑问短语并给予其全称性解读?此外,在很多情况下表分配义的"都₁"并不显示主观性。虽然可以用"达到……程度"来表示其语义,但是却与我们的语感不大协调。

### 3.1.5.6 "都"具有双重语义功能的观点

Cheng(1995)提出"都"具有双重语义功能。作为量化词,"都"量化普通复数性 NP(regular plural NP),它需要遵守局域性限制(locality restriction),但不需要邻接该成分;作为约束者(binder),它约束变量疑问极性成分(wh-polarity items)并为其提供全称量化能力。此时,"都"不受局域性限制束缚。我们同意,作为全称量化词,"都"具有全称量化能力,它会赋予其关联对象全称性解读。当它左向关联疑问短语如"什么"时,就会带给该短语全称解读。

潘海华、胡建华、黄瓒辉(2009)讨论"每 NP"的语义,提出"每"和"都"共现时,有两种可能的语义分析:当"每"用作全称量化词时,"都"帮助实现匹配函项;当"每"充当加合算子时,"都"是全称量化词。认为"都"具有帮助实现匹配函项的功能,这一假设具有特设性。"都"在其他情况下并不具备这一语义功能。

李宝伦、张蕾、潘海华(2009a)以"都""各""全"为例讨论汉语全称量化副词/分配算子的共现情况和语义分工。文中分析认为,这三个词两两共现时,当共现的两个算子的语义要求都得以满足时,共现才合法。共现时,"全"有两种可能的语义:用作范围限定词或全称量化词;"都"也有两种可能的语义,即全称量化副词/分配算子和范围限定词;而"各"只有充当分配算子一种可能的语义。见(114)。

(114) a. 这几道菜各都需要什么调料?

     b. 该剧重于抒情和人物的心理刻画,金振武、栾汝新、段岫、霍秀、周小鹏、罗啸华等主要演员饰演的角色都各具特色。

(114a)中,"各"充当分配算子,"都"是全称量化词/分配算子。该句要问的是:这几道菜的每一道菜都需要什么调料?(114b)中,"都"是范围限定词,对"各"的分类关键词进行限定,"各"是分配算子。该句表示:句中所提及的主要演员们饰演的角色每一个都有自己的特色。

### 3.1.5.7 "都"是复数算子的观点

陈振宇、刘承峰(2015)反对"都"是左向量化的全称量化词,认为"都"具有使事件复数化的功能。"都"对整个事件进行量化,给予它所支配的事件复数性特征。该文对全称量化的认识与我们较为不同。

第一,该文提出,被算子量化的成分是句中最为重要的焦点成分,一定要出现,否则算子会悬空,并将该限制称为"算子悬空限制"。如果"都"是左向量化的,那么它会违背这一限制。

根据我们的理解,全称量化词无论是英语的 every、always 还是汉语的"都"都不要求其关联对象一定是焦点成分。相反,every-NP 常常出现在谓语前主语位置,every 的量化域 NP 是主语的一部分。always 的关联对象通常是位于其左边的事件或情境集合,该集合一般也不是焦点成分,它通常是话题性成分或隐性表达,是焦点小品词的语义要求其关联对象为焦点。一般来讲,焦点小品词如英语的 only 和汉语的"只",它们都要求其关联对象本身已经是焦点,或是由于它们语义的关联作用使其关联对象被标识为焦点。而且,它们的关联对象会出现在其成分统制域中,即线性序列中的右向。only 和"只"这类焦点小品词具有否定存在量化能力,而否定存在量化与全称量化在逻辑上是等价的,因此这类算子性成分也可以视为全称量化词。only 和"只"这类焦点小品词具有内在的排他性,这是 every 和 always 这类全称量化词所不具有的特征。陈刘文中所提出的"算子悬空限制"适用于"只"这类焦点小品词,但并不适合用来分析"都"。

第二,该文认为,量化算子和量化域之间要有紧密的句法关系。"都"和它左边的复数性成分之间可能并不是紧邻的,因此说"都"是左向关联的并不合适。这一说法也值得商榷。限定性(全称)量化词一般会出现在其量化域的前面,与其量化域构成限定词短语,相关三分结构由句法结构决定。而修饰性全称量化词和它的关联对象之间不需要紧邻。即使是焦点副词"只",它也不一定紧邻其关联对象,例如(115)。"只"可能的量化域可以是 VP"看动画片",动词"看",或是宾语"动画片"。其中宾语不是紧邻"只"的成分。

(115)笑笑只看动画片。

第三,该文用"都"前可以不出现复数性成分,而"都"后的谓语部分不能省略来说明"都"是右向关联 VP 的。对这一点,我们也有不同的分析。我们认为,修饰性全称量化词允许量化域是以隐性的形式存在的。而"都"后的谓语部分之所以不能省略是因为"主语+都"并不是一个句法成分。

### 3.1.5.8 "都"相当于 even 的观点

Liu(2016)提出"都"的语义相当于英语的 even(即表甚至义),"都"预设它所在的基本小句(prejacent clause,即"都"字句去掉"都"之后的小句)相对于其他候选项而言是最不可能的命题。"都"的各种用法来自候选项的变化(varieties of alternatives):当相关候选项集合是基于原子单位的(atom-based)候选项集合时,"都"表 even 义;当相关候选项结合是基于加合的(sum-based)候选项集合时,"都"是分配性的"都"。

分配性的"都"是琐碎化了的 even-"都"(trvialized even-dou)。当"都"关联基于加合的候选项集合并且(隐性)分配算子出现时,even-"都"被琐碎化。缺少 even 义(even-less)的"都"要求其关联对象表最大值,而且会强制出分配性解读。该文的分析有以下局限。

第一,该文尝试用 even 来概括"都"的语义,认为"都"的核心义是甚至义,分配义来源于甚至义。从语义发展演变的角度讲这一观点会遇到问题。"都"的总括义,即分配义,这一语义的产生要早于甚至义,甚至义是"都"语义发展的结果。认为分配义由甚至义推导出来显然与"都"的语义发展过程不符。

第二,文中将"都"的语义与候选项集合的组成直接关联起来,认为表甚至义时,候选项集合是基于原子单位的,而表分配义时,候选项集合是基于加合的。那么该如何看待(116)中的句子呢?复数性的"他们"是原子单位? 形式上单数的"那本书"是加合性的?

(116) a. 连他们都不相信李四能赢。

b. 那本书,笑笑都看完了。(句子表示:笑笑看完了那本书的每个部分)

(116a)和(116b)中"都"语义的不同确实是源于候选项集合的组成不同,但并非基于是原子单位还是加合的不同,而是候选项集合是否在梯级上排序的问题。

第三,文中认为缺少 even 义时,"都"字句会有分配算子出现并允许该算子是隐性的。那么,为什么诸如(117)中的句子会有隐性的分配算子呢? 这是文中没有说清楚的地方。

(117) 笑笑和乐乐都来了。

第四,文中认为"都"没有固定的全称量化能力,也不带有辖域,因而不是全称量化词。但文中所给出的论据并不充分。对相关问题可以有与之不同的解释。下面进行具体分析。

关于量化的变化(quantificational variability)问题,该文认为,当"都"关联有定 NP 时,其他量化成分可以出现在句中,这样句子就带有多元的量化能力。例如(118a)。而"每 NP"不表现出量化变化,如(118b)。该文以此来说明"每"具有量化能力而"都"没有固定的量化能力。

(118) a. 学生们大多/很多都认识王教授。
　　　b. 每个学生(*大多/很多)都认识王教授。

我们认为,(118b)不能接受并不是由于"每"是全称量化词,而是由于"每"占据限定词位置,"大多/很多"不能重复占据该位置,因此也就没有从该位置浮动出来的可能性。

关于辖域问题,文中通过对比(119a)和(119b)合法性的差异来说明"每"带有量化域,从而证明"都"不带辖域。

(119) a. 不是每个学生都认识王教授。
　　　b. *每个学生不是都认识王教授。

而我们认为,(119b)不能接受是由于全称表达"每 NP"与否定的相对位置问题,不是"都"的辖域问题。否定全称性"每 NP"的否定词"不是"应放在"每 NP"前。

### 3.1.5.9 "都"是特殊穷尽词的观点

Xiang Y.M.(2020)在 Xiang M.(2008)的基础上用"都"是特殊穷尽词(special exhaustifier)来概括用作"都"量化分配词、自由选择成分允准者以及梯级算子这三种用法。文中提出"都"是针对次候选项(sub-alternative)进行操作的预穷尽性(pre-exhaustification)穷尽词。"都"的语义包括以下方面:确认(affirm)它所在的基本命题为真,否定每个次候选项的穷尽性,预设一个非空推论(non-vacuity inference),即预设至少有一个次候选项存在。"都"的这一预设会产生分配效应。

"dou($S_A$)"句的意义大致可以表示为"$S_A$,并且不只$S_{A'}$"。其中 S 表示"都"字句去掉"都"之后的基本命题;A 表示"都"的关联对象;$A'$是 A 的次候选项,它可以是 A 的真分支部分(proper subpart),A 的弱梯级伴侣(weak scale-mate of A,即在相关梯级上低于 A 的值),或者是 A 的析取项(disjunct)。具体来讲,"张三和李四来了"可以理解为"张三和李四来了,并且不只张三来了,并且不只李四来了";"都八点了!"可以理解成"八点了,并且不是七点了,不是六点了,……";"连张三都来了"则可以理解为"张三来了,并且对于定义域中任意的次候选项 q 而言,不只是 q",在可能性梯级上 q 处在高于 p"张三来了"的位置。

我们同意该文的观点,"连"与 even 相类似,两者都是存在性的,而不是全称性的。用全称量化来分析梯级性用法中的"都"并不十分合适。尽管如此,文中对"都"的讨论存在以下问题。

首先,该文将"都"看作穷尽词的分析可以较为顺利地解释传统意义上的"都$_3$",但对"都$_1$"和"都$_2$"的解释则有所欠缺,虽然文中给出的表达式是正确的。按照该文的解释,"都$_1$"会得到主观大量解读,但主观义并不是"都$_1$"的必有语义,它只是"都$_1$"在某些情况下才会显示出的语义。"连……都……"句中,表示存在不等于"连 NP"中 NP 的候选项满足相关开语句,这是"连"的作用,并不是"都"的语义重点。"都"要表达的是超预期义。但文中给出的表达式并没有充分反映这一语义。

其次,文中所举出的"都"不满足复数性要求的例子,前人已有合理解释。而认为分配性来源于"都"的预设则缺少可靠的证据。

最后,该文讨论的基础是将"都"和"只"做类比性分析。文中主要关注两者在穷尽性上的相似性。但却对两者在排他性上的本质差异没有足够重视。这导致在分析"都"时有些过度依赖排他性。

### 3.1.5.10 我们对"都"语义功能的认识

我们赞成将"都"看作全称量化词的分析。与潘海华(2006)等不同,我们倾向于将"都"的关联方向一律归为左向。由于"都"没有内在的排他性,"都"所引出的三分结构由关联对象映射规则决定,即:"都"的关联对象会被映射到限定部分,而句子的其余部分被映射到核心部分。

现在来重新分析潘文等所提到的"都"右向关联的情况。

"都"与右边的疑问焦点在语义上有关联时,"都"实际上量化的是预设中的相关集合。例如(120a),其可能的三分结构为(120b)。

(120) a. 他都吃了什么?

    b. $\exists_x[x \in [|东西|]][他吃了 x]$

        $Dou_y[y \in x \rightarrow 他吃了 y] Q_z[y = z \ \& \ thing(z)]$

对(120a)而言,会存在这样的预设:他吃了一些东西。"都"表示:对于每个 y 来讲,如果 y 属于他吃了的东西的集合,那么他吃了 y。

所谓的"都"与右向的对比焦点相互作用的情形中,"都"实际上量化的是左向的隐性成分。例如(121a),其可能的三分结构为(121b)。对(121a)而言,"都"所关联的隐性成分可以是写作事件集合,也可以是时间集合,或情境集合等,具体由上下文语境来确定。这里选取"都"关联写作事件集合的情况。

(121) a. 张三都写的小说。

    b. $Dou_e[e \in 关于张三写作的事件集合][张三写的小说 in e](第一个层次的三分结构)$

        $OP_f[张三写的 x in e][f = 小说](第二个层次的三$

分结构)(其中 OP 代表隐性算子)

　　(121b)的三分结构有两个层次构成。"都"运用关联对象映射规则,引出第一个层次的三分结构。针对"都"的三分结构的核心部分"张三写的小说 in e"会有由隐性算子引出的第二个层次的三分结构。

　　之所以放弃潘海华(2006)等话题规则的叫法,主要是为了能够涵盖更多的语言事实,例如汉语中一般性全称量化副词以及补足性量化词右向关联的情况。

### 3.1.6　"都"的语义分合问题

　　《现代汉语八百词》将"都"的用法分为总括义、甚至义和已经义三种,分别记作"都₁""都₂"和"都₃"。关于"都"的语义分合问题,文献中有专门的讨论。

　　对"都"的各种用法进行分析,找出其核心语义(core meaning),并给出统一的解释(unified account),符合语义学特别是形式语义学的研究目标。为此,蒋严(1998)等致力于赋予"都"一个统一的语义解释。主要发展出以下几种观点:(a)"都"是全称量化词,如潘海华(2006)等;(b)"都"表程度义,如徐烈炯(2014)以及吴义诚、周永(2019)等。徐先生认为"都"表示"达到相当程度"的意思。吴周文认为"都"是程度加强副词;(c)"都"为最大值算子或穷尽词,见 Xiang M.(2008)和 Xiang Y.M.(2020)等。Xiang M.用最大值算子来概括"都"的核心义。Xiang Y.M.将这一观点发展为"都"是穷尽词。

　　也有学者在分析"都"的语义时,将"都"的用法由三个归为两个。如王红(1999,2001)、蒋静(2003)、张谊生(2005)等把"都"分成表总括和表主观评价/语气两个"都"。Chen(2008)也认为有两个"都",分别是分配性"都"和梯级"都"。

遗憾的是,到目前为止,并没有理想的解决方案。无论采用何种现有方案,都存在一定的局限性。潘海华(2006)等将"都"视为全称量化词的观点较之其他分析在解释"都₁"时更具解释力。然而,把全称量化的观念推广到"都₂"和"都₃"时则会遇到问题。

先来说"都₂"与全称量化的关系。第一,"都₂"的"连……都……"结构较易获得全称量化解读,如(122)。而这一全称量化解读与"都₁"所给出的全称量化解读不同。"连 NP 都……"结构中,"都"的全称量化义是梯级含义(scalar implicature)推导出来的结果,可参考蒋严(1998)等。

(122)连张三都通过了考试。

而且,该解读是可以被下文取消的。这与"都₁"的全称义是不同的。对比(123a)和(123b)。

(123) a.连张三都通过了考试。李四却没通过。
　　　b.♯学生们都通过了考试。李四却没通过。

(123a)中,"张三"引出的候选项会按照"通过考试"的可能性排序,"张三"是可能性梯级上相对而言最不可能的值。"李四"为该梯级上高于"张三"的值。对(123b)而言,假设"李四"属于"学生们"的集合,则该例是不恰当的。这说明"都₁"和"都₂"在全称量化方面存在差异。

第二,"都₂"和"都₃"的界限并不十分明确,在有些情况下难以区分,例如(124)。对此类现象,蒋静忠、潘海华(2013)等已有所观察。而"都₃"则难以用全称量化概括其语义。

(124) a.走都走不动了。
　　　b.菜都凉了。

第三,从语用角度来讲,说话人使用"都₂"的意图并非用于或者说至少不是单纯用于表达全称量化义,而是为了表达某种主观判断,对比(125)中的句子。

(125) a. 连张三都同意了。
　　　 b. 张三也同意了。
　　　 c. 张三和其他人都同意了。

(125a)中"连"会引出按照"同意"的可能性大小排序的梯级,该句表示:"张三"是(相对)最不可能同意的人,他同意了,让人感到意外。(125b)在添加性副词"也"的作用下表示:张三同意了,并且存在张三之外人满足"x 同意了"。与(125a)的差异是,(125b)仅表示添加义,并没有出乎意料的意思。(125c)表示的是全称量化义,如果句中没有特别强调的部分,则该句没有主观性,不表超预期(beyond the expectation)义。

接下来看"都₃"与全称量化的关系。"都₃"表相关程度高,有超预期义,而该语义并不是由全称量化推导出来的。"都₃"的作用是表示其关联对象处在相关梯级上较高的位置。

按照蒋潘文的说法,"都₃"的三分结构由焦点规则决定。"都₃"在规则作用下,表现出排他性特征。"都₃"的关联对象会引出候选项集合,该集合满足"都"复数性的语义要求。例如(126a)。

(126) a. 笑笑都大姑娘了!
　　　 b. 笑笑大姑娘了!

根据蒋潘文,(126a)中"都"关联焦点"大姑娘","大姑娘"会引出候选项集合,可能的候选项为"小姑娘"等,各候选项会在相关梯级上排序。"都"在焦点规则作用下,排除"大姑娘"之外的候选项为真的可能性。(126b)不带"都",但是在"了"的作用下,依旧有超预期义。该句中,"小姑娘"等也不能使"笑笑 x 了"为真,因为断言本身就能排除其他相关可能性。对笑笑而言,断言她是大姑娘,就否定了她是小姑娘的可能性。

"都"关联"不 V 了"也是类似的情况。按照蒋潘文的观点,此时"不"是焦点。候选项集合包括"V 了"和"不 V 了"两种可能的情况。"V 了"是最可能的情况,而"不 V 了"是最不可能的情况。句子断言的是:所有的可能都是"不 V 了"。由此,句子突显出超预期义。例如(127a)。

(127) a. 老张都不抽烟了。

　　　b. 老张不抽烟了。

对比(127a)和(127b),可以发现,即使不带"都","主语 V 了"的可能性也会因断言而排除。(127a)有出乎意料的意思,而(127b)只是客观陈述事实。由此可见,排他性并不是超预期义获得的必要条件。"都"的超预期义与排他性没有必然联系。

我们同意(127a)较为合理的解释是:"都"与梯级相关,在"都"的作用下,"不抽烟"处在按不可能性从小到大排序的梯级上较高的位置。由此会有出乎意料的意思。

此外,没有足够的证据显示"都₃"的关联对象在相关梯级上(相对)最高的位置。既然"都₃"的关联对象不一定是(相对)最大值,那么把"都₃"看作最大值算子也不十分恰切。

通过上面的分析可以发现,把"都"的语义统一解释为全称量化词或最大值算子都有问题。那么,是否可以按照某一标准将"都"分成两个呢?答案是否定的。

如果按照是否具有全称量化能力对"都"进行划分,会出现这样的情况。"都₁"和"都₃"的情况比较清晰。"都₁"具有全称量化能力,"都₃"不具备全称量化能力。而"都₂"的情况则要复杂得多。"连……都……"句中,"都"通常具备全称量化能力,而"都₂"的其他情况则不能保证全称量化得以实现。

如果按照是否与梯级相关,将"都"划分为与梯级相关和不与梯级相关两类,也会有问题。"都₂"和"都₃"都与梯级相关。而"都₁"在某些情况下也具有主观性,"都₁"的关联对象也能自然引出一个梯级,如"都"的关联对象为带有比例量化词的 NP。此时,"都"往往用于表达主观性。而该量化词会使其关联的 NP 自然引出一个按比例大小排序的梯级。见(128)。

(128)三分之二的学生都参加了奥数比赛。

我们猜想,"连……都……"句中的"都"是"都"由全称量化义向程度义过渡的阶段。典型的"都₃"已完全脱离全称量化义,完成了到程度义的转变。为此,我们放弃对"都"进行统一的语义解释,仍旧沿用三个"都"的分析。本书中所提到的全称量化词"都"与"都₁"相对应。

## 3.1.7　"都"的语义小结

在对前人研究进行简要回顾的基础上,我们给出本书对"都"的认识。在不与其他全称量化副词或分配算子共现时,"都₁"是全称量化词。这一分析较之其他方案更具解释力,能涵盖相关语言事实。

"都₁"的量化对象具备复数性和有定性特征。复数性特征包括两方面的内容:(a) 复数性指的是语义上的复数。即"都"的量化对象所指谓的集合中成员不止一个;(b) 该集合各成员的选定会受谓语类型影响。具体来讲,当谓语具有分配性时,该集合中的成员是由若干个体或整体的各部分组成;当谓语为对称性或交互类谓语时,该集合中的各成员都为个体对(individual pair)组成的集盖;当谓语为集合类谓语时,该集合可理解为由若干成员构成的集合。"都"的量化对象一般为有定成分,该成分通常具有篇章熟悉性。"都"量化对象的有定性,使其在某些情况下能以隐性的方式存在。

"都"具有分配性和穷尽性特征,并具备概括性特征。"都"全称量化的语义会使其量化域中的每个成员都具备相关特征。由此,其量化对象会获得穷尽性解读。反过来讲,谓语所指谓的特征会被分配给量化域中的每个成员/集盖,这样"都"具有分配性特征,而其量化对象会获得分配解读。"都"的分配性特征体现在,无论谓语属于何种类型,是分配性、对称性、交互类还是集合性,"都"的量化对象都会获得分配性解读。核心部分与限定部分所组成的配对要是复数性的。一次性谓语因不满足分配性要求而不与"都"相兼容。值得注意的是,当谓语为聚集类谓语时,"都"的量化对象中的每个成员都是相关事件的参与者。由于"都"量化域中的每个成员都具备相关特征,"都"可以是对具备相关特征的实体/事件等进行概括。

在某些特定的情况下,"都$_1$"还会表现出主观性,表示主观大量的意思。"都$_1$"没有内在的排他性,它与对比焦点之间没有内在的语义联系。

"都$_1$"的辖域一般为其所在的小句。复句中,当从句为主句的发生提供条件、时间等信息时,出现在主句中的"都$_1$"可以跨越自身所在的小句,量化从句。

从句法角度看,"都$_1$"会引出一个功能投射,它是量化短语的中心语。由于句法原因"把"字短语等可以阻断"都"继续向左寻找关联对象。

"都$_1$"会引出三分结构,该三分结构由关联对象映射规则决定,即:"都$_1$"的关联对象会被映射到限定部分,句子的其余部分被映射到核心部分。当"都"的右边存在对比焦点时,隐性焦点算子会引出第二个层次的三分结构。

"都$_1$"具有全称量化解读。"都$_2$"中的"连……都……"结构有时可以在语用作用下推理出全称性解读。而"都₃"则没有全称量化义。"都₂"和"都₃"都会与梯级相关联，并表示程度高的意思。

## 3.2　"一概"和"一律"的语义

副词"一概"和"一律"都出现在谓词前修饰语位置，并且可以理解为"无例外地"，见(1)。

(1) a. 电话一概不回。
　　b. 电话一律不回。

因此两者常常被放在一起进行对比，例如《现代汉语八百词》、《汉语副词词典》、李宇凤(2008)等。这里我们也将这两个词放在一起讨论。这一小节先讨论"一概"，接下来分析"一律"，最后将两者进行比较。

### 3.2.1　"一概"的语义

#### 3.2.1.1　"一概"的关联对象和关联方向

《实用现代汉语词典》认为"一概"概括的对象主要是位于它前面的人或事物。

通过对 BCC 语料库中"一概"的使用情况进行考察，可以看到"一概"的关联对象主要包括以下几类表达。

其一，全称性表达，主要有"凡(是)XP""所有 XP""一切 XP""一应 XP""各种 NP""每 XP"以及无条件表达"不管/无论 XP"等，分别见(2)—(8)。

(2) a. 他从不许宣传自己，凡遇到这类事一概"枪毙"。

b. 凡属我个人的东西,一概不许你动。

(3) 所有不是我亲身经历过的事情,我一概不信。

(4) a. 我知道,我有自知之明,所以一切抢购、秒杀、抽奖一概
不参与。

b. 我对这一切一概不负责。(这里"一切"被指示代词
"这"限定。)

(5) 一应闲事一概不用你们操心,你们只管专心创作。

(6) 这个春天,"非典"使一向并不受人关注的抗菌消毒用品
火爆起来,各种与抗毒消毒沾上边的产品,如消毒液、消
毒电器、洗涤用品等,一概受到消费者的欢迎,生产企业
也大受其利。

(7) 每逢过年或村民婚嫁喜事,他一概欣然为他们写对子,并
引以为豪。

(8) a. 不论今天有什么约会,一概取消。

b. 不然不管结果如何,我一概算你赢总行了吧!

其二,表类指义的光杆 NP,如(9)。

(9) a. (不带行李,不带武器。)枪支、刀子,包括剃刀,一概不
许带。

b. 学术界几乎一概从杨说,张灯却将此校翻了过来。

其三,表事件类别的表达,如(10)。

(10) 六爷行讨一概不收重礼。

其四,其他一些复数性表达,如(11)。

(11) a. 只要琴言姑娘答应了,我保证这些事情一概不会

发生！

b. 对反对我的人，小自书记、看护、大夫，大至司长、秘书长，从今天起，我一概不再宽容客气，他们斜眼看我一眼，我就劈面敬他们一拳！

c. 除了织月，其他被拐走的人一概不干他的事。

从上述例子可以看出"一概"的关联对象可以是实体性的（即人或事物）如(9)等，也可以是事件性的如(10)等。

"一概"允许它的关联对象在它的辖域内没有显性的语言形式，例如(12)。

(12) a. 今后我们还能不能吃食野味？有人说，干脆立法，一概禁食！

b. 你现在可以把条件都开出来，我一概答应。

(12a)中，"一概"的关联对象"野味"出现在上文中，在"一概"所在的小句中它因承前省略而没有显性的表达形式。(12b)中，"一概"关联的是"你所开出的条件"，它是由上文语境推导出来的，在"一概"所在的小句中没有显性的表达形式。

以上这些例子中，"一概"的关联对象都出现在它的左边。例如(3)中的"所有 NP"是"不信"的宾语，它出现在话题位置，现重复为(13a)。如果把它放在宾语位置，则句子的可接受性变得大大降低，见(13b)。

(13) a. 所有不是我亲身经历过的事情，我一概不信。

b. ?? 我一概不信所有不是我亲身经历过的事情。

此外，与"一概"相互作用的成分在"一概"的右边可能出现复指性成分，例如(14)。

（14）你长得年轻漂亮，别人想跟你亲近，不能一概斥之为"好
　　　色之徒"。

　　该句中，"一概"的右边出现复指性成分"之"，它指代的是"想
与你亲近的别人"。
　　上面的例子中，"一概"的关联对象都出现在"一概"的左边，而
下面例（15）中，似乎"一概"在语义上与宾语相关，而宾语出现在原
位（即动词后宾语位置）。

（15）a. 诚然，笔者并不是一概反对"有奖"活动，问题在于不
　　　　　要走极端，即使有条件的单位也要把握好"度"，量力
　　　　　而行；如果没有条件的，则更不必打肿脸充胖子，把活
　　　　　动搞成一种负担。
　　　b. 当然，笔者并非一概反对领导干部跳舞。如果领导干
　　　　　部与职工群众打成一片，茶余饭后共同乐一乐，有益
　　　　　于身心健康，又融洽了干群关系，这是一件好事。
　　　c. 一种药品能否进入我们医院，是要经过医院药事委员
　　　　　会讨论决定的，但这并不意味着一概拒绝药品商的推
　　　　　销。药品商提供的药品特别是一些新药，若是疗效显
　　　　　著、毒副反应小、价格相对低廉，能够保证广大人民群
　　　　　众的合理用药，医院药事委员会是可以接受并帮助药
　　　　　品商向广大医生推荐使用的。

　　如果把宾语如（15a）中的"'有奖'活动"、（15b）中的"领导干部
跳舞"以及（15c）中的"药品上的推销"理解为"一概"的关联对象，
相关句子可以获得较为合理的语义解释。采用这种分析就是承认
"一概"既可以左向关联，也可以右向关联。那么，为什么在某些情
况下与"一概"在语义上相关联的宾语需要前移到"一概"的左边
呢？例如前面提到的（13）。

从自然语料中看,这类宾语可以出现在原位的情况主要集中在"一概"的右边跟"反对""取消""否定""拒绝"等动词时的情况,而这些动词前可以有否定副词如"不"。而这些情况下,宾语也是可以直接移位到(次)话题位置或通过作为"关于/对于"的宾语出现在"一概"的左边的。例如(16a)可以改写成(16b)。

(16) a. 在唐幽州前线,陈子昂根据敌我力量情况,提出了对敌作战的方案,但武攸宜却自以为是,一概拒绝了陈子昂的建议。

b. 在唐幽州前线,陈子昂根据敌我力量情况,提出了对敌作战的方案,但武攸宜却自以为是,对陈子昂的建议一概拒绝。

很难解释,为什么仅在这几个动词出现在句中时,"一概"可以右向关联宾语。而且,也难以解释为什么此时"一概"的关联对象可左可右。

我们认为,此时,"一概"的关联方向依旧是左向的。它关联的是情境/条件集合。通过检视上下文语境可以发现这一假设具备合理性。通过语境可知,实际上(15a)表示的是,笔者并不是在任何情境下都反对有奖活动,比如说有条件的单位如果能把握好"度"是可以的;(15b)表示笔者并不是在任何情况下都反对领导干部跳舞,"如果"开头的后续句所说的就是在什么情况下笔者支持领导干部跳舞;(15c)中,"一概"所在句子的下文给出的就是不拒绝药品商推销的情境。至于(16a)可以理解为,在每个相关情境下,武攸宜都拒绝了陈子昂的建议。至于(16b),它在语义上与(16a)有差异,该句中"一概"的关联对象是"陈子昂的建议",表示对陈子昂的每个建议武攸宜都是拒绝的。可见,两句当中"一概"的关联对象是不同的,这也是造成它们语义上存在差异的原因。

"一概"要求它的关联对象是复数性的,上述例子中它的关联对象都满足这一语义要求。而下面(17)中"一概"的关联对象似乎不符合这一要求。

（17）a. 先说好，你若是不小心摔断了腿，我一概不负责。

b. 如果你执意要留下她，到时候她毁了梅园，我一概不负责任。

仔细观察，不难发现，"一概"的作用对象并非它前面的单数性事件，而是该事件所引出的一系列可能的结果。例如(17a)中，"你不小心摔断了腿"会产生一系列的后果，我对这些后果都不负责；(17b)中，"她毁了梅园"是会造成不止一种麻烦或损失，"一概"用来表示：我对这些麻烦或损失都不负责任。

由此可见，"一概"的关联对象都具有语义上的复数性。王丽香(2010)指出"一概"的论元有复数性、整体性、概括性、受事性和指称的有定性这五个特征。这一分析很有道理。复数性、概括性和有定性是一般性全称量化副词的共性特点。整体性和受事性是"一概"个体特征的反映。

### 3.2.1.2 "一概"所修饰的谓语的特点

"一概"出现在谓语前修饰语位置，它会对谓语起修饰作用。有时，"一概"后会出现状语标识"地"，如(18)。

（18）a. 因此，《尉缭》对待战争的态度是积极的，并不是一概地否定战争。

b. 只要真心实意地为革命搞生产，不论是主角还是配角，都一概地需要，都一样的光荣。

《现代汉语虚词例释》观察认为"一概"所修饰的谓语大多表示否定或贬义；谓语表积极意义的情况较为少见。王丽香(2010)持有类似的观点。

根据 BCC 语料库中"一概"的表现来看,它确实经常与表否定性的谓语共现,相对而言它修饰中性或肯定性谓语的情况数量要少,但也并不罕见。如(19)。

(19)a. 他走过来贴近她身旁,他那两只胖乎乎的手一齐伸出
来,掌心一概向上。

b. 想当初,一个寒士中了状元,马上妻财位禄一概俱全。

《实用汉语近义虚词》在区分"一概"与"一律""统统"时,指出"一概"的谓语不能是名词或数量短语。在我们所考查的语料中,"一概"确实基本上不直接修饰名词性谓语或作谓语的数量短语。例如(20)中的句子难以接受。语料库中有(21)这类句子,其中"一概"也并不是直接用在数量短语的前面。

(20)a. ?? 全场家居日用品一概八折。

b. ?? 车上的乘务员一概蓝色制服。

(21)此前,联通用户发送短信无论网内网外一概都是 0.10
元/条,此次调整后,发往网外短信的涨幅达 50%,引发
业界和用户的关注。

通过询问一些以普通话为母语者,会发现这样的情况:对于(20)这类句子,被询问者一般都认为句子可以理解,其中的绝大多数被试在不同程度上觉得别扭,原因是自己一般不这样说。

### 3.2.1.3 "一概"与全称性词语的共现

前面已经提到,"一概"可以与"凡(是)XP"等全称表达共现,并且将出现在它左边的这个全称表达作为关联对象。

"凡(是)XP"与"一概"共现时,"凡(是)"会把与它相互作用的

XP进行加合,得到最大化的 XP 的集合。其中 XP 可以是事件性的,也可以是实体性的。与之相类似,"所有/各种 XP"和"一切/每/一应 XP"中的"所有/各种"以及"一切/每/一应"都是加合算子,能为"一概"提供一个复数性集合。表示无条件的"不管/不论 XP"等也是为"一概"提供可供操作的复数性集合。这些表达自身并不具备量化能力,不能完成量化操作。而且,限于一元算子的释义,上述算子通常会要求具备量化/分配能力的算子与之共现。而"一概"由于具备量化能力而可以与之共现。如上面(2)—(11)中的相关例子。

"全""都"等单独使用时可以用作全称量化副词,它们可以与同时处在修饰语位置的"一概"共现。那么,当"一概"与"全"等共现时,它们各自的语义是怎样的? 它们为什么会共现? 下面结合具体例子进行分析。

### 3.2.1.3.1 "都—概"语序

在该语序中,"都"和"一概"有这样两种可能的语义分工。第一种可能是,"都"和"一概"的关联对象相同。"都"是范围限定词,而"一概"是量化词,如(22)。

(22)路上是否撞死了人,撞死了几个,都一概不知。

(22)中,"都"对"路上是否撞死了人"和"撞死了几个"所构成的集合进行范围限定,得到一个被限定后由两个事件组成的复数性集合。"一概"对这一复数性集合进行量化,表示集合中每个成员都具备"不知"的特征。此时,如果将"都"和"一概"都看作量化词,则相关句子会经历两次量化。"都"由于在左边会先执行量化操作,之后,"一概"再进行量化。由于"都"的量化域由"路上是否撞死了人"和"撞死了几个"组成,"都"量化之后,句子会变成"路上是否撞死了人一概不知,且撞死了几个一概不知"。不难发现,这里,"一概"找不到合适的量化域。所以,认为此时"都"和"一概"同为量化词是不合适的。

第二种可能是,"都"和"一概"都是量化词,它们有各自的关联对象,如(23)。

(23) 不论刮风下雨、酷暑严寒,学校的学习、活动他都一概不误。

对(23)来讲,有两种可能的分析。一种是,"都"和"一概"是有各自的量化对象的量化词。"都"的量化对象是"不论刮风下雨、酷暑严寒",而"一概"的量化对象是"学校的学习、活动"。另一种可能是,"都"和"一概"的关联对象都是由"不论"引导的部分,此时,"都"用作范围限定词,"一概"是量化词。在前一种分析中,它们都是量化词,有自己的量化对象。

"都"和"一概"是简单共现,而非连用时,如(24),它们可以有各自的关联对象。

(24) 至于他们为何要绑走南蝶,他们的答案都是一概不知,只说是门主的意思。

该句中,"都"的关联对象是"他们的答案",而"一概"的关联对象则是"x 关于为何要绑走南蝶的答案",而 x 是从"他们"中取值。

3.2.1.3.2　"一概全"语序

从我们所找到的包含"一概全"的例子来看,如果将"一概"去掉,句子的基本语义保持不变,只是句子全称性的语义有所下降。对比(25)和(26)。

(25) a. 又设立上海虹口平民时疫医院,穷人和重病住院,医治手术医药住院费用一概全免!

b. 什么平仄格律,一概全无。

c. 他的床上一挂旧蚊帐、一床薄棉被,收录机、电视机之类，一概全无。

(26) a. 又设立上海虹口平民时疫医院，穷人和重病住院，医
治手术医药住院费用全免！

　　b. 什么平仄格律，全无。

　　c. 他的床上一挂旧蚊帐、一床薄棉被，收录机、电视机之
类，全无。

　　如果把"全"去掉，则(26)中的句子会变得不大能接受，见
(27)。这是因为从韵律角度讲，"一概"后面倾向于接双音节词而
不是单音节词。

(27) a. ?? 又设立上海虹口平民时疫医院，穷人和重病住院，
医治手术医药住院费用一概免！

　　b. ?? 什么平仄格律，一概无。

　　c. ?? 他的床上一挂旧蚊帐、一床薄棉被，收录机、电视
机之类，一概无。

　　假设"一概全"语序中，两者都是量化词，那么，位于左边的"一
概"会先执行量化。"全"则对"一概"的量化域中的成员进行量化。
对(25)而言，由于"一概"的关联对象所指谓的集合中的每个成员
在语义上都是复数性的，在"一概"进行量化之后，这些成员也能满
足"全"对量化域的复数性要求，可以充当其量化域。而且，由此所
给出的语义解释也说得通，似乎将两者都看作量化词行得通。以
(25a)为例。"一概"量化"医治手术医药住院费用"，表示：对于每
个 x 来讲，如果 x 属于这些费用其中的一种"全免"；"全"进一步量
化 y，表示：对于每个 y 来讲，如果 y 属于 x，那么 y 会被免掉。然
而，对(25c)而言，把两者都看作量化词则行不通。因为"全"无法
找到语义上的复数性成分作为量化域，不大好说"他的床上一挂旧
蚊帐全无"这样的话。所以综合来看，还是应该把"一概"看作范围

限定词,"全"看作量化词比较合适。

## 3.2.2 "一律"的语义

### 3.2.2.1 "一律"的关联对象和关联方向

与"一概"相类似,"一律"左向关联,它的关联对象通常也是以下几类:(a)全称性表达,如"凡(是)XP""所有NP""任何NP""每XP"等,分别见(28a—d);(b)表无条件的"不论XP"等,如(29);(c)表类指的光杆NP,如(30)。

(28)a.凡《诗经》中不曾出现过的义项,一律不作解释。

b.自1998年起,杭州市行政执法就已实行了罚缴分离制,所有罚款单位不但自行收款,所有罚没款一律上缴财政。

c.除上述两种彩票以外,任何地区、部门、机构、个人一律不得发行彩票。

d.工人工资微薄,初期不分技术高低,每人每天一律0.70元,经过工人的不断斗争,才逐渐提高……

(29)法院规定,无论什么人,中午一律不准饮酒。

(30)社员养的母猪一律不准卖掉。

"一律"的关联对象既可以是实体性的,如(28)(29)和(30),也可以是事件性的,如(31)。

(31)所有的待客一律不准进饭店;……。

### 3.2.2.2 "一律"所修饰的谓语的特点

"一律"所修饰的谓语也可以是名词性谓语、数词短语,分别见

(32)和(33)。

  (32) a. 它们一律黑色,一根杂毛也没有。

     b. 三个孩子,一律短裤。

  (33) a. 拉萨市内出租车一律 10 元,三轮车 3 至 7 元。

     b. 每天限时抢购奢侈品,全场商品一律 4.9 折。

  虽然很多时候谓语是否定性的,但"一律"所修饰的谓语没有否定性倾向,它也可以是中性或肯定性的,如(34)。在相当多的情况下,相关句子表示的是某种规定或要求,如(35)。

  (34) a. 只要你说出来,我一律都答应你。

     b. 不管台胞用什么方式来,出于对台胞的骨肉亲情,福
      建人民一律都给予热情接待。

  (35) a. 过境的机动车一律从洪洋公路、福湾公路、机场边公
      路绕道通行。

     b. 3 月 1 日新办法实施后,旧版记者证一律作废。

### 3.2.2.3  "一律"与"都"等的共现

  前面的例子已经表明,"一律"可以与"所有 XP"等限定性全称表达共现。不仅如此,它还可以与修饰性全称量化词"都"等共现,如(36)。

  (36) a. 这鸡、这布,一律都归大神所有,跳过了神之后,她把
      鸡拿回家去自己煮上吃了。

     b. 有形的和无形的都一律毁掉了。

  下面以"一律都"和"都一律"为例进行讨论。

"一律都"语序中,"一律"用于对"都"的量化域进行限定,而"都"则是量化词,例如(37)。

(37) a. 凡有想求他免予弹劾的,或是想求他举荐得用的,一律都得送礼。

b. 不管她看到什么东西,只要是违反神性或者人性的,她一律都加以非难……

以(37a)为例。"一律"对"都"的关联对象"凡是想求他免予弹劾的,或是想求他举荐得用的"进行限定,"都"对该成分进行量化。

对该语序而言,去掉"一律"之后"都"仍旧用作量化词。而去掉"都"之后,"一律"则用作量化词。分别对比(38)和(39)。

(38) a. 工资一律都是每小时两毛五分。

b. 工资都是每小时两毛五分。

c. 工资一律是每小时两毛五分。

(39) a. 所有的车子,一律都是一尺一尺路挨着走。

b. 所有的车子,都是一尺一尺路挨着走。

c. 所有的车子,一律是一尺一尺路挨着走。

"都一律"语序中,"都"用来限定"一律"的量化域,"一律"是量化词。单独使用时,两者都是量化词。分别对比(40)和(41)。

(40) a. 他们无论男女,都一律戴着红便帽,缀着三色帽徽。

b. 他们无论男女,都戴着红便帽,缀着三色帽徽。

c. 他们无论男女,一律戴着红便帽,缀着三色帽徽。

(41) a. 那最常听到的电车铃声,与小贩的呼声,今天都一律停止。

b. 那最常听到的电车铃声,与小贩的呼声,今天都停止。

c.那最常听到的电车铃声,与小贩的呼声,今天一律
停止。

### 3.2.3 "一概"与"一律"的对比分析

"一概"和"一律"有很多相似之处。单独使用时,它们都是用
作全称量化副词。它们的关联对象都可以是全称性表达、光杆 NP
等复数性表达。《现代汉语八百词》已经观察到,它们后面的谓语
部分不能是单个音节。自然语料库中,"一概"和"一律"的后面确
实不存在谓语只是一个单音节的谓词的情况。

对于两者的差异,前人有过一些分析。《现代汉语八百词》认
为两者的区别在于:当用于通知或规定时,如果是概括事物,二者
可以通用;而当概括的对象是人时,常常使用"一律"。另外,"一
律"的谓语可以是名词性短语。

李宇凤(2008)从认知角度分析"一概"和"一律"的差异,提出:
"一概"运用整合性视点,"选择评论性语域,表达否定感情色彩";
"一律"使用离析性视点,多"选择规定性语域,表达中性感情
色彩"。

《汉语副词词典》中把"一律"和"一概"的差异归结为两点:
(a)"一概"多用于概括事物,而"一律"则多用来概括人;(b)用于
概括事物时,"一律"所概括的事物多是不同性质的事物,而"一概"
所概括的多是相同的事物。

丁静、王海峰(2014)从搭配情况来看"一律"和"一概"的差异,
认为两者的不同主要表现在以下几方面:(a)"一概"可与心理动
词连用,而"一律"则一般不与心理动词共现;(b)"一概"很少与处
置动词连用,而"一律"则可以与处置动词连用;(c)"一概"很少接
形容词,而"一律"则可以;(d)两者所选择共现的情态动词也不
同。此外,"一概"的主观性要高于"一律"。而且,在 CCL 语料库

中,"一律"的使用频率要高于"一概"。

这些研究对认识"一律"和"一概"的差异具有积极意义。

通过对比分析可以发现,较之"一律","一概"对它后面的谓语有更为严格的要求。该谓语不能是名词性成分或数量短语。

至于"一概"的关联对象为"人"的情况,虽然不多,但也可以在语料中找到相关的例子。例如(42)。

(42) a. 女人一概不许进入俱乐部。
  b. 日本人一概不吃鸟类和野生动物。

通过检索,可以看到,在 BCC 语料库中,"一律"的使用频率也高于"一概"。

## 3.2.4  "一概"和"一律"的语义小结

"一概"和"一律"都表示"适用于全体,没有例外"的意思。它们对其关联对象有复数性的语义要求。单独使用时,它们具备全称量化能力,能够给予其关联对象逐指性解读。它们能够允准"所有"等加合算子,可见其为二元算子。

当紧邻"都"等全称量化副词并位于其前面时,通常来讲,"一概/一律"不再是全称量化词,而是作为范围限定词用来限定量化词的量化域,除非它们有各自的关联对象。

与"一概"相比,"一律"对谓语的要求更少,因而它的使用更为广泛。而且,"一律"中所包含的语素"律"有"法律、法规"的意思,这使得"一律"更容易让人联想到法律、规定,因而"一律"更为经常用于法律、规定中。

"一概/一律"虽然较为常用,但与"都"相比,其使用频率要低很多。尽管如此,当强调"无例外"或用在法律、规定、通知中时多用"一概"或"一律"而不是"都";其他情况下,则是优先使用"都"。

## 3.3 "统统""通通"以及"通统"的语义

根据《现代汉语词典》,"通通"表达的是"全部",而"统统"则被解释为"通通"。其他一些常见的工具书,如《现代汉语虚词例释》中,也都认为"通通"和"统统"表示相同的意思。《汉语副词词典》中还收录了"通统"一词,并指出该词的词义与"通通"和"统统"相同。

文献中关于"统统""通通"以及"通统"的研究,数量很有限。吕俞辉(2011)讨论"统统"句谓语的特点以及"统统"的语义功能。该文指出"统统"句的谓语通常不能是光杆动词,谓语应为有界的。而且,句中谓语多为消极或中性的,很少是表积极义的。"统统"是全称量化词,它的关联对象是有指的(referential)、定指的(identifiable)成分。文中的主要观点基本符合相关汉语事实。

"通"单独使用时,其中一个义项就是表示"整个;全部",它可以用来修饰名词性语素,如"通身""通盘"中的"通";也可以与副词"共"构成"通共"。

"统"充当副词时表示"总括;全部"的意义。它常常与动词性语素构成动词如"统购""统筹"等;它也可以用于修饰副词性的"共",构成"统共"一词。

可见,无论是"通"还是"统"都有表达全称义的语义基础。因此重叠构词后表达全称量化义也在情理之中。"通通"和"统统"都是副词,两者语音形式也非常接近,确切来讲,它们语音形式上的区别仅限于声调。"通统"由"通"和"统"组合而成,是副词,也表全称量化义。

从实际语料来看,三者在用法上没有明显的差异。在使用频率上,"统统"要远高于"通通"。而"通统"的用例数量非常有限。(1)是从 BCC 语料库找到的例子。

(1) a. 到下午,把一切吃饭用的东西通统买来了。

b. 每到锄地的时候,妇女通统下地。

### 3.3.1 "统统"等的句法特点

"统统"等位于谓语前修饰语位置,它们的后面可以加状语标识语"地",如(2)。

(2) a. 他那两条腿又黑又瘦,从小腿到大腿,通通地生长着黑毛。

b. 将墙边的大树统统地放倒。

"统统"等所修饰的谓语多是动词/动词短语,如(3);也可是数量短语等,如(4);有时也可以是名词性成分,如(5)。

(3) a. 她恨不得要打男人一顿,朝他们脸上吐唾沫,把他们统统压垮。

b. 包括所有的工厂以及皮肯里德山谷、彼得家的仓房,以至整个小城的每一条街道,每一座房屋统统归于我的名下了。

(4) a. 大家好,坚果产品统统9块9,来看看吧。

b. 1元1元,通通1元!

(5) iPhone4S8G 版 3400。统统现货!

### 3.3.2 "统统"等的关联对象的特点

这三个词的关联对象有如下几个特点。第一,它们的关联对象都出现在其左边。即使当与之相互作用的成分是宾语时,该宾语也要通过位移出现在其左边。例如(6)和(7)。

(6)a.他、他的妻子和十六岁的儿子,统统下地了。

　　b.霍光将他们统统任命为大夫。

(7)a.他把门窗统统关上了。

　　b.*他统统关上了门窗。

(6a)中,"统统"在语义上关联它左边的主语"他、他的妻子和十六岁的儿子"。(6b)中,它作用于"将"的宾语"他们",而该成分也是出现在它的左边。(7a)中,宾语"门窗"由"把"字结构提前到谓语前的位置,满足"统统"左向关联的要求。(7b)中,"统统"的关联对象"门窗"位于"统统"的右边。该句因为不满足"统统"左向关联的要求而不能说。

第二,它们的关联对象在语义上是复数性的。对比(8a)和(8b)。

(8)a.他们统统/通通不见了。

　　b.*他统统/通通不见了。

(8a)中,"统统/通通"的关联对象"他们"在语义上是复数性的;而(8b)中"他"在语义上是单数的,不能满足"统统/通通"对其关联对象复数性的语义要求,因而该句不能被接受。

第三,"所有 NP"等加合短语可以作为其关联对象,并被其允准,例如(9)和(10)。

(9)a.所有这些通通是谬论!

　　b.?? 所有这些是谬论!

(10)a.我们要就就业业,所有坏的东西,一切应该丢的东西,统统丢掉。

    b. ?? 我们要兢兢业业,所有坏的东西,一切应该丢的东西,丢掉。

第四,"统统"等的关联对象可以是实体性的,也可以是事件性的。分别见(11a)和(11b)。而且,该关联对象所表达的可以是不同事件的集合,如(12)。

(11) a. 你只管大声唱歌,把他们通通吵醒。

    b. 在[注意]栏中,连"除诗歌外"的字样都不见了,彻底地给考生表达自由,写什么内容,用什么形式写,统统不加限制。

(12) 买不买、买多少、什么价,通通鸡贩子说了算。

(11a)中,"他们"是复数性代词,指代"人",是实体性的。(11b)中,"写什么内容"和"用什么形式写"是事件性表达。(12)中"买不买"以及"买多少"属于不同的事件性表达。

### 3.3.3 "统统"等的语义功能

"统统"等能给予其关联对象全称量化解读,因此可以看作全称量化词。例如(13)。

(13) a. 第二天早上一看,鲜花通通蔫了。

    b. 不管是拿枪的敌人,不拿枪的敌人,通通不在话下。

在"通通"全称量化的语义作用下,(13a)表示:第二天早上一看,对于每一个属于"鲜花"的 x 来讲,x 都蔫了;(13b)表示:x 是"拿枪的敌人"或是"不拿枪的敌人"都"不在话下"。

"统统"等与其他全称量化副词如"都"等共现时,它们的语义分工与语序密切相关。出现在左边的成分一般是作为范围限定词,而右边的则是量化词。如"统统/通通都"语序中,"统统/通通"是用来限定范围的,而"都"是量化词,见(14);"都统统/通通"语序中,"都"是范围限定词,"统统/通通"是量化词,见(15)。

(14) a. 他们这些人统统都不是他的对手。
　　 b. 一切魔鬼通通都会被消灭。
(15) a. 咱们就再算它二百五十块吧,这样所有的费用都统统包括进去了。
　　 b. 以我的管理风格,凡是不合理的东西都通通给改掉。

上述两种语序中,"统统/通通"和"都"不能同时用作量化词,否则,相关句子难以得到正确的语义解释。以(14a)为例。如果"统统"和"都"都是量化词,那么在前面的"统统"先会进行量化,得到"对于每个 x 来讲,如果 x 属于'他们这些人'中的人,x 都不是他的对手"的语义解读;接下来是位于后面的"都"对 x 进行量化,将得到这样的解读:对于每个 y 而言,如果 y 属于 x,那么 y 不是他的对手。其中 y 是从个体人 x 中取值。也就是说,该句会表示:他们这些人中每个人的每个部分都不是他的对手。显然这不是句子想要表达的意思。

### 3.3.4 "统统"等的语体特点

关于"统统"等三个词对语体的选择倾向,《汉语副词词典》中提到"通通"多用在口语中,而"统统"和"通统"与"通通"相同。从BCC 语料库中语料的实际分布情况来看,"统统"和"通通"在微博这类带有口语性质的语料中,较之在其他性质的语料中出现频率要高。这确实可以在一定程度上印证"统统"等常用在口语中。但是,"统统"在报刊、科技类语料中使用频率也很高。"通通"也有类似的情况。这说明"统统"和"通通"在非口语语料中也有较多使用。也就是说,"通通"特别是"统统"对语体并没有绝对的选择倾向。

### 3.3.5　"统统"等的语义小结

"统统""通通"和"通统"都具备表全称义的语义基础,它们都是一般性全称量化副词,总是左向关联与之相互作用的成分。

"统统"和"通通"的使用频率要远远高于"通统"。这三个词都经常用在口语中,在科技和报刊语料中也有较多例子,这说明它们对语体没有明显的选择倾向性。

## 3.4　"一直"的语义

"一直"的近义词有"一向""总(是)""从来""向来""老(是)""始终""一贯"等。既往针对"一直"的研究多是从"一直"与近义词的对比分析角度进行,比较内容主要包括:(a) 所表达的时间义,对时点、时段的选择;(b) 与动态助词的搭配互动;(c) 静态性与动态性;(d) 对谓语的选择;(e) 与惯常/习性句(habitual sentences)的关系;(f) 所表达的主观性;(g) 所表达的情态;(h) 互换情况及条件。

前人基本达成共识的是"一直"表持续或者说不间断义。此外,关键(2002),邓小宁(2002),邹海清(2009),蒋静忠、魏红华(2017)等都同意"一直"对时态没有选择性,能用于过去、现在以及将来时语境。

对于"一直"的主观性既往有不同的分析。黄瓒辉(2001)认为"一直"经常用于客观描写,当句中有表确切时段的成分时,"一直"用于表主观大量。刘靖(2006)对"一直"和"总"进行对比,认为"一直"表主观评价,而"总"表客观判断。蒋静忠、魏红华(2017)基于认知视角通过对两者进行互换分析,探讨"一直"和"总是"的差异,认为"一直"的典型用法是表客观连续,而"总是"的典型用法是表客观非连续。我们同意"一直"主要是用于表达客观上的连续义。

此外,陈昌来(2015)讨论了"一直"的语法化历程,分析了"一直"各用法间的意义联系。

下面将从形式语义学角度,对"一直"的用法和语义进行讨论。

尽管具体的解说有所不同,《现代汉语八百词》和《现代汉语虚词例释》等都认为副词"一直"有三个义项或者说用法。结合已有的分析和语料库中的实际语料,我们认为将"一直"的用法分为四种更为合适。

那么,"一直"有哪四种用法?它的核心语义是什么?它的这些用法是否都与量化有关?"一直"是不是全称量化词?"一直"与近义词"始终""一向""从来"等有哪些异同?

这里将就上述几个问题展开详细讨论。

### 3.4.1 "一直"的用法及核心语义

"一直"有四种用法,下面是对这几种用法的详细说明。

用法 1 用来表示:顺着一个笔直的方向,在方向上不发生改变。按《现代汉语八百词》所说,此时,"一直"的后面或动词后常有表示方向的词语,例如(1)。

(1) a. 他们从签到处一直往东走。

b. 一直向前走去,你会有一个美好的明天。

(1a)中的"往东"和(1b)中的"向前"都是表方向的短语。"一直"表示顺着既定的这个方向,不发生方向的改变。比如"一直往东走"就保持往东的方向走。

《现代汉语八百词》中给出(2)这样一个例子,认为其中"一直"

是表示不改变方向的意思。我们认为,这个句子是有歧义的。除了《现代汉语八百词》指出的意义,它另外一种可能的语义是表示"走"的动作持续。

(2) 一直走,别拐弯。

用法2中,"一直"表示:动作、行为持续不间断或者状态持续不改变。

《现代汉语八百词》观察到,此时,"一直"所修饰的谓语不能是单音节的,至少要两个音节。根据实际语料并结合我们自身的语感来看,这一描述还是相对比较准确的。当然,我们也可以在语料库找到个别的反例,如(3)。总体上来讲,"一直"倾向于它的谓语是两个或以上的音节,这应该是韵律作用的结果。"一直"是双音节词,它更倾向于和两个或以上的音节相互作用。

(3) a. 我打电话回家,母亲无法理解,一直哭。
　　b. 珊瑚跟青霞一直哭。
　　c. 雨一直下。

该用法中,"一直"通常处于谓语修饰语位置,如(3)。在强调不间断时,"一直"可以重叠使用,如(4);有时也可以看到"一直一直"右置于其所修饰成分的情况,如(5)。

(4) a. 我会一直一直这样抓着你,你也要好好抓着我哦!
　　b. 我想一直一直呆在家里,温馨着,窝心着!
(5) 今年开始的第二个五年,我们还会在一起,一直一直。

"一直"所修饰的谓语主要有以下几种类型:一是,谓语表动作、行为正在进行,具体表现为:主要动词前后有表示动作正在进行的成分,如用在动词前的进行体标记"正""正在""在"和/或用在动词后的"着",趋向动词如"下去",补语如"不停"等;或是光杆的动词(短语)。例如(6)和(7)。

> (6) a. 多少年来,人们一直在探索这个问题。
> b. 电话铃一直响着。
> c. 雨,昨天开始,一直下个不停,滴滴答答的,不是一般的小啊……
> (7) a. 他进入报社以后,一直从事公安报道。
> b. 香港一直下雨。

有时,表进行的"(正)在"会出现在"一直"的前面,如(8)。

(8) 她在一直刷屏等你的回复!!!

二是,谓语表示已经完成了的动作、行为。此时,动词后一般带有完成体标记"了"以及带有时量短语或物量短语。时量短语表动作、行为持续的时间,而物量短语一般表示相关动作、行为的终结点、所达到的量。分别见(9a)和(9b)。

> (9) a. ……,我摔倒的那一会,就忍不住哭,一直哭了五分钟。
> b. 他一直跑了五六公里。

在"一直"的语义作用下,(9a)中画线部分表示,(我)持续哭了五分钟时间;(9b)则是表示,他持续跑了五六公里。

不难发现,如果去掉时量或物量短语,相关句子不能说。对比(9)和(10)。

(10) a. *没大碍,可是就不知道为什么,我摔倒的那一会,就忍不住哭,一直哭了。

b. *他一直跑了。

这是由于完成体标记"了"表示动作、行为完成,而"一直"则是表示动作、行为持续不间断。两者的语义不兼容。而加上时量或物量短语后,在时量/物量短语所指谓的时量或物量之内,动作、行为具备不间断的特征,也就是说,"一直"的语义可以得以实现。这样,"了"和"一直"的语义就可以相兼容了。

三是,谓语表示动作或状态未发生改变。谓语中主要动词/形容词前常带有否定标识词"不/没有"。"一直"表示相关动作或状态的持续。如(11)。

(11) a. 其实,她的身体状况一直不好,经常发烧、眩晕、头疼。

b. 好半天了,一直没有消息。

四是,"一直"所修饰的这部分谓语由"动词+到……"构成,"到"后可以加时间、地点或程度表达等。"一直"表示在到达该时间、地点、程度等之前,相关的动作等持续不变。见(12)。

(12) a. 电视一直到深夜才结束。

b. 我默默地看着电梯开关一直到28层。

c. 队尾一直有人在添进,一直到下午4点。

(12a)说的是,在到深夜之前电视持续在播放;(12b)表示,在电梯到28层之前,我都是默默地看着电梯开关;(12c)表示在下午4点之前,队尾持续有人在添进。

用法3中,"一直"用于"强调所指的范围",它后面所接的成分表示某个特定范围的终止处。这里,"一直"通常与"到……"或"V到……"放在一起使用。如(13)。

(13) a. 更令我难以为继的是,这位老乐师不能掌握节奏,我要求的是很平滑地由慢而快,先是一拍、两拍,在四拍后,则用五连音、六连音一直到十连音。

b. 第二天、第三天,一直到第四天,俞玉亭还在银白色的路面上挥动他的大扫帚继续扫除积雪。

c. 此外,美学实际上是一种认识论,所以它历来是哲学或神学的附庸,西方著名的美学家,从柏拉图、亚里士多德一直到康德、黑格尔和克罗齐,都是从哲学出发的。

用法 4 见于《现代汉语虚词例释》。"一直"用于表示在动作进行的过程中没有受到阻碍或产生变动。下面(14)中的两个例子均来源于《现代汉语虚词例释》。

(14) a. 昌林没有回村,从地里一直就上了北坡。

b. 将来大运河修好了,轮船可以从北京一直开到杭州。

(15) a. 昌林没有回村,从地里就上了北坡。

b. 将来大运河修好了,轮船可以从北京开到杭州。

与去掉"一直"之后的(15)相比,(14a)中,"一直"表示从地里不经过其他地方上了北坡。(14b)则表示轮船从北京开到杭州中间不会受到阻碍,可以直接到达。

通过寻找"一直"在这四种用法中的共性,可以发现,"一直"总带有"持续不变"的意思。因而,将"持续不变"看作"一直"的核心语义是有一定合理性的。

### 3.4.2 "一直"的用法与量化

这一部分将集中讨论"一直"的各种用法与量化的关系。

先从用法 1 开始。该用法中，"一直"表示方向不发生改变。把"一直"看作针对方向进行全称量化的量化词，相关句子可以得到正确的语义解释。"一直"的关联对象通常是位于其右边的方向表达。由于"一直"是表示方向不改变，它所关联的方向表达在它的作用下会被聚焦(focusing)，因此该关联对象会被映射到核心部分，而句子的其他部分会被映射到限定部分。例如(16a)中的画线部分，其可能的三分结构为(16b)。

(16) a. 这时，大水奔涌而来，<u>河水一直向上猛蹿</u>，仅 10 分钟就上升了 1 米多高。

　　 b. $\text{Yizhi}_x$［河水 x 猛蹿］［x＝向上］

对于(16a)中的画线部分来讲，当"一直"关联方向短语"向上"时，"向上"作为焦点短语会被映射到核心部分，而句子的其余部分"河水猛蹿"被映射到限定部分。对于每个 x 来讲，如果河水 x 猛蹿，那么 x 等于"向上"。

用法 2 中，"一直"也可以被解释为全称量化词。它针对它所关联的时量／物量进行量化，表示：对每个属于该时量／物量表达所指谓的集合中的成员来讲，相关动作等为真。"一直"的关联对象可以是隐性的，可以位于它的左边，也可以位于其右边，还可以由位于其左边和右边的表达共同组成。"一直"所引出的三分结构中，它的关联对象被映射到限定部分，句子的其余部分被映射到核心部分。详见以下(17)—(20)。

(17) a. 店里的窗户开着，<u>外面一直在下雨</u>。

　　 b. $\text{Yizhi}_t$［t∈T］［外面在下雨 at t］

(18) a. <u>大象公公说自己最近一直打喷嚏</u>，流清水鼻涕。

　　 b. $\text{Yizhi}_t$［t∈［|最近|］］［外面在下雨 at t］

(19) a. 梁亦清对照那幅画，反复审视这块玉，<u>一直看了三天</u>。

  b. Yizhi$_t$[t∈[|三天|]][(梁亦清)看(这块玉)at t]

(20) a. 我从 2011 年停机欠费一直到 2012 年。

  b. Yizhi$_t$[t∈[|从 2011 年到 2012 年|]][我停机欠费 at t]


  (17a)中,"一直"的关联对象没有显性的语言表达形式;(17b)表示:在特定的一段时间内的每个时间 t,雨都在下。

  (18a)中,"一直"所关联的"最近"处在它的左边;(18b)表示:在"最近"所指谓的时间集合中的每个时间 t,大象公公打喷嚏。

  (19a)中,表示时段的"三天"与"一直"相互作用;(19b)表示:在"三天"中的每个时间 t,梁亦清都在看这块玉。

  对(20a)来讲,"一直"所作用的是"从 2011 年""到 2012 年"这个时间段,这里"一直"的关联对象由其左右两边的相关成分共同构成;(20b)表示:对每个时间 t 而言,如果 t 属于"从 2011 年到 2012 年",那么我停机欠费 at t。

  至于用法 3 和用法 4 中的"一直",不宜将其看作全称量化词。用法 3 中,"一直"只是在标识范围的终止处,并无量化语义。《现代汉语八百词》观察指出,用在"到"前面时,表达"强调所指范围"的"一直"的后面常有"都""全"等与之相呼应。这不难理解,相关的范围表达在语义上是复数性的,会给"都"等提供量化域,所以可以与"都"等比较自然地共现。如上面的(13c)。用法 4 中,"一直"所表达的内容与全称量化不相关。


### 3.4.3 "一直"与近义表达的异同


  用法 2 中的"一直"与"一向""从来"以及"始终"等有相似之处。在一些特定的情况下,"一直"能与近义表达相互替换,而句子的基本语义不发生改变,例如(21)。


(21) a. 他一直/从来/一向不说废话。

b. 他一直/始终坚持治疗。

下面将对"一直"与这几个词的差异进行讨论。

先来看"一直"和"从来"的异同。《现代汉语八百词》中将"从来"与"一直"的区别归结为三点：第一，"从来"所表达的语气重；第二，"从来"与表持续时间短的表达不兼容；第三，"从来"多用于否定。

从词汇语义上来看，"一直"侧重于说"持续不变"，而"从来"则重在说"从过去到现在"。因此，认为"从来"表达的语气重是有道理的。"从来"所表示的时间具有一定的时间长度，所以它一般不能与表持续时间短的表达共现，例如（22）。从实际语料看，"从来"也确实经常用于否定的语境中，而"一直"没有这一限制，对比（23）。

（22）a. 他*最近/?? 这几天从来不吃肉。

　　　b. 他最近/这几天一直不吃肉。

（23）a. ?? 他从来说英语。

　　　b. 他一直说英语。

"从来"与"一直"的差异还体现在以下几个方面：第一，"从来"一般不与表示动作正在进行的"在"共现。可能的原因是，"在"一般用于表示动作正在进行，而"从来"所表达的时间段除了"现在"还涉及"过去"，加之"从来"常用在否定的语境，而"从来没在VP"所表达的语义很怪异，难以构建出该表达的使用环境。例如，很难说"她从来没在唱歌"。

第二，由于"从来"所表达的时间段自身就带有终结点即"现在"，这使得"从来＋V＋了＋时量"结构难以让人接受，如（24a）中的句子不能说。

(24) a. *小王从来写了三个多小时。

　　 b. 小王一直写了三个多小时。

　　再来看,"一直"与"一向"的差异。关于两者的差异,邓小宁(2002)和邹海清(2009)有专门的讨论。下面先就其主要观点进行简要回顾。

　　邓小宁(2002)指出"一直"和"一向"主要有以下差异:"一直"所在的句子可以是动态的,也可以是静态的;"一直"句谓语所表达的行为/状态可以是长时的,也可以是短时的;"一直"所在的句子没有习性义;"一直"对时态没有限制;"一直"对谓语有选择性,要求谓语和它的语义相兼容。例如,动作动词所表示的动作要有可持续性。而"一向"所在的句子只能是表静态义;"一向"句谓语所表达的行为/状态要是长时性的;"一向"句一般表习性义;"一向"只能用于过去时;"一向"要求谓语与语义相兼容。例如,动作动词的动态性与"一向"的语义相冲突。

　　邹海清(2009)从时、体和态三方面来分析"一直"和"一向"的差异,认为:"一直"可用于过去、现在和将来时,不表惯常体,没有明显的情态功能;而"一向"用于过去时,表示惯常体,有情态功能,表认识情态。

　　上述两种分析有一定道理,基本反映出"一直"和"一向"的差异。

　　与"从来"相类似,副词"一向"也表示"从过去到现在"。两者的类似还在于,"一向"一般也不与表短时时间段的表达、"在"以及"V+了+时量"相兼容,例如(25a)(26a)及(27a)不大能说。此外,"一向"还有一个意思是表示"从上次见面到现在",如"你一向可好?",而"一直"没有这个意思。这是"一向"与"一直"的不同之处。

(25) a. ?? 这几天,他一向很认真。

　　 b. 这几天,他一直很认真。

（26）a. *雪一向在下。

b. 雪一直在下。

（27）a. *手机铃声一向响了十分钟。

b. 手机铃声一直响了十分钟。

与"一直"相类似而与"从来"不同的是，"一向"对所修饰的谓语没有否定性倾向，见（28）。

（28）a. 他一向喜欢唱歌。

b. 他一直喜欢唱歌。

c. *他从来喜欢唱歌。

最后来说"一直"与"始终"的不同。"始终"是反义复合词，由反义语素"始"（即"开始"）和"终"（即"结束"）构成，表示"从开始到结束持续"。它有副词和名词两种词性。我们所关注的是副词"始终"与"一直"的差异。《现代汉语八百词》指出，"始终"常与动词的否定式相结合。它与"一直"相比，有两点不同：第一，"始终"所修饰的动词不能带时间表达，如（29）不能说。第二，"始终"不能用来指将来，见（30），该例引自《现代汉语八百词》。

（29）a. *小李始终工作到两点。

b. *小李始终观察了两个小时。

（30）*我打算在这儿始终住下去。

《现代汉语八百词》的第一点描写是准确的。"始终"自身已带有时间终结点"终"，因此与时量表达不兼容，这就造成（29）中的句子不能说。

至于"始终"与将来时之间的兼容性，我们则有不同的看法。如果将（30）调整成（31a）和（31b）的样子，句子的可接受性会大大提高。这说明语序和趋向动词对句子的可接受性会产生影响。更为重要的是,在很多情况下,表示将来的"打算"和"将"可以与"始终"共现,如(32)。

(31) a.(?)我打算始终在这儿住下去。
　　 b.我打算始终在这儿住。
(32) a.张三打算始终不见李四。
　　 b.中国政府将始终从战略高度和长远角度看待中日关系,致力于两国和平共处、世代友好、互利合作、共同发展。

### 3.4.4 "一直"的语义小结

副词"一直"的核心语义可以归结为"持续不变",该核心义反映了"一直"各种用法之间的共性。在用法 1 和用法 2 中,"一直"可以看作全称量化词。用法 1 中,"一直"针对方向进行量化,具有内在的排他性,其三分结构由焦点规则决定;用法 2 中,"一直"则是对时量/物量进行量化,其三分结构由关联对象映射规则决定。

"一直"与副词"一向""从来""始终"的异同,详见下表。

| | 所表达的时间 | 是否有内在的"持续"义 | 倾向于常用在"Neg+V"前 | 是否与将来时态兼容 | 是否能修饰"V+了+时量"及"V+到+时量" |
|---|---|---|---|---|---|
| 一直 | 在某个时间段内 | 是 | 否 | 是 | 是 |
| 始终 | 从开始到结束 | 是 | 是 | 是 | 否 |
| 一向 | 从过去到现在 | 否 | 否 | 否 | 否 |
| 从来 | 从过去到现在 | 否 | 是 | 否 | 否 |

# 3.5　"到处"和"处处"的语义

"到处"和"处处"意义相当接近。两者常常可以互换使用,例如(1)。

(1) a. 长岭处处荡漾着春意。
　　b. 长岭到处荡漾着春意。

《现代汉语词典》中将"到处"解释为"各处;处处",把"处处"解释为"各地地方;各个方面"。

《现代汉语虚词例释》认为"到处""处处"和"满处"三者的意义相同,都与"任何地方(都)"或者说"无论什么地方(都)"语义大致相当。"满处"与"到处"及"处处"稍有不同,这种差异在于"满处"多用在北方口语中。

《现代汉语八百词》把"到处"的词义概括为"任何地方(都);指说话人所指的动作或状态的全部范围",而对"处处"的解释则为"任何地方;所有动作行为涉及的范围或者情态呈现的场所"。书中认为两者还是存在一定的差异的:"到处"大都用来指具体的处所,"处处"则可用于表示"较为抽象的行为",可对比(2)。

(2) a. 我三哥处处为别人着想,很有责任心。
　　b. *我三哥到处为别人着想,很有责任心。

张斌(2001)也认为"处处"不但可以表具体场所,也可以指事物的各个方面;而"到处"只能是指具体的场所。

"到处"和"处处"之间是否还存在其他差异? 两者都表达全称性的语义,那么它们自身是全称量化词,还是仅仅为全称量化词提供量化域?

在充分观察语料的基础上,我们针对上述问题进行讨论。

### 3.5.1 "到处"和"处处"的差别

实际语料显示,在表示抽象范围的时候,即表义相当于"(在)各个方面"时,要用"处处"而一般不能用"到处"。这说明《现代汉语八百词》和张斌(2001)的相关描写是准确的。例如(3)和(4)。

(3) a. 我处处不及你们,我知道的比你们都少,我害怕我没有勇气走未来的路。

　　b. *我到处不及你们,我知道的比你们都少,我害怕我没有勇气走未来的路。

(4) a. 努尔哈赤面前,皇太极处处都想胜大阿哥代善一筹,方肯罢休。

　　b. *努尔哈赤面前,皇太极到处都想胜大阿哥代善一筹,方肯罢休。

(3)中,说话人想说的是"我在各个方面不及你们";(4)中相关部分表达的是皇太极想在各个方面都超过大阿哥代善。其中的"各个方面"是比较抽象的范围,不是具体的处所。因而,用"到处"并不合适,而用"处处"则没有问题。

那么,是不是在表示具体场所的时候,"到处"和"处处"就可以通用了呢?从上面例(1)和下面(5)和(6)看来,似乎应该如此。

(5) a. 市区、郊外,浓郁的菩提树处处可见。

　　b. 市区、郊外,浓郁的菩提树到处可见。

(6) a. 春节这天,处处人山人海。

　　b. 春节这天,到处人山人海。

　　然而,在仔细考察更多的语料之后,我们发现,实际情况要更为复杂。对例(7)而言,就不适合用"处处"去替换"到处",见替换后的(8)。

(7) a. 为了挣钱,她到处打工。

　　b. 他到处筹资。

　　c. 厂长被评为劳模,到处作报告。

　　d. 为了筹钱他到处奔波,还没个结果。

　　e. 蜜蜂到处采集花蜜,然后酿成蜜糖。

　　f. 战士们看在眼里,急在心上,到处为大娘找治关节炎的药方。

(8) a. *为了挣钱,她处处打工。

　　b. ?? 他处处筹资。

　　c. *厂长被评为劳模,处处作报告。

　　d. *为了筹钱他处处奔波,还没个结果。

　　e. *蜜蜂处处采集花蜜,然后酿成蜜糖。

　　f. *战士们看在眼里,急在心上,处处为大娘找治关节炎的药方。

　　(7)中的"到处"并不是简单地表示"任何地方(都)"的意思,而是表示"到不同的地方;到各个地方"。它与后面的动词更像是连动关系,而非修饰和被修饰关系。从"到处"的内部构成看,"到"是动词性语素,表"到达;去"的意思。对(7)这类句子而言,其中的"到处"可以理解为"到"残留的动词义在起作用。"处处"由于是"处"(表"处所")的重叠形式,它不可能有"到各个地方"的意思,因此(8)中的句子让人难以接受。

　　此外,当"到处"表示"所到之处"这一意义时,也不能用"处处"去替换。因为"处处"没有这层意思。对比(9a)和(9b)。

(9) a. 到处,皆石崖屋壁。

　　b. ?? 处处,皆石崖屋壁。

(9b)不大能被接受。如果去掉逗号,句子变得可以被接受,但是所表达的意思却发生改变,变成了"每个地方都是石崖屋壁"。

同时,我们也发现,在以下四种情形下,不宜将"处处"替换成"到处"。情形1是,名词充当谓语时,见(10)—(11)。

(10) a. 山上处处红叶,远近错杂,真是彩色斑斓。

　　b. 山上到处*(是)红叶,远近错杂,真是彩色斑斓。

(11) a. 宽甸处处青山。

　　b. 宽甸到处*(是)青山。

情形2是,"处处"出现在谓语位置,可以理解为"到处都是"的意思。这里,谓语没有显性的语言形式。分别对比(12)—(14)中的句子。

(12) a. 四月的博鳌,水阔风纯,生机处处。

　　b. *四月的博鳌,水阔风纯,生机到处。

(13) a. 风景处处,换了主人。

　　b. *风景到处,换了主人。

(14) a. 灯火处处,使得山城如同披上了珍珠的衣衫,宝石的璎珞,组成了现实与梦幻交织的境界,使得山城更加显得珠玉交辉,楚楚动人了。

　　b. *灯火到处,使得山城如同披上了珍珠的衣衫,宝石的璎珞,组成了现实与梦幻交织的境界,使得山城更加显得珠玉交辉,楚楚动人了。

情形3是,"时时""事事"等重叠形式以并列或对举的方式出现在句中时,从韵律和谐角度考虑,用"处处"要比"到处"更为合适。分别对比(15)—(17)中的句子。

(15) a. 不能不加区别地事事公开、处处公开、时时公开、人人公开。

　　 b. ?? 不能不加区别地事事公开、到处公开、时时公开、人人公开。

(16) a. 在发达国家里,信用卡已成为时时、处处、事事都离不开的现代化支付手段。

　　 b. ?? 在发达国家里,信用卡已成为时时、到处、事事都离不开的现代化支付手段。

(17) a. 家家织藏毯,处处织机声。

　　 b. (?)家家织藏毯,到处织机声。

情形 4 是,"处处"出现在宾语位置。由于"处处"是名词"处"的重叠形式,使得它较之"到处"更容易出现在宾语位置。对比(18a)和(18b)。

(18) a. 即使封建时代过去了,这种心态的改良性遗传依然散见处处。

　　 b. *即使封建时代过去了,这种心态的改良性遗传依然散见到处。

## 3.5.2 "到处""处处"与量化

"到处"和"处处"的基本语义都是表全称性的范围,并且在句中获得全称量化解读,例如(19)。

(19) a. 到处灯火通明,一派欢乐景象。

　　　b. 医院里到处传着这样的赞语。

(19a)表示在每一个地方都灯火通明,一派欢乐景象;(19b)表示在医院里的每个地方都传着这样的赞语。

那么,"到处"和"处处"是自身具备全称量化能力,还是有(隐性)量化/分配算子来帮助其完成量化或分配?再者,《现代汉语八百词》在对"到处"和"处处"进行解说时,用词有所区别,前者是"任何地方(都)",而后者则是"任何地方",虽然一字之差,但这是否暗示两者在"总括"或者量化能力上存在差异?

我们倾向于认为,"到处"和"处处"都是全称量化词。理由如下:"到处"和"处处"的全称量化解读通常不需要依赖于显性的全称量化副词来实现。在语料库中可以找到非常多的"到处"和"处处"单独使用的例子,即它不与"都"等全称量化副词共现的例子。

在单独使用时,"到处"和"处处"的全称量化义就剩下两种可能的来源。一种可能是,其自身具备量化能力,引发全称量化操作;另一种可能是,有隐性的分配或全称量化算子在起作用。

此前我们已经假设过隐性分配算子的激发条件,具体如下:分类关键词是语义上的复数,且具备内在的逐指性解读;分配成分是带有数量短语的无定 NP 或反身代词。"到处"以及"处处"是潜在的分类关键词,它们虽然是复数性的场所的集合,但是并不具备内在的逐指性特征,谓语部分很多情况下也没有可充当分配成分的表达,也见(19)。可见,隐性分配算子帮助获得全称性解读的可能性可以被排除掉了。

接下来比较困难的是,确定"到处"和"处处"单用时,是否有隐性的全称量化副词存在。如果说,"到处""处处"单用时,就会带有一个隐性的全称量化副词来帮助实现量化,那就要解释为什么它们会激发这样一个隐性的算子。事实上,很难说清楚这一隐性算子存在的动因。

因此,我们选择另外一种可能性,就是"到处"和"处处"本身就具备全称量化能力。

"到处"和"处处"用作量化词时,其词汇义已决定自身所表达的范围会被映射到限定部分。"到处"和"处处"的量化对象有所不同。"到处"只能对具体的处所进行操作;"处处"则既可以量化具体处所也可以量化抽象的范围。至于所量化的范围是具体还是抽象则往往是由语境决定。

在"到处/处处都"语序中,"到处/处处"不再是全称量化词,而是转变成"都"的量化域。例如(20)。

(20) a. 驿路可通全国,到处都有站,当时则叫作亭。
　　　b. 地上处处都是散乱的工具。

(20a)和(20b)中,"全国"和"地上"是显性的来源性定义域,它们分别对"到处"和"处处"进行范围上的限定。"都"是量化词对被限定后的量化域"到处"和"处处"进行量化。

### 3.5.3　"到处"和"处处"的语义小结

单用时,"到处"和"处处"都是针对范围进行操作的全称量化词,其所表示的范围会被映射到限定部分。这是由其词汇语义所决定的。

"到处"和"处处"有以下差异:首先,所表达的范围有差异。"处处"在表具体处所之外,还可以表示抽象的范围,而"到处"不能。其次,所带有的语法化后残留下来的词汇义不同。这使得"到处"可以表示"到各个地方",而"处处"可以用作宾语。最后,对谓语的选择限制不同。"到处"一般不能修饰名词性谓语,而"处处"则可以。另外,韵律等因素也会影响具体语境中对两者的选择和使用。

# 3.6 "——"和"逐 X"的语义

"——"和"逐 X"具有分配性特征,有序列义。董正存(2015)考察"逐"等词的语义发展演变,认为其量化义是从序列义发展演变而来。我们基本认同这一观点。

下面就这组词的语义进行讨论。

## 3.6.1 "——"的语义

"——"表示"逐一、逐个"(见《现代汉语八百词》),它一般处在修饰语位置,后面可以加状语标记"地",如(1)。

(1) a. 在参观过程中,他——地观看了店里展出的珍贵书画作品。

   b. 后来,这些记者——地被当地作为"纵火犯"给揪了出来,在报上公开点名批判,也就不足为怪了。

### 3.6.1.1 "——"的关联对象及关联方向

在语料库中还能找到(2)这样的例子,其中谓语没有显性的语音形式。

(2) 诸如此类的小品文字,不便——。

"——"的关联对象一般是谓词的论元,该成分既可以是外论元,也可以是内论元。分别见(3)和(4)。

(3) a. 实验所用的材料也要——列出,并注明其来源,如使用

　　的量表或问卷是自编、翻译还是修订的，等等。

　　b. 大虎的威猛，小虎的憨顽，鹤的矜傲，猴的活泼一一跃
　　　　然纸上。

（4）a. 他一一与这些学者联系之后，我再打电话确认具体的
　　　　细节，这样就一路绿灯，非常顺利了。

　　b. 他们清晰地点着一个个老师的名字，向他们一一表示
　　　　感谢。

　　（3）中"一一"的关联对象都是主语。（3a）中，主语"实验所用
的材料"是受事主语，它是动词"列出"的内论元；（3b）中，"大虎的
威猛，小虎的憨顽，鹤的矜傲，猴的活泼"是主语，是"跃然"的外论
元。（4a）中与"一一"在语义上相互作用的是由介词"与"引出的宾
语；（4b）中，与"一一"相互作用的则是由介词"向"引出的宾语
"他们"。

　　除了普通复数性 NP，"一一"的关联对象还可以是"所有 NP"
"每 NP""凡(是)XP""不管 XP"等全称性表达，见（5）。

（5）a. 把所有调查结果一一列举出来。
　　b. 他乘坐阅兵指挥车一一检阅每艘舰艇。
　　c. 凡是有所求的领导，杨大新一一予以满足。
　　d. 不管送什么，老师一一照收。

　　与"一一"在语义上相互作用的成分既可以出现在它的左边，
如上面的（3）和（4b），也可以出现在它的右边，如（4a）。

　　除了显性的表现形式之外，"一一"的关联对象还可以是以隐
性的方式存在，即它在"一一"所在的句子中没有显性的语音形式，
见（6）。一般可以通过上下文语境来确定该成分的指谓。

（6）a. 宋濂一一照实回答。

　　b.她便一一地报告。

"一一"要求它的关联对象在语义上是复数性的,对比(7a)和(7b)。而且,从实际语料来看,该关联对象所指谓的集合中通常要有两个以上的成员。例如(8)这样的句子可接受性就不高。

(7) a.他热情地和大家一一握手。
　　b.*他热情地和张三一一握手。
(8) a.?? 他热情地和这两个人一一握手。
　　b.?? 他对这两个问题进行了一一解答。

### 3.6.1.2 "一一"的语义功能及语义特征

"一一"会带给它的关联对象全称量化解读,它的使用不需要依赖于其他全称量化词,如(9)。而且,它能允准加合短语如"每NP"等以及表无条件的"不管 XP"等,也见(5)。这说明"一一"自身具备全称量化能力,可以看作全称量化词。

(9) 我将它们一一抄录下来。

在"一一"的语义作用下,该句表示:我把它们中的每一个都抄录下来。

作为全称量化词,"一一"会引出自己的三分结构,下面(10)到(14)中 a 句可能的三分结构见相应的 b 句。

(10) a.女儿把这些大学的情况一一记录了下来。
　　b.Yiyi$_x$[x∈[|这些大学的情况|]& x=一所大学的情况][女儿把 x 记录了下来]
(11) a.他一一指着本本上的人给我介绍,都是他的亲戚,或

　　亲戚的亲戚。

　　b. Yiyi$_x$［x∈［｜本本上的人｜］& x 是一个人］［他指着 x
　　　给我介绍］

(12) a. 他们望着宋铭禄的灵车，个个神情悲哀，<u>一一鞠躬</u>
　　　<u>送行</u>。

　　b. Yiyi$_x$［x∈［｜他们｜］& x 是一个人］［x 鞠躬送行］

(13) a. 和职位不同，<u>职位与员工是一一对应的</u>，而职务却并
　　　非一一对应。

　　b. Yiyi$_{x,y}$［x∈［｜职位｜］，y∈［｜员工｜］］［x 和 y 是对
　　　应的］


　　三分结构可以表达出"一一"的全称量化义，但遗憾的是，并不
能反映出"一一"的词汇义中所包含的"依次"的意义。为了把这一
词汇义解释清楚，我们还需要看"一一"的关联对象和相关特征之
间是如何依次匹配的。

　　《现代汉语八百词》认为"一一"表示的是"动作挨个儿施于每
个对象"，也就是说匹配的方向是"动作"到"对象"。这一说法用来
描述"一一"的关联对象是宾语的情况比较合适，如(10a)和(11a)。
参照《现代汉语八百词》的分析，(10a)可以理解为，动作"记录下
来"依次施加于"a 大学的情况""b 大学的情况"直至"n 大学的情
况"；(11b)可以解释为，动作"指着"依次施加给"本本上的人 a"
"本本上的人 b"乃至"本本上的人 n"。

　　然而，当"一一"的关联对象是位于其左边的主语或更为复杂
的情况时则看起来不大自然，如(12a)和(13a)。(12a)会解释为，
"鞠躬送行"依次施加给"他们"中的每个成员；(13a)也会被解释
为，"对应"依次施加给每个职位和每个员工。

　　可能更为恰当的匹配方式是，"一一"的关联对象依次和相关
特征进行匹配。例如，(10a)是"a 大学的情况""b 大学的情况"乃
至"n 大学的情况"依次与"女儿把 x 记录下来"进行匹配；(11a)是

"本本上的人 a""本本上的人 b"直到"本本上的人 n"依次与"他指着 x 给我介绍"匹配；(12a)是"他们"中的每个人依次与"鞠躬送行"匹配；(13a)则是"职位 a""职位 b"……"职位 n"依次与"员工 a""员工 b"……"员工 n"匹配。

"一一"可以被否定，否定词语要出现在"一一"的前面，例如(14)。它一般不修饰动作的否定形式，如(15)。这是因为如果相关的动作没有发生，就不会涉及动作"依次"和"一一"的关联对象匹配的问题。

(14) a. 这里限于篇幅就不一一论述。

　　　b. 还可以举出许多，这里暂不一一列举。

(15) a. *这里限于篇幅就一一不论述了。

　　　b. *还可以举出很多，这里暂一一不列举。

"一一"与"都"出现在同一个小句中且它们的关联对象相同时，它们不能同时用作量化词，否则相关句子难以得到正确的语义解读。如(16)和(17)。

(16) a. 这些内容都一一载入合同，具有法律效应。

　　　b. 血管很细，缝合时都要一一对准。

　　　c. 每个步骤的礼仪，她一一做去。

(17) a. 他摸透了每头牲口的习性和爱好，给它们一一都起了名字。

　　　b. 于是，就让他在口供上签字画押，一一都按上了手印。

　　　c. 那官员把相片仔细观瞧，手指着桩桩罪证，一一都问到。

以(16a)和(17a)的画线部分为例。如果"一一"和"都"均为全称量化词，(16a)则会被解释成：内容 1 一一载入合同，内容 2 一一载入合同……。(17a)则会被解释为:(他)给牲口1都起了名字,给牲口2都起了名字……。显而易见,这不是句子要表达的意义。

"都"位于"一一"的左边时,"都"用来限定范围,表示其关联对象都会被选中,没有例外,"一一"则是承当量化工作。如(16a)表示,这些内容中的每一项内容依次载入合同。"一一"位于"都"的左边时,一般是用于修饰动作的方式,它不作全称量化,而"都"则是全称量化词。如(17a)中,"一一"就是表示动作的方式"依次",没有量化义,"都"起量化作用,该句表示:依次给它们中的每头牲口都起了名字。

## 3.6.2 "逐 X"的语义

这里,我们所讨论的"逐 X"表示"依次""一 X 接一 X(地)",其中 X 可以是数词"一",物量词"个""项""条"等,动量词"次"等或是名词"字""句"等。

### 3.6.2.1 "逐一"

我们先来看"逐一"的语义。

"逐一"通常出现在修饰语位置,它的后面可以带状语标记"地",如(18)。

(18) a. 我想追上老师,拽住他的衣袖,逐一地大声陈述那雪天发生的事。

　　 b. 这时节,师文工队的几位男女同志正在逐一地由班到班作慰问演出。

3.6.2.1.1 "逐一"的关联对象及关联方向

"逐一"与"一一"的语义非常接近,两者常用来互释。与"一一"相类似,"逐一"既可以左向关联也可以右向关联,分别见(19)和(20)。

> (19) a. 在此基础上,大家对四十多个筹款、收费项目,逐一作了研究。
>
> b. 他跑过去扯下所有彩旗,把气球逐一踩破。
>
> (20) a. 据悉,《咬文嚼字》今年将逐一"咬嚼"12位茅盾文学奖得主的文学代表作,并定期公布"病情报告",而此举受到了文坛大家们的热烈欢迎。
>
> b. 午间休息吃饭时,张芸还和远在美国的儿子视频通话,并给他逐一介绍杨慧等一众战友。

(19a)中,与"逐一"在语义上相互作用的成分为介词"对"的宾语"四十多个筹款、收费项目";(19b)中,则是介词"把"的宾语"气球"。(20a)中,"逐一"在语义上关联宾语"12位茅盾文学奖得主的文学代表作";(20b)中,则是关联"杨慧等一众战友"。

"逐一"也允许其关联对象在它所在的小句中是隐性的,如(21)。

> (21) a. 扶贫对象确定后,他们便以专家的诊断为依据,逐一"对症下药"。
>
> b. 梧州市侨柏工贸总公司是梧州市政府外经贸部门直属企业,其挂靠的3家公司涉嫌用18张假报关单骗汇3615万美元。8月24日,专案组为防止泄密,以召集开会为名,将侨柏公司总经理等人召集起来,再叫侨柏总经理以总公司名义,将下属14家公司负责人召回公司。专案人员逐一问话、调查,很快查清了案情真相。

"逐一"对其关联对象有复数性的语义要求,分别对比(22)和(23)。

(22) a. 发型师 Tony 逐一给他们理发。

　　 b. *发型师 Tony 逐一给他理发。

(23) a. 在大家的共同努力下,这些困难将逐一得到解决。

　　 b. *在大家的共同努力下,这个困难将逐一得到解决。

(22a)中,"逐一"与"他们"相互作用;(23a)中则关联"这些困难"。它们都是复数性成分。(22b)和(23b)中"逐一"都找不到语义上的复数性成分与之相关联,由此导致这两个句子不能接受。

### 3.6.2.1.2 "逐一"的语义功能及语义特征

单独使用时,"逐一"可以看作全称量化词,而它的全称义是由它表达"依次"的词汇语义推导出来的。由于"逐一"的关联对象依次与相关特征匹配,当所有的关联对象都按次序完成匹配操作之后,全称语义就得以实现了。"逐一"的关联对象会被映射到限定部分,句子的其他部分到核心部分。如(24a)和(25a)可能的三分结构分别为(24b)和(25b)。

(24) a. 我逐一阅读了你们每个人的来信。

　　 b. Zhuyi$_x$[x∈[|你们每个人的来信|]][我阅读了 x]

(25) a. 王经理对他们提出的问题逐一进行了解答。

　　 b. Zhuyi$_x$[x∈[|他们提出的问题|]][王经理对 x 进行了解答]

上面的三分结构反映的是"逐一"的全称量化义,但是并不能刻画出它所带有的"依次"的意义。因此这个三分结构在体现"逐一"的语义方面还是存在一定的局限性的。

"逐一"也可以与"都"等全称量化副词共现。当它们出现在同一个小句中且关联对象相同时,它们不能同时用作全称量化词,否则相关句子会得到错误的语义解释。例如(26)和(27)。其中(27)来自 BCC 古汉语语料。在该语料库的现代汉语部分没有找到带

现代汉语全称量化词研究

有"逐一……都"的例子。

> (26) a. 她把他们都逐一审视过了，就是没看清那个活动的影子。
>
> b. 我竭力寻找这种论断的意义，解释它，为它辩解，自我反省，把我们整个的共同生活以及对自己的了解都逐一回忆了一遍，但仍找不到起因，回想不起我做了什么才招来这样的不幸。
>
> (27) a. 接着左、右副元帅逐一都照样地行礼，只少了兵部捧剑。
>
> b. 那晚，探春约湘云同至秋爽斋下榻，就灯下详细计议，将如何布席，如何陈设，以及茶具、食单逐一都商定了。

如果"逐一"和"都"均为量化词，则它们都要进行量化。以(26a)为例，该句带下画线部分会得到这样的解读：她把他们每个人的每个部分都依次审视过了。这并不是说话人想要表达的意思。这里，把"都"看作范围限定词，表示"他们"中的成员都包括在内，是"逐一"来完成量化操作。这样就会有正确的语义解读：她把他们中的每个人依次审视过了。对(27a)来讲，"逐一"仅是用来修饰动作的方式的，表示动作是依次进行的，执行量化操作的是"都"。由此会有正确的解释：左副元帅和右副元帅依次都照样地行礼。

与"一一"相比，"逐一"由于包含表示"依次"的"逐"，它在词汇义上更为强调按照顺序。由于是按照顺序一个接一个地进行，又由于它是用来修饰谓语的，相较之下就更容易得出"动作细致谨慎"的意义。而"一一"就没有这层意思。

### 3.6.2.2 "逐＋物量词"

接下来再说"逐"加上物量词"个""项""条"等所构成的"逐 X"

结构。

### 3.6.2.2.1 "逐＋物量词"的句法特点

"逐＋物量词"在句法上呈现出以下特点：

第一，可直接作修饰语，用在谓词前。如(28)。

(28) a. 他逐个与他们交谈，一直谈到深夜十二点，使纠纷当
天便得到解决。

b. 林美华一个劲儿地买东西，陈正华就跟在后面逐项为
她付款。

c.《适用意见》对原来两个鉴定标准几乎逐条作出说明，
加强了鉴定的可操作性，并明确了基本适用原则。

第二，也可以在其后加上"地"构成"逐 X 地"再去修饰谓词，
见(29)。

(29) a. 这些问题没有定式，教师只有细心地观察，逐个地分
析，不断地摸索，才能找到打开心灵之锁的钥匙。

b. 目前，许多单位正在继续分批、逐项地检查。

c. 为此，他协助局长，几经努力，硬是逐条地落到实处。

第三，有重叠形式。重叠形式为"逐 X 逐 X"。重叠形式更为
强调"按 X 依次"的意思。例如(30)。重叠形式后面也可以加
"地"，见(31)。

(30) a. 去年，厂里主要领导成员为了解决这个问题，就亲自
深入生产第一线，从炼钢投料开始，直到拔丝出成品
为止，对六个车间、三十道主要工序，逐个逐个跟班调
查研究，和工人群众、技术人员一起，进行工艺革新实
验，很快地解决了问题。

b. 因此,各有关部门今后不仅要抓单个新产品的试制计划,而且应该逐项逐项地将电站、高炉、轧钢机、氮肥设备等成套设备的试制工作纳入国家计划,并且在材料分配等方面予以充分支持。

c. 有的把新华社在国外发行的外文版新闻稿上每一期刊登的毛主席语录逐条逐条精心地剪下来,汇集成本,如饥似渴地进行学习。

(31) a. 小青虫白天分辨不出来,花农们只好在晚上靠着虫子身上射出一点微光,逐个逐个地捉,用了一个星期,才把它们捉光。

b. 下班后,他还要花一两个小时,一个一个车间地,从清洁卫生、设备保养、产品质量到各种原始记录逐项逐项地检查。

c. 起初一看厚厚的调查表,大家情绪特别大。但随着逐条逐条地解答,越来越心服口服。

第四,"逐 X"后面可以加名词之后再作谓词修饰语。如(32)。

(32) a. 今年是"一控双达标"的关键一年,要逐个地区、逐个城市、逐个企业地狠抓落实。

b. 他老了,不能干重活了,只好做不花力气的煤气街灯管理员,每天晚上沿街点灯,天一亮,又逐条灯柱去关上煤气管。

### 3.6.2.2.2 "逐+物量词"的关联对象及语义特征

"逐 X"的关联对象在句中分布较为灵活,可出现在其左边也可出现在其右边。分别见(33)和(34)。

(33) a. "上任"第一天,苟妮就给六位老人逐个"卫生大扫除"。

b. 思想明确以后,我们把用户的几百条意见逐条地作了分析研究,动手做机床的设计改革方案。

c. 他们一到当地,就投入紧张的工作,对几十个成件逐项严格检验。

(34) a. 他逐个地和战士们握手,用这种形式表达他的感激和尊重之情。

b. 省长要求全省要逐条全面地落实《条例》规定的 14 项企业经营自主权。

c. 联邦议会决定在二十四日和二十五日举行巴黎协定的二读辩论,逐条讨论这些协定。

而且,该成分是语义上的复数性成分,分别对比(33)和(35),(34)和(36)。

(35) a. *"上任"第一天,苟妮就给那位老人逐个"卫生大扫除"。

b. *思想明确以后,我们把用户的那条条意见逐条地作了分析研究,动手做机床的设计改革方案。

c. *他们一到当地,就投入紧张的工作,对一个成件逐项严格检验。

(36) a. *他逐个地和一名战士握手,用这种形式表达他的感激和尊重之情。

b. *省长要求全省要逐条全面地落实《条例》规定的 1 项企业经营自主权。

c. *联邦议会决定在二十四日和二十五日举行巴黎协定的二读辩论,逐条讨论这个协定。

"逐 X"还有一个使用限制,就是物量词 X 要能对"逐 X"的关联对象进行计量或计数。见(37)。

> (37) a. 老师领着我逐个/ *逐条/ *逐项/ *逐只房间参观。
>
> b. 修正案对现行法律逐条/? 逐个/?? 逐项进行修改，并增加了 26 条法律规定。
>
> c. 国家验收委员会对基本建设工程的质量逐项/? 逐个/?? 逐条作了鉴定，总评为优良。

"逐 X"侧重在表示"以该物量词 X 为单位依次"，它在很多情况下具有全称量化能力，但在一定语境下，它并不能保证其关联对象具有全称义，而是倾向于只是给予其"依次"义。对比(38a)和(38b)。

> (38) a. 考试开始后，监考人员持着存根逐个对照，终使"枪手"露出原形。
>
> b. 现在，这些发电机组正逐个停止运转，由埃及技术人员进行电焊修补。

"逐 X"和"都"用在一个小句且作用于同一个关联对象时，它们不能都是量化词。"逐 X"位于左边时，"逐 X"是一元的修饰语，"都"是全称量化词；"都"位于左边时，"都"用来限定范围，是一元的，"逐 X"是全称量化词。分别见(39)和(40)。

> (39) a. 日子就是问题叠着问题，只要把问题逐个都给解决了，路也就顺了！
>
> b. 美常驻联合国代表博尔顿说，俄方的决议草案变化很大，几乎逐条都有修改。
>
> (40) a. 所有原有的注释都逐条作了订正、修改和充实。
>
> b. 他把那十张铁床都逐个检查了一遍，没发现有焊得不

结实的才让人往车上装。


### 3.6.2.3 "逐＋动量词"

现在我们来关注"逐 X"中的 X 为动量词的情况。由于其中动量词常常是"次"，这里将以"逐次"为例对这类词进行考察。

"逐次"是谓词修饰语，出现在谓词之前，如(41)；它可以带状语标记"地"，如(42)；从实际语料来看，它一般不重叠使用。


(41) a. 在战略上将敌人分隔在几个战场上，而在各个战场上
　　　又把敌人的强大集团肢解为若干孤立部分，集中优势
　　　兵力，逐次予以歼灭，以至迅速地消灭全部敌人。

　　 b. 第一次只许浴五分钟，然后逐次增加一分钟。最长的
　　　不超过十五分钟。

(42) 激发这种内在的动力，使女生的 800 米跑练习由被
　　动——自觉——自发逐次地提高动机和主动参与意识，
　　提高求知，变要我练为我要练。


在语义上，"逐次"的关联对象是谓语，要求谓语是复数性的，而且该谓语能以"次"为计量单位，如(43)。


(43) a. 这表明，违法经营的比例逐次下降。

　　 b. 此外桂剧也有，不过和川剧反向，由本脸逐次变脸，技
　　　术高的演员变一次脸只要半秒钟。


### 3.6.2.4 "逐＋名词"

这里，简单来说说"逐＋名词"，其中"逐"是"依次"的意思，该结构表示以该名词为单位依次，它通常用作修饰语，起的是修饰谓

语,说明谓语方式的作用。例如(44)。

(44) a. 融进了"逐点扫描"成像技术,采用最新计算机软件算法,使图像清晰度、画面色彩和运动补偿等功能得到大幅度提高……

b. 他放下自己的生意,挨个通知、逐摊位登记,为筹集资金奔走呼号。

"逐＋名词"的后面也可以加状语标记"地",如(45)。

(45) a. 英语的重音节奏规律打破了用"标准"的音素逐音节地去反映字符的语音模式……

b. 实践中,我们常常生怕不能完整表达原句意思而逐词地翻译,却忽略了精练的原则。

### 3.6.3 "一一"和"逐 X"的语义小结

"一一"和"逐 X"之间具有很多相似性,它们都可以用作全称量化词,其三分结构由关联对象映射规则决定,都具有序列义和分配性特征。它们对关联对象有复数性语义要求,后面可加状语标记"地"。

同时,它们也存在一些差异。例如,它们的可重叠能力不同,"一一"由于本身已经是重叠形式不再重叠使用,"逐 X"可以重叠使用,形成"逐 X 逐 X"形式。

## 3.7 本章小结

一般性全称量化副词没有内在的排他性特征。它们有复数性的语义要求,对其关联对象进行全称量化操作。它们所引出的三分结构由关联对象映射规则决定,即:关联对象被映射到限定部分,而句子的其余部分被映射到核心部分。

"都"是现代汉语中最为常用的一般性全称量化副词,它左向关联其关联对象,它的允准能力很强,能允准表全称义的疑问代词等。

"一律/一概"左向关联其关联对象,强调无例外,对谓语的音节数目有要求,相关句子的谓语不能是单音节的;"一律"对谓语的限制较少,因而使用较"一概"广泛,法律、规定、通知等用"一律"的情况要多于"一概"。

"统统/通通/通统"也是左向关联,在口语中使用较多。

"一直"对物量或时量进行量化时,三分结构由关联对象映射规则决定。当"一直"针对方向进行量化时,具有内在的排他性特征,是排他性副词。

"到处/处处"对处所进行量化,"到处"量化的是具体的处所,"处处"的量化对象既可以是具体的处所也可以是抽象的处所。两者对谓语的选择限制也有差异。"到处"一般不能修饰名词性谓语,而"处处"没有这一限制。

"一一"和"逐 X"具有分配性特征,带有序列义,既可以左向关联又可以右向关联,要求主语和宾语所形成的配对是复数性的。

# 第四章

## A 型全称量化词之排他性副词——内在的排他性

排他性副词是焦点副词(focus adverb)的重要类别。现代汉语常见的排他性副词有"才""就""只""只有""净""光""仅""仅仅""单""单单"以及"唯"和含"唯"的双音节词"唯一""唯有""唯独""唯恐"等。①

　　这类副词具有以下本质特征：与焦点短语(focus phrase)相互作用，具有否定存在量化能力(negated existential quantificational force)，对断言值(the asserted value)所引出的候选项集合进行量化，排除断言值之外的其他候选项满足相关开语句的可能性。其中，断言值由排他性副词的关联对象所指谓，而排他性副词的关联对象则是在语义上与该副词相互作用的焦点短语，相关开语句指的是带有该副词的句子去掉该副词并用变量 x 替换断言值之后得到的带有变量的句子。以英语典型的排他性副词 only 为例。句(1)中 only 关联焦点 Jerry。在 only 的语义作用下，该句表示：Tom 邀请 Jerry 参观他的新房子，没有邀请其他人参观他的新房子。

(1) Tom only invites [Jerry]₍F₎ to visit his new house.

　　由于否定存在量化和全称量化在逻辑上等价，因而具有否定存在量化能力的排他性副词也可以看作全称量化词。例如上面

---

① "只"等 7 个单音节排他性副词的语义这部分内容发表在《东北师范大学学报(哲学社会科学版)》2021 年第 6 期上。发表时，表述及用例等均有改动。

(1)可能的语义表达式可以写作(2a)和(2b)两种形式。

(2) a. $\sim \exists_x$[Tom invites x to visit his new house & x$\neq$ Jerry]

b. $\forall_x$[Tom invites x to visit his new house$\rightarrow$x$=$Jerry]

(2a)中,only 被解释为否定存在量化算子,表示否定存在一个不等于断言值 Jerry 的候选项 x,该候选项能使相关开语句"Tom invites x to visit his new house"为真;而(2b)中,only 则被看作全称量化算子,表示对于每个 x 来讲,如果相关开语句为真,那么 x 都等于 Jerry。由此可以推断 Jerry 之外的候选项都不能使相关开语句为真。

值得注意的是,全称量化副词如"都/总"的右边存在对比焦点时,该焦点也表现出排他性,例如(3)。

(3) a. 笑笑都戴[粉色]_F的发夹。

b. 乐乐总吃[热狗]_F。

(3a)表示:笑笑戴粉色的发夹,不戴其他颜色的发夹;(3b)表示:乐乐总吃热狗,不吃热狗之外的主食/东西。

那么,这些排他性副词的语义是怎样的?它们有哪些共性和差异?与全称量化副词如"都/总"相比,排他性副词有哪些特点?我们将对这些问题展开研究。

副词"只"的语义较为单一,它仅用作排他性副词。蔡维天(2003)、殷何辉(2009)等对其语义有很好的分析,可以拿来借鉴。"仅"和"单"与"只"有很多相似之处,关于"仅"的用法特点可参考周刚(1999)等。至于副词"净"的语义,我们将参考张蕾(2015)的分析。因此,这里对这四个副词的语义不做具体分析。Zhang(2013)等对"才"和"就"的语义有专门的分析,但由于"才"和"就"

的语义较为复杂,这里再简要陈述一下我们的主要观点。

　　本章先对"才""就""只有""唯"以及含"唯"的双音节词的语义进行分析。然后将"才"等 7 个单音节排他性副词进行对比分析,找出它们之间的共性和差异。由于"唯"具有很强的书面语体特征,在对比分析时,我们没有将其纳入考察范围内。另外,将排他性副词与全称量化词"都／总"做比较,进而归纳出这两类词的异同,从而进一步明确排他性副词这一语义类别的特征。最后是对本章内容的总结。

## 4.1　副词"才"的语义

　　副词"才"的用法较为丰富,例如(4)—(8)。

(4) A:笑笑什么时候来的?

　　 B:笑笑才来。(表示"刚刚"的意义,不表示"晚"的意思。)

(5) 笑笑八点才到学校。(表示笑笑到学校到得晚。)

(6) a. [贝贝]F才是我们心目中的理想人选。

　　 b. 产品满足市场的需求,企业才会有活力。

(7) 妮妮才可爱呢!(表示妮妮可爱程度高的意思。)

(8) 贝贝才写了[两页]F口算题。(表示贝贝写的口算题少的意思。)

　　《现代汉语八百词》、Biq(1984,1988)、白梅丽(1987)、Lai(1995,1999)、Hole(2004)以及 Zhang(2013)等给出"才"的用法分类,并尝试对其语义进行解释。我们同意 Zhang(2013)的分析,认为"才"有以下三种可能的语义功能:(a)用作时间副词,表示"不久之前",不表示"晚"的意思,如(4B)。(b)用作排他性副词,如(5)(6)和(8)。(c)用作程度副词,与"呢"构成非连续结构表示有关程度高的意思,例如(7)。

这里将在前人研究基础上,对"才"充当排他性副词时的语义进行梳理。作为排他性副词,"才"既可以用于简单句,也可以用于复句。

先来看"才"在简单句中的情况。简单句中,"才"既可以左向关联焦点性成分,例如(5)中"才"在语义上关联位于它左边的"八点",(6a)中则关联焦点"贝贝";"才"也可以右向关联其成分统制域中的焦点性成分,如(8)中"才"关联其成分统制域内的焦点短语"两页口算题"。

左向关联时,"才"可以与梯级相关,例如(5)中"八点"会自然引出一个按时间先后顺序排序的时间梯级。在"才"的语义作用下,"八点"之前的可能时间如"七点"等使"笑笑到学校 at x"为真的可能性会被排除。"才"也可以不与梯级相关,例如(6a)中,断言值"贝贝"所引出的各候选项不需要以某种方式在梯级上排序。"才"的作用在于排除"贝贝"以外的候选项使"x 是我们心目中的理想人选"为真的可能性。

右向关联时,"才"要与梯级相关,断言值所引出的候选项会在相关梯级上以某种方式排序,例如(8)以及下面的(9a)中与"才"相关联的 NP 都带有数量短语,它们会自然引出一个按数量多少排序的梯级,这样"才"的语义要求得以满足。而(9b)中"才"所关联的"李教授"不能自然引出一个在梯级上排序的候选项集合,这使得该句因为不满足"才"对梯级的要求而不能说。

(9) a. 笑笑才认识一位教授(,她认识的教授太少了)。

b. *笑笑才认识李教授(,她认识的教授太少了)。

"才"会与焦点相互作用。当"才"的左边有成分被标识为焦点时,"才"与该焦点短语相互作用,例如(6a)中的"贝贝"会与"才"在语义上相互作用。当"才"的右边,即它的成分统制域内有焦点时,如果该焦点能引出一个梯级,那么"才"与该焦点短语相互关联。如果句中没有成分被标识为焦点,孤立句中"才"会优先选择赋予其成分统制域内、能引出梯级的成分焦点特征,例如(8)中"才"会优先关联"两页口算题"。

"才"作为算子能引出自己的三分结构,该三分结构由语义因素决定,与之相关联的焦点(短语)被映射到核心部分,而句子的其余部分被映射到限定部分。把"才"看作排他性副词时,(6a)和(8)可能的三分结构分别为(10)和(11)。

(10) $Cai_x$[ x是我们心目中的理想人选][x≠贝贝]

　　～$\exists_x$[ x是我们心目中的理想人选 & x≠贝贝]

　　"否定存在这样一个x,x是我们心目中的理想人选,且x不等于'贝贝'"。

(11) $Cai_x$[贝贝写了x][x≠两页口算题]

　　～$\exists_x$[贝贝写了x & x≠两页口算题]

　　"否定存在这样一个x,贝贝写了x,且x不等于'两页口算题'"。

下面讨论"才"用在复句中的情况。出现在主句谓语修饰语位置的"才"会与位于其左边的从句在语义上相互作用。"才"把从句作为焦点成分,对其进行量化,表示:只有从句所指谓的断言值能使相关开语句为真,而其他候选项都不能使它为真。例如(6b)。该句中,"才"会与从句"产品满足市场的需求"相互作用。在"才"的语义影响下,该句表示:条件"产品满足市场的需求"会使结果"企业有活力"为真,而该条件所引出的其他候选条件并不能使结果为真。

此时,"才"的三分结构中,从句作为焦点成分被映射到核心部分,主句会被映射到限定部分。(6b)可能的三分结构可以写作(12)的形式。

（12）Cai $_x$ [if x,企业有活力]［x≠产品满足市场的需求］

$\sim\exists_x$ [if x,企业有活力 & x≠产品满足市场的需求]

"否定存在这样一个 x,如果 x 那么企业有活力,且 x 不等于'产品满足市场的需求'"。

当"才"字句中有不止一个成分可以与"才"相互作用时,相关句子可能会产生歧义,例如(13)。

（13）a. 笑笑今年才九岁。
　　　　　　　　　・
　　　b. 三个人才能喝完五瓶酒。
　　　　　　　・

(13a)中,当"才"左向关联"今年"时,句子表示:笑笑今年而不是其他年份年龄到九岁,可以推导出"笑笑到九岁"时间晚的解读;当"才"与它右边的"九岁"相互作用时,句子表示:笑笑今年九岁,她的年龄小。(13b)中,当"才"与"三个人"相互作用时,该句表示:三个人能喝完五瓶酒,而少于三个人则不能喝完五瓶酒;当"才"与"五瓶酒"相互作用时,该句表示:三个人能喝完五瓶酒,他们能喝完的酒的数量少。

## 4.2　副词"就"的语义

与"才"相类似,"就"的用法也很丰富。由于两者在用法上有很多相似性,很多学者将两者进行对比研究,详见 Biq(1984,1988)、白梅丽(1987)、Lai(1995,1999)、Hole(2004)等。

参考 Zhang(2013),"就"有三种可能的语义功能,分别是:表示接近义、充当焦点副词以及用作充分算子。

"就"用作表接近义的副词时,具体来讲,可以表接近参考时间的某个将来时间,即"马上""不久的将来",如(14);也可以表示两个事件在发生时间上接近,即一个接着另一个发生或是"就"前面的部分所指谓的事件发生后结果紧接着出现,如(15)。

(14) 笑笑就要上小学了。

(15) a. 我完成手头的工作就去排练。

　　　b. 老师解释完,他就明白了。

"就"用作充分算子,表示从句所指谓的条件、原因、目的等对主句所指谓的事件来讲是充分的条件、原因或目的等。例如(16)。

(16) a. 如果你期末考试得第一,我就送给你一台电脑。

　　　b. 既然你已经听说了,我就不瞒着你了。

　　　c. 为了让孩子上好学校,老张就买了一套学区房。

充当焦点副词时,"就"与焦点(短语)相关联。此时,"就"的语义可以进一步分为梯级副词、强调副词和排他性副词三个小类。

梯级副词用法中,断言值所引出的各个候选项会在相关梯级上排序,而"就"会对断言值进行评价,通常将其评价为入门值或相对最低值。具体包括以下情况:(a)"就"关联时间或与时间相关表达,表示相关事件或状态发生得"早"或在很久之前已经发生了。(b) 断言值引出的候选项在与数量相关的梯级上排序,"就"将断言值评价为相对最小值。(c) 候选项所在的梯级以时间、数量以外的其他方式排序。分别见(17)—(19)。

(17) a. 这个星期六就开运动会。

　　　b. 他去年就上小学了。

(18) 十块钱就够吃一顿午饭了。

(19) 专业课成绩方面,良好就可以申请助学金。

强调用法中,"就"作用于它的关联对象,或是强调其具备句子相关部分所指谓的特征或是强调其决定相关事件的实现。由此可以推导出无须再找其他的语义解读。例如(20)。

(20) a. [贝贝]s 就会吹长笛。
　　 b. 在[天台]s 上就能看到烟花表演。

(20a)强调"贝贝"具有"会吹长笛"的特征,可以推出不需要再找其他人的意思。(20b)强调在"天台"上这个地方"能看到烟花表演",可以推出不需要再找其他地方看表演的意思。

排他性副词"就"具备内在的排他性特征,它会排除断言值以外的候选项满足相关开语句的可能性。这是排他性"就"区别于其他功能的"就"的最为重要的特征。排他性的"就"具体包括两种情况。第一种情况是 Biq(1984,1988)等所说的限制性用法(the limiting usage)。此时,"就"关联其成分统制域内的成分。当"就"的成分统制域内有焦点时,"就"一般会与焦点相互作用。而且,焦点位置会影响句子的语义解读。例如(21)。如果句中没有已经标识为焦点的成分,"就"会把它的关联对象作为焦点。而关联对象的选择由句法位置和语用因素共同决定,例如(22)。

(21) a. 张三就会[听]F英语。
　　 b. 张三就会听[英语]F。
(22) a. 就张三不喜欢吃烤肉。
　　 b. 笑笑就跟乐乐一起玩。
　　 c. 笑笑就买了三本漫画书。

(21)中"就"会与它右边的焦点相关联。在"就"的语义作用下,(21a)表示:张三会听英语,不会对英语做听之外的其他动作,比如"说""写"等。(21b)则表示:张三会听英语,不会听英语之外的其他语言。

(22a)和(22b)中"就"倾向于关联位于它右边紧邻它的成分，(22a)中它关联主语"张三"，而(22b)中则关联短语"跟乐乐"。(22c)中，"就"的关联对象可以是"漫画书""三本"或"三本漫画书"等。

此时，"就"有梯级和非梯级两种用法。梯级用法中，断言值所引出的候选项均为梯级上的值。非梯级用法中，各候选项不与梯级直接相关，即它们不以某种方式在梯级上排序。例如(23)。

(23) 张三[就]$_S$发表过三篇学术论文。

对(23)来讲，当数词"三"作为焦点时，该句倾向于获得梯级用法。"三篇学术论文"所引出的候选项可以概括为"y 篇学术论文"，其中 y≥"三"，它们为按数量多少排序的梯级上的值。"就"排除"四篇学术论文""五篇学术论文"等满足"张三发表过 x"的可能性；当"三篇学术论文"整个为焦点时，"就"有梯级和非梯级两种可能的用法。前者中句子表示"张三发表过三篇学术论文，没有发表过其他东西"，后者中句子表示"张三发表过三篇学术论文，他发表的东西或学术论文少"。

第二种情况是"就"关联整个命题，强调该命题为真。该命题所引出的候选项包括其自身及其相应的否定命题，例如(24)。"就"关联整个命题，通过排除"我不知道你会成功"，强调"我知道你会成功"。此时，"就"倾向于为非梯级用法。

(24) 我就知道你会成功。

由于"就"的语义功能十分丰富，孤立来看"就"字句，有时会有歧义，见(25)。该句中"就"有两种可能的语义：用作排他性副词或梯级副词。

（25）三个人就喝了两瓶啤酒。

重音位置是帮助判断"就"是否为排他性副词的重要依据。用作排他性副词时，"就"自身往往要重读，它的关联对象或为它右边的成分或为整个命题；用作梯级副词或表强调时，"就"左边的、它关联对象一般会被重读。例如（25）中，"就"自身重读时是排他性副词，表示"三个人喝了两瓶啤酒，喝的（啤）酒/东西数量少"或是"三个人喝了两瓶啤酒，没有喝其他东西"。"三个人"重读时，"就"是梯级副词，它关联该成分并将其评价为最低值。由于喝酒的人少，可以推导出喝的酒多这一解读。

排他性"就"所引出的三分结构中，与"就"相关联的焦点短语会被映射到核心部分。焦点位置会影响候选项集合的构成。仍以（25）为例。当"两"为焦点时，候选项集合中的成员可以概括为"y瓶啤酒"；当"两瓶啤酒"整个为焦点时，候选项集合中可能的成员包括"两瓶啤酒""一些可乐"等。这两种情况下，焦点短语都为"两瓶啤酒"，它会被映射到核心部分。

## 4.3  副词"只有"的语义

我们认为"只有"这个副词是排他性副词。它会对其成分统制域中的某个成分进行否定存在量化操作。它常常出现在谓词前修饰语位置，如（26）。它也可以用在名词性成分的前面。当它用在主语前面时，它倾向于关联主语，如（27）。

（26）他们只有宣告失败，等国内增派军队。
（27）a. 鸿渐推开房门，里面电灯灭了，只有走廊里的灯射进
　　　　来一条光。
　　　b. 只有才叔还在东扯西拉，消除了宾主间不安的痕迹。

当与排他性副词"才"共现构成"只有……才……"结构时，"只有"不再是量化词，它转而成为范围限定词，用来限定"才"的量化域。见(28)。

(28) a. 只有把宏观认识与微观认识结合起来，才能够形成为真正的历史科学。

　　 b. 只有这样，他们才能有广泛的适应性和较大的自由度，善于选择生活，并接受生活的选择，成为社会生活的新生力量。

需要说明的是，"只有"还有另外一种可能的解释，就是它是副词"只"修饰动词"有"，例如(29a)和(30a)。这里，如果去掉"只有"会发现相关句子因缺少主要动词而变得不能接受，见(29b)和(30b)。而我们这里所要讨论的是副词"只有"，并不考虑副词"只"加"有"的情况。

(29) a. 单义词，顾名思义，只有一个意义。

　　 b. ?? 单义词，顾名思义，一个意义。

(30) a. One-Dimensionality，就是平面化、千篇一律、整齐划一，只有共性没有个性。

　　 b. ?? One-Dimensionality，就是平面化、千篇一律、整齐划一、共性没有个性。

## 4.4　"唯"及相关双音节词的语义

这里将考查"唯"以及带有"唯"这个语素的双音节词"唯有""唯独""唯一""唯恐"的语义。这里"唯"表示"单单；只(是)"的意思。此时，"唯"同"惟"。

### 4.4.1 "唯"的语义

按照《现代汉语词典》,"唯"有两种用法,一种用法是表示"单单;只";另一种是表示"只是"。分别见(31a)和(31b)。

(31) a. 唯女子与小人为难养也。

     b. 他学习很好,唯身体稍差。(该例引自《现代汉语词典》)

《现代汉语虚词例释》中认为"唯"表"只;只有"的意思。

通过观察实际语料,可以发现,"唯"具有排他性特征,是排他性副词。它主要有以下三种用法。

第一种用法是,意义相当于"只;只有",用在限定词或修饰语位置,关联它右边的体词或谓词性成分,给予其排他性解读。例如(32)和(33)。

(32) a. 荆门端出的是创新的"禀赋",展示的是担当的"家底"。唯创新出智慧,唯担当生勇气。

     b. 唯望子侄辈如愿以偿。

(33) a. "唯祖国与信仰不可辜负"是《麻雀》希望传递给观众的精神信念。

     b. 唯改革者进,唯创新者强,唯改革创新者胜。

(32a)中,两个"唯"分别关联的是它右边的动词"创新"和"担当";(32b)中,"唯"与谓语部分"望子侄辈如愿以偿"或者说宾语"子侄辈如愿以偿"相互作用。(33a)中,"唯"作用于名词短语"祖国与信仰";(33b)中的三个"唯"分别关联名词"改革者""创新者"和"改革创新者"。

当上文或下文出现全称量化(小)句,且"唯"的关联对象为该全称量化的量化域中的成员时,"唯"还同时具有引出"例外"并确保全称量化句为真的功能。如(34)。

(34)世上一切都在烟消云散,唯小姐飘飘而来。

(34)中,"小姐"属于"世上一切"所指谓的集合中的一员,该集合是"都"的全称量化域。"唯"把"小姐"从量化域中去掉,使得句子获得正确的语义解读,即:"小姐"是个例外,她飘飘而来。除此之外,"世上一切"都具有"烟消云散"的特征。如果去掉"唯"字小句,则剩下的句子不符合事实,因为"小姐"虽然属于"世上一切"中的一个成员,但她并没有"烟消云散",反而是"飘飘而来"。

第二种是,"唯"后面接名词(短语)或动词(短语)构成新的固定短语,表达"只依赖/注重 X"的意思,其中 X 由"唯"所接的成分所指谓。例如(35)和(36)。

(35)a. 我们实施各项人才计划,理应注意和努力克服这样的弊端,防止一些人的"路径依赖",为了博取"帽子"而走到"唯论文数量""唯项目规模"的老路上去,真正给人才成长以正向的激励。

b. 赣州地区下岗职工再就业如今不再唯国、唯公、唯工、唯城,个体私营经济和农业开发成为下岗职工再就业的两大热门。

(36)媒体尤其是都市类报刊、新媒体需要讲经营,但不能"唯经营"。

以(35a)中"唯论文数量"为例。它表示"只看重论文数量",或者说只以论文数量为评价依据。

第三种是,"唯"出现在后一小句/句子中,起到弱转折的作用,表"只是"的意思。见(37)。

> (37) 第二个孩子约瑟是个圆圆的小脸,长得和他的母亲一样,唯鼻子上整天挂鼻涕。

现代汉语以双音节词占优势。"唯"也有相应的双音节形式,如"唯一""唯有""唯独"。加之,"唯"具有更浓的文言语体色彩,这使得单音节的"唯"在现代汉语中使用频率低于它的双音节形式。

### 4.4.2 "唯有"的语义

"唯有"也作"惟有"。《现代汉语虚词例释》指出"惟有"相当于"只有"的意思。而《现代汉语词典》在解释"唯有"时,认为它有两个义项:一个是,用作连词,表"只有"义;另一个是,作副词,表"唯独;仅仅"义。再参考该词典对"只有"的解释,是将其看作表示"在唯一的条件下"的连词,它常常要与"才""方"等共现。

现在我们回到"唯有",来看它的句法语义表现。

"唯有"的句法位置较为灵活,它既可以出现在体词性成分之前的限定词位置,也可以出现在谓词前的修饰语位置。分别见(38)和(39)。

> (38) 那时她万念俱灰,只求早死,唯有的一念便是对杀亲仇人的诅咒。
>
> (39) a. 要想脱颖而出,唯有以勤补拙。
>
>     b. 对此,为人父母者唯有用心体悟。

"唯有"的关联对象处在它的成分统制域之内,即"唯有"总是右向关联的。见(40)。

(40) a. 李主任唯有点头。

　　　b. 唯有今年，那住在七沟八坡的晁庄人已有 180 来户，家里自来水管溢清流，这是我回乡看到的新景致。

　　　c. 空间探索终于证明了，在太阳系中唯有地球具有生物圈。

(40a)中，"唯有"关联其右边的动词"点头"，它不能关联其左边的"李主任"。(40b)中，它关联"今年"。(40c)中，"唯有"与它右边的主语"地球"相互作用，不能关联它左边的"在太阳系"。

　　不与其他排他性副词共现时，副词"唯有"用作排他性副词，具有排他性语义。具体来讲，在谓语修饰语位置时，它的意义大体相当于"只有"，一般可以用"只有"替换，如(41)和(42)。

(41) a. 事已至此，我唯有接受这一事实并祝他以后一切顺利。

　　　b. 事已至此，我只有接受这一事实并祝他以后一切顺利。

(42) a. 后来，我们没时间理它，妈妈唯有把它送给一位阿姨。

　　　b. 后来，我们没时间理它，妈妈只有把它送给一位阿姨。

　　在限定词位置时，"唯有"所表达的意义有两种可能的情况：一种是，相当于"只有"，如(43)；另一种是，相当于非谓形容词"唯一"，见(44)。

(43) a. 唯有代善与皇太极在明争暗斗，互不相让。

　　　b. 有一次在南极逆行 30 度航行，半夜突然刮起 12 级大风，船在冰海中摇晃，全船 100 多人中，唯有李乐诗是女性。

(44) a. 岁月流逝，她的工作，她的生活都发生了很大改变，唯有不变的是她的真情,是她的善良。

b. 院中唯有的一棵柿树上,十数枚金色的柿子,惹得人
眼睛发亮。

在适当的语境下,"唯有"可以用来引出"例外",见(45)。

(45) a. 那时,他什么都丢了,唯有书没丢。

b. 但这一次,所有地区的文明都幸存下来,唯有西方
例外。

(45)中两个例子的共性特点是,在"唯有"小句的上文有全称
量化小句,而"唯有"的关联对象属于该全称量化的量化域中的成
员。"唯有"的作用表现在:表明其关联对象是"例外",即将其关
联对象从量化域中减去之后,全称量化命题为真。而且,强调其关
联对象具有唯一性、独特性。以(45a)为例。在"唯有"的作用下,
该句表示:那时,他除了书之外其他的都丢了。句子强调"书"是
唯一具有"没丢"特征的东西。

"唯有"与"才"构成"唯有……才……"结构时,"唯有"用来帮
助标识"才"的量化域,同时起到强调作用,如(46)。

(46) a. 唯有把视神经管上面的骨头除去,才能恢复视力。

b. 唯有父母的舐犊之情,才算得上是真正无私的感情。

(46a)中,"唯有"关联它右边的"把视神经管上面的骨头除
去",表示该表达是"才"的量化域。与之相类似,(46b)中,"唯有"
作用于"父母的舐犊之情",表示"才"会对该成分进行操作。

通过上面对"唯有"的分析,我们会发现将其等同于"只有"也
会存在一定的缺陷。因为在诸如(44)的句子中,不是能将其替换
为"只有"的,替换后的句子(47)不大能说。

(47) a. ?? 岁月流逝,她的工作,她的生活都发生了很大改
变,只有不变的是她的真情,是她的善良。

b. ?? 院中只有的一棵柿树上,十数枚金色的柿子,惹得
人眼睛发亮。

### 4.4.3 "唯独"的语义

"唯独"也作"惟独"。我们在讨论中,对二者不加区分,用"唯
独"代表"惟独"和"唯独"。至于具体例子中是用"惟独"还是"唯
独",我们尊重语料库中的原文。

《现代汉语虚词例释》中认为"惟独"是只能用来限定事物的范
围,而且它所限定的成分所充当的一定是主语。"惟独"很多情况
下确实是出现在主语之前。例如(48)。

(48) a. 秋天,许多树都在炫耀自己的果实,惟独柳默默地低
头不语。

b. 在中国文学史上,诸多文学体裁,都曾有过兴衰,惟独
歌词,一直兴旺发达。

(48a)中,"惟独"的关联对象"柳"是"默默地低头不语"的主
语;(48b)中,与"惟独"相互作用的"歌词"是"一直兴旺发达"的
主语。

然而,通过对实际语料的观察,我们发现,"惟独"所限定的不
只是事物的范围,还可以是动作行为、动作的对象或整个事件等。
它的限定对象所充当的句法成分也不限于主语。例如(49)—
(53)。

(49) a. 泰国在大城皇朝中叶,禁止泰人与外国人通婚,惟独

不禁华人。

b. 刘禅是个昏君,只贪享乐,在许多事上"全无心肝",惟独为孔明之死而哀恸欲绝,足见孔明在人格上的感人至深。

(50) a. 父亲对别的事都宽松,惟独对相声艺术要求太严。

b. 许多年过去了,我已经遗忘了很多东西,而惟独对于老街的一草一木乃至门板和青石路面记忆犹新。

(51) a. 在大学城里,我作为外国学生,深切感受到了埃及人对"老外"的热情、尊重和礼遇。就连在学生面前威风凛凛、一脸冰霜的学监们也时常亲临宿舍,嘘寒问暖,关怀备至,使我处处得到特别优待。但惟独在晚点名时,学监们照章办事,一视同仁,毫不含糊。

b. 去年全球经济不景气,富士通各地都出现了亏损,惟独在中国实现盈利,这让我们很振奋。

(52) a. 每天晚上,当人们已经酣睡的时候,惟独他办公室的电灯还亮着,他几年如一日,坚持了临睡前一两个小时的学习。

b. 乡上统一购进的玉米种子卖完了,唯独一个特困户因行动不便没买到,田建国得知后骑上自行车到几十里外的河口镇买回来,亲自送上门。

(53) 少小离家,所以南宫旼每逢过年假期就回到韩国与家人团聚。唯独 2008 年的春节,她为了准备高考,一个人在北京度过。

(49)中"惟独"的关联对象是表示动作行为的动词短语,具体来讲,(49a)中关联的是"不禁华人",(49b)中则是"为孔明之死而哀恸欲绝"。

(50)中,"惟独"与动作的对象相互作用,而该对象由介词引进,如(50a)中"惟独"关联的是由"对"引出的"相声艺术",(50b)中则是由"对于"引出的"老街的一草一木乃至门板和青石路面"。

(51)中,"惟独"关联的是时间或处所性成分,该成分充当小句的状语。具体来讲(51a)中关联的是"在晚点名时",(51b)中则是"在中国"。

(52a)中,"惟独"的关联对象是整个事件"他办公室的电灯还亮着"。与之相类似,"唯独"在(52b)中关联的是事件"一个特困户因行动不便没买到"。这两个事件都是以小句的方式呈现的。

(53)中"2008年的春节"可以看作位于句首的话题,"她为了准备高考,一个人在北京度过"是述题部分,是对话题的说明。

"唯独"一般不能出现在谓词后的宾语前位置。尽管在语料库中我们找到了(54)这个例子,然而根据我们的语感调查结果,该句的可接受性非常低。

(54)?? 据了解,这是鲁迅给日本学生作的唯独一次讲演。

当"唯独"的后面是名词性表达时,该表达后面常常要接对该成分的陈述、说明部分,分别对比(55)和(56)。

(55) a. 支委会上,大家都同意,唯独三排长有不同意见,认为自己刚走上领导岗位不久,工作经验少,把这个得力骨干调走,会影响排里的工作。

   b. *支委会上,大家都同意,唯独三排长。

(56) a. 河北省任县甄庄公社某大队1980年秋季鼠害成灾,唯独一块70多亩的庄稼未遭鼠害,究其原因,是有几只黄鼠狼在这块地上日夜"巡逻"。

   b. *河北省任县甄庄公社某大队1980年秋季鼠害成灾,唯独一块70多亩的庄稼。

　　之所以会出现这样的情况,可能的原因是:去掉陈述部分,相关句子变得不完整,读者难以猜出说话人所要表达的意思,即无法确定"唯独"的关联对象的独特性究竟在哪里。

　　像下面(57)这样的在"惟独"所限定的名词后没有相应的说明部分的例子在语料库中非常有限。对该句来讲,通过上文可以明确知道"惟独"所关联的"士气"的说明部分为"不能通过训练提高",这可以理解为谓语承前省略的情况。

　　(57) 中国队主教练王非在输给安哥拉队后说:"任何方面都可以通过训练提高,惟独士气。"

　　可以确定的是,"惟独"的关联对象为其成分统制域内的成分。当其位于主语前面时,它优先选择关联主语。对比(58a)和(58b)。

　　(58) a. 如今,在他们居住的那层楼里,惟独他们家没有安装"防盗门"。

　　　　　 b. *如今,在他们居住的那层楼里,他们家惟独没有安装"防盗门"。

　　(58a)中,"惟独"在主语"他们家"的左边,紧邻该主语,它选择其作为关联对象;(58b)中,"他们家"处在"惟独"的成分统制域之外,不能充当"惟独"的关联对象。这导致"惟独"只能选择它右边的某个成分为作用对象。但是不管"惟独"选择关联动词还是宾语都与上文"在他们居住的那层楼里"在语义上无关,由此造成句子语义不连贯,不能被接受。

　　"唯独"可以看作排他性副词,它具有排他性特征。它的关联对象所指谓的值是断言值。它会排除候选项集合中断言值之外的其他候选项具备相关特征的可能性,表示:否定存在一个不等于断言值的候选项具备相关特征。其中,候选项集合可以通过语境,通常为上文语境来确定。例如(59)。

(59) a. "考""消""息"三字很快就找到了,唯独"参"字难觅。

　　b. 这样的爱国主义,利于国,利于民,也利于世界,唯独不利于强权政治。

(59a)中,断言值是"参"字。由上文可知候选项集合由"参""考""消""息"这四个成员组成。"唯独"排除"参"以外的候选项即"考""消""息"具备"难觅"特征的可能性。(59b)中,断言值是"强权政治",同样是通过上文语境,可知候选项集合由"国""民""世界"和"强权政治"组成。"唯独"排除"国""民"和"世界"具备"不利于强权政治"特征的可能性。

"惟独"在表排他义的基础上还承担着其他语义。强调"独一无二",表示其关联对象具有独特性、"与众不同",是"惟独"经常发挥的作用。"惟独"排他性副词的性质使它将其关联对象标识为焦点。焦点及对焦点的陈述部分是相关句群/句子的突出强调部分,特别是在有对比项的语境下,会引发听话人的格外关注。由于上文有时是下文中常常会出现对比项,这使得"惟独"能连带起到衔接上下文的作用。例如下面的(60)到(62)的a句。

(60) a. 今天,世界经济又出现了增长放缓的阴影,惟独中国以其7.5%的增长率构成了世界经济中一个明显的亮点。

　　b. ? 今天,世界经济又出现了增长放缓的阴影,中国以其7.5%的增长率构成了世界经济中一个明显的亮点。

(61) a. 小城因其小巧而容易雅致,大城因其开阔则难免粗疏。惟独大上海,不但大,不但开阔,而且雅致。

　　b. 小城因其小巧而容易雅致,大城因其开阔则难免粗疏。大上海,不但大,不但开阔,而且雅致。

(62) a. 消费者菜篮子中,肉、菜、蛋日益丰盈,惟独奶类产品始终是个"短腿"。

b. 消费者菜篮子中,肉、菜、蛋日益丰盈,奶类产品始终是个"短腿"。

在"惟独"的作用下,(60a)表示:与世界上其他国家比,中国很"独特",原因是其经济增长率为 7.5%,而其他国家的经济增长放缓;(61a)表示:"大上海"与"小城"和"大城"相比有与众不同之处,其兼具大城"开阔"和小城"雅致"的优点;(62a)表示:"奶类产品"值得关注,它与"肉、菜、蛋"相比是"短腿"。

(60)—(62)的三个 b 句是去掉"惟独"之后所得到的句子。(60b)这个句子显得别扭。因为有经济常识的人都知道在世界经济增长放缓的情况下,中国经济的增长速度达到 7.5%是很独特的。中国的经济增长速度与世界整体的经济增长速度呈现出对比。但该句中由于缺少表达两个小句逻辑关系的词语,使得两个小句之间的语义关系不明确,"中国"看似是世界经济放缓的一个例子,这就与事实不符了。(61b)中,由于"惟独"的缺失,"大上海"这句和上句的逻辑语义关系变得不清晰了。(62b)对"肉、菜、蛋"和"奶类产品"都是一般性陈述,它们是并列关系,没有主次信息之分。

"唯独"另一项重要的语义贡献是引出例外(以及对例外进行陈述的部分)。例外短语经常与量化共现,起到限定量化域的作用。"唯独"所具有的排他性语义将断言值之外的候选项都排除在外。又由于"唯独"表示"独一无二",说明断言值只是候选项集合中所占比例很小的成员。加之,被排除的断言值所具备的特征与断言值所具备的特征相反或相对。综合上述因素,相对于被排除的候选项而言,断言值就可以看作例外。而"唯独"在适当的量化语境下,就可以起到限定量化域的作用。如(63)。

(63) a. 我的意见支委们都同意,唯独一个支委不同意。

b. 一辆卡车从一长串小汽车顶上开过去,所有车顶均被

压扁,唯独一辆沃尔沃牌车完好如初。

(63)中的两个句子有一个共性特点就是:只有当把"唯独"的
关联成分从全称量化的量化域中去掉,相关句子才能为真。

具体来讲,(63a)中,全称量化词"都"的关联对象是"支委们"。
在"都"的作用下,"我的意见支委们都同意"这个小句表示:每个
支委都同意我的意见。而后续小句"唯独一个支委不同意"说的则
是存在一个与众不同的支委,该人不同意我的意见。也就是说,事
实上是,除了一个支委之外的其他支委们都同意我的意见。如果
没有后续小句,则前面的这个小句是与事实不符的。"唯独"起到
了限定量化域的作用。与之相类似地,(63b)表示的是,除了一辆
沃尔沃牌车之外其余所有的车顶都被压扁。"唯独"小句的作用是
引出"例外"并确保前面的小句"所有车顶均被压扁"在被限定后的
量化域为真。

### 4.4.4  "唯一"的语义

"唯一"也作"惟一"。《现代汉语词典》中这样解释"唯一":"属
性词。只有一个的;独一无二的"。把"唯一"处理成属性词即非谓
形容词是具有合理性的。

"唯一"的句法功能是较为灵活的:它可以作定语用来修饰名
词性中心语,如(64)。充当定语时,它可不带定语标记"的",如
(64a),也可带定语标记,如(64b);它也可以作状语来修饰谓词,此
时它后面常有状语标记"地",如(65);可以作名词短语的中心语,
如(66)。

(64) a. 美学是摆脱压抑社会的唯一学科,是单向度社会中双

向度的批判形式。

b. 东光是她唯一的儿子了。

(65) a. 以往我们对社会主义的理解中,忽视生产力,主要地甚至唯一地从生产关系和上层建筑方面考察问题,因而在建设社会主义的道路上常常左右摇摆。

b. ……部分和有关国民福利尺度的讨论也指出了以市场价值表现出来的国民生产总值或国民收入指标并不能真正衡量社会福利的大小,绝对地、唯一地以国民生产总值为经济增长目标并不一定符合社会福利目标的实现。

(66) a. 你是我的唯一。

b. 莉迪亚,父母眼中的一朵娇花、掌上明珠、心肝宝贝,母亲心中永恒的唯一。

"唯一"具有排他性特征,可以看作排他性副词。它可以引出自己的三分结构。它的关联对象会被映射到核心部分。"唯一"会将其关联对象标识为焦点,由此该成分得以突出强调。例如(67a)(68a)和(69a),其可能的三分结构分别为(67b)(68b)和(69b)。

(67) a. 实践是检验真理的唯一标准。

b. Weiyi $_x$[x 是检验真理的标准][x = 实践]

(68) a. 我们这批 30 多人,我是唯一的亚裔。

b. Weiyi $_x$[x 是亚裔 & x ∈ B][x = 我],B = [|我们这批 30 多人|]

(69) a. 唯一剩下的就是一些"没有用处的陶罐"。

b. Weiyi $_x$[x 是剩下的][x = 一些"没有用处的陶罐"]

"唯一"在句法上是非谓形容词,语义上是谓词性的,相当于"是唯一"。"唯一"的关联对象具有"是唯一"特征,该对象可以出现在"唯一"的左边,如(70);也可以出现在"唯一"的右边,如(71)。

　　(70) 顺便一提,我是这儿唯一会说英语的人。
　　(71) 唯一能进入市场交换的就是大豆。

　　(70)中,"唯一"的关联对象是主语"我",它位于"唯一"的左边。谓词"是"表示"等同"关系。"这儿"是状语,起修饰作用,表示讨论对象的范围。在"唯一"的排他作用下,该句的画线部分表示:在这儿的人当中,我会说英语,而其他人不会说英语。(71)中,"唯一"的关联对象是主语"能进入市场交换的","就"用来表示强调,"是"表等同义。该句表示:能进入市场交换的(东西/产品)就是大豆,其他的(东西/产品)都不具备这一特征。

## 4.4.5　"唯恐"的语义

　　"唯恐"中的"唯"是"只"的意思,"恐"当"怕"讲。因此,"唯恐"可以解释为"只怕"。虽然"唯恐"不是副词,但由于它也带有排他性语义,我们这里也一并进行分析。

　　"唯恐"和"只怕"的语体色彩不同,前者具有书面语色彩,而后者具有口语色彩。两者之间的差异不仅是在语体色彩方面,还体现在其他一些地方。

　　为了更清楚地说明"唯恐"的语义以及它与"只怕"的异同,我们先来简要分析"只怕"的句法和语义。

　　"只怕"充当谓语,它后面可以接小句、动词(短语)、名词(短语)等类型的宾语,分别见(72a—c)。

　　(72) a. 只见他瞅着尼可罗莎,挤眉弄眼,做手势,丑态百出,
　　　　　只怕一个瞎子也会觉察到了。

b. 但是工人们说："不怕难,只怕懒,不怕条件差,只怕没
志气。"

c. 现在呀,我的贝贝,我只怕一件事,就是怕他把她当场
勒死!

"只怕"有两种用法。用法1表"担心、忧虑"的意思。该用法
中,"只怕"在某些适当的语境下会表现出排他性。典型的情况有
以下两种:其一是,"只怕"用在"不怕……只怕……"结构中,例如
(73);其二是,"只怕"的重叠形式"怕只怕"倾向于表排他义,
如(74)。

(73) a. 老百姓有这样一种说法:"不怕官,只怕管,更怕刁难
的办事员"。

b. 调皮的学生编了个顺口溜:"天不怕,地不怕,只怕老
师到我家……"

(74) a. 怕只怕祸不单行,威信继续降,这前途也,不堪设想!

b. 爹爹叹息着说:"怕只怕来不及啰。"

用法2表"估计"的意思。此时,它没有排他性。如(75)。

(75) a. 这事要是发生在万恶的旧社会,308个人,只怕一个也
活不了,我们虽然死了一个人,其实等于一个也没死,
他是因为心脏病发作而死。

b. 有人说:"照这样搞下去,只怕个人要发财了!"

现在来说"唯恐"。它充当谓语,后面所接的通常是事件性表
达,即宾语通常是小句或动词短语的形式,如(76)。它的宾语一般
不能是表实体的名词短语,对比(77a)和(77b)。

(76) a. 现在看,上级派人下去考核某个干部,有两种人反映情
况最积极:一种是拥护他的人,唯恐他选不上;一种是
反对他的人,唯恐他选上。("唯恐"的宾语是小句)

   b. 有多少家庭,独生子女成了一家之"核",受到异乎寻
常的关照。做父母、祖父母的,对他们疼爱有加,总是
千方百计地满足孩子的生活要求,唯恐"委屈"了他
们,真是要星星不给摘月亮。("唯恐"的宾语是动词
短语)

(77) a. *他唯恐他的妻子。

   b. 他唯恐他的妻子伤心。

"唯恐"一般不用来表"估计"的意思。例如(78a)和(79a)这类
句子不大好说。而如果将"唯恐"换成"只怕"句子则完全能够
接受。

(78) a. ?? 见他瞅着尼可罗莎,挤眉弄眼,做手势,丑态百出,
唯恐一个瞎子也会觉察到了。

   b. 见他瞅着尼可罗莎,挤眉弄眼,做手势,丑态百出,只
怕一个瞎子也会觉察到了。

(79) a. ?? 窗外刮起了大风,唯恐要变天了。

   b. 窗外刮起了大风,只怕要变天。

虽然都能表示"担心",但"唯恐"与"只怕"不同,它没有"恐唯
恐"以及"不恐……唯恐……"的形式。

这里我们分析了"唯"以及四个带有语素"唯"的双音节词。其
中,"唯""唯有""唯独"和"唯一"都具备排他性特征;而"唯恐"在现
代汉语中表示"(很)担心"的意思。

下面将用表格的形式归纳出这四个具备排他性特征的词之间
的异同。

| | 唯 | 唯有 | 唯独 | 唯一 |
|---|---|---|---|---|
| 词性 | 副词 | 副词 | 副词 | 非谓形容词 |
| 关联方向 | 右 | 右 | 右 | 右/左 |
| 关联对象 | 其成分统制域内的成分 | 其成分统制域内的成分 | 其成分统制域内的成分 | 具有"是唯一"特征 |
| 排他性特征 | 有 | 有 | 有 | 有 |
| 所引出的三分结构 | 焦点规则 | 焦点规则 | 焦点规则 | 焦点规则 |
| 能否引出例外 | 能 | 能 | 能 | 否 |
| 有无让步用法 | 有 | 无 | 无 | 无 |

## 4.5 从对比角度看排他性副词的特征

这一节将从两个方面对汉语排他性副词进行比较研究。一方面,从排他性副词内部入手,比较各成员的共性和差异,进而总结出排他性副词的整体特点;另一方面,将排他性副词与全称量化副词"都/总"进行比对,从两类词的异同,进一步看排他性副词的特点。比较从关联方向、对关联对象的要求等维度进行。

### 4.5.1 关联方向及辖域的异同

我们所考察的这七个排他性副词均能右向关联,而且"只""光""仅""单"这四个副词都只能右向关联。"才"既能左向关联,也能右向关联焦点。"就"既可以右向关联也可以关联整个命题。"净"可以右向关联焦点,也可以在右向关联的同时左向关联语义上的复数性成分。但是在左向关联时"净"并不表现出排他性的语义,例如(80)。

(80) 这一带净是稻田。

(80)中,"净"既左向关联"这一带"又右向关联"稻田"时,它表
示:这一带中的每个地方 x 都是稻田,而不是其他田地／东西。

"就""净"等"才"以外的这六个副词,都是以自身所在的小句
为辖域进行否定存在量化操作的。而排他性副词"才"的情况较为
特殊:右向关联时,"才"的辖域是它所在的小句;左向关联时,
"才"可以跨越它所在的小句与从句在语义上相互作用,将从句标
识为唯一能使主句为真的值。例如(81)。

(81) 赢了同组的其他选手,贝贝才有望实现目标。

全称量化副词"都／总"一般左向关联,如(82)。"都／总"通常
以其所在的句子为辖域。当"都／总"出现在主句中谓词修饰语位
置,而从句可以提供量化域时,它可以跨越其所在的小句量化从
句。例如(83)。

(82) a. 学生们都完成了暑假作业。
　　　b. 小张都吃的面包。
　　　c. 今天你都去了哪些地方?
(83) a. 不管你去不去,我都会去看升旗。
　　　b. 每次去超市,李四总／都会买啤酒。

(82a)中,"都"左向关联"学生们";(82b)中,"都"左向关联隐
性的情境集合;(82c)中,"都"针对预设中的、复数性的地点集合进
行量化。(83a)中,"都"关联由"不管"引出的小句;(83b)中,"总／
都"左向关联"每次去超市"。

### 4.5.2　对关联对象要求的异同

　　排他性副词对关联对象有两方面的要求。从形式上讲，排他性副词要求它的关联对象有显性的词汇形式。比如说，当排他性副词右向关联时，它的关联对象要遵循词汇关联原则（the principle of lexical association），即它的关联对象在该副词的成分统制域之内有显性的词汇形式，见(84)。从语义上讲，该类副词要求其关联对象所引出的候选项集合中有不止断言值一个成员，即候选项的数量要大于"一"，如(85)。

　　(84) a. 笑笑只爱喝 *([牛奶]_F)。
　　　　 b. *牛奶，笑笑只爱喝。
　　(85) a. 张三只听[古典音乐]_F。
　　　　 b. 张三只听了[那首乐曲]_F。

　　(84a)中，"只"与它右边的焦点"牛奶"相关联。如果"牛奶"没有显性的词汇形式，则句子会变得不能说。(84b)中，"只"的关联对象出现在话题位置，在"只"的成分统制域之外，因而句子不能被接受。

　　(85a)中，"只"与焦点"古典音乐"相互作用，"古典音乐"所引出的候选项集合由"古典音乐"等各种可能的音乐类型组成。在"只"的作用下，断言值之外的候选项使"张三听 x"为真的可能会被排除。该句通常被理解为表行为习惯的惯常句。有多个"张三听古典音乐"事件发生，每个相关事件中听的音乐类型都是从"古典音乐"中取值。(85b)中，"只"关联焦点"那首乐曲"，而该焦点所引出的候选项集合中至少有两个成员即"那首乐曲"和"这首乐曲"。该句带有完成体标记"了"，表达的是某个特定的具体事件；"那首乐曲"是特定的实体，在语义上是单数的。

全称量化副词"都/总"对关联对象的要求与排他性副词不同。从形式上来说,"都/总"不强制其关联对象有显性的词汇形式,如(86)和(87)。

(86)张三总觉得胃不舒服。

(87)A:老师们都到了么?

　　B:(老师们)都到了。

(86)中,"总"的关联对象并没有显性的词汇形式,它是隐性的情境集合,具体所指由上下文语境决定。该句表示:在每个可能的语境下,张三都觉得胃不舒服。(87B)中,"都"的关联对象"老师们"可以承接问话而省略。

从语义上来讲,"都/总"要求其关联对象在语义上是复数性的。而且,"都/总"具有分配性特征,因而其关联对象应该是可被分配的。分别对比(88)和(89)。

(88)a.张三把一块蛋糕都吃光了。

　　b.*张三把一只蟑螂都杀死了。

(89)a.老李都画的[水墨画]$_F$。

　　b.*老李都画的[那幅水墨画]$_F$。

(88a)中"一块蛋糕"可以被分成若干部分被吃掉,因而在语义上是复数性的,能满足"都"对关联对象的语义要求;而(88b)中的"一只蟑螂"在"杀蟑螂"事件中是单数性的,不满足"都"的复数性要求。

(89)中"都"关联隐性的复数性成分。(89a)表示:在每个画画事件/某个一段时间内,老李都画的水墨画,而没画其他类型的美术作品/东西。(89b)中,由于"那幅水墨画"指谓的是特定的个体,它一旦被画出来就存在了,不能在不同的画画事件中重复被画出来,因此句子不能说。

### 4.5.3　与梯级关系的异同

　　排他性副词在与梯级的关系方面具有明显的个体差异。"就""只""仅"以及左向关联的"才"都是既有梯级用法又有非梯级用法。梯级用法中,断言值所引出的候选项在相关梯级上排序,各候选项均为相关梯级上的值。非梯级用法中,断言值所引出的候选项不与梯级相关,即它们不以某种方式在相关梯级上排序,也不需要为梯级上的值。例如(90)。

　　(90) 笑笑只看了[两篇散文]_F。

　　(90)中"只"有两种可能的用法。梯级用法中,由于"只"的关联对象"两篇散文"中带有数量短语,各候选项会按照"散文"的数量多少在数量梯级上排序。可能的候选项可以概括为"y 篇散文",其中 y≥"二","只"会排除"三篇散文"等满足"笑笑看了 x"的可能性。非梯级用法中,各候选项并不限于梯级上的值,例如可以是"(一篇)小说"等。

　　"才"右向关联时表现为梯级用法,它要求候选项为相关梯级上的值。而"净"和"单"在右向关联时则表现为非梯级用法,例如(91)。假设"净"关联"吹牛",那么可能的候选项可以是"干实事"等,它们不限于梯级上的值,也无须在梯级上排序。

　　(91) 张三净吹牛了。

　　在与梯级相关时,梯级可能的排序方式不限于按数量大小,还可以有其他很多的排序方式,如年龄大小、成绩好坏等等。例如(92)。

(92) a. 笑笑才八岁。

　　　b. 成绩"优秀"才有资格申请奖学金。

全称量化词"都/总"通常不与梯级相关。需要说明的是，"都₂"在左向关联"连NP"或被重读的NP时，NP所引出的候选项会在可能梯级上排序。此时，"连NP都……"结构中，"都₂"的全称量化义是梯级含义推导出来的结果，是可以被下文取消的。这与"都₁"的全称义是有差异的。对比(93a)和(93b)。

(93) a. 连贝贝都通过了考试。乐乐却没通过。

　　　b. ♯学生们都通过了考试。乐乐却没通过。

(93a)中，"乐乐"引出的候选项会按照"通过考试"的可能性排序，"乐乐"是可能性梯级上相对而言最不可能的值。"乐乐"为该梯级上高于"贝贝"的值。对(93b)而言，假设"乐乐"属于"学生们"的集合，则该句是不恰当的。这也说明"都₁"和"都₂"在全称量化方面存在差异。

在对关联对象进行评价时，排他性副词和"都"等全称量化词这两类词的表现也有不同。对排他性副词而言，右向关联时，"才"等把断言值评价为相对最低值。例如上面(92a)中，"八岁"被评价为候选项集合中的最低值。右向关联且与梯级相关时，"才"会把断言值评价为相对最高值。例如(92b)中"优秀"是候选项集合中的相对最高值，其他候选项可能包括"良好"等。对量化副词"都"而言，与"都"相关联的NP会被评价为主观大量。例如(94b)。

(94) a. 半数学生通过了测试。

　　　b. 半数学生都通过了测试。

(94a)是对通过测试人数的客观陈述；(94b)带有"都"，该句在

"都"的作用下,将"半数(学生)"评价为主观大量。

### 4.5.4 与焦点的关系及三分结构构成的异同

排他性副词属于焦点副词的一个类别,这类词的特点是,当其可能的关联方向内有对比焦点时,该类词会与之相关联,例如(95);当没有已经被标识为焦点的成分时,它们会将其关联对象标识为焦点,见(96)。

(95) a. 乐乐只[借]$_F$数学书。
　　 b. 乐乐只借[数学书]$_F$。
　　 c. [乐乐]$_F$只借数学书。
(96) 乐乐只借数学书。

(95a)中"只"与动词"借"相关联,表示:乐乐对数学书做"借"的动作,而不做其他的候选动作;(95b)中"只"与"数学书"相互作用,表示:乐乐不借数学书之外的书。(95c)中,尽管"乐乐"被标记为焦点,但它因为不在"只"的成分统制域之内而不能与"只"相互作用。

对(96)来讲,可能与"只"相互作用的成分不止一个。而语境则会帮助确定"只"的关联对象。"只"与哪个成分相关联,哪个成分就会被标识为焦点。

"只"等六个排他性副词的三分结构都由焦点规则决定,即焦点会被映射到核心部分。而"净"在右向关联的同时左向关联时,其三分结构由焦点规则和关联对象映射规则共同决定。例如(97)。

(97) 桌上净是零食。

当"净"既关联"桌上"又关联"零食"时,表示桌上的每个地方都是零食不是别的东西。此时,相关句子有两个层次的三分结构,第一个层次的三分结构由关联对象映射规则决定(话题规则可以看作该规则的一个特例),"净"量化"桌上",该成分会被映射到限定部分;第二个层次的三分结构由焦点规则决定,作用在第一个层次的三分结构的核心部分"x 是零食",焦点"零食"被映射到第二个层次的三分结构的核心部分,而其余部分"x 是 y"则被映射到限定部分。

全称量化副词"都/总"的三分结构由关联对象映射规则决定,即关联对象被映射到限定部分,而句子的其余部分被映射到核心部分。"都"左向的焦点不影响三分结构的构成。例如(98a)中"都"会与"聪明的学生"相关联,该成分会被映射到限定部分;(98b)中,"总"量化"上音乐课时",这一成分也是被映射到限定部分。

(98) a. [优秀]<sub>F</sub>的学生都知道该怎么做。

　　b. 上[音乐课]<sub>F</sub>时,笑笑总迟到。

"都/总"的右向存在对比焦点时,焦点位置会影响候选项集合的构成。而此时"都"并不直接作用于该焦点。"都/总"的三分结构依旧由关联对象映射规则决定。在"都/总"所引出的三分结构的核心部分,与对比焦点相互作用的隐性焦点算子会引出第二个层次的三分结构。见(99)。

(99) a. 老张总请[老王]<sub>F</sub>吃烧烤。

　　b. 张三总请老王吃[烧烤]<sub>F</sub>。

(99a)中,焦点"老王"会被映射到第二个层次的三分结构的核心部分,它所引出的候选项集合由各个可能的人组成,比如可以是"老李"等;(99b)中,"烧烤"被映射到第二个层次的三分结构的核心部分,"烧烤"引出的候选项可能是"涮羊肉""饺子"等。

### 4.5.5 排他性来源的异同

具有内在的排他性是排他性副词的本质特征,该类副词会排除断言值之外的候选项,使相关开语句为真的可能性。

全称量化词"都/总"的排他性则仅在其右向存在对比焦点时显现出来。此外,根据 Kiss(1998)的分析,对比焦点具有穷尽性和对比特征。对比性特征会帮助引出候选项集合,而穷尽性特征则指对比焦点指谓的是所有具备相关特征的值,由此对比焦点之外的其他候选项使相关开语句为真的可能性会被排除。而"都/总"表现出排他性时,正是它与对比焦点在语义上相互作用时。可见,"都/总"的排他性实际上是源于对比焦点的语义特征。排他性特征并不是"都/总"内在的语义特征。

### 4.5.6 排他性副词间的其他差异

下面就这些排他性副词之间的其他差异进行简要说明。

从能否重叠来看,各个排他性副词的重叠能力不同。"仅"和"单"有重叠形式,分别是"仅仅"和"单单",而"才"等则没有。例如(100)。

(100) a. 仅仅 6 年的时间,他竟然判若两人。

　　　 b. 这条方针执行得怎么样,单单从学校教育本身,还不能完全看得出来。

从能否被"不"否定来看,"仅""单""只"和"光"这四个词可以用"不"来否定。而且,被"不"否定之后的"不仅/不单/不只/不光"可以与"还/而且"构成关联词语,表示递进关系,如(101a)。再有,"仅仅"和"单单"也可以用"不"来否定,见(101b)。另外,尽管没有肯定形式"光光",却有被否定词"不"修饰的"不光光",如(101c)。

(101) a. 土产商不光下乡收购土产,还帮供销社带农具供应
农民。

b. 秋高气爽,红叶尽染,人们游香山,不仅仅为了观光,
也是为了登山健身。

c. 她不光光是在扫街,她是在寻找、辨认着青石板上的
脚印,她男人的脚印……

从修饰充当谓语的数量表达的能力看,"才""仅"以及"就"可
以修饰该类数量表达。数量表达会自然引出一个与数量有关的梯
级,而"净""单""光"因不与梯级相关在修饰该类表达时受到限制。
对比(102a)和(102b)。

(102) a. 这袋子橘子才/仅 5 斤。
b. 这袋橘子*净/*单/*光 5 斤。

从惯常搭配和常见格式来看,这些词也各有特点。"仅"可以
参与构成"仅见"等固定表达。"单"可以用于修饰"就……而言"
"说……"构成"单就……而言""单说……",常用于引出具有代表
性的角度或事例。有些情况下,可用"光"代替"单"。"光/只"可以
与"不"构成"光/只 X 不 Y"格式。"光""单""仅"可以与"就"构成
"光/单/仅……就……"格式,另外"才"可以与"就"构成"才……
就……"格式。

## 4.6　本章小结

现代汉语中排他性副词主要有"才"等 10 余个成员。本章通
过个体分析和对比研究对其语义进行探讨,得出以下结论。

作为焦点副词的一个重要类别,现代汉语排他性副词内部各成员具有以下共性特征:

（a）总是与焦点相互作用。在可用的关联方向上有焦点成分时,排他性副词会与该焦点相关联;如果没有已经标识好的焦点成分时,则把整个关联对象标识为焦点。要求关联对象即焦点具有显性的词汇形式。该焦点所引出的候选项集合是复数性的,有不止一个成员。

（b）具有内在的排他性特征。排除断言值以外的其他候选项满足相关开语句的可能性。具有否定存在量化能力。

（c）所引出的三分结构由焦点规则决定,焦点会被映射到核心部分。较为特殊的情况是,"净"同时左向和右向关联时,关联对象映射规则也起作用。

这些副词在关联对象、与梯级的关系等方面的个体差异和相似性见表1。

**表 1　排他性副词各成员的差异性和相似性**

| | 才 | 就 | 只 | 仅 | 光 | 单 | 净 |
|---|---|---|---|---|---|---|---|
| 关联方向 | 左向;右向 | 右向;整个命题 | 右向 | 右向 | 右向 | 右向 | 右向;左向同时右向 |
| 梯级用法 | 左向关联,+/−<br>右向关联,+ | +/− | +/− | +/− | − | − | − |
| 梯级用法中,对断言值的评价 | 左向关联,评价为相对最大值<br>右向关联,评价为相对最小值 | 评价为相对最小值 | 评价为相对最小值 | 评价为相对最小值 | − | − | − |

续　表

| | | 才 | 就 | 只 | 仅 | 光 | 单 | 净 |
|---|---|---|---|---|---|---|---|---|
| 辖域 | 左向关联时,整个句子 | 所在的小句 | 所在的小句 | 所在的小句 | 所在的小句 | 所在的小句 | 所在的小句 | 所在的小句 |
| | 右向关联时,所在的小句 | | | | | | | |
| 所引出的三分结构 | | 焦点规则 | 焦点规则 | 焦点规则 | 焦点规则 | 焦点规则 | 焦点规则 | 焦点规则;同时左向关联时,关联对象映射规则也起作用 |
| 是否有重叠形式 | | 无 | 无 | 无 | 仅仅 | 无 | 单单 | 无 |

　　排他性副词与全称量化副词如"都/总"等有相似之处,当它们的右向存在对比焦点时相关句子会带有排他性的语义。这两类词的本质差异在于前者的排他性是内在的,而后者的排他性来自对比焦点的排他性。表 2 对它们的异同进行整理说明。

**表 2　排他性副词与全称量化词的异同**

| | 排他性副词如"才"等 | 全称量化副词"都""总" |
|---|---|---|
| 排他性 | 具有内在的排他性 | 不具有内在的排他性,右向存在对比焦点时,排他性通过对比焦点的排他性语义获得 |

|  | 排他性副词如"才"等 | 全称量化副词"都""总" |
|---|---|---|
| 关联方向 | 以右向为主。"才"也可以左向关联；"就"可以关联整个命题；"净"可以右向关联的同时左向关联 | 左向关联 |
| 对关联对象的语义要求 | 所引出的候选项集合有不止一个成员 | 语义上为复数性的 |
| 三分结构 | 焦点规则决定 | 关联对象映射规则决定 |
| 与梯级的关系 | 成员有个体差异 | 当"都"关联带有数量量化词的表达时，该表达会引出梯级 |
| 与梯级相关时，对关联对象的评价 | "才"左向关联将断言值评价为相对最高值；"才"及其他词右向关联，将断言值评价为相对最低值 | 主观大量 |

# 第五章

## F 型全称量化词——不同的语义功能

英语中的 all，both 等能像限定性量化词一样关联主语，也能出现在 NP 之后主要动词之前的位置。因此，它们经常被视为 F 型全称量化词（即浮动量化词）。例如(1)和(2)。

(1) a. All the students came.

b. The students all came.

(2) a. Both girls have eaten the cakes.

b. The girls have both eaten the cakes.

(1a)中，all 出现在限定词短语 the students 之前；而(1b)中，all 出现在 the students 之后动词 came 之前的位置。(2a)中，both 出现在主语名词 girls 之前；(2b)中，both 出现在助动词 have 之后主要动词 eaten 之前。

关于 all 这类词的基础句法位置，主要有以下三种观点：(a) Sportiche(1988)等认为在诸如(1b)和(2b)这类句子中，all 和 both 是从限定词位置浮动到主语之后谓词前或是助动词之后主要动词前的位置；(b) Dowty and Brodie(1984)和 Doetjes(1992)等认为 all 等是在副词位置基础生成的；(c) Brisson(1998)则认为并没有量化词浮动操作。

前人对浮动量化词的本质也有不同看法。Dowty and Brodie(1984)认为 all 等是副词性成分，不是浮动量化词；Sportiche(1988)等认为 all 等是浮动量化词；Baltin(1995)提出浮动量化词是句法上的一个小类，并称其为动词前成分

(preverbs);Brisson(1998)则认为谓语修饰语位置上的 all 和 both 是副词,名词性成分前的 all 和 both 是程度词(degree words)或者说形容词。

近些年来越来越多的研究站在理论中立的角度,采用浮动量化词这一术语来描述 all 和 both 句法位置浮动现象。

现代汉语中也有类似现象。例如"全"等可以出现在不同的句法位置上,而句子的基本语义保持不变。这一章我们也从理论中立的角度运用"浮动量化词"来概括这一现象,并对具有浮动性的"全""全部""全体""一应""整""整个""整整""满""满满""光"等词进行研究。

本章第 1 节讨论"全""全部"和"全体";第 2 节分析"一应";第 3 节是对"整""整个"以及"整整"的分析;第 4 节讨论"满"和"满满";第 5 节探索"光"的语义。最后对本章内容进行小结。

## 5.1 "全""全部"及"全体"的语义

普通话中,"全"除了名词(用作姓)之外,有两种词性,分别是形容词和副词。它的句法功能具有复杂性,可以充当定语、状语、谓语以及补语,分别见(1a—d)。

(1) a. 老师离开时,全家一起送出来。(形容词)
　　b. 紫嫣不客气地将桌面上的银子全拨向自己。(副词)
　　c. 店里的中文工具书很全。(形容词)
　　d. 请把单位名称写全。(形容词)

既往研究已经对定语以及状语位置上"全"的语义进行讨论。其中,张蕾、潘海华、李宝伦(2010)论证限定性"全"即出现在限定词位置的"全"是加合算子而非限定性量化词,"全 NP"具备统指性特征,而副词"全"单独使用时是全称量化词。该文提出"全"具备强调整体无例外的特征。周韧(2011)进一步探讨副词"全"强调整体的语义特征。

限定词位置上,"全"的关联对象可以是"量+名",如可以说"全家人";也可是 NP,如"全中国"。但并非所有的"量+名"或 NP 都可以与"全"配合使用,例如"全位人""全人"就令人难以接受。那么,哪些"(量)名"可以用作"全"的关联对象?这些"(量)名"具有怎样的共性特点?又反映出"全"怎样的语义特征?

之前的分析中,我们并没有涉及谓语"全"和补语"全"的语义。补语"全"也带有全称义。它是否可以看作量化词?

"全部"和"全体"是两个使用频率很高的、包含语素"全"的词。它们都表全称义,且句法功能都具有多样性,都可以用作定语、状语、主语/宾语,见(2)和(3)。

(2) a. 全部工程预计 30 个月完成。(作定语)

　　b. 马、牛、羊、鸡、犬、豕"六畜",中国在五千多年前就已全部饲养了。(作状语)

　　c. 但是,"应试"绝对不能扩大为教育的大部或全部。(作宾语的中心语)

(3) a. 指导员一声令下,全体官兵向着鲜红的五星红旗致以军礼。(作定语)

　　b. 此时,大厅里约二百名来宾全体起立,热烈鼓掌。(作状语)

　　c. 在礼堂门口,全体合摄了一张照片。(作主语)

Zhang(2015)考察了"全部"的语义,指出限定词"全部"是加合算子,作为名词中心语的"全部"也有加合的意思,状语"全部"是全称量化词。

这里将在既往研究的基础上对限定性"全"和补足性"全""全部"以及"全体"的语义作进一步的分析。

## 5.1.1 "全"的语义

### 5.1.1.1 限定性"全"

限定性"全"的关联对象主要有两种形式：(a) 量词＋名词,其中"全"先与量词结合形成量词短语,然后对名词进行限定。如"全班同学"中"全"与量词"班"先构成量词短语之后,再修饰名词"同学"。(b) 名词(短语),如"公司",构成名词性短语"全公司"。

在直接关联名词时,"全"对该名词具有选择性,只有一部分名词能直接被"全"限定。这里,我们参考黄伯荣、廖序东主编的《现代汉语(增订五版)》和王珏(2001)对名词的分类,并利用郭先珍(2002)所列举的分属10个类别的637个名词,通过检索语料库和语感自省,来考察"全"与名词的搭配使用情况。经分析发现,"全"与名词的直接搭配有以下的倾向性。

"全"通常能与以下类别的名词直接关联：

(a) 专有名词中的处所名、单位名称。如"全北京""全东北师大"等；

(b) 处所名词。如"全商场""全幼儿园"等；

(c) 军事编制名称"军、师、旅、团、营、连、排、班""舰队、纵队"等。如"全营""全舰队"；

(d) 行政区划名称"国、省、市、县、区、街道、组"等。如"全省""全区"；

(e) 交通工具类别名称"车、船、火车、飞机、舰"等。如"全飞机"；

(f) 文学艺术样式名称"文、诗、曲、舞、画、词"等。如"全词"；

(g) 植物名称中的"树、花、根、茎"等。如"全树"；

(h) 动物名称中的"牛、羊、猪、鸡"等。如"全羊"；

(i) 身体器官名词中的内脏器官、四肢、五官名称等。如"全肝""全腿""全耳"。

"全"一般不与以下几类名词直接关联：

（a）专有名词中的人名。如"杜甫""雷锋"等；

（b）称谓名词。如"处长""董事"；

（c）抽象名词。如"思想""文化"等；

（d）集合名词。如"人民""布匹"等；

（e）物质名词。如"水""阳光"等；

（f）时间名词。如"秋天""现在"等；

（g）方位名词。如"前""后"等；

（h）植物名词中的花名、草名、蔬菜名、农作物名等。如"月季（花）""辣椒"等；

（i）动物名称中的"狐狸""猫头鹰"等；

（j）身体器官、部位名词中表毛发的"头发"等；

（k）床品名称。如"床单、被罩、枕巾"等。

量词丰富是现代汉语的一个重要特点。由于精力和时间有限，这里仅就"全"与若干常用量词的配合使用情况进行考察。这里主要借鉴《现代汉语八百词》对量词的分类，逐一考察"全"与每个类别量词中的代表性成员的搭配情况。《现代汉语八百词》中将量词分作9个类别。总的来说，"全"不能与度量量词、动量词、复合量词这三类量词结合。"全"与其他类别的量词的配合使用情况则相对复杂。具体如下：

其一，个体量词。这类量词数量较多。我们对"跟、面、粒、顶、只、个、条、枝、件、管、项、位、张、架、根"等15个量词与"全"的兼容情况进行考察。结果显示，"全"与这类量词很少共现。

在语料库中，我们找到为数不多的带有"全个（儿）"的例子。这些例子人都来白现代作家的作品或90年代之前的报刊。例如（4）。现在看来这四个句子的可接受性并不高。

（4）a. 在人文科学的高级学校里，学生要就主要的学科完成学级作业，通常是一学期一篇，甚或全个学年一篇。

（1950 年,人民日报）

b. 现在不是隔岸观火的时候。大家必须起来及时把火扑灭,免得一个地方的火延烧到全个区域。（1952 年,人民日报）

c. 这时的北京城全个儿都在烈日下了。（来自沈从文作品）

d. 绯颊的桃花,粉面的荷花,金粟的桂花,红心的梅花,都望着我舞蹈,狂笑;笑里送过一阵阵幽香,全个儿的我给它们薰透了!（来自朱自清作品）

此外,语料库中也有极个别的"全"和量词"只"搭配的例子,如(5)。

(5) 宴席上的第一道菜是全只乳猪,猪头没法吃。

其二,集合量词"对、双、串、排、群、捆、包、种、类、套、批、伙、帮"等。其中"套"与"全"的搭配使用最为自然,可以说"全套衣服""全套邮票""全套设备"等。"全排"后面接的名词一般为指人的名词,如"全排同志""全排士兵"等。"全"和"群"结合后,所限定的名词通常为禽、畜等,不能是人,例如(6)。"全类"指的是全部品类,见(7)。"全"和"批"搭配使用时后面的名词为表示产品或货物的名词,也不能是人,例如(8)。"全伙(儿)"出现的频率非常低,它修饰的可以是人也可以是动物,例如(9)。语料库中检索到的"全帮"中的"帮"指的是帮派,而不是"帮"的量词用法。"全"基本不与"对、双、串、捆、包、种"共现使用。

(6) a. 全群四百只母羊产了四百零八只羔,仔羔全部成活,母羊无一损失。

b. 我们平常称它为"蜂王",并不是说全群蜜蜂都受它的

　　领导。

（7）利用纺纱、筒子染色，综合开发全类针织面料。

（8）a. 在确定抽查方案时，究竟需要抽查多少样品，这些样品
　　　　怎样取得，怎样根据样品的情况去估计全批产品的情
　　　　况，这一切都须对产品质量这个复杂的偶然量具备一
　　　　定的预见，这种抽样理论也是建立在概率论和数理统
　　　　计学的基础上的。

　　　b. 7月中旬，该批货物全部卸上岸后，防城商检局第二次
　　　　对全批货物进行抽样检验，结果仍系机械性能等项目
　　　　达不到合同规定的要求。

（9）a. 动身前，我们菜园班全伙都回到旧菜园来，拆除所有的
　　　　建筑。

　　　b. 相比其他近人鸟类，麻雀又有不同，它们几乎全伙儿搬
　　　　到人类居住地了。


　　其三，部分量词"些、把、卷、片、滴、剂、篇、页、层、点儿"等。
"全"能与其中的"卷""篇""页""层"搭配，但一般不与"些""点儿"
等共现。

　　其四，容器量词"杯、盘、碗、盆、篮、瓶、罐、缸、桶、车、口袋"等。
其中，"全盘"不是"全"与量词"盘"的简单搭配，而是已经成为一个
独立的词，表示"全部的；全面的"，不在这里的讨论范围之内。在
实际运用中，"全"与"车"的搭配使用较为常见，而极少与上述其他
量词搭配。

　　其五，临时量词"身、头、脸、手、脚、院子、桌子、地"等。"全"能
与"身"等临时量词共现。但是并不是所有的临时量词都可以跟
"全"搭配，例如就不能说"全尾（鱼）"。

　　其六，自主量词"国、省、区、县、科、系、年、月、星期、倍"等。我
们认为这类量词属于不需要量词的特殊名词。它的后面也可以接
名词。上文在讨论"全"与名词直接配合使用的情况时，已经涉及

了"国"等部分自主量词与"全"的共现。不难发现,很多自主量词都可以与"全"搭配使用。尽管如此,"倍"等自主量词不与"全"共现。

"全"与名词或"量+名"的搭配情况较为复杂。总的来说,能与"全"配合使用的名词是由各个部分构成的,"全"表示的是将各个部分都加合在一起的意思。比如说"全牛",是把"牛"的各个部分都算在内的意思。相类似地,"全+量+名"中的"量+名"也是由各个部分构成的,例如"全套衣服"就是由"上衣""裤子""背心"等各个部分构成的。

### 5.1.1.2　谓语及补语"全"

用作谓语时"全"表示"保全,使完整不缺"或"完备;齐全"的意思(见《现代汉语词典》)。表"完备;齐全"义时,"全"的词汇语义中含有全称量化义,可以将其视为词汇性全称量化词,而相关句子可看作存在句。例如(10a),它可能的三分结构见(10b)。

(10) a. 人全了。

　　b. Quan $_x$[x∈[|人|]] [(特定某处)有 x]

　　　　∀$_x$[x∈[|人|]→有 x]

(10a)表示每个人都在某个特定的处所。

补语"全"是形容词性的,表"完全;齐备"的意思,一般用作结果补语。补语"全"的关联对象有时出现在"全"的左边,见(11);有时则位于它的右边,如(12)。其中,画线部分为"全"的关联对象。

(11) a. 充分挖掘人民日报的采编力量和资源优势,将新闻做深、做透、做精、做全,人民网在精心打造着网上名牌。

　　b. 上海的市民没有想到,开门七件事,油盐酱醋茶米菜,小食品、小百货、小五金,这些过去跑三五家商店也难购齐的商品,如今进一家"超市"就能买全。

(12) a. 老外们蜂拥而至是因为这里的商品种类齐全,有 8 个
　　　大类 20 多万种商品,在其他城市花一个月才能买全
　　　需要的商品,在义乌只需要一周。

　　 b. 在区委、区政府的支持下,他们集资三千余元,从银行
　　　贷款四万元,先后跑往秦皇岛、辽宁、北京等十多个地
　　　方,买全了车辆修理所需用的各种备件,建起了一个
　　　拥有二十间房屋的车辆修配厂,今年 6 月 9 日正式
　　　开业。

　　在很多情况下,带有补语"全"的句子可以看作致使句。能用
双事件结构对其进行分析。例如(13)中带下划线的部分。

(13) a. 这样做的目的,一是想把企业做大;二是想把企业
　　　做全。

　　 b. ……如果按部就班慢慢来,流程走全了,最好的机遇
　　　也失去了。

　　 c. 辣椒苗出全了。

　　(13a)"把企业做全"是致使结构,致使事件(causing event)是
"做企业",被使事件(caused event)是"企业全"。而"企业全"可以
理解为每一种类型的企业都有。(13b)中,小句"流程走全了"是致
使小句,致使事件为"流程走了",被使事件为"流程全了",其中"流
程全了"可以解释为每一个流程都有了。(13c)是致使句,致使事
件为"辣椒苗出了",被使事件为"辣椒苗全了",而该被使事件可以
理解成"每个辣椒苗都有了"。也就是说,这里的"全"依旧可以理
解为全称量化词。

　　在有些情况下将状语"全"字句看作致使结构很牵强,例
如(14)。

(14) a. 但是,有不少旅客在购卡时没有读全、读懂《购卡须<u>知</u>》,仓促购买,而在没有买到车票后立即要求退卡。

　　b. 他们的曲子还有《水龙吟》《步步娇》《一江风》和《柳摇金》等许多支,可惜只有一个晚上,我们没有听<u>全</u>。

　　为了说明方便,我们仅考虑(14a)中"有不少旅客在购卡时读全、读懂了《购卡须知》"这部分内容。如果说"有不少旅客在购卡时读了《购卡须知》"致使"《购卡须知》全了",这不大符合我们的常识。因为《购卡须知》是客观存在的,本身不涉及全不全的问题。这里说的"读全"是指把《购卡须知》的每个部分都读了的意思。与之相类似,(14b)中,"听全"说的是在一个晚上把没听过的他们的曲子都听了。此时,"全"具有全称量化能力,仍旧可以看作全称量化词。

　　补语"全"的词汇语义是"完全;齐备",这使得在特定的情况下,"全"是针对其关联对象所具有的类别进行全称量化。见(15)。

(15) a. 他又来到市场,看到奶粉紧俏,就花 500 多元钱,<u>买全</u>了制奶粉的工具。

　　b. 有的人为了<u>买全</u>一套《毛泽东选集》,到书店跑了五六次。

　　"买全了制奶粉的工具"并不是说把所有的制奶粉的工具都买回来了,而是说制奶粉时会用到不同的工具,这些不同种类的工具都被买回来了。《毛泽东选集》由若干本内容不同的书组成,比如说,第二版的《毛泽东选集》有四卷。"买全一套《毛泽东选集》"说的是把该选集中的每一卷都买了,而不是把所有的《毛泽东选集》都买了。

　　补语"全"可以与"都"共现。共现时,两者有各自的语义贡献。例如(16)—(18)。

(16) a. 至此,题面中的 5 个字都写<u>全</u>了。

　　b. 至此,题面中的 5 个字写全了。

　　c. 至此,题面中的 5 个字都写了。

　　(16a)中,"全"是全称量化词,而"都"的语义有两种可能:一是,"都"用作全称量化副词,此时,该句表示:至此,题面中的 5 个字的每一个字都写全了,即"都"先量化"题面中的 5 个字",然后"全"逐一量化这 5 个字中的每个字。二是,"都"用作范围限定词,此时,句子表示:至此,题面中的 5 个字都写了,并且全了。(16b)中,"全"单独出现,句子表示:至此,题面中的 5 个字都被写了,并且结果是这 5 个字全了。(16c)中,"都"单独使用,表示:至此,题面中 5 个字的每个字都写了。至于是否一定写完则不得而知。

　　(17) a. 对各方面的工作都要进行认真、细致、深入的研究,<u>对过程中可能发生的问题,都要想全</u>、想细、想到底、想到万一,以求尽可能地减少意外。

　　　　 b. 对各方面的工作都要进行认真、细致、深入的研究,<u>对过程中可能发生的问题,要想全</u>、想细、想到底、想到万一,以求尽可能地减少意外。

　　　　 c. ?? 对各方面的工作都要进行认真、细致、深入的研究,<u>对过程中可能发生的问题,都要想</u>、想细、想到底、想到万一,以求尽可能地减少意外。

　　现在关注(17)的画线部分。与(16a)相类似,(17a)中补语"全"和"都"共现。"全"可以看作全称量化词,而"都"有两种可能的语义。当"都"表示全称量化义时,画线部分表示:对过程中可能发生的每个问题的每个部分都要想到;当"都"用于限定范围时,画线部分则表示:对过程中可能发生的每个问题都想了,并且想得很周全。(17b)中有"全",没有"都",画线部分表示:对过程中

可能发生的每个问题都想了,并且想得很周全。(17c)中出现了
"都"但是没有补语"全",单看画线部分可以成立,但结合上下文语
境来看,则整个句子可接受性变得很差。单就画线部分而言,表
示:对过程中可能发生的每一个问题都要想,至于"想"是否有结
果则不能从画线部分确定。

> (18) a. 李学勤从小就喜欢读书,七八岁起就迷上了《科学画
>       报》,他把书摊上的《科学画报》都买全了,每一本每一
>       篇都认真地读,那时只是出于好奇心。
>    b. 李学勤从小就喜欢读书,七八岁起就迷上了《科学画
>       报》,他把书摊上的《科学画报》买全了,每一本每一篇
>       都认真地读,那时只是出于好奇心。
>    c. 李学勤从小就喜欢读书,七八岁起就迷上了《科学画
>       报》,他把书摊上的《科学画报》都买了,每一本每一篇
>       都认真地读,那时只是出于好奇心。

(18a)中,"都"和"全"共现,"都"的语义只有一种可能,即对
"全"的量化域进行限定。由于《科学画报》是按期分的,该句表示:
他把书摊上的每一期的《科学画报》都买了。较之(18b),该句因为
"都"的存在而有强调的意味。(18c)所表达的意义则与前两句不
同,该句表示书摊上所有的《科学画报》都被他买了。

从上面的例子可见,当"都"和补语"全"共现时,有两种可能的
语义分工。不管何种分工方式,"全"始终用作量化词。不同的是,
"都"的语义功能可能会出现变化。

### 5.1.2 "全部"的语义

Zhang (2015)对"全部"的语义进行讨论,认为充当主语或宾
语的"全部"也有加合的性质,表示的是各个部分的总和;作定语的

"全部"是加合算子,对名词中心语进行加合;状语"全部"是全称量化词。该文同时对"全部"与"全"以及"都"进行对比分析。

我们同意该文对"全部"语义功能的认识,并在此基础上对"全部"的语义进行讨论。

名词"全部"可以用作名词短语的中心语,该名词短语多充当宾语,例如(19)。该名词短语中,定语有对"全部"所指谓的范围进行限定的作用。有时,定语并不存在,即该短语只有中心语"全部"。

(19) a. 徽因和思成深爱北京,他们不是爱北京的某一殿、一楼、一塔,而是爱北京的全部。

b. 我只认识一小段,但不是全部。

"全部"充当定语时,与它相互作用的名词中心语大多是光杆名词(短语),例如(20)。

(20) a. 她承担起了全部家务,买菜、做饭,洗洗涮涮。

b. 全部用料放入锅内,加清水适量,武火煮沸后,文火煮至扁豆熟后,调味即可。

Zhang(2015)已经观察到,"全部"由于包含语素"部",而"部"表"部分"的意义,有量词的意味,因而,"全部"后面不能接"量+名",如"全部只龙虾""全部段对话"这类表达难以接受。"全部"后面可以关联数量名短语,"全部(+名)"与"数量名"两者是同位关系,例如(21)。

(21) a. 它富含全部八种动物酸,而且据说它还可以去痘。

b. 天津代表团将参加工运会全部11项比赛。

(21a)中"全部动物酸"和"八种动物酸"是同位关系；而(21b)中"全部比赛"即"11项比赛"。

"全部NP"可以被看作一个复数性的整体，它既能与集合性谓语也能与分配性谓语相兼容。例如(22)和(23)。

(22) a. 上市时，公司全部股票一起上市，不再有流通股与非流通股之区分。

   b. 第五天，组织团体中全部成员共同讨论，强调动员团体成员的力量，相互影响、相互制约、相互促进，争取创建"无烟班"。

(23) a. 他的全部作品，都以仁爱为万能的人道主义思想为核心。

   b. 这样一位二级警督，全部收入统统加起来，不过500元多一点。

状语"全部"是全称量化算子，它的后面可以带有状语标识词"地"，如(24)。

(24) a. 他的声乐才能与他在作曲、指挥方面的才能，连同还不大为人知的演奏才能（他举办过大提琴、二胡的演奏会），全部地服务于时代，而他的作品、他的琴声、歌声和他亲手带起的一支支歌咏队，又全部地融进了中国人民雄壮的抗日交响乐中。

   b. 相反，这样一种组织内的人们可能经过一定时期就会形成一种颇为不同的思想，以至他们再也不会对利润提出任何要求，正如在这种社会内一位政治家或一位将军不可能企图把战利品全部地或部分地归于自己那样。

Zhang (2015)认为"全部"是左向关联的，如(25)。事实上，除了左向关联之外，"全部"有时是右向关联的，如(26)和(27)。

(25) a. 5 至 10 元的妇科病检查、30 多元的 B 超检查、100 至 120 元的免疫荧光电脑检测等项目全部免费。

b. 后来因为陵墓被盗，这些书全部失落了。

(26) 在近日开幕的亚太地区农产品流通政策研讨会上，我国商业部副部长何济海说，中国已全部取消了对粮食、棉花、食油、生猪等重要农产品的统购、派购制度，代之以合同定购和计划指导下的议价收购，绝大多数农产品都实行了市场自由购销，目前中国农产品的商品率已接近 60%。

(27) a. 他确信：到一定时机，来一个总攻击，便可以全部地击灭敌人。

b. 赵青接着说："再利用以上行动，造成一个诱敌深入的办法，这样就会一下子迅速地全部地消灭游击队……"

(26)中，"全部"的关联对象是它右边的"对粮食、棉花、食油、生猪等重要农产品的统购、派购制度"；(27a)中，"全部"与"敌人"相互作用，(27b)中则与"游击队"相关联。

### 5.1.3　"全体"的语义

#### 5.1.3.1　名词中心语/定语"全体"

"全体"表"各个个体或部分的总和"。《现代汉语词典》将"全体"的词性标注为名词。在以下情形下，"全体"确实表现出名词的特性，将其视为名词有合理性。

第一，"全体"直接充当主语和宾语，分别见(28a)和(28b)。

(28) a. 全体起立。

b. 义务教育作为国民教育,其目的首先在于提高全体国民的整个中华民族的素质,这就决定了义务教育要面向全体,造就全体,培养一代又一代能够适应我国社会主义建设和现代社会生活所需要的公民。

根据上下文语境,(28a)中"全体"表示与会人员的总和;(28b)中的"全体"则表示个体国民的总和。

第二,"全体"前可受定语修饰,如(29)。

(29) a. 当然,依附于反动派的知识分子也是有的,但是他们绝不是中国知识分子的代表,更不是中国知识分子的全体。

b. 在早期,男性的大多数以及女性的全体都是奴隶。

第三,"全体"能够作定语修饰名词中心语。能充当定语也是名词的句法特征之一。例如(30),其中"全体"分别修饰"职工"和"分子"。

(30) a. 全体职工轮流参观了七天。

b. 而反应的活化能越大,则活化分子在全体分子中所占的比例(或摩尔分数)就越小,反应就越慢;反之,若反应的活化能越小,则活化分子的摩尔分数就越大,反应就越快。

此外,"全体"可与表性质义的"性"构成"全体性",例如(31)。

(31) a. 他们的研究没有客观性、全体性或系统性,即都是把要主张的东西抽出来,就如同明治时代的日本人把武士道比作西洋的骑士精神,以证明自己的存在,标准是西洋的。

 b. 首先，围棋具有全体性，学生在游戏过程中必须全身心地投入，认真思考，改变了过去那种"填鸭"式的教学模式，学生由被动接受变为主动参与。

  用作定语时，在很多情况下，"全体"直接关联名词(短语)，见(32)；有时，"全体"在修饰名词(短语)时会带上定语标识词"的"，如(33)。

(32) a. 对此，全体演职人员都有深刻的体会。

 b. 由于鲇鱼喜欢挤来挤去，整个水池里的鱼都被带动起来而显得生机勃勃，所以渔民喜欢放几条鲇鱼在里面增加全体鱼的活力与寿命。

 c. 由于我们前面(第三篇)指出的官僚政治的包容性与贯彻性，那个官僚体制的某一部分一旦发生破绽，就会立刻把它的病菌蔓延于全体机构，侵入到全部机能上，使一般农民大众在接触到它们时，都将引起可怕的灾害。

 d. 全部的实数和虚数合起来构成全体复数，用字母 C 表示。

(33) a. 她记得全体的人都呆了，静下来看他唱独脚戏。

 b. 为落实这些工作，需要全体的医护人员对非典有深入的认识和高度的警觉。

  (32a　d)中"全体"分别关联的是人"职员"、动物"鱼"、无生命的"机构"以及"复数"。(33)中"全体"与"人"以及"医护人员"相互作用。也就是说，"全体"的关联对象可以是人、动物，乃至无生命的名词。它要求其关联对象是由各个个体或部分构成。

  如上面(32)和(33)所示，"全体"的关联对象往往是光杆名词

(短语)。"全体"不能与"量＋名"结构相关联,诸如(34)这类短语不能说。可能的原因是:"全体"表示各个部分或个体的总和,可以理解为其本身就包含对部分和个体进行计量的单位词"个"。因而它不能再带有额外的量词。

（34）a. *全体班同学
　　　b. *全体群学生
　　　c. *全体个工人

"全体＋光杆名词(短语)"在语义上是复数的,表示的是光杆名词(短语)所指谓的个体的总和,此时没有必要在光杆名词(短语)的后面加上"们"。这里,复数标记"们"是冗余的。因此,语料库中只有为数极其有限的"全体"关联"NP 们"的例子,如(35)。

（35）a. 合肥人送来这份惊喜的是合肥晚报的全体同仁们。
　　　b. 笔会结束前,与会的老同志和全体书画家们集体创作了一个巨型长卷《留赠未来五十年》。

"全体"与"数量名"结构共现时,两者通常为同位关系,例如(36)。

（36）赛前,学校的领导就多次找到中国代表团,希望女手球员能到依罗小学看看同学们,但由于球队训练太紧张而没能成行,于是就在今天将全体 106 名同学带到了体育馆内。

(36)中,"全体(同学)"与"106 名同学"可以看作同位关系,它们所指谓的对象相同。

"全体 NP"在语义上是复数性的,作主语时,既能与集合性谓语兼容,也能与分配性谓语共现。分别见例(37)和(38)。

(37) a. 全体少先队员代表一起向国旗致以少先队最崇高的
　　　　敬礼。

　　 b. 指挥部全体人员在现场共商对策,一面与设计院联
　　　　系,一面采取措施稳定山体。

(38) a. 闭幕式上,全体代表一致通过了关于工作报告的
　　　　决议。

　　 b. 在他们的带动下,全体人员纷纷解囊,警卫排的战士
　　　　们也从有限的津贴中捐出了 260 多元,机关共捐款
　　　　9 041 元。

　　 c. 您一贯关心我们,东方歌舞团全体同志都问候您。

　　 d. 航行期间,全体船员除当班的同志外,全部投入了紧
　　　　张的清扫大舱的工作,整整连续干了 20 多个小时,硬
　　　　是抢在抵港前备好了舱,而且验舱一次通过。

　　(37a)中谓语部分带有副词"一起";(37b)中谓语动词是"共
商"。(38a—d)中谓语部分分别带有"一致""纷纷""都"以及"全
部",这些副词都具有分配性。

　　"全体 NP"由于表示"各个部分/个体的总和",它可以被看作
整体。作整指解时,相关谓语无须带有"都""一起"等表分配或集
合义的副词。例如(39)。

(39) a. 全体代表热烈鼓掌,坚决支持他的这个建议。

　　 b. "宏达号"旅游列车从投入运行起,全体乘务员挂牌服
　　　　务,使用标准文明用语,对旅客提出的各类问题,及时
　　　　热情回答,服务细致周到,保证旅客愉快旅行。

　　 c. 5 月 6 日,风力减小到 6 级,全体游客安全地离开
　　　　海岛。

### 5.1.3.2　状语"全体"

"全体"也可以出现在状语位置,如(40)。

(40) a. 代表们全体起立,向他鼓掌致敬。

　　　b. 他们全体出动,进行普查,发现 172 户在贫困线以下。

　　　c. 你们全体都犯下了死罪。

有人可能会认为,此时它是后置定语、中心语或是主语的同位语。这一假设在说明(40)这类例子时似乎可以说得通。(40a)中,"代表们全体"与"全体代表们"意义相近,因此把"全体"看作后置定语,似乎有一定道理。然而,事实上汉语定语后置的情况十分有限。此外,(40a)中的"代表们"可以理解为定语,修饰"全体",或是"代表们"和"全体"是同位关系。(40b)和(40c)中,"全体"不大能看作人称代词的后置定语;认为人称代词"他们"和"你们"是定语修饰中心语"全体"勉强可以;认为"他们╱你们"与"全体"是同位关系,也还凑合。然而,在面对(41)中的例子时上面的假设则显得解释力不足。

(41) a. 每当剧中主人公作出壮烈之举,或演员唱起美妙的歌曲,以及新颖别致的布景展现时,观众总会发出一片赞叹声,甚至全体起立鼓掌。

　　　b. 从政府到百姓,我国已全体动员,打好这场禁毒的人民战争!

　　　c. 穆桂英(杨宗保妻)挂帅,百岁高龄的佘太君(杨业妻)挂帅,烧火丫头杨排风也当了先锋,杨门女将全体出征……

(41a)画线部分中,"观众"是主语。"甚至"后的"全体"由于和主语之间间隔着谓语、小句标识逗号以及副词"甚至",它既不适合看作后置定语,也不适合看作主语中心语或同位语。(41b)中,"全体"位于表示已然的标记"已"之后,谓语动词"动员"之前。(41c)中,"全体"处在将来时标记"将"的后面,动词"出征"的前面。(41b)和(41c)中的"全体"处在谓语部分,充当谓语的修饰语,因此所具备的是副词的句法特征。

再来看(40)中的"全体"也都可以看作状语。由此,将这个位置上的"全体"视为副词,作谓语修饰语,这种分析更为合理。这样一来,"全体"的词性在名词的基础上,还有副词的词性。

那么,状语位置上的"全体"具有怎样的语义功能?此时,"全体"具有强调整体性的特征,表示由各个成员组成的整体具备谓词所指谓的相关特征。单独使用即不与其他分配/量化算子共现时,"全体"能带给其关联对象全称量化解读。由此,将"全体"看作具有强调整体特征的全称量化副词有一定的道理。此外,由于"全体"在谓语动词前,它能起到修饰该动词的作用,表示动作行为的方式。

### 5.1.4 "全""全部"和"全体"的语义小结

我们在文献基础上讨论了"全""全部""全体"这三个词的语义。

在语料检索和语感自省的基础上,我们考察了限定性"全"与(量)名的搭配使用情况,并对补语"全"的语义进行探索。经研究发现,补语"全"可被看作全称量化词。

关于"全部",我们观察到状语"全部"可以带状语标识词"地",并且有右向关联的情况。

至于"全体",我们对处在不同句法位置上的"全体"进行了语义分析,认为限定性"全体"是加合算子;状语"全体"应当是副词性的,具有全称量化能力;用作主语或宾语的"全体"虽然不是加合算子,但自身含有加合的语义。

"全""全部"以及"全体"三者之间有如下的相似性和差异。

第一,从词性以及句法功能上来看,三者都有副词的词性,能充当状语。"全"有形容词词性,能作谓语、定语和补语。"全体"和"全部"有名词词性,能充当定语、主语和宾语。

第二,用作副词时,它们都可以被看作全称量化副词,都能左向量化语义上的复数性 NP。"全体"和"全部"有时可以右向量化。"全"能量化隐性的程度,而"全体"和"全部"则不能。

第三,它们在作限定词时,都是加合算子。三者都能直接关联紧邻其右边的光杆名词(短语)。"全"还可以关联某些"量+名"。

第四,用作主语或宾语时,"全体"和"全部"都具有加合的意味。"全体"是把各个个体或部分加合在一起;"全部"是把各个部分加合在一起。

第五,谓语"全"表"完全;齐备"义时,其词汇语义中暗含了全称量化义。"全"充当补语时,可以视为全称量化词,它既可以左向关联也可以右向关联。

## 5.2 "一应"的语义

"一应"可以用在名词(短语)前限定该名词(短语),也可以出现在谓语修饰语位置用来修饰该谓语。分别见(1a)和(1b)。

(1) a. 笔者所到的一个村子,64 户人家,房屋、粮食、一应家具,全部被洪水冲得净光。

b. 他心灵手巧,秉性随和,走到哪里都能很快和群众打成一片,耕耘、播种、诊病、编织、烹饪、缝纫、编曲艺、弄乐器、唱上党戏……他一应拿得起,放得下,样样都是好"把式"。

(1a)中,"一应"用在名词"家具"前,用以限定该名词;(1b)中,
"一应"出现在主语"他"之后的谓语修饰语位置,用来修饰谓语"拿
得起,放得下"。

下面将对"一应"的语义进行讨论。第 2 节讨论名词前"一应"
的语义。第 3 节分析谓语前修饰语位置的"一应"。第 4 节对两种
句法位置的"一应"进行对比分析,并对文中主要观点进行总结。

## 5.2.1　限定性的"一应"

《现代汉语词典》把"一应"解释为表示"所有一切"的指示代
词。传统分析将"每""各""其他"等都看作指示代词。

下面我们将结合语料,从形式语义学的角度来具体分析用于
限定名词(短语)的"一应"。

### 5.2.1.1　"一应"的关联对象及"一应 NP"的特点

"一应"出现在名词(短语)前,用来限定该成分。它所限定的
名词(短语)通常为光杆名词(短语)。例如(2)。

(2) a. 总的说来,厨房够空的,但一应烹调用具和调味料还很
齐全。

　　b. 四个小时内,院部后勤部门办理好船票,装备好一应所
需物品;六小时后,另一位副院长已登上轮船去打前
站……。

"一应"和它所限定的名词(短语)构成短语"一应 NP",该短语
前面可以有代词或范围短语等充当定语对其进行限定,如(3)和(4)。

(3) a. 如今,在我们这地方结婚,男方只要准备一间新房、一
个床架就行了,其他一应东西,女方都会抬来的。

　　　b. 可那天晚上, 我们的一应物品全遗失在路上了。

(4) a. 没有代表村民的村民代表大会做后盾, 我总觉得心里
　　　没底。所以村里一应大事, 都由村民代表大会决定。

　　　b. 元妃省亲, 探春远嫁, 清虚观打醮什么的全不算, 单那
　　　"压地银山一般"的秦可卿出殡所需的一应纸扎活计,
　　　就劳动三位师傅整忙了一年, 那场面可想而知。

　　(3)中, "一应 NP"的前面有代词对它进行限定, (3a)到(3b)中
出现在"一应"前面的分别是旁指代词"其他", 人称代词"我们"。
(4)中, "一应 NP"的前面出现了限定其范围的短语。

　　"一应 NP"的前面常常出现列举性表达, "一应"或"一应 NP"
是对这些列举项的概括, 例如(5)。

(5) a. 她匆忙将被子、睡衣、毛巾、鸭嘴壶、便盆等住院的一应
　　　用具找了出来。

　　　b. 在住房尚未妥善解决之前, 房租水电等一应费用, 也由
　　　胡秉宸同志负担。

　　(5a)中, "住院的一应用具"是对"被子、睡衣、毛巾、鸭嘴壶、便
盆等"的概括说明; (5b)中, "一应"是对"房租水电等"的概括。

　　为了说明方便, 我们将前面带有限定或列举成分的"一应 NP"
写作"R 一应 NP"。由于 R 不是必须出现的成分, 我们将相关的
"一应"短语写作"(R)一应 NP"。

　　"(R)一应 NP"通常充当句子的主语/话题或宾语, 分别见(6)
和(7)。

(6) a. 每天早上你就放心地出去, 做早饭打扫卫生一应杂事,
　　　我就全包了。(话题)

　　　b. 他忍着病痛锻炼自理生活的本领, 学会了上下床, 穿衣

脱裤,坐着手摇车进城赶会办事情,家里写信等一应杂事都由他办,让焕芝腾出手来参加生产。(主语)

(7) a. 康忠琦把一应考试事务向褚晖交代明白后,便在学校门口等着。("把"的宾语)

　　 b. 那日,母亲早早备下坨粉和一应菜蔬,将八仙桌挪至堂屋正中,点蜡焚香。("坨粉和一应菜蔬"是宾语)

### 5.2.1.2 "一应"的语义功能

"(R)一应 NP"充当话题/主语时,句子的述题/谓语往往是以下两种情形之一。

情形1中,谓语部分带有全称量化副词如"都"等,见(8)。

(8) a. 市委做出决策后,一应事宜(均)由市政府筹办,市委不再过问。

　　 b. 一应材料*(都)到了,油漆工和家具商们也来了。

这一情形中,全称量化副词如"都""均"等要求关联对象是语义上的复数性成分,而"(R)一应 NP"刚好可以是一个复数性表达。此时,"(R)一应 NP"中的"一应"不能是量化词,因为它处在相关量化副词的量化域中,它只有一个论元即它的关联对象。此时,"一应"起的是加合作用。

(8a)中,表全称量化义的"均"可以省略。可能的原因是,"一应事宜"可以看作一个整体作整指性解读。而(8b)中的"都"则不能去掉,其中"都"能起到允准相关句子的作用。可能的原因是,在"到了"这一语境下"一应材料"所得到的是统指性解读,两者之间需要表量化义的"都"来实现匹配关系。

情形2中,谓语部分没有量化副词。如(9)。

(9) a. 学生宿舍，<u>一应物品摆放有序</u>。

　　b. 李学宽送他几只兔子，叫他自己养，一应费用由李学
　　　宽出。

　　对(9a)的画线部分而言，谓语"摆放有序"可以看作集合性的，对"一应物品"的放置情况进行说明。(9b)中，"一应费用"可以看作是由各部分费用构成的费用整体，它是整指性的，如果它不需要获得分配性解读，则"都"等量化副词是无须出现的。

　　可见，用作话题/主语时，"(R)一应 NP"有两种可能的解读，即作统指解或整指解。

　　"(R)一应 NP"充当"把"的宾语时，它出现在谓词的左边，谓语部分也是有带和不带全称量化副词两种可能，例如(10a)和(10b)。

(10) a. 辽政府恨透了老百姓，在几天之内，把一应嫌疑犯都
　　　　抓起来审判，以致监狱有人满之患。

　　 b. 水芹峪开磨坊的把他的白篷小货车连马都借给他，帮
　　　　他把一应物件运到大约二十英里外他要去的城市。

　　(10a)中，"一应嫌疑犯"是统指性的，在"都"的作用下，得到分配性解读。(10b)中，"一应物件"是作为一个整体来看的，获得的是整指解。

　　"(R)一应 NP"可以出现在宾语位置，它指谓的是语义上的复数，如(11)。

(11) a. 他以此承揽着企业策划、文艺晚会、平面设计等一应
　　　　事务。

　　 b. 卖家传来的病假条模板有模有样，抬头是病情证明
　　　　单，并有病人姓名、诊卡号、就诊日期、病情诊断、科

室、医生等一应信息,还附有一串防伪码。

c.店铺子里人头攒动,熙熙攘攘,购肉蛋蔬果,酒糖米面;买一应熟食,各色糕点,均需排队,自不待言。

从"(R)一应NP"的上述表现可以推知,该短语指谓的是一个语义上的复数性集合。其中,"一应"对它的关联对象NP进行加合,所得到的"一应NP"是统指性的或整指性的。"一应NP"之所以能够作整指解,我们推测是受"一"的语义影响的结果。"一"表全称义时是"整个;全"的意思,该意义会影响"一应"的语义。

"一应NP"为统指性的且出现在谓词前时,要想得到分配性解读,就需要全称量化副词的帮助。由此,全称量化副词的使用会有强制性,如(8b)。

### 5.2.2　修饰性的"一应"

在语料库中,我们发现了为数不少的"一应"用作谓语修饰语的例子。这是《现代汉语词典》等并没有关注到的情况。

我们认为修饰性的"一应"在单独使用时是全称量化词,它相当于"全部"的意思。这一节我们将讨论修饰性"一应"的语义。

修饰性"一应"的关联对象在语义上是复数性的,例如(12)。

(12) a.西夏国的国策是以军事为中心而制定出来的,但其内政诸务几乎全盘仿效宋朝,亦由政府各级衙门一应署理。

b.……还把该背的一应背下了,把有关的数字背得如牢记了的亲娘的生日样,这就带着乡里的一班儿人马往着县上进发了。

c.家中财务也早已一应网络化,银行账号、信用卡账号、投资交易全在网上,实在懒得贴邮票写地址寄账单计算能否按时到达。

d. 此时正值各种瓜果、蔬菜应市季节,记者看到,樊相镇的车站和种植基地一派繁忙景象,西芹、日本圆葱、珍珠西红柿、珍珠西瓜、日本油桃、美国杏、洋香瓜、荷兰土豆等 20 多个品种一应上市,南来北往的客商云集于此,樊相宛然一个绿色产品的集散地。

e. 我看,咱们服务的主要对象应该是农村,凡农业社的电气设备,一应修理。

(12a)中,"一应"的关联对象是承前省略的复数性名词短语"其内政诸务";(12b)中,它关联的是"的"字短语"该背的";(12c)中,它关联的是光杆名词短语"家中财务",该短语在语义上是复数性的;(12d)中,"一应"关联的是"西芹……等 20 多个品种";(12e)中,它关联"凡 NP",而"凡 NP"是加合短语。

在适当的语境下,"一应"的关联对象也可以以隐性的方式存在或是存在于上文语境中,如(13)。在"一应"所在的句子中,它的关联对象并没有出现。

(13)茅枝婆说:"县长们住进庙客房的一应事儿,你就管着吧。"断腿猴也就一应管着了。

修饰性"一应"通常关联的为它左边的复数性成分,如上面的(12)和(13)。当"一应"的左边没有可用的复数性成分时,它会在右向寻求关联对象,见(14)。

(14)他不仅承担学校的全部设施,不仅规划全部学生的一切课内外活动,还一应包揽着 30 余名学生的吃、穿、住、学、用,且一包 9 年!

当修饰性"一应"和"都"等量化副词共现时,出现在左边的它不再是全称量化词,而是范围限定词,用以限定量化域。见(15)。

(15) a. 西夏文在这里已是一片泛滥,招牌、匾额、告示等等一应都用西夏文书写。

b. 多年来,农行在农村金融领域发挥着主导作用。从春种到秋收,农产品的生产、流通和加工以及乡镇企业所需的金融服务,一应都是农业银行的业务范围。

在(15)的两个句子中,"一应"都是对其左边的复数性表达进行限定,被限定后的表达作为"都"的量化域。

### 5.2.3 "一应"的浮动性

"一应"既可以出现在名词的限定词位置,也可以出现在谓语修饰语位置。那么,"一应"是否具有浮动性呢?

在某些特定的情况下,"一应"似乎是可以浮动的。它可以自由出现在限定语和修饰语任意一个位置上,而且句子的基本语义并不发生改变。例如(16)。

(16) a. 新学期所需的一应物品都准备好了。

b. 新学期所需的物品一应都准备好了。

然而,前面我们已经说过,出现在定语位置的"一应"是一元算子,它起的是加合作用,如(16a)中的"一应";用在"都"左边修饰语位置的"一应"是范围限定词,如(16b)。它们的语义功能是不同的。因此,尽管会有(16)这样的句子,但是也不能说"一应"是浮动算子。

即使放宽对浮动算子的语义要求,认为只要是有共同的意义,比如说都表全称义,就仍可以视为同一个算子,也会有问题。因为如果观察更多的语料会发现"一应"所谓的浮动并不总是能够成立的。例如(17)。这说明"一应"不可能是浮动算子。

(17) a. 家电一应原装进口名牌,家具却一色红木嵌银。

b. *一应家电原装进口名牌,家具却一色红木嵌银。

### 5.2.4 "一应俱全"的意义和用法

在实际语料中,"一应"常出现在成语"一应俱全"中。该成语主要用来充当谓语,有时也用于充当定语和状语。分别见(18)到(20)。

(18) a. 实验室里各种仪器一应俱全,且数量多,能保证每个学生都动手做实验。

b. 货架上,小到案头文具,精美礼品,大到配套办公家具,一应俱全。

(19) a. 主人带着客人参观了自己的新居,楼上楼下,客厅居室,厨卫水暖和一应俱全的家用电器。

b. 平整光滑的地面、环列四周的路灯、高大清楚的显示屏、一应俱全的健身设施,让村子里的男女老少眼前一亮,啧啧称赞。

(20) a. 空调、地毯、天花板、墙纸、有色玻璃等等一应俱全地进入一些家庭,人们在追求居室现代化的同时,也为微型的螨虫提供了繁衍生息的有利环境。

b. 现在是每到周末,许许多多的香港人就往深圳跑,什么大小日用品一应俱全地往香港带。

不管是充当何种句法成分,"一应俱全"都要求与它在语义上相互作用的成分在语义上是复数性的。作谓语时,它表示主语是具有它所指谓的特征;作定语时,它表示中心语具有它所指谓的特征;作状语时,它在语义上关联左向的主语,同时表示相关动作、行为的方式。

### 5.2.5　"一应"的语义小结

"一应"有两种典型的句法位置,一是名词前定语位置,一是谓语前修饰语位置。

定语位置的"一应"是加合算子,它右向关联语义上的复数性成分,赋予该成分统指或整指性的解读。"一应 NP"处在谓语前时,要得到逐指性解读,则一般需要全称量化副词的帮助。

修饰语位置的"一应"在单独使用时是全称量化词,具备全称量化能力,在语义上相当于"全部"。与"都"共现时,出现在"都"左边的"一应"会起到限定"都"的量化域的作用。

"一应"不能看作浮动算子,它不满足浮动算子的基本要求。

"一应俱全"是带有全称义的成语,它有充当谓语、定语以及状语三种句法功能。

## 5.3　"整""整个"以及"整整"的语义

"整"以及包含语素"整"的"整个""整整"都表现出一定的浮动性。在此,将这三个带有共同语素"整"的词进行讨论。

### 5.3.1　"整"的语义

曹秀玲(2005)、丁雪欢(2007)等都注意到"整"表"整体;完整"的词汇语义会带来整体义。现代汉语中形容词"整"表示"全部在内,完整的"时,可以看作对组成部分进行加合进而得到整体的加合算子。

作为加合算子,"整"有以下几种句法功能。

第一,"整"可以出现在名词前,用以修饰该名词。具体来讲,"整"与名词结合形成"整N",而"整N"前往往可以加数量短语/数词短语,进一步形成"Num+CL+整N",如(1)。

(1) a. 整砖   b. 两块整砖

(1a)中"整"修饰"砖",构成"整砖";(1b)中数量短语"两块"修饰"整砖"。

第二,"整"可以修饰量词构成"整CL",如(2a);该短语前也常常可以加数词,如(2b);"整CL"可以进一步修饰名词,构成"整CL+N",如(2c)。此外,还有"Num+整CL+N"的形式,如(2d)。

(2) a. 整排   b. 一整排   c. 整排学生   d. 一整排学生

"(Num)+整CL(+N)"以及"(Num+CL)整N"可以用来充当主语、宾语、定语以及状语,分别见(3)到(6)。

(3) a. 整面墙都是镜子。
    b. 一只只整羊放进去,就像放进几只雏鸽似的。
    c. 二月下半月,三月整月多雨。("三月"充当主语中心语"整月"的修饰语)
(4) a. 自幼我没穿过一条整裤子。
    b. 海岸不长草,没有螃蟹、整虾、珊瑚,也没有卵石或岩石。
(5) a. 在上海方面,装满了整船的丝绸。
    b. 他们屠杀了整村整村的土著人。

(6) a. 老子整天命都搭上了。

　　b. 他常常整小时地出神。（b 和 c 有状语标识词"地"）

　　c. 这类东西你可以整栏整栏地和着果酱吞下去，用不着
　　　费多少脑筋。

(5b)(6c)中"整 N"以重叠形式出现，表达复数性语义。

第三，"整"能够用于数词前，修饰该数词，例如(7)。

(7) 一下子就借给了整800！

第四，"整"可以作状语，修饰谓词，如(8)。

(8) a. 真好睡，整睡十二个钟头。

　　b. 因为那东西一时咽不下去，人又不是鱼或是蛇，吃东西
　　　可以整吞的。

"整"在"是……的"这一准分裂结构中充当谓语，例如(9)。此
时，"整"虽然不是加合算子，但仍具有加合性的语义。

(9) 这块砖是整的。

"整"不能自由地在名词修饰语和谓语修饰语位置上浮动。在
多数情况下，"整"是不能浮动的，对比(10a)和(10b)。可能的原因
是，"整"具有较为明显的词汇义，而表"完整"的词汇义使其在修饰
动词时受到限制。

(10) a. 大火把一整箱丝绸给烧坏了。

　　b. *大火把一箱丝绸整给烧坏了。

在下面(11)中,"整"具有一定的浮动性。(11a)中,"整"出现在动词前;(11b)中,"整"出现在动词后"三个小时"的前面。这两个句子中,"整"在语义上都与"三个小时"相互作用。

(11) a. 笑笑写作文整写了三个小时。

b. 笑笑写作文写了整三个小时。

需要说明的是,在以下两种情况下,"整"不宜被视为加合算子,它不表示加合性语义。一是,用在数词或名词前表示"整数的"这一意思时。例如(12)。

(12) a. 寿堂吗? 等我做七十岁整生日的时候再预备罢。

b. 我找了一个收旧货的犹太人,他把全部东西都买了去,给了我一笔整钱。

(12a)中,"整生日"并不是指由各个部分组成的、完整的生日,而是指"整数的生日",如"二十""三十"等;(12b)中,"整钱"不是说"完整的钱"或者"全部算在内的钱",而是指"整数的钱"。因此,"整"不是加合算子。

二是,用在数量短语后面表示"整数,没有零头"时。例如(13)。

(13) a. 昨天下午取的,五千元整。

b. 汽车到达饭店的时间是十点整。

## 5.3.2 "整个"的语义

既往对"整个"的单独讨论主要集中在"整个一(个)X"这一构式。刘长征(2007)分析"(X)整个一(个)Y"格式中Y的构成成分,X 和 Y 之间的语义关系,以及该格式的语篇功能。袁丽 (2008)在硕士论文中从多个角度考察该格式。郑娟曼(2012)把 "整个一个 X"作为贬抑性习语构式的一个代表去分析该类构式。 张利蕊、姚双云(2019)也认为"整个一个 X"构式有"贬抑义的语用 倾向",并认为该格式有移情等表达功用,还提出"整个"的语法化 过程是从总括范围、全称量化到极量总括再到极性强调。另外,周 清艳(2018)讨论该构式的语义功能以及构式形成的动因和机制。 此外,胡清国(2013)讨论"整个"的语法化历程。

下面我们将考察"整个"的句法分布位置和语义贡献。

### 5.3.2.1　体词前修饰语"整个"

5.3.2.1.1　"整个 NP"的构成及句法功能

"整个"与名词性表达结合时的具体情况如下:

"整个"可以与光杆名词结合,形成"整个 N"。由于 N 可以看 作修饰、限定成分为空的 NP,因此"整个 N"也可以写成"整个 NP" 的形式。如(14)。

(14) 整个城市、整个家、整个人类、整个过程、整个事件

"整个"能修饰名词短语,形成"整个 NP"。该 NP 可以由数词 (短语)加名词构成,其中名词通常为时间名词;或是由数量短语加 名词(短语)构成;还可以是由指示词加上数量短语再加上名词(短 语)构成,分别见(15a—c)。

(15) a. 整个一天他都躺在床上。
　　 b. 这里整个一大片地方都是属于他的,一眼望不到边。
　　 c. 整个这件事并不特殊,一般结果都是这样。

"整个 NP"的前面可以加指示代词,如"这""那";可以加人

称代词如"你"等作定语；也可以前加数词进行限定。分别见
(16)—(18)。

(16) a. 在这整个过程中，法官在法官席上看着，一言不发。

　　　b. 为了找她，那整个村子，那该死的省区，我肯定走了上
　　　　 百遍。

(17) a. 你将会成为你与你整个家族的耻辱。

　　　b. 他的整个身子都僵直了。

　　　　（在人称代词"他"和"整个身子"之间有定语标记"的"）

(18) 一整个早晨，我持续进行我的哲学探索。

另外，"整个"可以修饰数量短语，如(19)。"整个"可以加上定
语标记"的"修饰体词(短语)，如(20)。

(19) a. 你要把整个一排都绑上。

　　　b. 怎么，你想把整个一镑都赌了？

(20) a. 现在的我是真正的我，是整个的我。

　　　b. 他面前是整个的大海，能喝就可以随便喝。

"整个 NP"可以充当句子的主语、宾语、定语、状语，分别见
(21a—d)。

(21) a. 整个九州有多少信徒？

　　　b. 我环顾整个餐厅。

　　　c. 你让我知道了整个事情的经过。

　　　d. 大雨整个黄昏没有停住。

5.3.2.1.2　"整个"的语义贡献及语义要求

"整个"对其所关联的 NP 的量进行限定，例如(22)。

（22）一部分脑袋我倒不在乎，整个一个脑袋可吃不消。

（22）中，"一部分"是对"（一个）脑袋"的量进行限定，同样地，"整个"也是对"一个脑袋"的量进行限定。所不同的是，前者是表达部分量，而后者是表达全量。

似乎至少在某个情况下将"整个"看作量化词，相关句子可以得到正确的解读，例如（23）。

（23）a. 整个人群激动起来了。
　　　 b. 她把整个身心交给了他。
　　　 c. 她那样躺了一整个下午。

（23a）中，"整个人群"由若干个个体人组成。因此该句可以理解成：特定人群中的每个人都激动起来了。（23b）可以理解为：她把她身心的各个部分都交给了他。（23c）中，"一整个下午"是把"一个下午"中的各个时间段（点）都计算在内。因此该句可以理解成：属于"一整个下午"的每个时间，她都那样躺了。

那么，修饰名词的"整个"是否可以看作全称量化词呢？答案是否定的。原因如下：

第一，"整个"可以与"都"共现，而"都"是汉语典型的全称量化词。当"整个 NP"作为"都"的量化域时，"整个"不能看作量化词。因为此时"整个"的辖域"整个 NP"之中只有一个论元 NP。而量化词是二元算子，它要求在它的辖域内有两个论元。例如（24）。

（24）整个这一天，秦震都在振奋之中。

该句中，"都"在语义上关联"整个这一天"。在"都"进行量化时，"整个这一天"出现在"都"的量化域之中。"整个"的辖域内只有一个论元"这一天",不能满足量化都论元的数量要求。

第二,"整个NP"可以与累积性谓语共现,并获得累积性解读。如(25)。该句说的是"整个一栋楼"的房间数加起来一共是三十个。

(25) 整个一栋楼共有三十个房间。

第三,当"整个NP"作为一个整体具备谓语所指谓的特征时,"整个NP"可以获得整指性解读。例如(26)。

(26) a. 整个身体躬成了一个问号。
　　 b. 否则整个事件就是一句空话。

(26)中,"整个NP"作为一个整体具备谓语所指谓的特征。NP的各组成部分并不能具备相关特征。例如(26a)中,"整个"身体作为一个整体"躬成了一个问号"。而身体的组成部分,如腿等,并不具备"躬成了一个问号"的特征,它们只是作为整体的构成部分参与了相关的行为、动作。

有鉴于此,将"整个"看作全称量化词并不恰切。我们认为,"整个NP"中的"整个"是加合算子,以它所关联的NP的各组成部分为加合对象,加合后得到由所有部分组成的NP整体。例如(27)。

(27) a. 月光倾斜而下,笼罩着整个雪地。
　　 b. 只是,唉,整个这件事叫我担心啊。

(27a)中,"整个"在语义上关联"雪地",把"雪地"的各个部分进行加合,得到最大化的"雪地"整体;(27b)中,"整个"与"这件事"相互作用,把"这件事"的各个组成部分,如这件事的开始、这件事的经过、这件事的结果等,进行加合,得到"这件事"的整体。

"整个NP"的语义解读会受谓语的语义特征影响。对于(23)中的三个句子而言,所谓的"整个NP"的量化义都是由"整个NP"及谓语的语义特征共同作用的结果。"整个NP"是由若干个部分构成的。在特定类型谓语的作用下,整体具备该特征,则各组成部分也会相应地获得该特征。就(23a)来说,"整个人群"具有谓语"激动起来了"的特征。而"激动起来了"可以深入到整体"人群"当中的组成部分即单个个体人,因此会产生所谓的逐指性解读。其实,这些句子中的"整个NP"都可以理解成整指性的。(24)中,全称量化词"都"的出现会使得谓语具备分配性特征,因此"整个这一天"获得逐指性解读;(25)中,累积性谓词会使得"整个一栋楼"得到累积性解读;(26)中,谓词指谓的特征由NP整体所具有,所以"整个NP"获得整指性解读。

由于"整个NP"可以看作由若干个部分构成的NP整体,因此可以理解为语义上复数性的成分。也就是说,"整个"能带给NP复数性的语义。分别对比(28)和(29)。

(28) a. 整个乐队都摆好了架势,只等开始。

　　　b. ?(?)乐队都摆好了架势,只等开始。

(29) a. 不只这一点,你整个人我都喜欢。

　　　b. ?? 不只这一点,你我都喜欢。

(28)和(29)中,全称量化副词"都"要求关联语义上的复数性成分。(28a)中,在"整个"的作用下,集体名词"乐队"表示由若干人组成的乐队整体,在语义上是复数性的;(29a)中,"整个人"的出现使得"你"可以看作由身体的各个部分或各种特征组成的整体,是语义上的复数性表达。因此这两个句子能满足"都"的量化要求。而对(28b)和(29b)来讲,由于缺少"整个"的帮助,"都"找不到可用的量化域,而使得这两个句子不大能好说。

"整个"要求与之相关联的名词性表达可以看作由若干部分构成的整体。如果该名词性表达不能满足这一语义要求,则不能被"整个"所加合。例如"整个水"就不大说。

### 5.3.2.2　谓词前修饰语"整个"

"整个"可以出现在谓词前修饰语位置,如(30a)。有时它可以加上儿化,写作"整个儿"的形式,如(30b)。"整个(儿)"后面可以加状语标记"地",如(30c)。

(30) a. 她吼叫着,小身躯整个都挺直了。
　　　b. 眼前的风物整个儿被雪花淹没了。
　　　c. 梯子整个儿地扭动起来。

与名词性表达前的"整个"相类似,谓词前的"整个(儿)"也是加合算子,它会将它在语义上的关联对象进行加合,使之得到最大化的整体。又由于出现在谓词前修饰语位置,"整个(儿)"会对谓词所指谓的动作、行为的方式、作用范围或作用程度进行限定。例如(31)。

(31) a. 任何令人敬佩的建筑物一旦失去原来的支撑,一般的结果就会倒塌,一部分一部分地倒塌,或者是整个儿全部倒塌。
　　　b. 她整个儿呆住了。

(31a)中,"整个儿"在语义上关联"任何令人敬佩的建筑物",将其看作一个由部分构成的整体,并且用来表示"倒塌"的方式。(31b)中,"整个儿"作用于"她",加合后得到由部分构成的整体"她",同时表示"呆住了"的作用范围是整体的"她"。

"整个(儿)"既可以左向关联,又可以右向关联,分别见(32)

和(33)。

(32) a. 湖底整个都被积雪覆盖住了。(左向关联主语)

b. 我把烟道挡板整个拉开,放进外面的空气。(左向关联"把"的宾语)

(33) a. 最后黑夜整个吞噬了他的形影。(右向关联宾语"他的形影")

b. 我浑然不知这件事将整个改变我的人生。(右向关联宾语"我的人生")

右向关联时,"整个(儿)"不需要紧邻其关联对象;即使左向关联时,"整个(儿)"也不需要紧邻其关联对象。在它和关联对象之间可以有时间状语、来源状语、充分算子"就/便"或连动短语的组成部分等,分别见(34a—d)。

(34) a. 海底即将整个露出。

b. 你需要抓住整个植株慢慢抖动,轻轻把它的根从土中整个拔出来。

c. ……情况就整个变了。

d. 他身体突然一软,整个摔在地上。

(34a)中,"整个"关联"海底"。两者之间有时间词"即将"。(34b)中,第二个"整个"左向关联"它的根",两者之间有来源状语"从土中"。(34c)中,"就"出现在"整个"和它的关联对象之间。(34d)中,"突然一软"和"整个摔在地上"是两个连续的动作、行为。

值得关注的是,"整个(儿)一个NP"作谓语的情况。"整个"左向关联主语,表示主语整体具备"(是)一个NP"的特征。此时,"整个(儿)"带有明显的主观评价义,它强调主语具有很强的"(是)一个NP"的特征。而且,"整个(儿)"的出现帮助"一个NP"增加谓词性特征。如果去掉"整个",我们会发现句子的可接受性降低。因为"一个NP"独立充当谓语的情况并不多见。例如(35)。

(35) a. 谁像你呀? 整个一个阎锡山的老乡。

b. 她本来就不该陷进去,整个一个傻蛋。

c. 我以为什么高明主意呢! 整个一个恶治!

d. 你呀,整个一个毛孩子,没有我保护你,谁都可以欺负你。

(35a)中,由于听话人是山西人,而阎锡山是非常出名的山西人,所以说话人说听话人是阎锡山的老乡。说话人使用"整个"意图表达:他认为听话人是典型的山西人,特别爱喝醋。(35b)中,说话人用"整个一个傻蛋"强调"她"特别地傻。(35c)中,说话人想要说的是这个主意是一个程度非常高的恶性的治理。(35d)中,说话人用"整个"强调"你"是毛孩子的程度非常高。

此外,"整个"还有一个特殊的用法,就是与"来说"构成话语标记"整个来说"。这是一个高度固化的结构。例如(36)。

(36) 除此之外,他还发现自己的身材是很高的,整个来说,和铜版画上的堂·吉诃德很相似。

简言之,修饰性"整个",无论是用作 NP 修饰语还是 VP 修饰语,都是加合算子。"整个"句中的谓语为 VP 时,"整个"有时会带有浮动性。对比(37)和(38)。

(37) a. 整个人都蔫了。

b. 人整个都蔫了。

(38) a. 整个房间宽敞明亮。

b. ?? 房间整个宽敞明亮。

### 5.3.3 "整整"的语义

《现代汉语词典》把"整整"看作副词,认为它表示"达到一个整数的"。陈小荷(1994)、李宇明(2000)、朱斌(2005)、王泉(2018)等都认为"整整"有表达主观大量的功能。朱斌(2005)考察"整整"与数词的搭配情况,通过实例证明"整整"不但能与整数搭配,还能与概数搭配。曾繁英(2016)对"足足"和"整整"进行对比分析,注意到"整整"的语义指向其后的成分。王泉(2018)从历时角度分析"整整"的语义发展演变。

前人已经注意到,"整整"主要有两种可能的句法位置:(a)出现在名词性表达的前面,用以修饰该表达;(b)出现在谓词前修饰语位置。下面将对"整整"进行分析。

#### 5.3.3.1 NP 修饰语"整整"

当"整整"修饰名词性表达时,它要求该表达带有数量短语。而这一数量短语有如下特点:第一,该"数量"可以是确数,如(39);也可以是约数,如(40)。

(39) a. 他看了一下页数,整整 136 页!

b. 大大小小居然提出了上百个问题,列出了整整 21 条罪状!

(40) a. 每逢雨季,整整几个星期看不见天日。

b. 大约过了整整一两分钟,没人说第二句话。

第二,从主观性角度看,"整整+数量(名)"中的"数量"可以是客观量,如上面的(39)和(40);也可以是主观量,如下面的(41a)。当表达主观量时,该"数量"所表达的是主观大量。"整整"不能与表达主观小量的数量表达配合使用。对比(41b)和(42)。

（41）a. 如此者每年不断，一直延续整整 20 年之久。

　　　b. 他们有整整一大帮人。

（42）?? 他们有整整一小帮人。

"整整"所关联的名词性表达前可以带有限定词如"这"等，如（43）。

（43）a. 整整这一天，他百般努力，来表示对萨宁的最高敬意。

　　　b. 整整那一夜，一直到天亮，他们都在摔跤。

此时，"整整"的语义功能主要体现在以下几个方面：（a）表示达到该数量短语所指谓的数量的最大限度，即会给该名词性表达最大化解读，如（44a）。（b）当"数量（名）"出现在谓语前时，"整整"能够增加该短语的特指性，使之倾向于获得特指性解读，如（45a）。（c）"整整"常常用来表达主观大量。"整整"可以表达说话人对与之相关联的名词性表达的主观认识，即主观上认为其数量大，如（46a）。

（44）a. 她又睡了整整一夜。

　　　b. 她又睡了一夜。

（45）a. 整整一个晚上，她睡在碧云身边，缠着她问这问那。

　　　b. 一个晚上，她睡在碧云身边，缠着她问这问那。

（46）a. 他思考了整整三十秒，看起来好像要离开似的。

　　　b. 他思考了三十秒，看起来好像要离开似的。

（44a）中的"整整"确保"一夜"获得最大化的解读，即"一夜"当中的所有时间都包括在内，而（44b）中的"一夜"因为没有"整整"等进行限定不能保证带有最大化解读。（45a）中，"整整一个晚上"在"整整"的帮助下会获得特指性解读。而

(45b)中"一个晚上"则倾向于非特指性的。(46a)中,"整整"的出现可以将"三十秒"评价为大量,而(46b)中的"三十秒"则是客观陈述。

"整整＋数量(名)"不能与"只""才""就""仅"等排他性副词相互作用。"只"等右向关联时将与之关联的成分评价为最小值,它们可以用来表达主观小量。"整整"与"只"等会对数量做出相反的评价,因此两类词通常不共现。例如(47)。

(47) 她??（只）花了整整一天的工夫,化妆,试穿各种各样的
　　　外衣。

### 5.3.3.2　谓语修饰语"整整"

出现在谓语修饰语位置上时,"整整"一般要求谓语部分出现一个"数量(名)"表达与之相对应。"整整"在语义上与该"数量(名)"相互作用,表示达到了该数量(名)的最大限度。与它直接修饰"数量(名)"的情况相类似,这里的"整整"也可以用来表示主观大量。不仅如此,此时,"整整"同时限定谓词所指谓的动作、行为的方式和/或程度。如(48)。

(48) a. 他们在这个破庙里整整住了*(七天)。
　　　b. 他们这一帮人整整占据了*(两大间)屋子。

(48a)中,"整整"在语义上关联"七天",表示其是由各个时间加合起来的完整的"七天"。又由于出现在状语位置,"整整"表示"住"持续的时间长。(48b)中,如果没有数量短语"两大间"则句子不大能够接受。"整整"在语义上关联"两大间屋子",表示最大化的"两大间屋子",同时"整整"对"占据"的程度进行了说明,即主观上认为量大。

有时"整整"后面会出现状语标记"地",表明"整整"状语的句法身份。例如(49)。

(49) a. 李贡医生替她整整地治疗了几个月。
　　 b. 他被整整地谈论了一个星期。

另外,在某些情况下,数量短语所表达的可以不是整数,如(50)。可见实际语料比《现代汉语词典》对"整整"的概括更为复杂。

(50) a. 敌机整整轰炸了半个多小时才走。
　　 b. 这也是整整预备了两个多星期了。

"整整"可以在谓词后宾语前的限定语位置和谓语前修饰语位置上浮动。例如(51)。

(51) a. 笑笑为了玩具熊整整哭了一天。
　　 b. 笑笑为了玩具熊哭了整整一天。

简言之,"整整"出现在不同句法位置上时,有如下的异同。

| 句法位置 | 紧邻"数量(名)"表达 | 谓语修饰语位置 |
| --- | --- | --- |
| 关联方向 | 右向关联 | 右向关联 |
| 关联对象 | 紧邻的"数量(名)" | 谓语内的"数量(名)" |
| 辖域 | 它右边的"数量名" | 谓语部分 |
| 语义功能 | 表示达到"数量(名)"的最大限度 | 表示达到"数量(名)"的最大限度;对谓词所指谓的动作、行为的方式/程度进行限定 |

"整整"有两种可能的句法位置。它的关联对象要出现在其成分统制域内。"整整"是最大值算子,能给关联对象带来最大化解读,而且"整整"常常带有主观性。

### 5.3.4  "整""整个"和"整整"的语义小结

形容词"整"可以看作具有整指性特征的加合算子,它可以(a)用在名词性成分前,对该名词成分的指谓进行加合;(b)在与量词结合后去修饰名词,执行加合操作;(c)在数词前,对数词的指谓进行加合;(d)在谓词前充当状语。"整"具有有限的浮动性。

"整个"既可以作定语也可以作谓语修饰语,它是加合算子,既可以左向关联,又可以右向关联,带有一定的浮动性。"整个 NP"一般为整指性解读,在语义上是复数性的。

"整整"是最大值算子,可以作定语,也可以充当状语,具有一定的浮动性,常用于表主观大量。

## 5.4  "满"和"满满"的语义

### 5.4.1  "满"的语义

现代汉语中"满"的词性复杂。除了用作名词表示姓之外,它还可以是动词、形容词以及副词。不考虑其为名词时的情况,从语法功能上看,动词"满"和形容词"满"可以充当谓语,如(1);形容词"满"可以用在名词前充当定语,用在动词前充当修饰语,用在动词后充当补语,分别见(2a)(2b)和(2c);副词"满"能用在动词前充当修饰语,如(3)。

(1) a. 来把酒满上。
　　b. 他已经年满 18 岁了。

（2）a. 满大街是小青年。

　　b. 空气中满含着土腥味。

　　c. 院子里开满了玫瑰花。

（3）他满以为事情就这样结束了。

（2）的三个句子中"满"的关联对象都可以得到全称性解读。（2a）可以理解为：大街上的每个地方都是小青年；（2b）可以解释成：空气中的每个位置都含着土腥味；（2c）则可以看作：院子里的每个地方都开了玫瑰花。（3）中，"满"作用于程度，表最高的程度。

而且，同样是关联空间表达，"满"可以出现在不同的句法位置，如（4）。

（4）a. 满地是落叶。

　　b. 地上满是落叶。

　　c. 地上落满了树叶。（为了调节韵律，这里在"叶"前面加上"树"）

（4a）中，"满"是定语，它在语义上关联它所修饰的名词"地"；（4b）中，"满"是修饰语，它在语义上与它左边的主语"地上"相互作用；（4c）中，"满"是补语，它在语义上与左向的"地上"相关联。这三个句子中的"地（上）"都可以获得全称性解读。

（1）到（4）中，"满"所表达的意义不尽相同，那么"满"有哪些用法？它的核心义是什么？它的各种用法与核心义之间是怎样的关系？"满"是全称量化算子么？

我们在既往研究基础上对"满"的语义进行讨论，认为"满"的核心语义是表达最大化，该语义贯穿于它的各种用法。定语位置、状语位置以及补语位置的"满"都是最大化算子，作用是给予其关联对象最大值解读。而且，"满"在语义上多与空间相互作用，有时也与时间、数量相互作用。全称量化解读是由"满"的最大化语义推导出来的,只有在全称量化的语义要求得到满足的情况下,该解读才能成立。这也可以解释为何"满"的关联对象并不能总是得到全称性解读。

下面第 1 小节将简要讨论"满"用作谓语时的情况。第 2 到 4 小节分别讨论定语、状语和补语"满"的语义。

### 5.4.1.1 谓语"满"

充当谓语时,"满"具体可以是形容词或动词(这里不讨论表示"满足""骄傲"意思的"满")。尽管如此,从其词汇语义中可以推论出"满"表"满足"及"骄傲"这两个意思是从它最大化语义演变而来的。在此不加赘述。

形容词"满"可以表示达到容量的最大值"全部充实",主要包括两种情况:一是,"主语+满"结构,这里"满"在语义上关联主语 NP。其中,主语常常是表空间义的 NP,如(5);有时,主语也可以是充满了相关空间的存在物,如(6)。

(5)a. 水涨得很快,浴盆很快满了。
b. 杯子满了。
(6) 水/白酒满了。

之所以会出现这样的情况,是由于当存在物占据空间使得空间最大化地被充盈后,空间具有"满"的特征;由于空间已"满",不能再容纳更多的存在物了,因而空间内的存在物也相应达到最大值,即"满"了。

强调"满"时,可以将其放入到"是……的"准分裂结构中,例如(7)。

(7)a. 碟子是满的。
b. 燃料是满的。

二是,"存在物＋满＋空间"格式。此时,句中没有其他可以充当谓词的成分,"满"用来充当谓语,主语是"存在物"而宾语是"空间"。见(8)。

(8) a.这里,葡萄满架,桃李满树,清香扑鼻。

b.仍然红叶满山,看去比红花还要鲜艳好看。

动词"满"可以表示带有使动色彩的"使满"义,也可以表示"达到一定期限"的意思。分别见(9)和(10)。

(9) a.你把李四杯里的酒满上。

b.我给你满上一杯茶。

(10) a.他工作满一年了。

b.假期已满。

不难发现,这里"满"的最大化语义仍旧在起作用。"使满"说的是通过动作使相关容器达到容量的最大值。如"把李四杯里的酒满上"就是通过"斟""倒"等动作让"酒"充满"杯子",从而使"杯子"的容量达到最大值。"达到一定期限"实际上是达到某个期限的最大值。例如(10a)表示的是他工作已经达到"一年"的最大值了。也就是"一年"当中的十二个月的工作日都在工作。去掉"满",该句会变成"他工作一年了"。与(10a)相比,这里会出现一个细微的差别,就是"一年"是个相对模糊的概念,它不要求最大化的语义。

### 5.4.1.2 定语"满"

"满"充当定语时修饰名词性成分,它有两种可能的用法:(a)表示"全部充实;达到容量的极点";(b)相当于"全;整个儿"的意思。

用法 1 中,"满"表示它所关联的名词容量达到最大值。在以下几种情形下,"满"表示该义。

其一,"数词＋满＋名量词(＋名词/名词短语)"格式。该格式中,名量词本身就是表容器名称的名词或是它所指谓的事物可以看作容器,它兼用作名量词;"满"关联该名量词,表示该名量词所指谓的容器达到容量的最大值。例如(11)。

(11) a. 黑娃吃完一老碗又要了半碗,本来完全可以再吃下一满碗这种银丝面的,同样是出于第一印象的考虑只要了半碗。

　　　 b. 有时往里面添些装饰颜料的木桶薄片,这些木片我丈夫堆了一满棚子。

　　　 c. 那匹马喝过了,在桶里喝的,喝了一满桶,是我送去给它喝的,我还和它说了许多话。

该格式中的数词不局限于"一",还可以是其他的基数词,如(12)。

(12) a. 当天过些时候,这七满瓶酒就会被送到离圣格雷戈里饭店不远的一个酒吧间去。

　　　 b. 我们回到小屋里,工程师就把一些空酒瓶收拾到床底下去,从大柳条箱里取出两满瓶酒,打开瓶塞,靠着工作桌坐下,显然打算继续喝酒,谈话,工作。

"一满＋名量词"可以重叠使用,如(13)。

(13) a. 一满车一满车的麦秸运来堆在地上,不只用于覆盖沙和松土这些比较轻的材料,还编成草帘用以保护一些个已经建成的地段上的草皮,使其不受海浪的咬噬。

b.一个被糖弄得黏糊糊的姑娘正在为基督教兄弟会的
在俗修士一满勺一满勺地舀着奶油。

(13a)中,"一满车一满车"充当名词"麦秸"的定语,对其数量
进行说明;(13b)中,"一满勺一满勺"后面加上"地"作状语,表示
"舀"这个动作的方式。

表示容量的名量词前面可以出现对量的大小进行限定说明的
形容词,上面例子中的"满"就是这类形容词的典型。"满"是说达
到容量的最大值,例如"一满碗饭"就是指达到碗的容量最大值那
么多的一碗饭,再多的饭碗已经装不进去了。此外,经常用到的还
有形容词"平",它是说达到平铺至容器的边缘的容量,例如"一平
碗饭"指的是平铺到碗的边缘的一碗饭。

其二,"满 $N_1$＋$NP_2$"格式。其中,"满 $N_1$"用作主语,"满"关联
$N_1$,表示 $N_1$ 达到容量的最大值;$NP_2$充当谓语,它具体可以是名词
或名词短语。见(14)。

(14) a.她上了年纪,不能再像年轻的妇女那样弄得满头
小卷。
b.满架子书皮发黄的旧书,什么都有,而且可以白看,根
本没人来打搅你。

该格式可以转换为"$NP_2$＋(V)'满'$N_1$"形式,而基本语义保
持不变。这里,$NP_2$是主语;"满"不再是定语,当句中有动词 V 出
现时,它是补语;当没有其他动词时,它是谓语;$N_1$是宾语。对比
(15a)和(15b)。

(15) a.满头白发。
b.白发(长)满头。

此时，"满"不大可能作"全；整个"（即下面的用法2）来理解。因为用法2中，"满 $N_1$"作主语时不大容许体词性谓语。"满"当"全；整个"理解时，可以将"满"与之进行互换，而不改变句子的基本意思。对(15a)来讲，如果"满"可以理解为"全；整个"，那么"全头/整个儿头白发"就应该可以说，而事实上这样的句子是难以被接受的。

其三，"满 $N_1$ 是 $NP_2$"格式。其中，$N_1$ 是空间类表达；"满"限定 $N_1$，表示 $N_1$ 达到最大容量；$NP_2$ 是宾语。例如(16)。

(16) a. 满耳是"哗哗"的雨声，顺着屋檐、水沟奔流的"咕噜噜"的水声。

　　 b. 满河滩是乱跑逃命的人。

该格式也可以转化为"$NP_2$＋(V)满 $N_1$"的形式，如(16a)中画线部分和(16b)可以转变为(17)的形式。而"满"不能被替换为"全；整个儿"，如(18)不大好说。这说明"满"是用作用法1，不大可能是用法2。

(17) a. "哗哗"的雨声(充)满耳(朵)。（为了调整节律在"耳"后加上"朵"使之成为与"充满"同样的双音节词）

　　 b. 乱跑逃命的人(挤)满河滩。

(18) a. ?? 全耳/整个耳朵是"哗哗"的雨声。

　　 b. ?? 全河滩/整个河滩是乱跑逃命的人。

其四，"$N_1$＋的＋$NP_2$"独立充当小句时，"满"表示 $N_1$ 的容量达到最大值，其中 $NP_2$ 是存在物，$N_1$ 是空间。例如(19)。

(19) a. 满屋子的声音，满屋子的人头。

　　 b. 满屋子的雪茄烟味。

其五,"满 N"作状语表示动作的方式,如(20)。

(20) 自 5 月中旬试营业以来,"挑战者号"时空穿梭机每天均满舱运营。

在"满"的作用下,该句表示"挑战者号"时空穿梭机每天都是以装满机舱的方式运营。

下面再看用法 2。该用法中,"满"的意义大致相当于限定性的"全;整个"。以下几种情形下,"满"是该种用法。

其一,"满+NP"短语,该短语中 NP 由名词加上方位词构成。"满"由于具有最大化的核心语义,它会给予 NP 最大化的语义,这样就会推导出"全 NP""整个 NP"的意思。如(21)。

(21) a. 满鼻孔里都是野生生的香气。

b. 厅前是一个极清洁的小院子,靠南蹲着一个花坛,蜡梅和南天竹的鲜明色彩,渲染得满院子里富丽而又温馨。

c. 满墙上挂着这个大画家、那个大写家送的字画,多得几乎是用来糊墙壁的,而不是用来供人欣赏的了。

以(21a)为例。"满鼻孔里"中,"满"是取了"鼻孔里"这一空间的最大值,这样就有了"整个鼻孔里"的意思。与表用法 1 的"满"不同,这里"满"不涉及"充实"空间的语义,即无须存在物最大化占据空间。

其二,"满 N"作状语,表示空间范围。例如(22)。

(22) a. 我在一九六二年嫁来岸基村,第一次下田,就浸到齐腰深的烂淤田里,蚂蟥满田游,吓得我差点哭起来了。

b. 满山漫寻,可见玛瑙石像披婚纱的新娘含羞半遮在草丛之中，千姿百态，闪烁亮光。

  c. 村里开始杀猪宰羊，引得小孩们整天乐颠颠地满街满

   村跑。

  (22)中的"满 N"都是用来表示活动范围。比如(22a)中蚂蟥是在整个田里面游。

  其三，"满 $N_1$ ＋V＋的＋是＋$N_2$"格式。其中，"满 $N_1$ ＋V＋的"是"的"字短语，与 $N_2$ 的指谓相同，如(23)。

  (23) a. 他满脑子装的是钱，做梦想的也是钱。

    b. 他们常年默默无闻地奔波在农业生产第一线，晴天一

     身土，雨天两脚泥，心里装着的是群众，满脑子想的是

     化肥、农药、种子、柴油……

  以(23a)为例。该句中，"的"字短语"满脑子装的"指谓具有该特征的实体的集合，在"是"的等同义作用下，该集合由"钱"构成。

  其四，"满 $N_1$ ＋V＋的＋$N_2$"短语。这里 V 是 $N_2$ 所发出的动作，"满 $N_1$"表示的是 $N_2$ 的活动范围，不是表达 $N_2$ 充满 $N_1$ 的意思。因此，"满"解释为"整个"或"全"更为合适。例如(24)。

  (24) 那龙井片子底下受了热气，一阵子豆奶花香扑鼻而来，

    载沉载浮，如钉子般竖起，满屋子弥漫的茶气，好闻。

  该句中，"茶气"发出"弥漫"的动作，而"弥漫"的范围是"满屋子"即"整个屋子"。

  其五，"满 N"充当宾语。表示动作所涉及的是"满 N"这个范围。如(25)。

  (25) a. 只见有十七八个穿黑布袍子的人，坐坐站站，挤了满

屋子。

b. 后面挽了个长圆髻,却是金银首饰红绒花儿,插了满头。

c. 杨杏园走进去,一眼就看见上面一张半截架子床,床上铺着一条淡红旧华丝葛棉被,梨云盖着半截身子,头发散了满枕头。

其六,"满 $N_1$ ＋谓语",该谓语是不包括"是 NP"在内的谓语,它可以是主谓短语、动词短语或"都是 $NP_2$"等。例如(26)。

(26) a. 行程中,押运员的"卧室"与猪牛一板之隔,耳边猪鼾如雷,满室粪臭扑鼻,他们依然精心喂护,毫无怨辞。

b. 农历春节到元宵节期间是佛光山最热闹的时节,满山挂满花灯,入夜后一片灯海。

c. 小小一个烧卖,可把德国厨师难得满头冒汗,直呼难度太大。

d. 满院子静悄悄的。

e. 满耳都是高粱叶哗哗的响声和蛐蛐的歌唱。

(26a)画线部分中,"满室"是主语,"粪臭扑鼻"是主谓短语作谓语;(26b)画线部分中,"满山"是主语,"挂满花灯"是动宾短语作谓语;(26c)中,"满头冒汗"是主谓短语作补语,"满头"是该主谓短语的主语,"冒汗"是动宾短语充当宾语;(26d)中,"满院子"是主语,"静悄悄的"是形容词作谓语;(26e)中,主语是"满耳",谓语动词为"是",该动词受全称量化词"都"修饰。

"满 $N_1$ 是 $NP_2$"与"满 $N_1$ 都是 $NP_2$"两种格式的区别在于后者多了"都"。这种差异却造成了"满"的用法不同。"满 $N_1$ 是 $NP_2$"中,"是"用于连接空间和存在物,整个结构系存在句。其中,"满"表现为用法1,表示存在物 $NP_2$ 最大化地占据了 $N_1$ 的空间。"满

N₁都是NP₂"中,全称量化副词"都"的出现使得该句成为全称量化句,而不是存在句。"满N₁"是"都"的量化域。"满"是对N₁的范围进行限定,表最大化的范围,它没有"充实"义。

定语"满"的用法区分并不总是泾渭分明,在名词短语"满N₁的N₂"中,"满"是何种用法存在不确定性。在有些情况下,"满"可以同时作两种解释,这两种解释虽然意义不同,但都可以说得通,即"满"的用法存在歧义,见(27)。在某些情况下,"满"仅有一种合理的解释,如(28)中"满"是用法1,(29)中则表现为用法2。

(27) a. 满山满谷一片"缴枪不杀"的喊声。
    b. 嘉和看着年年都要来祭扫的祖坟,<u>满坡的茶树</u>都在风中点头。
(28) a. 杜亚莉一面喝茶,一面浏览着吴为满墙的照片。
    b. 因为满脑子的恨意,她的头疼痛不已。
(29) a. 满县城的老百姓都为这新来的"暗号"而惴惴不安。
    b. 满屋子的电灯全开亮了。

(27)的两个句子中,"满"都是有两种可能的解释。(28)中"满"倾向于被理解为"达到最大容量",如(28a)中因为"照片"贴满了墙,所以说"满墙的照片";(28b)中"满"是表示脑子里充满了恨意,基于此就有了"满脑子的恨意"。(29)中,"满"都是"整个;全"的意思。(29a)中,"满县城的老百姓"说的是整个县城的老百姓,而不是把整个县城都占满了的老百姓;(29b)中,"满屋子的电灯"并不是说电灯占据了屋子的所有空间,而是说整个屋子的电灯,"满屋子"指的是"电灯"的存在范围。

### 5.4.1.3  状语"满"

"满"用在动词前充当状语时,表动作行为的方式或程度。它有两种用法。

用法 1 中,"满"用以修饰动词,表示在动词的作用下达到空间的最大值。主要包括以下五种常见情形:(a) 小句:空间＋"满"＋V＋容物;(b) 名词短语:"满"＋V＋存在物＋"的"＋空间;(c) 小句:存在物＋(在空间)＋"满"＋V/在空间＋存在物＋"满"＋V;(d) 短语:"满"＋V＋数量名,其中"量"是指借用的物量词,本身是容器,"名"是存在物;(e) 小句:"以"＋存在物＋"满"＋V＋空间。分别见(30a—e)。

> (30) a. 她们坐的地方满开了玫瑰,那清静温香的景色委实可以消灭一切忧闷和病害。
>
> b. 那人穿一件过于宽大的全新大衣和一条破烂不堪、满是黑污泥的长裤。
>
> c. 在张氏的眼睛里泪水满溢了。
>
> d. 老组长请他满饮一盅青稞酒。
>
> e. 音乐驱散了肮脏的现实,以美感满溢了他的心灵,解放了他的浪漫精神,给他的脚跟装上了翅膀。

(30a)中,空间为"她们坐的地方",动词为"开",存在物是"玫瑰";(30b)中,空间为"长裤",存在物是"黑污泥",动词为"是";(30c)中,空间为"在张氏的眼睛里",存在物为"泪水",动词为"溢";(30d)中,空间为"盅",它被借用为量词,存在物为"青稞酒",动词为"饮";(30e)中,空间为"他的心灵",存在物为"美感",动词是"溢"。

其中,"空间"可以是二维的平面,具体可用处所名词(短语)或名词加上"上"等方位词来表达;它也可以是三维的容器,可用表容器的词或名词加上"里/中"等方位词表达。分别见(31)和(32)。

> (31) a. 背景是一棵大橡树,老干上满缀着繁碎的嫩芽。
>
> b. 从衬裤裤腰往上直到脖子的肌肉,整个脊背满是一道

道的伤疤……

(32) a. 由于他识字解文,家学渊博,腹中满装着五花八门的
　　　　学问……

　　　b. 他好比双手满抓着各式情绪的种子,向心田里四撒。
　　　　("他的双手"抓紧后具有容器的性质)


"空间"的另一个性质是,它常常是具体的空间,有时还可以是抽象的空间,分别参考(33a)和(33b)。


(33) a. 一会儿又回来了,袋里装着一块小砖,手里拿着个玻
　　　　璃杯,杯里满盛着水。

　　　b. 少平点着金波递过来的纸烟,情绪满含着忧伤。


(33a)中,"空间"是"杯里",是具体的;(33b)中,"空间"则是抽象的"情绪",它没有具体的形态。

"存在物"可以是具体的事物,也可以是抽象的事物,分别见(34a)和(34b)。


(34) a. 小孩子满握着煮熟的蚕豆,大家互赠,小手相握,谓之
　　　　"结缘"。

　　　b. 他以老人的慈祥照看着她,但他的灵魂又满是些虔诚
　　　　的梦。


"存在物"允许带有数量表达,这个数量表达可以是"些""许多＋量""数词＋量词重叠""一＋量"以及表示约数的"数 X"加上量词等,如(35)。


(35) a. 头发上满是些稻草。

　　　b. 我们挨进门,几个红的绿的在我的眼前一闪烁,便又

看见戏台下满是许多头……

c. 中古时在这儿筑起堡垒,现在满是一道道颓毁的墙基,倒成了四不像。

d. 一面墙上满挂着一幅绣着狩猎场面的大幅葛别林壁饰花毯……

e. 公园中满植一丈以上的丹桂数百株,据说开花时全县都能熏香。

"满"要求"空间"能被"存在物"占据,而该"存在物"则是最大化占据相应的表面积或容积。如(36)中的句子因为不满足"满"的这一语义而难以被接受。

(36) a. #她的头发上满是一个小发夹。

b. #一面墙上满挂着一个手帕。

(36a)中,"一个小发夹"不可能占据"她的头发"的整个表面;相类似地,(36b)中,"一个手帕"也不可能覆盖住"一面墙"。

动词 V 可以是"是",也可以是其他动词如"盖""含"等。"是"的作用是连接空间和存在物,而"盖"等动词表示的是存在物以什么样的动作占据了空间。

在"满 V"句中,动词为"是"的时候,一般后面不能加表示动作进行的"着",如(37b)和(38b)难以被接受。这是因为,"满是"表达的是静止的状态,它在语义上与表示动作持续义的"着"不兼容。

(37) a. 翻开一本谈材料学的书一看,一大堆的算式和数字,一张化学药品订货单满是些少见的怪字。

b. *翻开一本谈材料学的书一看,一大堆的算式和数字,一张化学药品订货单满是着些少见的怪字。

(38) a. 为了尽快掌握工程管理主动权,项目经理于德伟以身

作则,顶着烈日四处奔波,几个月下来,脸上已被阳光
灼得满是斑痕。

b. *为了尽快掌握工程管理主动权,项目经理于德伟以
身作则,顶着烈日四处奔波,几个月下来,脸上已被阳
光灼得满是着斑痕。

有时根据表义需要,"满是"的后面可以加表示动作完成的
"了",如(39)。但这样的例子在语料库中十分有限。更为普遍的
情况是,"是"的后面不带有体标记,如上面的(37a)和(38a)。

(39) a. 庄里开药铺的那个瘸子的媳妇,她就把煮茶鸡蛋的煤
火弄到场面了,煮了一锅又香又黑的茶鸡蛋,半个麦
场上就满是了她那茶鸡蛋的香味了。

b. 全乡的村干部们拥进槐花家里就都呆住了,在黑鸦鸦
的一片人头下,满是了 一张张愕愕着的脸,愕了半晌
儿……

当"满"所修饰的动词为"是"以外的动词时,该动词的后面可
以加"了"或"着"以满足相应的表义需要,如(40)。

(40) a. 一看附近的树上,果然有三朵两朵的花,其余树枝子
上,绽着珠子似的,满排了未开的花蕊。

b. "出土古"是说一直埋在土底下的东西,挖出来满带着
土星子和锈花,有一股子斑驳苍劲味儿。

状语"满"的另外一种用法就是表"完全"或"程度高"义,参考
(41a)和(41b)。在某些情况下,"满"是表最高程度"完全"还是"程
度高"并不确定,可能会有歧义,如(42)。

(41) a. "满行嘛！像他那样落落大方,稳稳重重。……不久
前还在学校讲演了呢。"

　　b. 听起来像是一个满刺激的时代。

(42) a. 他看得出来,若琴是一个很有希望的姑娘,聪敏,早
熟,遇事很有主见,虽然还不足二十岁,但在日常生活
中满可以独立了。

　　b. 武端心中满赞同欧阳天凤的意见,可是脸上不肯露
出来。

(41a)中,"满行嘛!"表示"完全可以"的意义;(41b)中"满刺激
的时代"表示"很刺激的时代"。这里如果把"满"解释为"完全"就
不大合适,因为不太好说"完全刺激的时代"。

这里需要说明的是,表"程度高"的"满"很可能是从音近词
"蛮"发展而来的;表"完全"义的"满"才是"满"自身语法化的结果。
因此下面对状语"满"的语义进行讨论时,我们不考虑"满"表程度
高的情况。

作状语时,"满"给予它的关联对象"空间"或"程度"最大化解
读。那么,它是否能带给句中成分全称量化解读呢?

先看"满"关联"空间"的情况。在某些情况下,"满"所关联的
"空间"可以得到全称量化解读,如(43a)。此时,把"满"看作全称
量化算子,并让它引出一个三分结构,句子可以得到正确的语义解
读,如该句可能的三分结构为(43b)。

(43) a. 他脸上满是麻子。

　　b. $\text{Man}_x[x \in [|他脸上|]][x 是麻子]$

这似乎可以证明"满"是全称量化词,而事实上,在很多情况
下,"空间"并不能得到全称量化解释,如(44)。

(44) a. 你的内心在进行着猛烈的交战,使你在睡梦之中不得安宁,<u>你的额上满是一颗颗的汗珠</u>,正像一道被激动的河流乱泛着泡沫一般。

b. <u>空着的地方满是些罐头筒子</u>。

c. 她仰头看<u>四围的壁上满贴了大小不等的画</u>。

对(44a)的画线部分来讲,如果"满"是针对"你的额上"进行全称量化的量化词,那么该句会得到这样的解读:对于每个 x 来讲,如果 x 属于"你的额头",那么 x 是一颗颗汗珠。而事实上,画线这部分内容并不是要表达这个意思,它要表达的是"一颗颗的汗珠"作为说话人感受到的一个整体布满了"你的额头"。

假设"满"量化"空着的地方",那么(44b)就会表示,对于每个 x,如果 x 是属于"空着的地方",那么"x 是些罐头筒子"。而实际上,可能出现的情况是,如果地方 x 是个很小的地方,那么 x 上可能只是有一个罐头筒子,这不影响句子的真值。该句所要表达的是:"一些罐头筒子"占据了"空着的地方"的整个空间。也就是说,把"满"看作量化词,得出的意思并不是句子要表达的意思。

假使"满"是量化词,那么(44c)中带画线部分则是表示:属于"四围的壁上"的每个地方 x 都贴了大小不等的画。实际上,对面积非常有限的地方 x 而言,它最可能的是贴了某幅画或是某幅画的一部分,不大可能是地方 x 上也是贴了"大小不等的画"。

那么,是否可以认为"满"是全称量化存在物呢?如果是这样,(43a)会被解释为:对于每个 x 来讲,如果 x 是麻子,那么他脸上是 x。也就是说,所有的麻子都长在了他脸上,这显然是错误的解释。因此,在关联"空间"时,把"满"看作量化词是不合适的。

我们认为,较为合理的解释是将关联空间的状语"满"看作最大化算子。它是一元的,针对其关联对象进行操作,给予其最大化解读。对比(45a),可以发现(45b)中"满"的出现确保了"空间"的最大化解读,即"中国瓷器和威尼斯的玻璃制品"最大化地占据了

"他书房的小橱里"的空间。

> (45) a. 在他书房的小橱里,摆着中国瓷器和威尼斯的玻璃制品。
>
> b. 在他书房的小橱里,满摆着中国瓷器和威尼斯的玻璃制品。

再看"满"当"完全"解的情况。此时,"满"可以有两种可能的处理方式:一种是,看作最大化算子。因为"完全"可以看作最大化的程度。该程度直接修饰谓语。另一种是,认为"满"全称量化自身所引出的程度集合,表示在每个可能的程度上相关命题都成立。在此基础上推导出全称量化解读。如(46a)。

> (46) a. 好吧,二十五斤满够了!
>
> b. 好吧,二十五斤够了!

对比(46b),可以发现(46a)中由于"满"的使用使得谓词"够"拥有了最大化的程度。

另外,当表示"完全"或"全都"的意思时,还存在一个带有语素"满"的词——"一满"。它来自方言,在陕西作家陈忠实和贾平凹的作品中可以找到带有"一满"的例子。见(47)。

> (47) a. 他透过那个递进取出饭碗的洞孔,只能看见妻子大半个脸孔,脸面上一满是泪水和清涕。(出自陈忠实的《白鹿原》)
>
> b. "新窑一满弄好了。"(出自贾平凹的《延安街市记》)
>
> c. "我嫌恶心!"老丈人手一甩,眉眼里一满是恶心得简直要呕吐的神色,"还有脸叫我吃!"(出自陈忠实的《桥》)

d. 她跟着他,从村子里跑出来,翻过溜马坡,钻进酸枣
沟,一满是红石山坡,一满是乱蓬蓬的酸枣棵子。(出
自陈忠实的《枣林曲》)

#### 5.4.1.4　补语"满"

"满"出现在动词后充当补语,对动作的结果进行说明,表示在
动词所指谓的动作行为作用下空间或数量达到最大值。

当补语"满"在语义上关联空间时,主要有以下几类情形。

第一类情形指"空间"或"存在物"充当主语的一般性陈述句,
具体包括下面三种格式:(i) 空间＋"V 满"(＋存在物),如(48)。
此时,存在物在某些情况下可以不出现。(ii) 存在物＋"V 满"＋
空间,如(49)。(iii) 存在物＋"在"＋ 空间＋"V 满",如(50)。

(48) a. 幸子说樱花盛开的时候这里非常漂亮,河边会坐满赏
樱的人。

b. 此次上映,不仅影厅的全部位子坐满,连两侧过道都
站满了观众。

(49) a. 鲜橘、广柑、梨子等水果摆满了市场,服务人员彬彬
有礼。

b. 泥巴裹满裤腿,汗水湿透衣背。

(50) 无声的音符,在满屋子,在她的心房涨满。

第二类情形指"V 满"出现在"把/被"字句中的情况,具体包
括:(iv) 空间＋"被/为"＋存在物＋"V 满",如(51);(v) ("用"存
在物)"把"＋空间＋"V 满",如(52)。

(51) a. 这些小隔间已被一些穿着西装的客人占满。

b. 整条街道两旁,为各种各样的摊子摆满。

(52) a. 指战员们一到各村后即帮助群众清除垃圾,打扫院落街道,整理家具,并经常替居民把水缸挑满。

　　b. 我们找些人来把这些空房子住满。

　　通过对比,可以发现,下面的(53)和(54)中,"V满"能否用在"把/被"字句取决于句中成分能否满足"把/被"字句的使用条件。

(53) a. 教室里坐满了学生。

　　b. 学生把教室??(里)坐满了。

　　c. 教室??(里)被学生坐满了。

(54) a. 窗口摆满了鲜花。

　　b. ?? 鲜花把窗口摆满了。

　　c. ?? 窗口被鲜花摆满了。

　　(54b)和(54c)之所以不大能说是因为存在物"鲜花"不能充当"摆"这个动作的发出者,即它不能用作处置者。

　　第三类情形指"V满"作为定中结构的名词短语中定语的组成部分的情况,具体有两种格式:(vi)(指代词/数量短语)"V满"+存在物+"的"+空间。其中,中心语是"空间",定语部分是描述中心语是怎样的空间,如(55)。(vii)"V满"+空间+"的"+存在物。这里,中心语是"存在物",整个短语说的是什么样的存在物,定语部分给存在物提供一个在量上的说明,见(56)。

(55) a. 这样,即使在乘车时手捧<u>一只盛满水的鱼缸</u>,也不会因为列车的启动、行进和停车而水洒一地。

　　b. 那<u>落满枯叶和杂草的头发</u>,那像树皮一样粗糙黝黑的皮肤,那青筋暴露的长臂和细腿,让人想起类人猿。

(56) 表示六亿人民的心意,代表团还带来了<u>载满一个列车的慰问礼品</u>。

第四类情形指空间和存在物出现在同一个数量名短语中充当"V满"的宾语。为方便说明，记作格式 viii，即"V满"＋数量名短语。例如(57)。

(57) a. 小陆妈妈为子弟兵灌满一壶壶开水。
　　　b. 过去，十多分钟才能加满一车油，现在只要三分钟就可以了，并且不洒油，干干净净。

(57a)中，"壶"是容器，它在句中充当量词，以重叠的方式出现，"开水"是存在物；(57b)中，"车"是空间，它是装存在物"油"的容器。

补语"满"所关联的"空间"既可以是二维也可以是三维空间，分别见(58a)和(58b)。"存在物"可以是具体事物，也可以是抽象事物，分别见(59a)和(59b)。

(58) a. 机舱四周垂挂着挽幛，上面缀满了白花。
　　　b. 那天，我敲开钟院士的家门，看到屋子里坐满了院领导。
(59) a. 锅炉里积满了水锈，使锅炉厚度增加，最不易烧热，最费煤。
　　　b. 质朴的诗句中，盛满了对生活的热情。

"存在物"在句法上的表现形式具有多样性。它可以是光杆名词(短语)，如(60)；也可以是带数量短语的 NP，而该数量表达可以是(a) "数词＋重叠量词"的形式、(b) 基数词、(c) 表多量的数词如"许多"，等等。分别见(61a—c)。

(60) a. 几乎家家窗口都摆满了鲜花。
　　　b. 在举行大会的巴亭广场上，站满了穿着节日盛装的愉快的人群。

(61) a. 时值春季，山野开满了一丛丛、一簇簇的映山红，当地
人叫清明花。

b. 上午 10 时，广场上已坐满了8 万人。

c. 12 月 28 日上午 9 时，北京国际饭店彩虹厅，坐满了许
多西装革履的人。

"满"要求它左边的谓词具有这样的能力：在该谓词的作用
下，"存在物"能最大化占据"空间"。以上面(61b)为例。"存在物"
8 万人通过"坐"这一动作使得"广场上"具有了"满"的结果。

"V 满"的后面可以有表示动作完成的"了"或持续义的"着"，
分别见(62a)和(62b)。

(62) a. 他们的生活缀满着城郊酒宴中的酒、烟、汽油和无数
的香吻。

b. 鲜血染满了裤腿，又顺着腿流在地下。

"空间"和"存在物"既可以出现在主语位置又可以出现在宾语
位置。既往研究如王红旗(1999)等已经注意到，在一般性陈述句
中，"V 满"句有时会出现主宾互易现象。加上第一类情形中的格
式 iii，"空间""存在物"和"V 满"共有三种可能的语序组合，
见(63)。

(63) a. 教室布满了红色的中国结。（格式 i：空间＋"V
满"＋存在物）

b. 红色的中国结布满了教室。（格式 ii：存在物＋"V
满"＋空间）

c. 红色的中国结在教室布满了。（格式 iii：存在物＋
"在"空间＋"V 满"）

那么,这三种格式存在什么不同?"空间"和"存在物"主宾语身份可以互换的条件或者说限制是什么?

首先来说,这三种格式中"空间""存在物"和"V满"三者的相对语序不同,而且格式 iii 借助介词"在"引出"空间",这是显而易见的差异。

独立来看这三种格式,它们最大的差异在于信息结构不同:格式 i 中,话题是"空间","V满+存在物"是述题,作用是对话题进行陈述和说明;处在宾语位置的"存在物"是句中信息焦点默认的句法位置。而作为信息焦点会有凸显性。如(63a)中,话题是"教室",它右边的部分是述题,"红色的中国结"是默认的信息焦点,是凸显的信息。格式 ii 中,"存在物"是话题,"V满+空间"是述题,"空间"是信息焦点。如(63b)中,话题是"红色的中国结",默认的信息焦点是"教室"。格式 iii 中,"存在物"是话题,"在+空间+V满"是述题,"在+空间"在某些语境下可看作次话题。如(63c)中,"红色的中国结"是话题,"在教室"可以是次话题也可以只是作为述题的一部分,"布满了"在信息焦点默认的位置。

这三种格式都是合理的存在,为特定的表达需要服务。正因其组织信息的方式不同,对它们的选择通常取决于具体语境。例如对语境(64)而言,下面(65)的三个句子中,(65a)更适合出现在其中。

(64)男孩子在松林里猎狐狸,＿＿＿＿＿＿,地上铺满白薯,还盖上了干草,准备抵御日后的严寒。

(65)a.洗衣绳上晾满了冬季的被褥

　　b.冬季的被褥晾满了洗衣绳

　　c.冬季的被褥在洗衣绳上晾满了

对(64)而言,全句的主语是"男孩子",整个句子说的是他为了抵御日后严寒的日子在哪些地方分别作了什么准备工作。

(65a)是以空间"洗衣绳上"作为地点状语后接谓语"晾满了冬季的被褥",它与上下文有很好的衔接性。

根据我们的观察,在下面两种情况下,主宾语不能直接易位,需要先进行适当的调整再行交换位置。

第一种是,当"空间"由名词加上"上""里"等方位词构成且充当主语时,一般要将方位词去掉再易位。对比(66)和(67)中相对应的句子。

(66) a.桃树园里结满了毛茸茸的桃子。

　　 b.墙上挂满了图表。

　　 c.质朴的诗句中,盛满了对生活的热情。

(67) a.毛茸茸的桃子结满了桃树园*(里)。

　　 b.图表挂满了墙*(上)。

　　 c.对生活的热情盛满了质朴的诗句*(中)。

第二种是,由"一"加上名词所构成的空间性表达适宜出现在宾语位置,通常不大能直接放在主语位置,对比(68)和(69)。

(68) a.各种鞋子摆满了一地。

　　 b.榆树钱飘满了一地。

　　 c.几个人坐满了一张八仙桌。

(69) a.*一地摆满了各种鞋子。

　　 b.*一地飘满了榆树钱。

　　 c.*一张八仙桌坐满了几个人。

补语"满"的关联对象也可以是时量或数量(名),它表示在动作 V 的作用下实现了达到最大化的时量或数量的结果。例如(70)和(71)。

(70) a. <u>扣满 12 分</u>的医生,将被暂停处方权。

　　 b. 从购买之日起,3 年期和 5 年期凭证式国债持有时间
　　 不满半年的不计息;<u>持满半年</u>不满一年的,按年利率
　　 0.63%计息;<u>持满一年</u>不满两年的,按年利率 0.72%
　　 计息;<u>持满两年</u>不满三年的,按年利率 1.26%计息。

　　 c. <u>四圈打满</u>,正是黄梦轩来的时候。

(71) a. 他从一九七六年十月到一九七七年十月除<u>出满勤干</u>
　　 <u>满点</u>以外,还多出勤一百二十个工日。

　　 b. 恩卡斯,<u>把弓拉满</u>,我们可没有时间再射第二箭啦。

　　 c. 不过,<u>我连一次仗都没有打满</u>……

　　(70a)中,"12 分"是相对最大值,在"满"的作用下,"扣分"的
结果是扣的分数(累积)达到了最大值 12 分;(70b)中,"持满 x 年"
说的是持有时间达到 x 年的最大时限,即一天都没少的到 x 年。
其中,x 为表示时间长度的数词如"1"等。(70c)中,"四圈打满"是
说,"四圈"一把都不少地打完了。(71a)中,"出满勤"指规定出勤
多少天就出勤了多少天,一天都没少;"干满点"指整个儿的规定时
间都是用于工作了。(71b)中的"拉满弓"指把弓拉到了最大的弧
度。(71c)中所说的"打满一次仗",即打到了一次仗的最大值,实
际说的是"一次仗"的开头、经过、结尾都参与打了。

　　简言之,补语"满"既可以左向关联又可以右向关联,其关联对
象是空间或数量/时量表达。"满"赋予其关联对象最大化解读。

　　全称量化一个重要的语义效果是:量化域可以推导出最大化
解读。那么,补语"满"是否具备全称量化能力呢?

　　当"满"与空间相互作用时,如果存在物为光杆名词(短语),把
"满"看作量化词,具有可行性,例如(72)。

(72) a. 院子里栽满了月季花。

　　 b. 这不禁使我的双眼突然涌满热泪。

假设"满"是全称量化词,则(72a)可以被理解为:院子里的每个地方都栽了月季花;(72b)中画线部分表示:我的双眼中的每个地方都涌了热泪。

但在其他一些情况下,把"满"理解成量化词则不合适,见(73)。

(73) a. 12月28日上午9时,北京国际饭店彩虹厅,<u>坐满了许多西装革履的人</u>。

　　b. 汽车在宽阔清洁的马路上一辆接着一辆地奔驰,<u>街心花园中栽满了各种花草树木</u>。

　　c. 广场的观礼台上<u>站满了一万多人</u>。

假设"满"用作量化词,则(73a)的画线部分会被解释成:北京国际饭店彩虹厅的每个地方 x 都坐了许多西装革履的人。可以想象,如果 x 指的空间范围很有限,则不可能容纳下许多人。何况句子要说的是"许多西装革履的人"作为一个相对的整体通过"坐"的动作占据了"北京国际饭店彩虹厅"的所有空间。与之相类似地,(73b)画线部分并不要求也不表示街心花园的每个部分都种了各种花草树木。而是说,从整体看各种花草树木在"栽"的动作下有了占满"街心花园"的结果。可能是街心花园的 A 部分栽花草 a,B 部分栽树木 b,C 部分栽花草 c,等等。对(73c)来讲,如果"满"作量化,则句子表示:广场上的观礼台的每个部分 x 都站了一万多人。这显示是错误的语义解释。

当"满"在语义上关联数量/时量时,理论上,"满"可以被理解为全称量化词。例如(74)。

(74) a. 春节期间,煤矿职工发扬主人翁精神,多出勤,<u>出满勤</u>。

　　b. 穷人可以每天带着全家老小前往用餐,<u>吃满一个整</u>

<u>月</u>,而绝对没有人说三道四。

把"满"处理成量化词,则(74a)中的"出满勤"表示:对于每 x
来讲,如果 x 属于"勤"(即规定的工作天数),那么出 x;(74b)中的
"吃满一个整月"表示:对每个 t 来讲,如果 t 属于"一个整月"中的
一天,那么吃在 t。

然而,把"满"看作最大化算子,针对它的关联对象进行最大化
操作,可以涵盖状语"满"的相关语言事实。其解释力更强。

状语"满"与补语"满"的共性是都是最大化算子,它们既可以
左向关联又可以右向关联。不仅如此,它们还有一个重要的相似
之处就是倾向于和单音节动词放在一起使用。这是韵律选择的结
果,在"满"前面或者后面加上一个单音节词,就构成了一个双音节
结构,较之三音节更符合汉语的韵律。

既然两个"满"有诸多的共性:是否可以把它们看作一个浮动
的"满"呢?如果严格执行浮动算子的定义,即浮动前后语义不发
生改变,那么把"满"看作浮动算子有些勉强。因为除了用作最大
化算子,它们还有一项重要的功能就是与谓词相互作用。而它们
对谓词产生的影响是不同的:状语"满"是表明动作的方式,而补
语"满"是用来说明动作的结果。

### 5.4.2　"满满"的语义

"满满"是形容词"满"的重叠形式。它表示"全部充实;达到最
大的容量"。与"满"相类似,"满满"的句法功能也具有多样性:它
可以充当谓语、定语、状语和补语。下面我们将对"满满"的用法和
语义进行详细说明,并对"满满"与"满"进行对比分析。

#### 5.4.2.1　谓语"满满"

"满满"可以直接充当谓语。由于"满满"表示存在物充满某个

現代汉语全称量化词研究

特定空间,存在物在该空间的量也相应地达到了最大值,即存在物也"满满"了。由此,存在物如"自信"等可以充当"满满"的主语,如(75)。有时,它的主语则是空间,如(76)。

(75) a. 自信/自信心满满。
　　　b. 爱心/爱意满满。
　　　c. 成就满满。
(76) 虽然砂锅里此时汤汁满满,可是焦糊味仍然毫不示弱。

"满满"也可以加上"的"之后作谓语,见(77)。

(77) a. 路笔直笔直畅通无阻,太阳又没下山,油箱满满的。
　　　b. 房子里的东西满满的,而且越来越多。

(77a)中,主语"油箱"是容器;(77b)中"东西"是存在物,而"房子里"则是该存在物所在的空间。

"满满"可以与完成体标记"了"共现,见(78),但是它后面一般不能出现经历体标记"过"以及进行体标记"着",如(79)。这一点与"满"有所差别。"满"后面可以跟"着",如(80),尽管这类例子很有限。此外,较之"满","满满"所表达的状态具有一定的持续性。

(78) a. 谢谢,这让我自信满满了。
　　　b. 你现在已经元气满满了吧。
(79) a. 他自信满满*过/*着。
　　　b. 收获满满*过/*着。
(80) 她没能注意到柿子的颜色,并且筐子也满着了!

#### 5.4.2.2　定语"满满"

"满满"充当名词性表达的修饰语时,主要有两种句法位置。

第一种是,出现在数量名短语的前面修饰整个短语。有些时候,数量短语和名词中心语之间会出现定中关系标识词"的",见(81)和(82)。

(81) a. 他们采了满满一篮鲜蘑。

b. 过了一会,他提了满满一壶水回来。

(82) a. 夏天开了满满一山的芍药花。

b. 他需要满满一柜的衣服。

在一些情况下,数量名短语中的名词中心语可以不出现,如(83)。

(83) a. 来凤刚刚放下铺盖卷儿,人就挤了满满一屋。

b. 他吃完他那一份,贪婪地下手抓,配菜也盛了满满一勺。

其中,数量(名)短语中的数词除了上面例子中的数词"一",还可以是其他基数词,如(84)。而且,该数词不但可以是"一""两"等确数词,还可以是"几"或由连续两个数词构成的概数词,见(85)。

(84) a. 他加了满满三匙糖在咖啡里。

b. 晚饭时他吃了满满两大碗米饭。

(85) a. 她提着满满几桶奶汁回来。

b. 我在木匠的舱里找到了满满两三袋的大小铁钉。

此时的数量名短语中,量词往往是由表空间义名词借用而来的,而中心语名词则常常是该空间的存在物。"满满"与该数量短语相关联,表示该短语所指谓的空间被名词中心语最大化占据。以上面(84a)为例。"满满"关联数量短语"三匙","糖"则是"三匙"

这一空间的存在物。

当然也存在"例外"的情况,例如我们在语料库中可以找到(86)这样的句子。其中,量词并不是表空间的概念,它是计数用的;"数量名"表示的是空间,它是"满满"的关联对象。"小字"是"三张稿纸"的存在物,通过"写"的动作出现在纸上,并最大化占据该空间。

(86)我把自己回到故乡后的情况,用小字写了满满三张稿纸寄了出去。

第二种是,"满满"出现在指量或数量短语之后、"的"之前的位置,形成"指量/数量+满满+的+NP"结构。

该结构中,"满满"与NP构成定中结构"满满NP",然后其被指量或数量短语修饰。当量词指谓空间时,NP一般是存在物,如(87a);当量词用于给NP计数时,NP则一般是与"满满"相互作用的空间,如(87b)。

(87)a.她突然拿起那杯满满的凉茶朝她身上泼去。
　　 b.他感觉到坎肩的口袋里有一个满满的大钱包。

"满满"作定语与"满"作定语时在相关名词短语中的分布位置有显著不同。当"全部充实;达到最大容量"讲时,"满"出现在量词之前,如(88a);如果有数词出现,它在数词之后、量词之前的位置,如(88b)。它不能出现在数词之前的位置,如(89)作为名词短语难以让人接受。(89)中的"满"应是动词,它带名词短语作宾语。另外,"满"一般也不能用在数量短语之前,如(90)难以接受。

(88)a.满碗酒、满杯茶、满口胡言
　　 b.一满碗酒、两满杯茶
(89)满一碗酒、满两杯茶

（90）＊一碗满酒、＊两杯满茶

另外，"满"和空间组成的定中结构可以用来修饰名词(短语)；而"满满"没有这一用法，对比(91a)和(91b)。

（91）a. 满村人、满村的人
　　　b. ＊满满村人、＊满满村的人

当"全;整个"讲时，"满"后面直接加光杆名词(短语)。然而，"满满"没有"全;整个"这个义项，它也不能直接修饰光杆名词(短语)。对比(92a)和(92b)。

（92）a. 满村、满大街
　　　b. ＊满满村、＊满满大街

### 5.4.2.3　状语"满满"

出现在状语位置时，"满满"用于修饰谓语，通常用来表示动作、行为的方式。与此同时，它关联空间，并赋予其最大化解读。"满满"后面有时会出现状语标识词"地"。通过对 BCC 语料库中的实际语料进行分析，可以发现，"满满"与空间、存在物以及动词 V 四者的相对位置，主要有以下几种情况，见(93)到(97)。

（93）"主语＋满满＋V＋数＋量(＋存在物)"语序

a. 她的头钻出了水面，满满吸了两肺的空气。
b. 叶子也不搭腔。用那绍兴花雕酒瓶，满满倒一碗酒……

该语序中，空间以数量短语的形式出现，存在物则是以名词(短语)的形式出现，在一些情况下，存在物可以不出现。(93a)中，用作临时量词的"肺"和数词"两"构成的数量短语"两肺"是空间；"两肺的空气"的中心语"空气"是存在物。(93b)中，"一碗"是空间，它的存在物是"酒"。

(94)"(在)空间＋满满＋V＋存在物"结构

a.一间房宽的书架上满满地排列着各种书籍。

b.我早已磨好浓浓一砚墨，在画幅上端满满写上事情的始末，盖上印章，再送去精细裱装。

(95)"存在物＋满满＋V＋空间"结构

a.酒菜满满地摆了一个供桌。

b.书，满满地装了三大船，让大学毕业生自己摇船启航。

(96)"被"动结构："空间＋被＋存在物＋满满＋V"

当甲板上扬起所有的风帆，每一面帆都被风满满涨起，船欢快地划破翻卷的波浪前进……

(97)"空间＋满满＋V＋数量"，这里"空间"和"数量"之间可以形成被修饰与修饰关系。

淡绿色信笺满满写了4张。

以下(98)到(100)都是"把"字结构。(98)和(99)中，"把"的宾语是空间，而(100)中，"把"的宾语是存在物。

(98)"存在物＋把＋空间＋满满＋V"结构

那爱遇到空空的心，即刻将它满满充塞。

该结构中,存在物是动作的发出者,空间是被处置的对象。"满满"的关联对象是它左边的空间。

(99)"主语+满满+把+空间+V(满)"格式

他的魂灵儿老早就跑到厨房里去了。满满地把尿壶尿满之后,就坐下来吃饭……

例(99)中"尿"的主语"他"承前省略。"满满"右向关联"把"的宾语"尿壶"。

(100)"主语+把+存在物+满满+V+空间"格式

约翰的声音充满了喜悦,仿佛已经把财宝满满地抓在了手里。

例(100)中,"满满"右向关联空间"手里",表示"手里"的容量达到最大。

从上述例子可以看到,与"满满"相互作用的空间可以在其左边,也可以在其右边。

充当状语时,"满满"和"满"会受韵律的影响。"满满"所修饰的动词可以是双音节的,也可以是单音节的,而"满满"则一般修饰单音节动词。此外,在语义上"满满"较之"满"有动态性。

### 5.4.2.4 补语"满满"

用作补语时,"满满"通常出现在补语标识词"得"的后面,如(101)。而且,很多情况下,"满满"的后面会出现"的",见(102)。此时,"满满"在语义上的关联对象处在它的左边。

(101) a. 拿你的药水过来,快把杯子斟得满满!
　　　b. 那只碗本来就太小,即使盛得满满,一动筷,也三两口就吃光。

(102) a. 嘴里塞得满满的。

b. 篮子里的食品堆得满满的。

c. 教堂里人坐得满满的。

d. 六个人把一辆汽车挤得满满的。

e. 那满天的星星，都变成了蓝颜色的花朵，溢得满满的。

充当结果补语时，"满"一般直接用在动词的后面，中间没有补语标识词"得"。如果有"得"，"满"则不再是结果补语，它变成了可能补语。如"杯子装得满"表示能装满杯子。此外，结果补语"满"的后面一般不加"的"，例如我们不会说"把水倒满的"这种话，只会说"把水倒满（了）"。

### 5.4.3 "满"和"满满"的语义小结

"满"的核心语义是表最大化。无论是谓语"满"、定语"满"、状语"满"还是补语"满"，它们的语义都可以用这一核心义来概括。

用作定语、状语及补语时，"满"是最大化算子，它是一元的，关联空间表达并赋予其最大化解读。"满"并不能保证其关联对象获得全称量化解读。

"满"字句中如果"满"所关联的 NP 获得了全称量化解读，那么该解读是在适当的语境下由"满"的最大化语义推导出来的。通过观察"满"字句中最大化与全称量化的关系，可以发现两者虽然有一定的联系，但是它们的区别也是十分显著的：全称量化算子是二元的，它对量化域进行全称量化，使得量化域中的每个成员都具有相关特征。而最大化算子是一元的，它的作用在于给予其关联对象最大化解读。

"满满"与"满"相类似，它可以充当谓语、定语、状语和补语。表示空间达到最大化是其核心义。"满满"不是"满"的简单重叠，它与"满"存在一定差异。

## 5.5 "光"的语义

现代汉语中"光"的词性颇为复杂,可以是名词、动词、形容词、副词等。"光"可以出现在谓词前,用于限定范围,意义大致相当于副词"只"等,如(1a);它也可以出现在谓词后,充当补语,表示"一点儿不剩",如(1b)。前者是修饰性的,而后者是补足性的。

(1) a. 他光吃了一碗饭。

b. 他吃光了一碗饭。

修饰性"光"和补足性"光"都表达全称义,可以看作全称量化词。例如,(1a)表示:他吃了一碗饭,没吃其他东西,即每一个具备"他吃了"特征的 x 都是"一碗饭";(1b)表示:他把一碗饭吃得一点儿不剩,即"一碗饭"中的所有部分"饭"都被他吃了。

在一些情况下,补足性"光"与"都"所表达的意义大体相当,例如(2)。另外,它们常常可以共现,例如(3)。

(2) a. 树叶落光了。

b. 树叶都落了。

(3) 树叶都落光了。

那么,修饰性"光"和补足性"光"的基本语义是什么? 两者存在怎样的差异? 补足性"光"和"都"又有哪些共性和差异? 补足性"光"和"都"共现时,它们有着怎样的语义分工?

我们通过对 CCL 和 BCC 语料库中有关语料进行观察和分析,系统考察全称量化词"光"的语义,力求回答上述问题。

### 5.5.1　修饰性"光"的语义

#### 5.5.1.1　修饰性"光"的关联方向及关联对象

修饰性"光"的关联对象,即在语义上与之相互作用的成分,出现在其成分统制域之内。从句子的线性序列来看,修饰性"光"出现在其关联对象的左边,例如(4)中修饰性"光"会以它右边的某个成分作为关联对象。

(4) a. 你们村里的人光知道呆坐着。

　　 b. 她光抹眼泪。

而且,修饰性"光"遵循 Tancredi(1990)所提出的词汇关联原则,该原则指 only 这类算子必须关联它的成分统制域内的词汇性成分。也就是说,其关联对象在句子当中要有显性的词汇形式。如果这一关联对象不出现,则相关句子要么变得不能说,要么因修饰性"光"的关联对象发生改变而导致语义的变化。例如上面(4a)中修饰性"光"倾向于关联"呆坐着",当关联对象缺失时,句子会变成"你们村里的人光知道",此时的句子变得很奇怪。

#### 5.5.1.2　修饰性"光"的全称量化能力与排他性特征

修饰性"光"具备全称量化能力,对其关联对象进行量化,表示对于每一个能满足相关开语句的变量 x 来讲,x 都是从它的关联对象的指谓中取值,这里相关开语句是由 x 替换句中修饰性"光"的关联对象而获得。例如(5)。

(5) 小明光完成了[语文]$_F$作业。

(5)中,修饰性"光"的关联对象为焦点短语(即焦点所在的短语)"语文作业"。在修饰性"光"的量化作用下,该句表示对于每个能满足开语句"小明完成了 x"的 x 而言,x 都是"语文作业"。

修饰性"光"的关联对象所指谓的断言值会引出一个候选项集合。修饰性"光"能够排除断言值以外的候选项满足相关开语句的可能性。例如(5)中,断言值"语文作业"所引出的候选项可以概括为"y 作业",其中 y 从各个可能的学科中取值,比如 y 可以是"数学""外语"等。修饰性"光"排除"数学作业"等候选项满足相关开语句的可能性。这种排他性语义使修饰性"光"也可以看作否定存在量化词,亦即 König(1991)所说的排他性小品词,而排他性小品词包括排他性副词。

根据 König(1991),排他性副词属于焦点副词的一种,它能够通过量化测试和蕴涵测试。前者是指该小品词排除候选项满足相关开语句的可能性。后者指带有排他性小品词的句子蕴涵相应的不带有该小品词的句子。修饰性"光"能够通过这两种语义测试,例如(6)。

(6) 她光知道笑话人。

(6)中,修饰性"光"倾向于跟宾语"笑话人"相互作用。在修饰性"光"的作用下,"笑话人"所引出的各个不等于"笑话人"的候选项满足"她知道 x"的可能性会被排除,由此修饰性"光"可以通过量化测试;该句蕴涵不带修饰性"光"的句子"她知道笑话人",因而修饰性"光"可以通过蕴涵测试。

### 5.5.1.3　修饰性"光"与焦点、量级的关系

当修饰性"光"的成分统制域内没有焦点时,它通常把其成分统制域内与之相关联的部分视为焦点,如(7)。

(7) a. 他光知道说些讽刺的话。
　　 b. 他光拆他们的台。

(7a)中,没有成分被标识为焦点。对该句来讲,修饰性"光"倾向于关联"讽刺的话"并将其标识为焦点,表示:他除了知道说些讽刺的话,不知道做其他事儿。(7b)中,"光"可能的关联成分不止一个。当"光"关联整个谓语"拆他们的台"时,在"光"的语义作用下,该句表示:他不做拆他们的台以外的其他事情,候选项集合中可能的成员是他可能做的事情,例如"帮衬他们""不理睬他们""认真工作"等;当"光"关联宾语"他们的台"时,句子则表示:他拆他们的台,不拆其他人的台,候选项可以概括为"y 的台",其中 y 由"他们"引出,它可能的取值为"我们""张三"等。

修饰性"光"具有焦点敏感性。当其成分统制域内已经存在焦点成分时,它会与该焦点成分关联。而且,焦点位置会影响句子的语义解读。例如(8)。

(8) a. 我光听说[她结婚了]_F。

b. 我光[听说]_F她结婚了。

c. 我光听说[她]_F结婚了。

d. 我光听说她[结婚了]_F。

这组句子中由于已经有成分被标识为焦点,"光"与焦点相关联。(8a)表示:我听说她结婚了,没听说别的;(8b)表示:我听说她结婚了,但是没有从其他途径得知她结婚,比如说见证她结婚;(8c)表示:我听说她结婚了,但没有听说其他人结婚;(8d)则表示:我听说她结婚了,此外没有听说有关她的其他消息。

周刚(1999)等已经注意到,修饰性"光"不与量级相关,如(9)。

(9) #他光会见了一位教师,没会见更多的教师。

该句难以被接受,这是由于与修饰性"光"相关联的、带有数量短语的宾语会自然引出一个按照数量大小排序的量级,而修饰性

"光"不与量级相关。

### 5.5.1.4　修饰性"光"所引出的三分结构

　　修饰性"光"可以引出自己的三分结构,该三分结构由焦点短语所激发。当其成分统制域内没有成分被标识为焦点时,它将其关联对象标识为焦点;当其成分统制域内存在语义焦点时,它与焦点短语相关联。与之相关联的焦点短语会被映射到核心部分,而句子的其他部分则被映射到限定部分。将修饰性"光"看作全称量化词时,其三分结构可以概括为(10a)的形式;将它视为排他性副词时,其三分结构则可表示为(10b)的形式。这两种三分结构在逻辑上是等价的,区别在于语义上的侧重点不同:前者强调全称性;后者则强调排他性。例如(11a),其可能的三分结构可以为(11b)或(11c)。

(10) a. $\forall_x$[x P][x＝断言值](其中 P 表示相关特征,是相关
　　　　"光"字句去掉算子"光"及其关联对象后剩余的部分)
　　　　$\forall_x$[x P→x＝断言值]

　　b. $\sim\exists_x$[ x P][x≠断言值]$\sim\exists_x$[ x P & x≠断言值]

(11) a. 张三光会耍嘴皮子。

　　b. 修饰性"光"被视为全称量化算子
　　　　$\text{Guang}_x$[张三会 x][x＝耍嘴皮子]

　　　　$\forall_x$[张三会 x→ x＝耍嘴皮子]

　　　　"对于每一个 x 而言,如果'张三会 x',那么 x 等于'耍
　　　　嘴皮子'。"

　　c. 修饰性"光"作为排他性副词
　　　　$\text{Guang}_x$[张三会 x][ x≠耍嘴皮子]

　　　　$\sim\exists_x$[张三会 x & x≠耍嘴皮子]

　　　　"否定存在这样一个 x,如果'张三会 x',那么 x 不等于
　　　　'耍嘴皮子'。"

### 5.5.1.5　相关句子的预设与断言

修饰性"光"字句的语义由预设和断言两部分组成,其预设:不带有修饰性"光"的句子为真;断言(assert):否定存在一个不等于断言值的候选项使得相关开语句为真。例如(12)。

(12) a.他光想着占别人便宜。

b.今天我光谈态度问题,不谈其他问题。

(12a)中,"光"倾向于关联"占别人便宜"并将其标识为焦点。此时,"占别人便宜"会引出一个可能具备"他想着"特征的动作或行为的集合,该集合可能包括"帮助别人""努力工作"等等。"光"字句预设:他想着占别人便宜;断言:否定存在一个不等于断言值"占别人便宜"之外的候选项使得"他想着 x"为真。

(12b)中,"光"与对比焦点短语"态度问题"相关联。"态度问题"会引出候选项集合,该集合可能包括"学习问题""能力问题"等。"光"对这一候选项集合进行量化,句子预设:"今天我谈态度问题"为真;断言:否定存在一个不等于"态度问题"的候选项满足开语句"今天我谈 x 问题"。

## 5.5.2　补足性"光"的语义

补足性"光"位于动词之后,对动作结果进行说明,表示"一点儿不剩"的意思。李思旭(2010,2012)提出用作补语的"光"和"完"等是全称量化词。遗憾的是,他并没有对补足性"光"的语义展开深入的分析。而且,不同于李文的观点,我们认为,"完"是完结体标记,它没有内在的量化能力,其全称量化义是由它的完结义与句子的情状类型共同推衍出的语义。

将补语位置上的"光"看作全称量化词具有一定的合理性。首先,把补足性"光"解释为全称量化词,相关句子可以获得正确的语义解释,如(13)。

（13）他们吃光了驴肉。

把补足性"光"看作全称量化词,则它在(13)中量化"驴肉"。该句表示对于每个属于"驴肉"的 x 来讲,它都满足"他们吃"的特征,由此可以得到"他们把驴肉吃得一点儿不剩"的解读。这是句子正确的语义。

再者,《现代汉语词典》等将补足性"光"的词性标注为形容词。然而,不同于一般的形容词可以作谓语,在自然语料中,补足性"光"作谓语的例子十分有限,它通常不能充当谓语,如(14)中的句子不能说。这说明补足性"光"并非谓词性成分。

（14）a. 客人*(走)光了。
　　　b. 他*(花)光了老本。

### 5.5.2.1　补足性"光"的关联对象和关联方向

补足性"光"在语义上关联受动词影响的成分。该成分在深层结构中属于动词的内论元。从句子表层结构看,该成分可以是被动句的主语、受事主语句的主语、一元谓词的客体主语、介词"把"的宾语、及物动词的宾语等,见(15)。它们都是句子的深层宾语。

（15）a. 树皮被它啃光了。
　　　b. 战马杀光了。
　　　c. 考场里的人已经走光了。
　　　d. 他把那条鱼吃光了。
　　　e. 马啃光了院里的花草。

从关联方向上看,补足性"光"既可以左向关联,如上面的
(15a—d),也可以右向关联,如上面的(15e)。

补足性"光"的关联对象为光杆 NP 时,该 NP 倾向于获得特指
性解读,这是由于作为补足性"光"的量化域,该成分一般会受来源
性定义域(resource domain)的限定。如(16)。

(16) a. 她把粥喝光了。

b. 她喝光了咖啡。

(16a)中,补足性"光"所关联的"粥"指的是某些特定的粥,比
如"碗里/锅里的粥",不可能指的是世界上所有的粥。相类似地,
(16b)中的"咖啡"也是指特定范围内的"咖啡"。

补足性"光"前的动词可以受方式状语修饰,例如(17)中带下
画线的部分。方式状语是对动作/行为的实现方式进行说明,因而
不直接参与补足性"光"的量化。

(17) a. 他一口喝光了杯中的红酒。

b. 篮子里的鲜花被路人一朵一朵地拿光了。

### 5.5.2.2　补足性"光"的语义要求及语义特征

补足性"光"有两个语义要求。一是,它对其关联成分有复数
性的语义要求,例如(18)。

(18) a. 他杀光了所有的敌人/那些敌人。

b. *他杀光了那个敌人/一个敌人。

(18a)中"所有的敌人/那些敌人"是复数性的,可以充当补足
性"光"的关联成分;(18b)中"那个敌人/一个敌人"针对"杀"这个

动作而言是语义上的单数,该句因为不满足补足性"光"的复数性语义要求而不能说。

二是,补足性"光"的词汇语义要求:在句中相关动作/行为的作用下,其关联成分在某种意义上发生了从存在到否定存在的转变,即变得"一点儿不剩"了。分别对比(19)和(20)中的句子。

(19) a. #张三把那本书看光了。
　　　 b. 张三把那本书烧光了。

(20) a. #笑笑把作业写光了。
　　　 b. 笑笑把作业本写光了。

(19a)中,"那本书"在"被张三看了"之后依然存在,该句因为不满足补足性"光"的词汇语义要求而不能说;而(19b)中,"那本书"在"被张三烧了"之后在现实世界中变得不存在了,该句因为能满足补足性"光"的词汇语义要求而能说。(20a)中,"作业"并不会因为"笑笑写了"而变得不存在,因而句子不能说;(20b)中"作业本(的空白页)"可以在"写"的作用下变得"一点儿不剩",因此该句可以接受。

当补足性"光"的量化对象为由若干个语义上复数性的实体所组成的复数性集合时,它的量化会深入到每个实体的内部。这是其突出的语义特征。对比(21a)和(21b)。

(21) a. 他吃了桌上的每一道菜。
　　　 b. 他吃光了桌上的每一道菜。

(21a)表示的是,桌上的任意一道菜都具有"他吃了"的特征,但是从该句难以判断他是否把所有的菜都吃得一点儿不剩了。对(21b)来讲,在补足性"光"的语义作用下,该句表示:他把每一道菜的每个组成部分都吃掉了,即他把每一道菜都吃得一点儿不剩了。

　　补足性"光"总是关联动词的内论元。同时,补足性"光"的关联对象不能是隐性的表达,它要求关联对象为词汇性成分。

　　与修饰语位置上的"都"相比,补足性"光"的允准能力要弱。具体表现在以下两方面:一是,与位于其左边的特殊疑问词如"什么"共现时,补足性"光"不能允准该疑问词并给予其全称解读。例如(22b)。

　　(22) a. *什么赌光了。
　　　　 b. 什么赌光了?

　　因此,当表全称义的特殊疑问词出现在补足性"光"句中时,"都"等全称量化副词要出现在句中起允准作用。例如(23)。

　　(23) a. 什么都赌光了。
　　　　 b. 他把什么都赌光了。

　　二是,左向关联加合短语如"每NP""所有NP"时,补足性"光"一般不大能起到允准作用。相关句子通常需要其他成分如修饰性量化词"都"等的允准。例如(24)。

　　(24) a. 每一片野草*(都)被烧光了。
　　　　 b. 所有钱??(都)花光了。

　　补足性"光"在允准能力上弱于"都",其可能的原因是:补足性"光"作为补语,无论在句法还是语义上都处在低于谓语中心语的位置。补足性"光"只能关联深层宾语,它由于其补语的身份,不能跨越它左边的主要动词赋予特殊疑问词全称义,也不能在加合短语如"每NP"和谓语之间建立明确的语义关系。

### 5.5.2.3　补足性"光"所引出的三分结构及与焦点的关系

补足性"光"会引出自己的三分结构，它的关联对象会被映射到限定部分，而句子的其余部分则映射到核心部分。例如(25a)和(26a)，其可能的三分结构分别为(25b)和(26b)。

(25) a. 园中的树木被砍光了。

　　 b. $Guang_x[x \in [|园中的树木|]][x 被砍了]$

　　　 $\forall_x[x \in [|园中的树木|] \rightarrow x 被砍了]$

　　　 "对于每一个 x 而言，如果 x 属于'园中的树木'，那么 x 被砍了。"

(26) a. 蝗虫吃光了庄稼。

　　 b. $Guang_x[x \in [|庄稼|]][蝗虫吃了 x]$

　　　 $\forall_x[x \in [|庄稼|] \rightarrow 蝗虫吃了 x]$

　　　 "对于每一个 x 而言，如果 x 属于'庄稼'，那么蝗虫吃了 x。"

焦点不影响补足性"光"对关联对象的选择，也不影响补足性"光"的三分结构的构成，例如(27)。

(27) a. [他们]$_F$把她的头发剃光了。

　　 b. 他们把[她]$_F$的头发剃光了。

这两个句子中，尽管焦点处在不同的位置上，补足性"光"的关联对象都是"她的头发"。在补足性"光"所引出的三分结构中，该成分被映射到限定部分。

### 5.5.2.4　补足性"光"与"都"共现

补足性"光"和"都"共现时的情况可以概括为以下三种。第一

种情况是两者有各自的关联对象，会引出自己的三分结构。例如
(28a)和(28b)，其可能的三分结构分别为(29a)和(29b)。此时，
"都"引出第一个层次的三分结构；在"都"的三分结构的核心部分，
补足性"光"引出第二个层次的三分结构。

(28) a. 他们都吃光了碗里的饭。

　　 b. 她什么都输光了。

(29) a. $Dou_x$[x∈[|他们|]] [x 吃光了碗里的饭]

　　　 $Guang_y$[x∈[|碗里的饭|]] [x 吃了 y]

　　 b. $Dou_x$[x∈[|things|]] [她输光了 x]

　　　 $Guang_y$[y∈x] [她输了 y]

　　(28a)中，"都"左向关联主语"他们"，补足性"光"右向关联宾
语"碗里的饭"；(28b)中，"都"左向量化疑问词"什么"，使其获得全
称解读。补足性"光"对变量 y 进行量化，其中 y 从 x 中取值，而 x
属于由"各种可能的东西"(即"什么")组成的集合。假设现实语境
中表全称义的"什么"指谓的是由"房子""现金""首饰"组成的集
合，那么 x 从这个集合中取值，在"都"的语义作用下，该句表示：
她输光了房子、现金和首饰。在"光"的语义影响下，该句表示：她
把房子输得一点儿不剩了，并且她把现金输得一点儿不剩了，并且
她把首饰输得一点儿不剩了。

　　第二种情况是两者关联对象相同，但是辖域不同。例如
(30a)，其可能的三分结构为(30b)。

(30) a. 他都吃光了什么？

　　 b. 预设：$∃_x$[x∈[|东西|]] [他吃光了 x]

　　　 "都"所引出的三分结构

　　　 $Dou_y$[y∈x] [他吃光了 y] ($Dou_y$ [他吃光了 y] [$Q_z$
　　　 [y＝z] & thing(z)])

$\forall_y[$他吃光了 $y \rightarrow y =$ 什么$]$（Dou $_y[$他吃光了 $y \rightarrow$
$Q_z[[z=y]\,\&\,thing(z)]]$）
"光"所引出的三分结构
Guang$_m[m \in y]$[他吃了 m]
$\forall_m[m \in y]$[他吃了 y]

该句中,"都"和补足性"光"都右向关联"什么"。"都"取宽域对疑问算子"什么"进行量化;接下来疑问算子获得语义解读;最后,补足性"光"取窄域,对"什么"的取值进行量化。

第三种情况是它们的关联对象和辖域都相同。两者共现常常可以起到强调的作用。"都"对它们共同的关联对象进行量化操作,之后补足性"光"作用于该成分,表示"都"的全称量化作用导致其关联对象变得一点儿都不剩了。此时,补足性"光"表示"一点儿不剩"的词汇义在起作用。补足性"光"是一元的,不再具备全称量化能力。例如(31a)中"都"和补足性"光"共同作用于"学生们"。"都"量化"学生们",表示"学生们"这一集合中的每个学生都具有"走"的特征,补足性"光"对"走"的结果进行说明,表示"学生们"变得一点儿不剩了。该句可能的语义为(31b)。

(31) a. 学生们都走光了。
　　 b. $\forall_x[x \in [|学生们|] \rightarrow x$ 走了$]$,其导致"学生们"变得
　　　 "一点儿不剩"了。

## 5.5.3 "光"的语义小结

修饰性"光"和补足性"光"出现在不同的句法位置上而且同为量化词,那么两者是否可以归并为一个"光"并且视为浮动量化词?

虽然可以把修饰性"光"和补足性"光"统一理解为一个量化词"光",但从上面的分析可以看出它们不单纯是句法位置上的浮动,两者之间有明显的差异,因此将它们看作量化词"光"的两种用法更为合适。

作为全称量化词,"光"的量化能力是内在的,它可以引出自己的三分结构,否定存在是其核心语义。全称量化词"光"的否定存在义与动词"光"的隐性否定义关系密切。动词"光"表示"身体露着",即"没穿"的意思,例如"光着脑袋"可以理解为"脑袋上没戴帽子",这里有隐性的否定义在起作用。这一语义在修饰性"光"中体现为其具有排他性,可以被视为否定存在量化副词或排他性副词,表示否定存在一个不等于断言值的候选项满足相关开语句;在补足性"光"中则体现为:它的关联对象在其全称量化的语义以及相关动作/行为的共同作用下获得"一点儿不剩"的解读。补足性"光"这类量化词的存在说明现代汉语在补语位置上存在全称量化词。这丰富了我们对汉语 A -量化词的认识。

下面的表格从句法位置等角度对修饰性"光"和补足性"光"的差异进行总结。

|  | 修饰性"光" | 补足性"光" |
| --- | --- | --- |
| 关联方向 | 右向 | 右向/左向 |
| 关联对象 | 可能有不止一个成分能充当关联对象 对关联对象的选择遵循词汇关联原则 | 只有一个成分能充当关联对象 该成分为动词的内论元 |
| 与焦点的关系 | 焦点(短语)关联; 焦点(短语)决定具体的语义映射 | 焦点不影响补足性"光"的三分结构 |
| 与量级的关系 | 无量级用法 | 与量级无直接关系 |

**续　表**

|  | 修饰性"光" | 补足性"光" |
|---|---|---|
| 语义要求 | 焦点(短语)引出的候选项集合为复数性集合 | 关联对象在语义上是复数性的;关联对象实现从存在到否定存在的转变 |
| 是否具有排他性 | 有排他性 | 无排他性 |
| 语义映射规则 | 焦点映射规则 | 关联对象映射规则 |

此外,补足性"光"和"都"在性质、词汇语义等方面存在以下差异(详见下表)。

| | | 都 | 补足性"光" |
|---|---|---|---|
| | 句法位置 | 谓词前修饰语位置 | 谓词后补语位置 |
| | 词汇语义 | —— | 一点儿不剩 |
| | 关联方向 | 左向 | 左向/右向 |
| | 关联对象 | 左向的复数性表达 | 动词的内论元 |
| | 语义映射规则 | 关联对象映射规则 | 关联对象映射规则 |
| 允准能力 | 是否可以左向允准加合短语 | 是 | 否 |
| | 是否可以左向量化特殊疑问词并给予其全称义 | 是 | 否 |

# 5.6　本章小结

本章所讨论的这些浮动性全称量化词的语义性质并不相同。
"一应""全体"以及"全部"有两种可能的句法位置,对应两种不同的语义功能：出现在名词性成分之前用以修饰该名词性成分时，它们是加合算子；用在谓词前修饰语位置时，它们是全称量化词。在某些情况下，它们可以在这两个可能的句法位置上浮动。

"整"和"整个"既可以用在 NP 前也可以出现在谓词前修饰语位置，它们是加合算子。"整个"的浮动能力要强于"整"。"整"由于具有较为明显的表"完整"的词汇义，它出现在谓词前时受到的限制较多，以致"整"向谓词前修饰语位置的浮动不大容易实现。

定语、状语以及补语位置上的"满"和"满满"是最大值算子，给予其关联对象最大值解读。这两个词具有较强的浮动性，浮动前后其语义贡献有所改变。"整整"也是最大值算子，它能出现在定语以及状语位置。

"光"能够用在谓词前修饰语位置以及谓词后的补语位置，它是量化词，但并非浮动性量化词。

这些词的句法位置与语义功能的对应关系，如下表：

|  | 名词前定语位置 | 谓词前修饰语位置 | 谓词后补语位置 |
|---|---|---|---|
| 全 | 加合算子 | 全称量化词 | |
| 一应/全体/全部 | 加合算子 | 全称量化词 | — |
| 整/整个 | 加合算子 | | — |
| 满/满满 | 最大值算子 | | |
| 光 | — | 全称量化词 | |

第六章

量化域的标识与限定——兼论
"除非"和"除了"的语义

这一章致力于讨论现代汉语全称量化的量化域的标识及限定问题。6.1 简要分析现代汉语全称量化标识及限定量化域的常见手段。6.2 和 6.3 分别讨论"除了"和"除非"的语义,以此说明它们是如何实现对量化域的标识与/或限定的。"除了"是现代汉语典型的例外词(exceptive word),它所构成的例外短语(exceptive phrase,简称 EP)是限定量化域的重要方式,而且它也可以用于限定非量化表达。而前人对"除了"形式语义的讨论有待深入。有鉴于此,6.2 不局限于讨论"除了"与全称量化的关系,而是力图在张蕾、吴长安(2020)基础上系统分析"除了"的语义。"除非"既可以用于标识量化域,也能用于限定量化域,它具有双重语义功能,值得关注。我们参考 Zhang (2016)对其语义进行讨论。6.4 对本章主要内容进行总结。

## 6.1 量化域标识与限定的主要手段

### 6.1.1 量化域的标识

现代汉语中全称量化的量化域主要有语音、词汇和句法三种标识方式。

语音手段主要体现在重音方面。对一般性全称量化副词而言,它的量化域是与该副词相关联的语义上的复数性成分,该成分常常无须特别标识。以"都"为例。例如(1)。

(1)学生们都在忙着写论文。

(1)中,"都"会选择语义上的复数性 NP"学生们"进行量化,表示"学生中的每个人都在忙着写论文"。

而当句中有不止一个可用的关联对象时,句子可能产生歧义。重音的位置可以帮助判断该量化词的量化对象,从而起到消除歧义的作用。仍旧以"都"为例。见(2)。

(2) a. 这些天,学生们都在忙着写论文。
　　b. [这些天]s,学生们都在忙着写论文。
　　c. 这些天,[学生们]s 都在忙着写论文。

(2a)的"都"字句有歧义。"都"可能的关联对象有话题"这些天"以及主语"学生们"。当"都"关联"这些天"时,句子的语义解释与(2b)相同;当"都"量化"学生们"时,句子的语义解读与(2c)相同。(2b)中,"这些天"重读,"都"关联该成分,表示:这些天中的每一天,学生们都忙着写论文。其中,"这些天"获得逐指性解读,"学生们"作为一个整体来看待。(2c)中,"学生们"重读,"都"关联它,表示:这些天,学生们的每个人都在忙着写论文。其中,获得逐指性解读的是"学生们"。

排他性副词总是与焦点短语相互作用。当句中存在可用焦点(available focus)时,排他性副词会自然与该焦点所在的短语相关联;当排他性副词可能的关联方向内没有成分被标识为焦点时,该副词会将与之相互作用的成分标识为焦点。而焦点成分往往会携带重音。反过来讲,如果某个成分携带重音,那么它通常为焦点性成分。如果它恰好为排他性副词的可用焦点,那么排他性副词会与之相关联。因此,重音可以被视为排他性副词量化域的语音标记。分别对比(3)和(4)中的句子。

(3) a. 笑笑只买穿裙子的洋娃娃。
　　b. 笑笑只买[穿裙子]s 的洋娃娃。

　　c. 笑笑只买穿裙子的[洋娃娃]s。

(4) a. 笑笑才写了三篇作文。

　　b. [笑笑]s才写了三篇作文。

　　c. 笑笑才写了[三篇]s作文。

　　(3)中的句子都包含排他性副词"只"。排他性副词"只"关联其成分统制域内的某个成分。(3a)中,"只"的成分统制域内没有成分被重读。此时,可与"只"相互作用的成分可以是:动词"买",NP"穿裙子的洋娃娃",VP"买穿裙子的洋娃娃"。该句有歧义。(3b)中,定语"穿裙子"重读。"只"关联"穿裙子"所在的NP"穿裙子的洋娃娃",各候选项可以概括为"x的洋娃娃",其中x可以是"穿裤子""系蝴蝶结"等。(3c)中,NP的中心语"洋娃娃"重读,使得"只"关联该NP。各可能的候选项可以概括为"穿裙子的x",其中x可能是"小熊""小兔子"等。

　　(4)中句子都带有排他性副词"才"。"才"用作排他性副词时,既可以左向关联也可以右向关联。(4a)中,由于"才"的右边出现带有数量短语的NP"三篇作文",该NP会自然引出一个按"作文"数量大小排序的梯级,"才"倾向于关联该NP。(4b)中,"笑笑"重读,使得"才"倾向于跟该NP相关联。该句表示:是"笑笑"而不是其他候选项满足"x写了三篇作文"。(4c)中,"三篇"被重读,这使得"才"将该成分认定为焦点,并关联焦点短语"三篇作文"。句子表示:笑笑写了三篇作文,没有写三篇以上的作文。

　　除了语音标记外,在某些特定的情况下,现代汉语还可以采用词汇形式来标识全称量化的量化域。这主要体现在对"才"等量化域的标识上。以"才"为例。"才"左向关联时,量化域可能带有词汇标识,"只有""除非"以及"必须"可以用来充当标识词。

　　"只有"和"除非"出现在"才"的左边,将其关联对象标识为唯一条件,例如(5)和(6)。需要说明的是,这里所说的条件是广义的条件。"只有/除非……才……"也可以用在单句中。为了说明方便,这里将"只有/除非"的关联对象一律称为条件。

(5) a. 只有这样,国家才有出路,民族才有希望。
　　 b. 只有换上清洁的水,有害物质才会继续渗出来。
(6) a. 除非你连续给我写一百封情书,我才会考虑。
　　 b. 除非一颗麦粒落在土里死去,它才能永生。

"必须"出现在"才"左边,与"才"构成"必须……才……"结构时,"必须"将它所在的小句标识为必要条件。例如(7)。

(7) a. 细节必须真实,才可读、可信。
　　 b. 必须本人去银行申请,才能办理房贷。

(7a)中,"必须"将它所在的小句"细节真实"标识为必要条件,各候选条件可以概括为"细节 x";(7b)中,"必须"将"本人去银行申请"标识为必要条件,该条件会引出一系列的候选条件。

句法手段主要体现在带有修饰性全称量化词的复句中。位于主句谓词前修饰语位置的"才""都""总"等可以跨越其所在的主句去量化从句。从句和主句之间的句法结构关系可以帮助把从句标识为"才"等的量化域。例如(8)。

(8) a. 你认真学习,才有可能顺利通过现代汉语考试。
　　 b. 无论你来不来,我都会为你保留位置。
　　 c. 每次去书店,笑笑总会遇到同班同学。

(8a)中,"才"关联从句"你认真学习";(8b)中,"都"关联从句"无论你来不来";(8c)中,"总"关联从句"每次去书店"。

## 6.1.2　量化域的限定

现代汉语全称量化的量化域主要由语境来限定。具体来讲，该限定成分可以是并没有出现在全称量化句中的上文或情景语境，也可以是出现在句中上下文语境中的来源性定义域或例外短语。

一般性全称量化副词如"都"等量化域可以是隐性的，也可以是显性的。当量化域为隐性时，该量化域由语境决定并接受语境的限定。例如(9)。

(9) a. 笑笑总是第一个举手回答问题。
　　b. 乐乐都吃面包。
　　c. 笑笑都看了什么书？

(9)的这三个句子中，"总"和"都"的关联对象都是隐性成分，该成分的指谓由语境决定。

假设(9a)用在这样的语境：英语老师在说五班学生英语课的课堂表现。那么，"总"量化的情境集合由每个上英语课的情境组成；假设(9a)在以下情境下使用：班主任老师总结同学们在课上的整体表现。此时，"总"所量化的情境集合是"每一次老师提问"。

与(9a)相类似，(9b)中"都"的量化域也是由语境赋予的。假设情境1：乐乐妈妈在跟其他家长交流孩子上学期间的早餐。此时，"都"量化的是"上学期间的每次早餐"。假设情境2：乐乐妈妈在送乐乐上课外班时，跟别的家长交流乐乐在课外班上课前的加餐。此时，"都"量化的是"每次课外班上课前的加餐"。

(9c)中，"都"表面上与疑问短语"什么书"相互作用，实际上作用的是预设中关于书的事件/情境集合。量化域会随情境变化而发生相应的变化。假设情境1：老师布置学生在周末读书。周一上学时,老师询问学生的读书情况。此时,"都"的量化对象是"上周末笑笑读的书"。说话人通过(9c)这一问句,希望对笑笑在上周末期间看的书进行穷尽性回答。假设情境2:老师安排学生寒假期间阅读名著。那么,"都"量化的是"寒假这段时间内笑笑读的名著"。说话人想通过问句让听话人对笑笑在寒假期间读的名著给予穷尽性回答。

排他性副词的量化域一定要以显性的方式出现。一般性全称量化副词的量化域很多情况下也是有显性的表现形式。当量化域为显性表达时,通常也会有量化域的限定成分以显性或者隐性的方式来限定该量化域。例如(10)和(11)。

(10) a. 每个厨师都会做梅花鹿血糕。

     b. 这家酒楼的 / 在长春 / 会做吉菜的每个厨师都会做梅花鹿血糕。

(11) a. 只有乐乐通过了钢琴十级考试。

     b. 五年五班,只有乐乐通过了钢琴十级考试。

对(10a)来讲,"每个厨师"应该指的是一定范围内的厨师,比如说这家饭店等,不大可能是世界上所有的厨师。(10b)中,"每个厨师"前有显性的来源性定义域来限定其所指谓的范围。

相类似地,(11a)这句话不大可能是针对世界上所有人 / 孩子而言的,说的应该是一定范围内的人,比如说针对某个艺术学校近期参加钢琴考级的孩子而言。(11b)中出现量化域的限定成分"五年五班",明确焦点"乐乐"所引出的候选项集合中的各成员都属于五年五班学生的集合。

例外词如"除了"和"除非"等所构成的例外短语可以用来限定量化域。见(12)。

(12) a. 除了乐乐,所有学生都交了作业。

　　　b.本书今后所说的角,除非特别注明,都是指小于平角
　　　　的角。

　　(12a)中,"除了"短语"除了乐乐"对"都"的量化域"所有学生"
进行限定,表示不包括"乐乐"在内的"所有学生"都具备"交了作
业"的特征,而乐乐没有交作业。(12b)中,"除非"短语对"都"量化
有效的情境范围进行限定,表示:在没有特别注明的情况下,本书
今后所说的角都是指小于平角的角;而在特别注明的时候,则本书
所说的角不(一定)是指小于平角的角。

## 6.2　例外算子"除了"的语义

　　汉语介词"除了"通常被解释为"不计算在内"的意思,它常常
与"都""也"等具备量化能力的副词配合使用。[①] 与之共现的副词
不仅对相关句子的语义解释有直接的影响,而且它们的出现往往
具有强制性,例如(1)。而另外一些情况下,"除了"句则无须"都"
这类副词的允准,例如(2)。

　　(1) a.除了小明,我们都喜欢唱歌。
　　　　b.除了小明,我们也喜欢唱歌。
　　　　c.?? 除了小明,我们喜欢唱歌。
　　(2) a.这篇文章除了附表和说明,不过二千五百字。
　　　　b.除了"研究基础"外,本表与《申请书》表二内容一致。

　　(1a)表示小明不喜欢唱歌,而"我们"中不包括"小明"在内的
每个人都喜欢唱歌;(1b)表示我们和小明都喜欢唱歌。(1c)则一

---

　　① "除了"可以与"外、以外、之外"或"而外"一起构成框架介词,意义与其单独使
用时大体相当。因此在语料检索时,未就单独使用"除了"与使用框架介词"除了……之
外/以外/外"的情况加以区分。

般不能说。

　　汉语例外算子"除了"可以对全称量化词的量化域进行限定。而且,它的语义并不限于限定全称量化词的量化域,因而有必要进行讨论。我们希望对"除了"的语义进行比较全面的考察。

　　既往研究对"除了"句的语义类型、语义的决定因素、句型与语义的对应关系、句子的语义模型、句中成分的省略条件等问题进行了讨论,而文献中对"除了"本身的语义功能、语义要求等问题却缺乏讨论,而且,"除了"句语义的判定方式、语义模型等问题也有待深入探讨。

　　"除了"可以被翻译成英语的"except"或"besides"等。在形式语义学框架下,它们被分析成例外词①,也称为例外标识词(exceptive marker)。由于例外词不能单独使用,它要和它的论元XP(其中 X 可以是 N、V、I 等)构成例外短语(exceptive phrase,简写作 EP)而后实现其语义,Hoeksema(1987)等对以英语中 except(for)-XP、but-DP 为代表的例外结构的类型和语义进行分析,并给出了不同的解释方案。遗憾的是,文献中缺少对 besides 类例外词的专门研究。

　　"例外标识词"这一语义范畴在汉语中尚未受到关注,缺乏专门的研究。汉语例外词具有怎样的语义? 基于英语例外词的研究成果是否可以应用到汉语中? 这些问题值得思考和研究。

　　"除了"是汉语常用的例外词,具有很强的代表性。我们从 CCL 语料中抽取出带有"除了"的有效语料 5 万余条,通过充分观察这些语料并结合自身的语感,对"除了"结构的句法位置、语义及相关问题进行探讨。希望通过讨论不仅能够解释"除了"短语的语义,也能对汉语例外词这一语义范畴形成一个初步的认识,为今后进一步研究该范畴打下基础。

_____

　　① Álvarez(2008)将 besides 看作例外词,但未就其语义展开讨论。而其他一些针对例外词的研究则或是未把 besides 看作例外算子的成员或是未提及该词的语义身份。

本部分第 1 小节对"除了"短语在句中的分布情况进行考察并对"除了"句的构成进行分析;第 2 小节给出"除了"短语的用法和语义功能分类;第 3 和第 4 小节分别讨论"除了"短语"排除特殊"和"排除已知"的语义功能。第 5 小节讨论如何判定"除了"句的语义,重点分析"都""也"等作为标识词的实现条件。第 6 小节讨论"除了"句的允准条件。第 7 小节尝试给出"除了"句的语义模型。最后是"除了"短语的结论部分。

## 6.2.1　"除了"短语的句法分布情况及"除了"句的构成

### 6.2.1.1　前人对例外短语句法分布的讨论

根据例外短语在句中的分布特点,Hoeksema(1987)将其分连接型 EP(connected-EP)和自由型 EP(free-EP)两类。前者通常出现在 NP 后用以修饰 NP,例如 but 只出现在被全称量化的 NP 内部的介词短语位置;后者的分布则很自由,例如自由型的 except 可以出现在句子修饰语能出现的位置,即句首、句中、句尾皆可。

除了分布上的差异,Hoeksema 发现两类 EP 在共现限制方面主要有如下差异:(a)连接型 EP 仅限于和全称性限定词关联;自由型 EP 则关联以某种方式表达全称陈述的命题。(b)连接型 EP 不能与表疑问的 wh-疑问词共现;自由型 EP 可与表疑问的 wh-疑问词共现。此外,自由型 EP 还可与有定复数、谓词为系词的 the only NP、最高级共现。

Hoeksema 的这一分类颇有实际意义。随后的研究,不断揭示出这两类句法分布不同的 EP 在语义上的差异。

Álvarez(2008)在 Hoeksema(1987)基础上将 EP 细化为五个类别,其中连接型 EP 有两个小类,包括:出现在 DP 之内的连接型 EP,如(3a);外置的连接型 EP(即 EP 外置于其所修饰的成分右侧),如(3b)。自由型 EP 包括句首、句中及句尾自由型 EP 三小类,分别见(4a—c),其共性特点是有声调停顿,通常为逗号。另外,自由型 EP 也可以出现在包含其关联成分的句子的下一句的开头,例如(5)。该例援引自 Álvarez(2008)。

(3) a. Every student except Mary likes singing.

b. No student visited the Museum but Kim.

(4) a. Except John,every professor gave a lecture.

b. No student,besides Kim,came to the party.

c. Every teacher came to the party,except for Tom.

(5) Morning mobilization has always been an onerous chore for me. Except for Saturdays.

Álvarez 通过观察自然语料发现英语中很多例外词都具备这两种类型。因此,他提出将这两种类型看作例外词或者说例外短语的两种用法更为合适。我们基本接受这一观点。

### 6.2.1.2 "除了"短语的句法位置

在自然语料中,"除了"短语的自由型分布呈现出绝对优势,它既可以出现在句首,也可以出现在句中和句尾。"除了"短语和句子的其他部分之间往往有停顿,其中最常见的停顿符号是逗号,分别见(6)—(8)。有时也可以是破折号等将"除了"短语和句子的其他部分分隔开来,例如(9)。

(6) a. 除了戏曲,评书一类的说唱艺术也是老人的最爱。

b. 除了大豆外,棉籽、花生、芝麻、葵花子、油菜籽等都是重要的榨油原料。

(7) a. 他把所有的仆人,除了我,都辞退了。

b. 绫子门上安有猫眼,除了吃饭,那道门可以终日不开。

(8) a. 在这凳子上干什么都受罪,除了写字。

b. 什么都没有了,除了她之外。

(9) a. 每天——除了星期日,总在办公室上班。

　　b. 除了名誉——什么也没有了。

　　c. 现在,他们大家都要跳舞了——除了她和那些老太
　　　　太们。

个别情况下,"除了"短语也可以出现在下一句的开头,例如
(10)。

(10) a. 你什么也不知道,老莫！除了吃你的红烧鱼头！

　　　b. 他慢慢地念着咒语,整个课堂上的学生也跟着复诵。
　　　　除了一个人之外。

"除了"短语也可以用在是非疑问句、正反问句、特殊问句以及
反问句中,分别见(11)—(14)。

(11) 除了背,这些要记的东西是不是可以找相关性？

(12) 除了举报父亲之外,有没有更好的选择？

(13) 除了维持基本生存发展的东西之外,她们最需要什么？

(14) a. 我什么时候带过女孩回家啊,除了你？

　　　b. 除了浪费时间,有什么好的？

　　　c. 除了你,我还有什么人可等呢？

　　　d. 你除了重重地打击我,又能怎样？

"除了"句允许出现两个或以上的"除了"短语连用的情况,例
如(15)。

(15) a. 站在十九世纪初所建目前是八线道公路的"英国人散
　　　　步大道"上,眼前旷古无物除了蓝色,深深浅浅的蓝,
　　　　除了天就是海,除了海就是天。

b. 来到这间牢房的最初几小时,除了照顾重伤的余新江,除了观察这集中营的环境,刘思扬很少和同牢房的人们谈话。

当然,在语料库中也可以找到"除了"短语的连接型用法,即"除了"短语前后并没有用停顿符号把它与句子其他部分分开的情况,虽然这类例子的数量很少,例如(16)。

(16) a. 江上除了这只小船再没有什么船只了。
　　 b. 除了我们家亲戚没人认识我。
　　 c. 除了上班时间我只属于我丈夫。

### 6.2.1.3　"除了"句的构成

"除了"句由"除了"短语和宿主两部分构成。其中,"除了"短语由例外词"除了"和它的论元组成。该论元是句中位于"除了"右边紧邻"除了"的成分。从句法上来讲,它是"除了"短语的补足语(complement),因此这里简称为 C。

"除了"短语的补足语不仅可以是限定词短语,也可以是其他类型的成分,如动词或动词短语、介词短语,甚至是小句等。分别见(17)—(20)中下加波浪线的部分。

(17) 除了眼睛以外,整脸都可以拍打。（NP）
(18) a. 除了跑和跳,投也是田径的一项重要内容。（两个动词构成的并列短语）
　　 b. 这时,他发现儿子除了哇哇大哭外,没有想出任何办法。（中心语是动词的状中结构）
　　 c. 除了会弹琴,莫文蔚还学过 6 年古筝。（动宾短语）
(19) 除了在学校,她几乎没有小伙伴。（介词短语）

（20）据报道,除了<u>美孚石油公司因 1998 年的一次特大油喷事故而向当地居民支付了部分赔偿</u>外,到目前为止,绝大部分西方石油公司对当地社团提出的停止石油污染、赔偿损失的正当要求置之不理。(小句)

宿主是"除了"句去掉"除了"短语之后剩余的部分。它由"除了"短语的关联对象(associate element,简记作 A)和相关特征(property,简记作 P)构成。其中,"除了"短语的关联对象是与"除了"短语在语义上相互作用的成分,而相关特征则是宿主去掉"除了"短语的关联对象之后剩余的部分。当"除了"短语位于句首时,相关"除了"句可以记作"除了 C,AP"的形式。当"除了"短语的补足语为短语而非小句时,该补足语指谓的是"例外",它与相关特征一起构成例外命题。例如(21)。

（21）除了我,别的人都去北京。

该句中,"除了"短语为"除了我";宿主是"别的人都去北京";"除了"短语的补足语是"我",即例外;"除了"短语的关联对象是"别的人";相关特征是"(都)去北京";例外命题是"我去北京"。

当"除了"短语的关联对象为小句时,有三种可能的情况:第一种是,该小句为例外,相关特征为"为真"。相应地,宿主也被看作相关命题具有为真的特征,如(22a)。第二种是,该小句由例外和对例外的陈述说明部分构成。陈述说明部分对例外进行陈述、说明,能起到增加信息量的作用,另外也可以帮助明确"除了"短语与宿主之间的语义关系,如(22b)。第三种是,尽管"除了"短语的补足语以小句的形式出现,但它所表达的是例外,与"除了"短语的关联对象之间存在直接的语义关系,见(22c)。

（22）a. 锁定后,除了数据不能被擅自修改,统计分析计划也不允许再作修改。

　　b. 艾买江一家九口人,除了妻子操持家务外,其余八人
　　　全部经商。

　　c. 除了她不能跟小刘一块儿回家去,别的一切照常。

　　(22a)中,例外为"数据不能被擅自修改","除了"短语的关联
对象为"统计分析计划也不允许再作修改",例外命题为"数据不能
被擅自修改为真",而宿主为"统计分析计划不允许再作修改为
真";(22b)中,例外为"妻子",对例外的陈述说明部分是"操持家
务",这部分解释了"妻子"没有经商的原因;宿主为"其余八人全部
经商",而例外命题为"妻子经商";(22c)中,例外是"她不能跟小刘
一块儿回家去",它与"除了"短语的关联对象"别的(情况)"构成整
个论域,它们之间是同位互补关系。对该句而言,例外命题可以理
解为:她不能跟小刘一块儿回家去(这一情况)照常。

　　自然语料中"除了"短语的补足语为小句的情况在"除了"句语
料的总量中所占比例并不高。可能的原因是:当使用短语作补足
语所表达的信息量已经足够,而且"除了"短语与宿主之间的语义
已经可以通过某种方式被确定时,没有必要使用小句来充当补
足语。

## 6.2.2　"除了"短语的用法及语义功能分类

　　von Fintel(1993,1994)把 EP 的用法分为三种:(a) 自校正
用法(self-correction, afterthought, repair use)。该用法中,
except for 出现在句子开头,而与之相关联的成分则出现在上一
句中,例如(23) [该例引自 von Fintel (1994)]。此时,"除了"短
语的作用是说话人经思考后对前面所说的内容的修正。(b) 同位
用法,其中量化词是接近全称的限定词,如 most,few,这些词的语
义中包含了例外集合的存在,例如(24)。(c) 限制性用法,指只有

当例外已经被操作完成之后量化才能为真的情况。他认为当例外
与 most 关联时既属同位用法又是限制性用法。

(23) Everyone loved the new show and no one thought it
     would be canceled so soon. Except for George, of
     course.

(24) Most students, except for Mary, likes semantics.

Álvarez(2008)通过实例证明,例外短语与"most-NP"相关联
时,它并不是用来确保其宿主为真,因此不适宜看作 EP 的限制性
用法。该论文指出自校正用法仅仅是 EP 在句法位置上与其他两
种用法不同,而在语义上则或为限制性用法或为同位用法,因而没
有必要单列为一种用法。我们同意这种说法。

对于"除了"句所能表达的意义,研究者给出了不同的意见,
有双义说(如:郑懿德、陈亚川,1994;肖奚强,1996、2004;殷志
平,1999)、三义说(吕叔湘,1980;沈开木,1998)[①]和四义说(朱
军、盛新华,2006)三种观点。双义说认为"除了"句有"排除式"
和"包含式"(或称"加合式")两种语义关系。三义说则认为"除
了"句有"排除""加合"及"选择"三种语义。四义说则进一步提
出"除了"句还有第四种语义"等义"。可见,研究者就"除了"句
有"加合义"和"排他义"基本上达成了共识,争议主要在是否关
注到"除了 X 就是 Y"和"除了 X 还是 X"这两种格式以及对它们
的语义如何认定。

我们认为"除了"短语的核心语义是通过减除操作对与之相关
联的成分进行限定。根据例外命题是否可以与宿主同时为真,可
将"除了"短语的语义功能分为排除特殊义和排除已知义两种。前

---

① 《现代汉语八百词》提出"除了"有"排除特殊,强调一致""排除已知,补充其他"
"'除……就是……'。表示二者必居其一"三种用法。

者中两者不能同时为真,后者中两者具有相同的真值。"除了 X 就是 Y"的"选择义"以及"除了 X 还是 X"的"等义"都是受结构特殊性影响的结果,是结构义,而不是"除了"另外的语义。以下是关于"除了"短语语义功能的具体分析。

### 6.2.3 "除了"短语的排除特殊义

表"排除特殊义"时,例外命题与宿主不能同时为真。所谓"特殊"指的是,与具备相关特征的"除了"短语的关联对象相比,例外不能与之同时具备相关特征。从这一角度讲,例外是特殊的。

当"除了"短语的补足语为短语时,一般来讲该短语指谓例外,如(25)。

(25)清朝十二个皇帝,除了宣统以外,每一个皇帝都有庙号。

对(25)来讲,例外为"宣统","除了"短语的关联对象为"(清朝十二个皇帝中的)每个皇帝"。相对于减除例外"宣统"之后的"除了"短语的关联对象所指谓的"皇帝"集合而言,"宣统"是特殊的,因为他不具备"有庙号"的特征。

当"除了"短语的补足语为小句且该小句可以分解为例外和陈述两个部分时,陈述部分通常与相关特征所表达的意义相反或相对。去掉陈述部分一般不影响句子的基本语义,但随着陈述部分被删除,它所承载的那部分信息也随之消失,相关部分的信息量变小了,例如(26)。

(26) a. 在这个不大的牢房里,除了两个掌管伙食的男犯出去取开水和食物外,所有的人都在。

b. 除了军工产业将有较大削减外,1993 年大多数美国制造业将有适度增长。

(26a)中,例外为"两个掌管伙食的男犯",相对于具有"在"的特征的"人"的集合而言,它是特殊的。"除了"短语的补足语中的陈述部分"出去取开水和食物"是对例外不具备"在"的特征的原因进行说明。(26b)中,例外为"军工产业",其由于"将有较大削减"与"1993年大多数美国制造业"不同,不具备"将有适度增长"的特征。

表排除特殊义时,"除了"短语常常处在其关联对象的前面,这是由于相关"除了"句用于表达:排除"特殊"后,"除了"短语的关联对象具备相关特征,即对具有相关特征的个体的概括或整体的说明。

"除了"短语出现在其关联成分之后则是出于特定的表达需要:(a)对宿主进行修正、补充,以确保其表述的准确性,例如(27);和/或(b)有意将"除了"短语置于句末信息焦点的默认句法位置,用以强调例外的特殊性,例如(28)。

(27) a. 这里什么都没有了,除了回忆。

　　 b. 对这群人,他没有别的任何办法,除了冷笑。

　　 c. 她白色的外袍则没有任何的装饰,除了腰间一条银叶缀成的腰带。

(28) a. 每个人都这么认为,当然,除了美国人以外。

　　 b. 没有第二条路,除了南京胜利。

　　 c. 每个人都有意见,除了少校,因为他纵然看到洪水滔天也是满不在乎的。

(28a)中,右置的"除了"短语用以强调"美国人"属于特殊情况。(28b)则意在强调"南京胜利"的重要地位。(28c)中,"除了少校"被置于其关联对象之后,目的是强调"少校"的特殊性,而且后续小句对这种特殊性进行了解说。

根据"除了"短语是否确保其宿主为真,可以进一步将"除了"

短语的这一语义功能分为限制性用法和非限制性用法两种。

### 6.2.3.1 "除了"短语的限制性用法

限制性用法中,"除了"短语通过减除操作对与之相关联的成分进行限定,从而确保"除了"短语的宿主为真。"除了"的关联对象常常属于以下情形之一。

Ⅰ.关联对象为限定性全称表达(determiner universal expressions),如"每 NP""所有 NP"等。这里例外属于"除了"短语的关联对象所指谓的集合,例如(29)。

(29) a. 除了双胞胎,每个人都是很独特的。
　　 b. 除了 2 以外,所有素数都是奇数。

(29a)中"双胞胎"指谓具有双胞胎特征的人,是例外;"除了"短语的关联对象为"每个人",指谓最大化的具有"人"的特征的集合。"除了"通过把"双胞胎"从"每个人"中减除,实现对"都"的量化域"每个人"的限定。该句表示:对于每个具有双胞胎特征的人之外的人 x 而言,x 很独特。(29b)中例外"2"属于"除了"短语的关联对象"素数","除了"短语通过从"都"的量化域"所有素数"中减去"2"对量化域进行限定。该句表示:不包括 2 在内的素数都是奇数,而素数"2"不是奇数。它们可能的语义表达式分别见(30a—b)。

(30) a. $\forall_x[x \in [[|每个人|] - [|具有双胞胎特征的人|]] \to$ x 是很独特的] & ¬ 具有双胞胎特征的人是很独特的
　　 b. $\forall_x[x \in [[|所有素数|] - [|2|]] \to x$ 是奇数] & ¬ 素数"2"是奇数

Ⅱ.关联对象为被全称量化副词如"都""全(部)"等量化的语

义上为复数的普通 NP 或人称代词。而且,例外属于"除了"短语的关联对象所指谓的集合。例如(31)。

(31) a. 女儿大学一年级的课程,除了英语写作以外都是大课。

　　 b. 除了脸蛋我全都是西方化了。

(31a)中"都"的量化域是"女儿大学一年级的课程","除了"短语对这一量化域进行限定,表示:不包括英语写作在内的女儿大学一年级的每一门课程都是大课,而英语写作不是大课。其可能的语义表达式见(32a)。

(31b)中,"除了"把例外"脸蛋"从"除了"的关联对象"我"中减除。其中,"我"为语义上的复数表达,可能由"我的脸蛋""我的思想""我的服饰"等组成。"都"进行量化操作,而"全"有两种可能的语义解读。当"全"被看作范围限定词时,它对"都"的量化域"我"进行限定。该句表示:我脸蛋以外的其他方面都西方化了,而脸蛋没有西方化。当"全"用作全称量化词时,它量化隐性的程度集合,该句表示:我脸蛋以外的其他方面都完全西方化了。其可能的语义表达式分别为(32b1)和(32b2)。

(32) a. $\forall_x[x\in[[|$女儿大学一年级的课程$|]-[|$英语写作$|]]\to x$ 是大课$]\,\&\,\neg$ 英语写作是大课

　　 b1. $\forall_x[x\in[$全$([|$我$|]-[|$脸蛋$|])]\to x$ 西方化了$]\,\&$ $\neg$ 脸蛋西方化了("全"用作范围限定词,"都"是量化词)

　　 b2. $\forall_x[x\in degree][$除了脸蛋我西方化了 at x$]$("全"用作量化词所引出的可能的三分结构)

　　　　 $\forall_y[y\in[[|$我$|]-[|$脸蛋$|]]\to y$ 全西方化了 at x$]\,\&$ $\neg$ 脸蛋西方化了("都"所引出的可能的三分结构)

Ⅲ. 关联对象是指谓类别的无定 NP。以(33a)为例,其可能的语义表达式为(33b)。

(33) a. 除了闰年,一年有 365 天。

　　 b. $Gen_x[x \in [[|\ 年\ |] - [|\ 闰年\ |]] \to x$ 有 365 天] & ¬ 闰年有 365 天

该句中,"除了"把例外"闰年"从"除了"短语的关联对象"一年"的 N′"年"中减除,进而实现对其的限定。类指算子(Generic operator,简记作 Gen)对被限定后的"一年"进行操作。

Ⅳ. 关联对象为否定性的表达。典型形式为:"除了 $NP_1$,没有 $NP_2(VP)$"。其中 $N'_1$ 属于 $N'_2$,$NP_2$ 可以受"任何""什么"修饰,见(34)。当然自然语料中并不限于这一形式,也可以是下面(35)中的情况。

(34) a. 这件事,全校的人,除了我,没有一个人知道。

　　 b. 除了开始释放的儿童、孕妇和一名糖尿病患者,他们没有释放任何人。

(35) a. 现在走进庄印芳的家,除了公家赠的几样东西,几乎没有添置什么。

　　 b. 除了毒害世界舆论外没有任何作用。

以(34a)为例。该句中位于句首的"这件事"是话题,"全校的人"是"人"在语义上的限定者,把"人"的范围限定在"全校"范围内。"除了我"对"全校的人"进行进一步的限定,表示去掉"我"之后的"全校的人"。"没有"对被限定后的"人"进行否定操作。表示:否定存在这样一个人 x,x 属于不包括我在内的全校人中的一员,并且他知道这件事。该句可能的语义表达式为(36a),其语义等同于(36b)。

(36) a. ¬∃ₓ[x∈[|全校的人-我|] & x 知道这件事] & 我知
　　　 道这件事

　　　 b. ∀ₓ[x∈[|全校的人-我|]→x 不知道这件事] & 我知
　　　 道这件事

Ⅴ. 关联对象在语义上与表最高级的"最 XP"相互作用。具
有 XP 特征的各候选项按照具有该特征的程度以从低到高的顺序
在相关程度梯级上排序。例外处在该梯级上最高的位置,"除了"
短语的关联对象则处在第二高的位置。在"除了"的语义作用下,
例外被从相关梯级上减除,这样就保证了在被限定后的梯级上"除
了"短语的关联对象具备相关特征"最 XP",即宿主为真。主要表
现为以下几种格式:(a)"除了 C,最……的(NP)是 A",其中动词
还可以是其他一些与"是"意义接近的动词,主要有"当数、要数、要
算、莫过于、(则/就/便)是"等;(b)"除了 C,最 V+A";(c)"除了
C,V 得最……的(就)是 A";(d)"除了 C, A(NP/VP)最……/ 是
最……的",其中 A 前面可以受"就数"或"要数"修饰;(e)"除了
C,A(就)是(sb/ sth)最……的 NP";(f)"A 是(sb.)除了 C(之外)
最……的 NP"。相应的例子分别见(37a—f)。

(37) a. 除了母亲,他最崇拜的人就是他的班主任老师。

　　 b. 除了英语,他最爱日语。

　　 c. 一年多来,肩负重任的甘肃省领导除了抓商贸中心规
　　　 划的编制和政策法规的制定实施外,做得最多的一项
　　　 工作就是加强与其他省、市特别是西北各省区的协
　　　 作,以联合共建新兰州。

　　 d. 在天空中,除了太阳和月亮以外,就数她最亮。

　　 e. 除了妈妈以外,她是世上我最喜欢的人。

　　 f. 两年一届的世界杯赛是除了世锦赛之外最重要的世
　　　 界个人大赛。

现代汉语全称量化词研究

以(37a)和(37b)为例。(37a)中,"最XP"中XP为"崇拜",根据上下文语境,定义域中的人按照"他崇拜"的程度由低到高排序,"母亲"为梯级上的最高值,"他的班主任老师"居于第二高的位置。"除了"把"母亲"从梯级上减掉,保证宿主即"他最崇拜他的班主任老师"为真。宿主"他最崇拜的人就是他的班主任老师"和例外命题"他最崇拜的人就是母亲"不能同时为真。(37b)中,"最"修饰"爱",各种语言按照他爱的程度从低到高排序,"除了"把"英语"从梯级上去掉,以此保证宿主为真。宿主"他最爱日语"和例外命题"他最爱英语"不可能同时为真。

根据 Hoeksema(1987,1996)等,最高级可以转换为全称量化表达,因而这两个句子可能的语义表达式可以分别写成(38a)和(38b)的形式。

(38) a. $\forall_x[x\in[[|人|]-[|母亲|]]\rightarrow$他崇拜他的班主任老师超过崇拜 $x]$ & 他最崇拜母亲

b. $\forall_x[x\in[[|语言|]-[|英语|]]\rightarrow$他爱日语超过 $x]$ & 他最爱英语

Ⅵ. 关联对象为与排他性副词相互作用的成分。排他性副词如"只(有)""才""就"①等把与之相互作用的成分标识为焦点,并对其进行否定存在量化操作。相关"除了"句中,"除了"把补足语从来源性定义域中减去,继而得到被限定后的排他性副词的量化域。在这一被限定的量化域中,宿主为真。以下(39)是带有排他性副词"只(有)"的例子。

(39) a. 他心中除了美国,只有上海。

① 副词"才""就"的语义具有多功能性,它们不仅能够充当排他性副词,还具有时间副词等语义功能。这里只考虑其用作排他性副词时的情况。

384

b. 人们除了拿它磨炒面外,只能换点儿食盐。

(39a)中,"除了"把例外"美国"从定义域中减除,以保证在被限定后的定义域中宿主"他心中只有上海"为真。例外命题"他心中有美国"和宿主"他心中只有上海"不能同时为真。(39b)中例外"拿它磨炒面"被"除了"从定义域即它可能的用途的集合中减掉。相类似地,例外命题"人们能拿它磨炒面"和宿主"人们拿它只能换点儿食盐"不能同时为真。这两句可能的语义表达式可以分别写作(40a—b)。

(40) a. $\neg \exists_x'$[他心中有 $x'$ & $x' \neq$ 上海],$x' \in$[D—[|美国|]] & 他心中有美国

b. $\neg \exists_x'$[人们能 $x'$ & $x' \neq$ 换点儿食盐],$x' \in$[D—[|拿它磨面|]] & 人们能拿它磨面

Ⅶ. 关联成分为动词"有"的宾语。根据 Hu & Pan(2008)存在动词"有"用来引入新实体或新关系。"除了"将例外从定义域中减除以确保宿主为真,例如(41)。

(41) a. 据《联合国教科文组织 1982 年统计处鉴》公布的材料,全世界 169 个国家和地区,除了个别情况不明以外,有 163 个国家和地区颁布了相应的法律,实行年限不等的义务教育。

b. 目前,除了 1.2 万名美国军人外,大约有 8 000 多名美国公民在科威特生活工作。

(41a)中,"除了"把例外 "个别情况不明(的国家)"从定义域"全世界 169 个国家和地区"中去掉,确保宿主为真。(41b)中"除了"把"1.2 万名美国军人"从定义域"可能在科威特生活的美国公民"中减除,确保宿主为真,因为"美国军人"属于"美国公民"。此

时,宿主"大约有 8 000 多名美国公民在科威特生活工作"和例外命题"1.2 万名美国军人在科威特生活工作"不能同时为真。这两个句子的语义可以大致表示为(42a)和(42b)。

(42) a. ∃ₓ[x 颁布了相应的法律,实行年限不等的义务教育 & x＝163 个国家和地区],其中 x＝[|全世界 169 个国家和地区|]—[|个别情况不明的国家和地区|]

b. ∃ₓ[x 在科威特生活工作 & x＝大约 8 000 多名美国公民,x＝[|可能在科威特生活的美国公民|]—[|1.2 万名美国军人|]]

Ⅷ.关联对象为带有累积性副词①的谓语的陈述对象。以(43)为例。

(43) a. 除了女子举重以外,在奥运会项目里,中国运动员一共打破两项世界纪录——吕彬的女子 200 米个人混合泳和王玉锦的女子双多向飞碟决赛,同时王玉锦还平了双多向 120 发的世界纪录。

b. 除了这一人体医学实验以外,宇航员此次计划完成的实验项目总共有 82 个,由 13 个国家的 200 多名科学家提供。

(43a)中,在"除了"的语义作用下,"女子举重"被从定义域"在奥运会项目里"中减掉,从而保证了宿主为真。因为中国运动员在女子举重等三个项目中打破了世界纪录。去掉"女子举重"之后,奥运会上中国运动员打破世界纪录的项目才是两项。相类似地,(43b)中,"这一人体医学实验"被从"除了"短语的关联对象"宇航

---

① 汉语常见的累积性副词包括"一共、共、总共、共计、合计、总计"等。

员此次计划完成的实验项目"中减除,确保宿主实现真值。它们可能的语义表达式分别为(44a)和(44b)。

> (44) a. 中国运动员一共打破两项世界纪录 in（奥运会项目一女子举重）
>
> b.（宇航员此次计划完成的实验项目一这一人体医学实验)总共有 82 个

Ⅸ. 关联对象与例外构成整体—部分的语义关系。"除了"短语的关联对象被看作一个由若干组成部分构成的整体,作整指解,谓语对该整体进行陈述。见本章开头的例(2),这里记作(45)。

> (45) a. 这篇文章除了附表和说明,不过二千五百字。
>
> b. 除了"研究基础"外,本表与《申请书》表二内容一致。

(45a)表达的意思是:这篇文章去掉附表和说明之后有不到二千五百字。(45b)是说把"研究基础"从"本表"中减掉之后就与"《申请书》表二"的内容一致了。它们的语义可以概括为:(A-C)P,具体可以分别写作(46a)和(46b)的形式。

> (46) a.（这篇文章-附表-说明)不过二千五百字。
>
> b.（本表-研究基础)与《申请书》表二内容一致。

#### 6.2.3.2　"除了"短语的非限制性用法

非限制性用法中,"除了"短语并非用来确保宿主为真。去掉"除了"短语之后,宿主的真值并不发生改变。根据例外和"除了"短语的关联对象之间可能的语义关系,可以进一步把该用法分为:同位用法和并列用法。

其一,同位用法中,"除了"短语的关联对象和例外同属于定义域,"除了"短语的关联对象的语义本身就含有存在例外的意思。去掉"除了"短语不影响相关句子的真值,而例外命题不为真。例外的主要功能是限定"除了"短语的关联对象所指的范围。分别对比(47)和(48)中的例子。

(47) a. 这件事,除了老王,别人都不知道。

　　b. 这件事,别人都不知道。

(48) a. 目前,除了英国外,多数欧洲国家的经济仍未开始复苏。

　　b. 目前,多数欧洲国家的经济仍未开始复苏。

对(47a)来讲,把"除了"短语去掉之后,得到(47b)。其中"别人"指称的是哪些/哪个人很难在句中找到答案。而(47a)中则明确指出"别人"指谓的是定义域中"老王"以外的人。对(48a)来讲,例外"英国"不属于"经济仍未开始复苏的多数欧洲国家"中的一员;而通过(48b)我们不能判断"英国"是否属于"经济仍未复苏的多数欧洲国家"的成员。

此时,"除了"短语的关联对象通常是带有指代词(如"其他"等)或是"多数"等量化词的成分。该用法中,例外和"除了"短语的关联对象之间可以是同位互补也可以是同位非互补关系。

同位互补关系中,"除了"短语的关联对象和例外的并集构成整个定义域,两者互为补集。例外对"除了"短语的关联对象的指谓进行限定。典型的情况是,"除了"短语的关联对象为带有指代词的成分,例如"别(的)NP""其余(的)(NP)""其他/其它(的)(NP)"等,见(49)—(51)。

(49) a. 除了您以外,别人都问过我了。

　　b. 除了没有人请他们吃饭,别的什么事都有人找。

(50) a. 孩子们除了冬天能穿上外婆做的布鞋,其余的时间都
是穿草鞋。

b. 广交所所筹集的资本金,除了开所所需之外,其余用
来充当风险基金。

(51) a. 四条腿的,除了桌椅,其他都能吃。

b. 除了食品和能源之外,其他物价上升了百分之零
点三。

(49a)中"您"和"别人"互为补集。"别人"指的是不包括"您"
在内的定义域中的人。(50a)中,"其余的时间"指不包括"冬天"在
内的时间。(51a)中来源性定义域为"四条腿的","其他"和"桌椅"
都属于其中的成员。"其他"指的是去掉"桌椅"之后"四条腿的"的
集合中剩下的成员。这三个句子所表达的语义可以分别写成
(52a)(52b)和(52c)。

(52) a. $\forall_x[x\in[|别人|]\to x$ 问过我了$],[|别人|]=D-$
$[|您|]\&\neg$您问过我了

b. $\forall_x[x\in[|其余的时间|]\to$孩子们穿草鞋 in x$],[|其$
余的时间$|]=D-[|冬天|]\&\neg$孩子们冬天穿草鞋

c. $\forall_x[x\in[|其他|]\to x$ 能吃$],[|其他|]=[|四条腿$
的$|]-[|桌椅|]\&\neg$桌椅能吃

同位不互补关系中,"除了"短语的关联对象与例外的并集并
不构成整个定义域,且例外不属于具有相关特征的"除了"短语的
关联对象。代表性的情形是"除了"短语的关联对象为"很多
(NP)","除了"短语一般用来强调该例外是显著的,参考(53),其
语义可以大致表达为(54)。

(53) a. 除了专业人员,很多人感到迷茫。

　　b. 在一些小学,除了作文之外,很多考试的"分"都是学生互相评。

(54) a. $|[|人|]\cap[|感到迷茫|]|>n\ or\ 1/2\ |[|人|]|\ \&\ \neg$ 专业人员感到迷茫

　　b. in B ＝在一些小学, $|[|考试|]\cap[|学生互相评|]|>$ $n\ or\ 1/2\ |[|考试|]|\ \&\ \neg$ 学生互相评作文

　　(54a)中,"很多"所表示的意义可以是绝对的,即当大于某个数值时,我们就可以认为"很多";"很多"所表达的量也可以是比例性的,即认为超过一半时是多。因而"很多人感到迷茫"可以表达为" $|[|人|]\cap[|感到迷茫|]|>n\ or\ 1/2\ |[|人|]|$ ",它表示 $[|人|]$ 和 $[|感到迷茫|]$ 的交集的基数大于数量n或大于一半以上的人。整个表达式表示的是:"人"的集合与感到迷茫的人的集合的交集的基数大于 n 或超过 $1/2$ 的人,并且专业人员不感到迷茫。(54b)表示的是"考试"的集合与具有"学生相互评"的特征的考试的集合的交集的基数大于 n 或一半以上的考试,并且学生不相互评作文。

　　此外,以下(55)中量化词为百分比的"除了"短语的关联对象与例外可以构成同位互补关系,两者加起来构成整体即100%。

(55) a. 根据智力常态分布规律,除了 1%～2% 的超常儿童和 2%～3% 的低常儿童之外,95% 以上的儿童,遗传素质相差不大。

　　b. 蛋白的成分中,除了约有 87% 的水之外,约有 12% 左右的蛋白质,主要的都是婴儿成长所需的卵白蛋白和少量的卵球蛋白,脂肪很少,糖类也不多。

　　至于"(绝)(大)多数(NP)""(绝)大部分(NP)""相当一部分(NP)"这类带有比例性量化词的表达充当"除了"短语的关联对

象时,相关的同位用法的句子中,"除了"短语的关联对象和例外的语义可能是互补的,也可能是非互补的。这取决于例外所表达的语义以及语境(包括常识和背景信息等)。对比(56)和(57)。

(56) a. 除了少数几个国家和地区外,大多数亚洲国家和地区正处在人口、资源、环境等约束最严重的时期。

　　b. 目前,除了极少一部分高收入青年通过按揭等方式自购婚房外,大多数上海青年的婚房是由父母提供或资助的。

(57) a. 除了大百货公司外,绝大多数商店在午后一点半就休息了,到傍晚才重新开门营业。

　　b. 除了睡觉,我大部分的生命在办公室度过。

(56)的两个句子中"除了"短语的关联对象和例外可以构成整个定义域。(56a)中"少数几个国家和地区"和"大多数亚洲国家和地区"可以构成"亚洲的国家和地区"的全部。(56b)中"极少一部分高收入青年"和"大多数上海青年"加在一起可以构成定义域即"上海青年"。而(57)的两个句子中的两者加在一起难以构成整个定义域。

其二,并列用法中,"除了"短语的作用在于作为已知信息引出新信息;和/或通过对比的方式对宿主的相关方面加以强调。此时,"除了"短语的关联对象和例外同属于定义域,而且两者既不是隶属关系也不是同位关系。例如(58)—(60)。

(58) a. 通过线上及线下活动报道,大量的曝光让参与程度提升,分享关于星巴克的信息及新闻,延伸星巴克第三空间的概念,强化星巴克是除了家、办公室之外,第三个好去处的理念。

b. 在广东文化界,除了红线女,你程贤章是第二个找我要钱的。

(59) a. 几年过去了,除了这副骨架,所有皮肉都被食肉类动物和小虫啃光了。

b. 很长时间,我和孩子们每月的零花钱只有 2 元,除了吃饭,几乎没有零食。

(60) a. 一个人的个性除了受先天遗传因素影响之外,更重要的是受后天环境的影响。

b. 除了喜悦,我们更需要冷静的思考。

(58)的两个句子中宿主的构成有一个鲜明的特点:动词为判断动词"是","除了"短语的关联对象和"是 NP"后的 NP 是等同关系,两者的指谓相同。此时,例外的使用主要在于强调"除了"短语的关联对象具有相关特征。例如(58a)中,根据语境,可以很明确得知,并不是把"家和办公室"从论域中去掉之后,使得"星巴克是第三个好去处"为真,而是意在强调星巴克对人们的生活很重要。家和办公室分别是第一和第二个好去处,而星巴克则是第三个好去处。

以(59a)为例,其中"这副骨架"作为共同的背景信息是交际双方都知道的,显然"这副骨架"不具备相关特征"被食肉动物和小虫啃光了"。这里,"这副骨架"之所以从论域中被减掉,是为了强调所有的皮肉都被啃光了,只有骨架因为太硬留存了下来。

(60)中两个句子的共性是带有"更"的比较句,它们可以概括为"除了 C,更 V/adj.(的是)A"的形式。该句表示:通过对 C 和 A 进行比较,确定 A 处在相关梯级上高于 C 的位置。例如(60a)中,比较 C"先天遗传因素"和 A"后天环境的影响"对"一个人的个性"的影响大小,结果是先天遗传因素有重要影响,而后天环境的影响更为重要。显然,C 不具备"对一个人的个性影响更重要"的特征。

### 6.2.3.3 "除了"短语与量化以及概括的关系

6.2.3.3.1 前人的相关研究

既往研究一向非常重视例外结构与量化的关系。Hoeksema(1987)观察发现连接型的 EP"but-NP"总是关联被全称量化的 NP,而自由型 EP 关联以某种方式表达全称陈述的命题。Hoeksema(1996)进一步提出,自由型 EP 是句子层面的算子(sentential operator),它能与有定复数、相对最高级、疑问词等共现都与全称量化有关。关联有定复数时,谓语的分配性解读带给有定复数全称解读。关联(be)the only NP 时,相关句子语义上等值于全称表述。关联最高级时,相关句子可以转化为带全称量化词的句子。而 wh-疑问句与全称表达有重要的共性特征。

von Fintel(1993,1994)讨论出现在量化句中的例外结构,认为例外的语义是从量化词的定义域中减去例外。

Moltmann(1995,1996)在广义量化词理论的框架下对例外结构进行组合性的语义分析,提出语义上例外结构作为算子对广义量化词进行操作,它是一个从广义化量词到广义化量词的函项:它通过修饰这个量化词所在的集合生成另外一个集合的集合。例外结构修饰这些集合的方式为:当量化词为肯定性的,在广义量词的集合中减去例外,见(61a);而当量化词为否定性的,则是在广义量化词的集合中加上例外,如(61b)。

(61) a. Every student except John left.

　　 b. No student except John left.

(61a)中量化词是肯定性的,except John 应用到包含所有学生的集合的集合中,John 被移出这些集合中的每一个集合。(61b)中量化词是否定性的,except John 应用到没有学生的集合的集合中,John 被添加到这些集合中的每一个集合。

Moltmann 提出例外词的语义特征之一就是对量化词的限制,因此 EP 所关联的 NP 必须指谓全称或否定全称量化词,例如 all,every,no。Moltmann 同时也承认自由型 EP 有时允许量化词为 most,few。至于自由型 EP 关联被副词性 only 修饰的 NP、the only NP、表疑问的疑问短语、指谓命题的小句性例外结构的情况,是由于在含义(implication)层面,有(隐性)全称量化词在起作用。见(62)。

(62) a. Only Jack went home except for Tom.

b. Except for Jack,Tom is the only lawyer.

c. Except for Jack,Mary knew which student came late.

d. Every student got an A,except Jack got a B.

(62a)可以被解释为"for every x, if x went home, then x＝Jack",(62b)可以理解为"for every lawyer x, x equals to Tom",而(62c)则可以转换为"for every student x, Mary knows whether x came late",(62d)中隐性的量化词量化命题"x got y"。

Álvarez(2008)例外短语被表达概括(generalization)的表述批准。其中"概括"被定义为:当且仅当句子 Σ 做出一个关于足够大定义域的可废止的(defeasible)(即非单调性具体实例化的)全称表达时,句子 Σ 表达概括。该定义包括以下关键方面:

(i) 概括是全称性输入的。在深层次上概括是全称命题。例如(63a)和(63b)表达同样的对学生的概括:对于任意一个学生 x 而言,x 知道正确答案。两者的差别在于概括的强度不同。

(63) a. Every student knew the right answer.(每个学生都知道正确答案。)

b. Most students knew the right answer.(大多学生知

道正确答案。)

(ii) 概括是非单调性具体实例化的。简单来说,非单调性具体实例是在优先性逻辑(preferential logic)下通过一般性排序(normal ordering)推导出来的。例如,假设 Jack 是一个男孩,那么(64a)优先性蕴涵(64b)。(64b)可以看作(64a)的非单调性具体实例。与单调性具体实例不同,非单调性具体实例与概括之间的推论关系是一种临时的结论,该结论是可以被随后的证据推翻的。比如,也可能 Jack 并没有选择篮球课,也就是该实例是可以被废止的。

(64) a. Most boys chose the basketball class.

b. Jack chose the basketball class.

(iii) 概括的定义域的基数必须足够大。因此,当 three NP/at least three NP/at most three NP 充当 EP 的关联对象时,相关句子不能说。

另外,该文分析说真正的基数性陈述不能做出好的概括。下面三种情况下相关句子由于表达的是概括性断言,可以被接受。(a) 基数性限定词指谓的数量是不确定的大量,例如 dozens and dozens of natives,a hundred other reasons,hundreds of online stores/a zillion thing 等。因为不确定性基数限定词所指谓的数值越大,它所在的句子表示概括的可能性也越大。(b) 数量是整个类别中所有个体的数量。(c) 带有基数性标志语(cardinal number specifiers)的全称量化性限定短语。

Álvarez(2008)之前对例外结构的研究,如 Hoeksema(1987)等,主要关注以下三类情况:(a) 关联成分为全称量化词;(b) 关联成分与全称量化副词相互作用;(c) 宿主通过转换形式的方式可以变为全称命题。

Álvarez 则尝试上述三种情况以及"除了"短语的关联成分为非全称量化词的情形做出一个统一的语义解释。从逻辑的角度看,这一解释基本行得通。但从语义的角度看,这一解释的代价是牺牲了全称和非全称的差异。而两者之间的差异在某些方面还是很显著的:全称命题具有单调性,概括是不会被具体实例推翻的。"例外"会影响相关命题的真值。而非全称命题如(63b)和(64a),由于非全称例外词 most 等在词汇义中包含了存在例外的意思,相关句子是非单调性的,例外不影响其真值。因此,把诸如(63b)和(64a)这类句子解释为概括强度相对较弱的全称量化表达与对全称量化的一般解释不符。

### 6.2.3.3.2　本文的分析

前面 6.2.3.1 已经指出,在限制性用法的情形 Ⅰ—Ⅳ 中,"除了"短语的关联对象与全称量化直接相关;情形 Ⅴ 中,最高级可以转换为带有全称量化的表达;情形 Ⅵ 中,关联对象被否定存在量化,而否定存在量化与全称量化在逻辑上等价。换句话说,上述 6 种情形都与全称量化相关。情形 Ⅶ 中,关联对象被存在量化。情形 Ⅷ 和 Ⅳ 都是非量化的表达。

非限制性用法中,例外与"除了"短语的关联对象是同位非互补关系时,如果没有全称量化副词如"都"等去量化非全称性量化表达如"很多 NP"等,宿主并不表达全称性命题,对比(65a)和(65b)。

(65) a. 从他们的心态上讲,除了少数敢于"跳海"者外,大多数职工对进入劳动力市场有一种恐惧感和失落感。

　　b. 从他们的心态上讲,除了少数敢于"跳海"者外,大多数职工对进入劳动力市场都有一种恐惧感和失落感。

(65a)中宿主表示超过二分之一的职工对进入劳动力市场有一种恐惧感和失落感。而(65b)中宿主表示对于每一个职工 x 而言,如果 x 属于"超过二分之一的职工"的集合,那么 x 对进入劳动力市场有一种恐惧感和失落感。

例外和"除了"短语的关联对象是同位互补关系时,宿主常常表全称命题,因为量化副词、分配算子等常出现并与"除了"短语的关联对象相互作用,使宿主具备或者可以转换为全称性解读,例如(66)。但也有一些例外的情况,如(67)。

(66) a. 车上的人除了我以外,别的人都去北京。("都"量化
　　　　 A"别的人")

　　　 b. 除了瑞士和美国外,其余 8 个最富裕的国家依次为卢
　　　　 森堡、日本、瑞典、丹麦、挪威、冰岛、德国和芬兰。(列
　　　　 举性解读)

(67) 地幔除了上部有一层软流圈是熔融态外,其余部分主要
　　　 是固态的。

非限制性用法中,例外和"除了"短语的关联对象是并列关系时,宿主所表达的命题也不能确保是全称性的命题,例如(68)。

(68) a. 除了山吃海喝,传统过年方式另一特色就是走亲访友
　　　　 大拜年。

　　　 b. 除了传统的一家一户的手工业,更重要的是发展一村
　　　　 或几村联办的乡村工业。

而且,较之自由型的 except(for),"除了"在关联对象的选择上体现出了更大的自由性。第一,至少在某些情况下,"除了"允许它的关联对象由表示数量上限的量化词"最多/顶多/至多"加上数量 NP 或是表示数量下限的量化词"最少/至少/起码"加上数量短语构成,且其中数词可以是"三",例如(69)。第二,被焦点副词"正好/恰好/刚好"修饰的数量 NP 也可以充当"除了"短语的关联对

象,见(70)。

(69) a. 除了李四,至少(有)三个人来过这个房间。

b. 除了小明,顶多三个学生能答对这道题。

c. 除了我,最多/最少三个人知道这件事儿。

d. 我们班,除了我,不超过三个人喜欢唱歌/喜欢唱歌的
不超过三个人。

(70) a. 除了张三,正好十个人报名。

b. 除了小明,正好来了十个学生/正好十个学生来了。

c. 除了李四,至少48位代表投了赞成票。

简言之,"除了"结构并不总是与全称量化相关。因此,用全称量化来解释"除了"句,其解释力有限。

至于"除了"句与概括的关系,如果按照Álvarez对概括的定义,那么"除了"句并不总是表达概括。根据Greenberg(2003)等对概括的一般性讨论,概括或为全称性的或为类指性的,此时也难以用"概括"来涵盖具有"排除特殊"的语义功能的"除了"短语。但是,如果将概括理解为"概括"求取的是具有相关特征的所有个体的集合或整体,则"概括"基本可以解释"除了"短语排除特殊的语义功能。

### 6.2.3.4 "除了"短语的语义特征

Moltmann指出例外结构具有以下三种重要的语义特征:(a)否定特征:例外必须是"例外",即把谓语应用到例外时应当得到与应用到非例外时相反的真值。具体来讲,当与之相关联的量化词是肯定性的,把谓语应用到例外会得到否定性的真值;当与之相关联的量化词是否定性的,谓语应用到例外则会得到肯定性的真值。例如(71)的两个句子中谓语都是came。(71a)中,非例外every girl应用到came,可得到every student came,该命题为

真;而例外 Mary 应用到 came 后,得到 Mary came,该命题为假。
(71b)中,非例外应用到谓语后得到 no girl came,该命题为假;例
外应用到谓语后得到 Mary came,其为真。(b)包含条件:例外必
须属于与之相关联的量化词的限定部分(restriction)。该条件适
用于例外短语的关联成分由限定性量化词和名词性成分组成的情
况。例如(71)中 Mary 属于量化词的限定部分 girl。(c)对量化
词的限制:例外短语的关联成分必须为全称或否定全称量化表
达,例如 all/every/no-NP。尽管他发现自由型 EP 的关联成分也
可以是 most-NP 等。

(71) a. Every girl except Mary came.
　　　b. No girl except Mary came.

鉴于与 EP 相关联的成分不限于全称量化词,为了能有效解
释 EP 的各种分布情况,Álvarez 用包含预设、极性概括和对可接
受的宿主的限定分别取代 Moltmann 所提出的包含条件、否定条
件以及对量化词的限定。(a)包含预设:EP 的补足语的指谓必须
被包含在由 EP 的宿主所表达的概括的定义域内。(b)极性概括:
EP 的宿主所表达的命题与 EP 所引发的命题必须具有相反的极
性。具体来讲,当 EP 的宿主表达肯定性的概括时,例外是否定的
极性;当其表达否定性的概括时,例外表达肯定的极性。(c)对可
接受的宿主的限制:EP 被表达概括的宿主所允准。

Álvarez 的分析较之 Moltmann 有所发展,可以涵盖例外的关
联对象为 few-NP 的情况。但正如前面已经指出,"除了"短语并
不总是与全称表达相关,那么,用建立在全称基础上的概括这一定
义来描述"除了"短语的语义就会出现问题。因此,Álvarez 所提
出的 EP 的三条语义特征只适用于"除了"短语的部分情况。

我们认为,表示"排除特殊"义时,"除了"短语有这样几个特
征:(a)宿主和例外命题不能同时为真。(b)限制性用法中,例外

和"除了"短语的关联对象有隶属和并列这两种可能的语义关系；非限制性用法中，例外和"除了"短语的关联对象为同位或并列关系。(c)限制性用法以及非限制性用法的同位不互补关系要求宿主表达概括。而概括在这里被重新定义为：求取定义域中所有具有相关特征的个体的集合；或是求取具有相关特征的整体(此时"除了"短语的关联对象和例外是整体与部分的语义关系)。

### 6.2.3.5 "除了"短语的性质

von Fintel(1993,1994)等主要研究例外结构对全称量化词在语义上的限定，这类研究把例外结构看作全称量化词量化域的限定者。

而 Álvarez(2008)提出 EP 并不是量化词的量化域在语义上的限定者，例外是命题性的。EP 引发一个命题，该命题构成了针对 EP 的宿主所表达的概括的例外。带有 EP 的句子表达命题的并集。EP 的宿主所表达的概括是命题性陈述，而不是个体。例外也不是个体，而是命题。例如下面(72)中例外不是个体 Mary，而是 Mary did not draw a picture 这一事实。该文提出，下面两点可以帮助证明例外是命题性的。(i)例外短语 except/but-α 承诺关于 α 的表述为真。(ii)在例外词和它的补足语之间可以出现诸如情态副词、评价副词、频率副词等类型的副词性表达，这也说明例外部分是命题性的。

(72) Every girl except Mary drew a picture.

那么，汉语的"除了"短语究竟是范围限定词还是命题性的呢？

从语义角度看，拥有"排除特殊"的语义功能时，"除了"短语通过减除操作以某种方式对"除了"短语的关联对象进行限定，它的直接作用对象是该对象。例外命题不能与宿主同时为真，是由减除操作推导出来结果。

具体来说,限制性用法中,"除了"短语表示当关联对象被限定后,宿主才能为真,即把例外从定义域中减除之后,宿主为真。当"除了"短语的关联对象为限定性全称表达、表类指的无定NP、与全称量化副词相关联的复数表达、"没有NP"时,"除了"短语的关联对象同时也是定义域,例外属于其中。把例外从定义域中减除后,"除了"短语的关联对象所指谓的集合中剩下的成员都具备相关特征。这同时说明例外不具备相关特征,因此,"¬CP"这一命题为真。当"除了"短语的关联对象与表最高级的"最 XP"或排他性副词相互作用时,例外对定义域进行限定,在被限定后的定义域(即 D–C)中,宿主为真。当"除了"短语的关联对象被存在量化时,例外的作用也是确保宿主在被限定后的定义域(亦即 D–C)中为真。当"除了"短语的关联对象和例外是整体—部分的语义关系,而谓语是对整体的陈述时,例外表示:"除了"短语的关联对象所指谓的集合减去例外之后具备相关特征。

非限制性用法中,例外用以明确"除了"短语的关联对象所指谓的范围,和/或表明例外是显著的。同位互补用法中,例外用来帮助确定"除了"短语的关联对象所指谓的范围;同位不互补用法中,对于具有相关特征的"除了"短语的关联对象来说,例外是显著的。换句话说,例外不属于具有相关特征的"除了"短语的关联对象所在的集合。

从相关"除了"句的形式看,"除了"短语的补足语常见的形式并非完整的小句即命题,而是 NP、VP 等短语。当该补足语以小句的形式出现时,往往是要提供某些新信息,该信息与相关特征意义相反或相对,而不仅仅是对相关特征的简单否定。

另外,通常情况下,相关"除了"句的语义并不是对概括和例外这两个命题简单地进行取并集操作的结果。例如,用(73b)来表达(73a)的语义并不十分准确。相对而言,(73c)更能准确反映出(73a)的语义。

(73) a. 除了张三,每个学生都喜欢唱歌。

　　b. 对于每个 x 来讲,如果 x 是学生,那么 x 喜欢唱歌,并且张三不喜欢唱歌。

　　c. 对于每个 x 来讲,如果 x 是"张三"之外的学生,那么 x 喜欢唱歌,并且张三不喜欢唱歌。

### 6.2.3.6　"除了"短语与"除了"句的真值

von Fintel(1993,1994)提出对全称量化词的量化域进行限定时,例外保证在被限定后的量化域中全称表达为真;而在同位用法中,例外的作用在于说明该例外的显著性。

而 Álvarez(2008)则认为 EP 不直接影响它所修饰的陈述的真值,理由是:当 EP 的关联对象是非全称性的限定词时,无论 EP 的补足语是否被考虑进来,都不影响宿主的真值。例如(74),不管是否将 John 纳入考虑范围中,该句所描述的情境中喜欢王老师的学生都是大多数。

(74) Most students except John likes Miss Wong.

我们认为,"除了"短语是否直接影响它所在的"除了"句的真值要视具体情况而定。限制性用法中,"除了"短语的作用是确保宿主为真,即它直接影响宿主的真值;而非限制性用法中,"除了"短语并不直接影响宿主的真值。

### 6.2.4　"除了"短语的排除已知义

表排除已知义时,例外命题和宿主具有相同的真值。从句法角度讲,"除了"短语的补足语和"除了"短语的关联对象通常为结构类型相同的短语,在句子中充当同样的句法成分,例如(75)。

(75) a. 除了剪枝鲜花外,盆栽鲜花也成为送礼佳品。

　　　b. 泥炭中除了含有大量的水分外,还包括有机质和矿物质。

　　　c. 除了生活中充满神通外,自然界的种种现象也是神通。

　　(75a)中例外"剪枝鲜花"和"除了"短语的关联对象"盆栽鲜花"都是名词短语;(75b)中例外"含有大量的水分"与"除了"短语的关联对象"包括有机质和矿物质"都是动词短语;(75c)中两者都是小句。

　　"除了"短语一般出现在宿主的左边,它作为交际双方已知的背景信息或上文语境中给出的信息来引出新信息,即它的宿主。这与它排除已知信息,引出新信息的语义功能相匹配。

　　"除了"短语表示"排除已知义"这一语义功能时的典型情况是,添加性副词如"又、也、还、再"出现在句子中用以帮助实现添加性的语义。此时的添加性副词在语义上与"除了"短语的关联对象相互作用。添加性副词的语义由预设和断言两部分组成。相关"除了"句中,"除了"短语的关联对象是添加性副词如"也"的关联对象。该副词对与之相关联的成分进行存在量化。在断言部分,宿主为真。在"除了"的减除作用下,例外被排除在添加性副词的量化域之外。在预设部分,添加性副词预设:存在不等于"除了"短语的关联对象的指谓的 $x$, $x$ 能使"$x$ P"为真。例外不是添加性副词的量化对象,使得它有可能成为该副词的预设部分的 $x$。这样可以推导出"例外命题为真,宿主也为真"的语义。而这一语义既符合"除了"的限定性语义,也符合添加性副词的预设和断言。具体见(76)。

(76) a. 雇主除了付工钱外,也给一些杂碎或蹄头之类。

　　　b. 中国人除了单姓以外,还有两千多个复姓。

c. 他们这几年除了改造老公园,又新修了一些公园。

d. 这些侍从除了为她安排生活、衣着、车乘之外,再就是替她整理文牍之类。

上述例子可能的语义表达式可以概括为 AP & CP,例如(76a)和(76b)的语义表达式可以分别写成(77a)和(77b)。

(77) a. 雇主付工钱 & 雇主给一些杂碎或蹄头之类

b. 中国人有单姓 & 中国人有两千多个复姓

当然,自然语料中存在一些表示排除已知义的"除了"句并没有采用添加性副词作为标记,通过上下文语境可以推知宿主为真,例外命题也为真,例如(78)。

(78) a. 女儿上学了,她每天除了接送外,洗衣做饭,把家收拾得整整齐齐。

b. 除了照顾老人的日常生活外,每月免费为老人入户检查身体。

以(78a)为例,该句表示"她每天接送女儿"为真,"她洗衣做饭,把家收拾得整整齐齐"也为真。

此时,"除了"短语的关联对象和例外通常为同位或并列的语义关系。以上(75)至(78)的例子中两者是并列关系,下面(79)中是两者为同位关系的例子。

(79) a. 除了你,世界上还有很多人会烤甜饼!

b. 除了蘑菇之外,还有很多其他的配菜。

c. 除了教育之外,人类的其他活动也影响人发展。

一般情况下,例外和"除了"短语的关联对象并不能构成隶属关系。如果例外属于"除了"短语的关联对象的指谓中的成员,那么相关"除了"句所表达的宿主和例外命题同为真这一语义就会有问题。相关句子表示在断言部分宿主为真,而例外命题不为真;它允许例外命题在预设部分为真。然而,当例外属于"除了"短语的关联对象的指谓时,宿主为真必然蕴涵(entail)例外命题为真,这与相关"除了"句的基本语义相矛盾。例如(80)。

(80)(♯)除了乐乐,所有孩子也都来了。

这个句子成立的条件是,"乐乐"不属于"所有孩子"当中的一员,但"乐乐"和"所有孩子"同属于论域中的成员。如果"乐乐"是孩子,则该句不能说。

## 6.2.5 "除了"句的语义标识

关于"除了"句语义的决定因素,文献中给出了两种分析方案。一种是通过标识词来确定"除了"句的语义,以郑懿德、陈亚川(1994),肖奚强(1996,2004)为代表。另一种是根据"除了"句前后两个小句肯定、否定的一致性来判定相关句子的语义,具体可参考殷志平(1999)。这一节将在简要回顾上述相关讨论的基础上,针对"除了"句的语义标识展开讨论。

### 6.2.5.1 文献中的观点

#### 6.2.5.1.1 以标志词作为判定标准

郑懿德、陈亚川提出"除了"句"排除式"的标志词为"都、全"等,"加合式"的标志词为"还""也"等。然而,也存在一定条件下的变异,即否定、疑问及连用都可以影响这两种形式标志句的语义:当后一小句为否定式的"加合式"时,该格式表示排除的语义关系,

现代汉语全称量化词研究

例如(81);疑问句中的排除式则表示加合的语义关系,例如(82);
"也都"连用表达加合关系,而"都还"连用则表达排除关系,例
如(83)。

(81) a. 除了他们以外,谁也没见过她。

b. 除了他们以外,别人还没见过她。

(82) 昨天下午除了打篮球,他都做什么了?

(83) a. 除了他(喜欢)以外,我们几个也都很喜欢。

b. 除了他不喜欢这件衣服以外,其他的人都还喜欢。

该文没有对"变异"产生的原因进行解释、说明。殷志平
(1999)指出所谓的"变异"与"也""还"的语义有直接关系。当它们
的关联方向、用法不同时,"除了"句的语义会有差别。殷文的这一
分析很有见地。

肖奚强(1996)讨论"除了"与"都"等标志词的搭配规律。该文
观察发现,"除了"的宾语与主句成分之间的对应关系会造成"除
了"与"都、还、都还"等标志词配合使用时相关句子的合法性及所
表达的语义关系的差异。由此,文中提出一套搭配规则:当"除
了"的宾语对应于主句的谓语、宾语或单数主语时,可以与"还、也"
共现,表加合的语义关系,但不能与"都、全"共现,表排除的语义关
系。在"除了"的宾语对应于主句的复数性主语的条件下,当与
"还、也"共现时,表加合的语义关系,当与"都、全"共现时,表排除
的语义关系。"除了"与"都还"共现,既可表加合又可表排除关系。
肖奚强(2004)把"除了"句式分为"除了 NVN,NVN""(N)除了
VN,(N)VN"两种句式,并进一步将其分为 5 种格式。通过对这 5
种格式的分析,他认为"都、还"及否定词等标志词是"除了"句式的
语义标记。

然而,自然语言中的语料远比文献中所涉及的情况更为复杂。
把"都""也"等作为判定"除了"句语义的标识词存在不可靠性,只

406

能正确预测部分句子的语义。在 6.2.5.2 小节,将深入分析"都"等作为"除了"句语义标识词的条件。

6.2.5.1.2　以肯定、否定的一致性作为判定标准

殷志平(1999)认为虽然"都、也"等的用法及语义指向会影响共现时相关"除了"句的语义,但前后两个小句的肯定、否定一致性则是更为直接、可靠的"除了"句语义的判断标准:前半句与后半句同为肯定或否定形式时,表加合语义;而前后两个小句的肯定、否定形式不一致时,表排除关系,例如(84)。该句的前一小句为肯定形式"**X** 可以用这部电脑"而后一小句为否定形式"**Y** 不能用",因此具有排除义。

(84) 除他一个人可以用这部电脑外,其他任何人都不能用。

殷文进一步说明,当前一小句为不完整形式时,可以用添加谓语的方式来判别该部分为肯定还是否定陈述。因为,为了保持句子基本语义不变,否定或肯定只有一种形式为可行的补充形式,例如(85)。

(85) 除了他以外,别人也来过这里。

对(85)来讲,为了保证句子的基本语义不发生改变,"来过"而不是"没来过"能成为可添加的谓语,这样前后两个部分都是肯定形式。因此该句表达加合的语义关系。

但是,用肯定、否定的一致性作为判断"除了"句的标准则不可取。第一,该义指出"除了 **NP**"结构中可添加的谓语只能为肯定或否定一种形式,否则会改变句子的基本语义。如何去判断添加肯定还是否定形式之后相关语句的语义不发生变化呢? 在很多情况下,需要我们先知道有关句子的基本语义。那么,既然已经知道基本语义了,还有必要用一致性的标准去判定它的语义么? 可见,采

用一致性标准的使用前提存在问题。第二,这一判断标准会带来新的问题,有时可能会推导出错误的语义解释,例如(86)。

(86) 她除了是女人,一切都跟男人一样。

从形式上看,(86)中前后两部分都是肯定形式,根据文中提出的标准去预测,该句应表达加合关系。而实际上,它表达的是排除关系。

### 6.2.5.2 标识词的实现条件

在一定的条件下,"都""也"等具有量化能力的算子可以作为"除了"句的语义标识词。这里就它们充当"除了"句语义标识词的实现条件进行讨论。先以"都"为代表讨论全称量化副词作为"除了"句限制性用法的标识词的实现条件;接下来分析何种条件下"也"等可以用作"除了"句排除已知义的标识词;最后专门分析"都""也"等共现构成"都也"等语序时相关"除了"句可能的语义。

#### 6.2.5.2.1 全称量化副词用作标识词的条件

不考虑添加性副词共现的情况,全称量化副词"都"等作为确定"除了"句限制性用法的标识词要在以下条件下才能实现:(a)"都"等出现在相关句子中,确实是用作全称量化词,而不是用来表示量化以外的其他意义;(b)该量化词与"除了"短语的关联对象相互作用,即"除了"短语的关联对象是量化域;而且例外与"除了"短语的关联对象构成隶属或者同位关系;(c)语境没有赋予例外相关特征。要同时满足上述条件,相关副词才能用作标识词。

条件(a)帮助排除"都、均、全、全部"等虽然出现在"除了"句中但并非用作全称量化词的情况。例如:"均"的语义功能不止一种,除了表示全称量化义,还有可以表示"平均、均匀"的意义。"全/全部"也可以用作限定词,修饰 NP。"都"则涉及同形异音异义的问题。如果仅以"除了……都……"字串作为检索词,在语料库中检索它们出现在同一个句子中的语料,则可能检索到的一些例子中"都"是表示"首都、大城市"意义的"都",音 dū,它与量化义完全不相干。上述几种情形下,"都"等并不能用作标识词来帮助判断"除了"句的语义。

条件(b)保证"除了"短语可以对全称量化词的量化域进行限定,例如(87)—(89)。

(87) a. 避免的办法,除了要防止外伤、曝晒之外,注意衣服、
　　　 鞋子要合适,太松太紧都不好。
　　 b. 北京除了要在建筑形式等方面维护古都风貌外,保
　　　 护、维护、修复文物景点极其重要,任务很艰巨,各方
　　　 面都要给予重视、支持。

(87a)中,"除了"短语的关联对象为"注意衣服、鞋子要合适",它不直接与"都"相互作用。"都"所在的小句"太松太紧都不好"是对该关联对象的补充说明。"都"对小句中的"太松太紧"进行量化,表示太松不好,并且太紧也不好。因而,"都"的存在不能用于帮助判断该句中"除了"短语的用法。(87b)中,"都"的辖域是它所在的小句,它对"各方面"进行量化。而"除了"短语的关联对象是"保护、维护、修复文物景点极其重要"。

不难发现,(88)的例子中,"都"出现在对"除了"短语的关联对象或者其所在的句子进行补充说明的小句中,它不直接与"除了"短语的关联对象发生语义联系。

(88) a. 据《中国体育报》披露,除了全国性的钓鱼协会外,不
　　　 少大中城市都成立了群众性的钓鱼协会,仅是两级协
　　　 会会员就有千万之众。

b. 除了封面采用凹凸印刷，在每一部分的首页都附有一
·                                         ·
张"剪贴"。

(88a)中，"除了"短语的关联对象是在不少大中城市所成立的
"群众性的钓鱼协会"，而"都"的关联对象是"不少大中城市"；
(88b)中，"除了"短语的关联对象是第二个小句，"都"对句中的"每
一部分的首页"进行量化操作。这两个句子的共性是"都"处在"除
了"短语的关联对象当中，是它的一部分。因而，此时"都"也不能
作为标识词。实际情况是，这两个句子中"除了"短语都是添加性
用法。

(89) 除了店里原有两部车外，他和岳母今天都要加班送花。
·        ·              ·                ·

(89)中，例外是"店里原有两部车"，关联对象是"他和岳母"。
尽管"都"的操作对象是"除了"短语的关联对象，但例外既不属于
该关联对象的成员也不与其构成同位关系。可见，"除了"短语的
作用并非对量化域进行限定。通过上下文语境可知，例外命题即
"店里原有两部车今天要加班送花"为真，由此可以判定该句中"除
了"短语为排除已知的语义。

条件(c)说的是当语境已经指明宿主为真，例外命题也同时为
真时，语境赋予相关"除了"句添加性的语义，即语境决定此时"除
了"短语的关联对象不是用来限定"都"的量化域。

6.2.5.2.2  添加性副词作为标识词的条件

添加性副词"也、又、还、再"充当"除了"句排除已知义用法的
标识词也要满足特定的条件：（a）"也"等在宿主中充当添加性副
词；(b)该副词对"除了"短语的关联对象进行存在量化，且"除了"
短语的关联对象与例外不为隶属关系。

条件(a)要求"还"等在"除了"句中充当添加性副词，这样它
才能贡献添加义。文献中已经指出，"还"等语义功能丰富，充当

添加性副词只是其语义功能之一。以下情况下,它们不是添加性副词。

第一,"也、又、还、再"这四个词都有与添加义无关的语气用法,例如(90)。

(90) a. 大家除了觉得有点稀奇外,也没什么。
　　　b. 鸟儿在林中唱着歌,除了这些歌声,再没有任何生命的迹象。

(90a)中的"也"和(90b)中的"再"都是出现在否定的前面,表示语气义。去掉后不影响"除了"句的基本语义。此时,"除了"表"排除特殊"义。

第二,"也"左向关联"谁""什么"等疑问表达时,是全称量化词,参考(91)。

(91) a. 除了你,我谁也不认识。
　　　b. 除了新买的洗衣机,家里什么电器也没添。

(91)中"也"全称量化它左边的疑问词"谁"以及"什么"。(91a)表示:对于任意一个 x 来讲,如果 x 属于不包括"你"在内的人,那么我不认识 x;(91b)表示:对于每一个 x 而言,如果 x 属于不包括新买的洗衣机在内的电器,那么家里没有添加 x。这两个句子中"除了"短语表排除特殊义。

第三,当"除了"句中的反问语气或感叹语气将"还(有)""又"等的添加义转变为否定存在义时,"除了"短语的作用是对否定存在量化的量化域进行限定。例如(92)和(93)。

(92) a. 除了岳洋外,还有谁会做这种事?
　　　b. 我们女人家一旦老了,除了烧饭做菜,还有什么用处?

(93) a. 除了我，又有谁知道你的尺寸和喜欢的颜色呢？

b. 将竞争与和谐融为一体，除了奥林匹克，世间又有哪一种力量可以达成？

(92)和(93)都可以转换成相应的包含否定的句子，而句子的基本语义不发生改变。例如(92a)可以变为"除了岳洋外，没有谁会做这种事"；(93a)可变为"除了我，没人知道你的尺寸和喜欢的颜色"。此时，"除了"短语是对"没有 NP"中的 N′进行限定，属于限制性用法。

第四，表"持续"义时，"还"与添加义无关，不能作为标识词，例如(94)。

(94) 除了价格方面的优势，国产彩电在技术领先方面还没有太多发言权。

条件(b) 保证宿主在添加性副词的断言中为真，例外命题在它的预设中为真。下面(95)中如果"张三"属于集合{年轻设计师}或{他们}，那么该句因为违反"也"的语义要求而不能说。该句成立时，句中"张三"和"所有年轻设计师/他们"应该为并列的语义关系。

(95) 除了张三，所有年轻设计师/他们也必须到场。

### 6.2.5.3　标识词共现时的情况

"都""也"等不同语义类型的标识词共现时，相关"除了"句的语义是怎样的情况呢？我们对 CCL 语料库中带有"都还""还都""也都""都也"语序的"除了"句进行抽取。其中"都也"语序语料的抽取结果是 0 条。以下是其余三种语序对"除了"句语义影响的分析。

6.2.5.3.1 "都还"语序

"都还"语序中,"还"有表添加义和非添加义两种可能的语义。在"还"表非添加义即表语气义或持续义的情况下,"都"一般与"除了"短语的关联对象相关联。相关"除了"句中,"除了"短语表排除特殊义。具体为:当"除了"短语的关联对象与例外不是同位关系时,"除了"短语是限制性用法,例如(96);当两者是同位或并列关系时,"除了"短语为非限制性用法,例如(97)。

(96) 他们村除了他家,家家都还没盖上房。

(97) a. 内中包括编织、刺绣、银器、铜鼓、剪纸五个部分,除了剪纸部分不大好,其余材料都还好。

   b. 除了中锋郑海霞、后卫郑冬梅外,他的球员大部分都还只有 20 岁出头,第一次参加世界大赛。

在"还"表示添加义的情况下,"都"由于位于"还"的左边,它先对自己的关联成分进行量化操作,之后"还"对"除了"短语的关联对象进行存在量化操作。"除了"短语是排除已知义用法。见(98)。

(98) a. 除了已经提前包揽冠亚军的羽毛球女双决赛之外,中国的举重、射击、游泳和击剑都还可能出彩。

   b. 实际上,某些结构中 NP 能不能移位或者要不要移位,除了上面这些语法、语义条件外,都还要受到 NP 中数量词的制约。

6.2.5.3.2 "还都"语序

这一语序中,"还"有添加性和非添加性两种可能的语义,而"都"则充当全称量化词。当"还"表持续义或语气义时,如果"都"与"除了"短语的关联对象相互作用,则相关句子通常表示"排除特殊义",例如(99)。

(99) a. 这孩子除了眉毛不甚茂盛,别的还都能将就。

　　 b. 但制造透明胶片的技术,则除了美国以外,还都很
　　　幼稚。

如果"还"充当添加性副词,则相关句子表示"排除已知义",例如(100)。

(100) 中国共产党近八十年历史中涌现出的千千万万个优秀
　　　领导干部,他们除了对党和人民的赤胆忠心和勤奋工
　　　作,个个还都是清正廉洁的模范。

### 6.2.5.3.3 "也都"语序

在所检索到的包含"也都"语序的语料中,"也"通常是充当添加性副词,而"都"则是全称量化副词。在"也"执行添加义操作后,"都"对其关联对象进行量化操作。如果与"也"相互作用的成分是"除了"短语的关联对象并且该对象和例外是并列或者同位关系,那么相关句子表达的是"排除已知义"。可参考(101)。

(101) a. 企业内部除了生产车间,其他一应社会生活设施也
　　　都自己办。

　　 b. 除了这些自制的乐器外,张山田对古筝、箫等传统的
　　　乐器,也都精通。

　　 c. 除了饭店业外,其他相关行业也都希望分得一杯羹。

## 6.2.6　"除了"句的允准条件

下面我们将讨论"除了"句的允准条件,并尝试对(1c)(以下写作(102))不能说的原因进行解释。范围限定词"除了"是一元算

子,它和它的补足语构成例外短语之后,以减除"例外"的方式对与之相关联的成分/量化域进行限定操作。它自身不能在被限定后的关联对象/量化域与相关特征之间建立明确的语义关系。而相关"除了"句要求宿主要么表达概括的意义,要么表示与例外命题具有相同的真值。上述两种语义中任意一种语义的实现都需要借助于明确的语境或其他成分的允准。

(102) ?? 除了小明,我们喜欢唱歌。

表示"排除特殊义"时,"除了"句的允准条件有如下几种:

(a)"除了"短语的关联对象为限定性全称表达、与全称量化副词相关联的复数 NP、表示类指义的无定 NP、被否定词修饰的NP。C 属于 A 中的 N′。此时,全称量化词或类指算子可以作为允准成分。

(b)"除了"短语的关联对象为非全称的量化短语,如"很多NP""(绝大/大)部分 NP"等。C 和 A 是同位关系。此时,非全称量化词是允准成分。

(c)"除了"短语的关联对象与"最 XP"相互作用。C 和 A 在相关梯级上排序,且同属于 D。此时,全称量化词为允准成分。

(d) 表存在义的动词"有"存在量化"除了"短语的关联对象。A 和 C 同属于 D。这里,存在量化词是允准者。

(e)"除了"短语的补足语和关联对象构成部分–整体关系即 C属于 A,谓语是对整体进行说明(包括谓语中带有累积副词的情况)。此时,累积性副词为允准者。

(f) AP 表达概括的意义,且语境明确把 CP 为真的可能性排除。A 和 C 同属于 D,且两者间没有隶属关系。这里,语境成分为允准者。

表示"排除已知义"时,A 和 C 同属于 D,两者互不隶属。添加性副词或者明确的上下文语境是允准成分。

当句中缺失允准成分,而 C 和 A 之间的语义又不明确,以致难以设定一个合适的语境使相关句子满足"除了"句的语义要求时,句子不能接受,见本章开头提到的(1c)。

### 6.2.7 "除了"句的基本语义关系及语义模型

#### 6.2.7.1 "除了"句的基本语义关系

朱军、盛新华(2006)认为从使用频率来看,"排除式"在四种语义关系中使用频率最高;从标记的使用情况来看,"排除式"有无标记均可,而其他三种语义关系必须有标记。因而,"排除式"是"除了"句的基本语义关系。这一说法值得商榷。

第一,标识词"都"等与"除了"句的语义之间并不是严整的对应关系。一般来讲,"除了"句的语义是 AP 和 CP 的语义关系、A 和 C 的语义关系、标识词和 A 的语义关系三种关系共同作用的结果。如前所述,即使"都"用作全称量化词也不能确保相关"除了"句表"排除特殊"义,它还要求与 A 在语义上相互作用,例如(103)。

(103) a. 除了交通,台州各级政府都集中精力狠抓基础设施建设。

b. 除了专业运动员外,每年都有许多长跑爱好者参与。

c. 除了大运会,北京曾经成功举办过很多大型活动,积累了丰富的经验。

第二,"排除特殊"和"排除已知"这两种语义都有无标记的情况存在,例如(104)和(105)。此时对语义起决定作用的往往是语境因素。

(104) a. 除了空行,实习报告的字体可参考本指导书格式。

　　　　b.哈尔滨除了冷点,还真的很美。

(105) a. 除了工作,好读书,善思考。

　　　　b.他除了完成本职工作外,业余时间种菜5 000多
　　　　　公斤。


　　第三,从归纳推理的依据来看,该文所参考的有效语料的数量
有限,共129条语料,样本量偏小,不足以代表"除了"句的总体
情况。

　　第四,通过对实际语料的观察,不难发现,表"排除特殊义"时,
相关句子中起标识作用的不仅可以是全称量化副词,也可以是限
定性非全称量化词等。

　　通过对CCL语料库中5万余条语料的分析,可以发现,"排除
特殊"和"排除已知"这两种语义都很常见。从标记的角度讲,"排
除特殊"义的标识词类型更为多样。"排除已知"义的实现除了语
境之外,更多的是依靠添加性副词。简言之,这两种语义都是"除
了"句的基本语义。

## 6.2.7.2　"除了"句的语义模型

　　下面我们将在前人所给出的"除了"句的语义模型基础上,给
出我们所构建的"除了"句的语义模型。

### 6.2.7.2.1　既往研究所给出的模型

#### 6.2.7.2.1.1　范先钢(1991)的语义模型

范文构拟了"除了"句的语义模型,提出"除了"表示"在某一范
围内有所减除",其语义可以表示为 $W-X=Y$ ,其中 W 代表"被
减项"、减号"$-$"代表"除了"的作用(即"减去")、Y 代表剩余项。
W、X、Y 各相当于一个命题。

　　"除了……都……"句的语义模型进而可以写作"$N_1 VP_1$ 除了
$N_2 VP_2$,$N_3 VP_3$"的形式。从 $VP_2$ 和 $VP_3$ 的语义关系角度,该句式
可以进一步分为顺向减除句和逆向减除句两种。前者中 $VP_2$ 和

VP₃的语义指向(这里,所谓的"VP 语义指向"实际上指的是 VP 所表达的语义)相同,后者中 VP₂ 和 VP₃ 的语义指向则相反或相对。分别见(106a)和(106b)。

(106) a. 除了张三没来,其他人都来了。

b. 除了张三来了,其他人也都来了。

该模型针对命题层面进行操作。虽然基本上能成功解释顺向减除句的大部分情况,但在解释逆向减除句时则会遇到障碍。因为很难找到这样一个由 N₁ VP₁ 组成的命题,它能满足"N₁ VP₁ — N₂ VP₂ = N₃ VP₃"。因此,认为"除了"的语义是命题间的减除操作,这一分析的解释力有限。

### 6.2.7.2.1.2  沈开木(1998)的逻辑-语义框架

沈文从逻辑-语义角度讨论"除"字的框架及使用框架的模式。他提出"除"字的框架由主语、"除组"及"非除组"的逻辑-语义项目形成。其中"非除组"被定义为相关句子除去"除组"(即"除"字结构)及其左边的主语之后的部分。由于要进行量的加减,"非除组"的小谓语也参与"除"字框架的建立。而框架大致有事物和部分、事物和方面等 6 种。使用框架的模式有排除式、包含式、交叉式、选择式、不排除不包含 5 种。例如(107)。该例引自沈开木(1998)。

(107) 除了未出生的人,谁都会犯错误。

该句中,事物"人"和不同的部分"未出生的人""其余的人"再加上"会犯错误"形成一个"事物和部分"的框架。按照沈先生的分析,(107)应属于排除式,把"除组"的"部分"从"事物"的总量中减去,等于"非除组"的数量。

沈文关注"除组""非除组"以及主语(乃至隐性的"事物")几者

之间的语义关系,并尝试归纳为不同的框架。这一思路颇具启发性。但由于所采用的理论方案的限制,该文存在一定的局限。

第一,该文的分析主要针对"除组"中的"除"的宾语与句子主语相互作用的情况。然而,"除"的宾语并非总与主语在语义上产生联系。第二,"非除组"在框架中的实际作用与对框架的定义有出入。沈先生所列举的很多例子中,"非除组"在实际上并不参与框架的确立,例如(108)。该句的框架是由"事物""我"和不同条件"下雨""不下雨"组成的。这里,非除组"(我)天天去跑步"并没有参与框架的确定。第三,框架在确定时带有主观任意性。当"除"位于句子开头时,"事物"有时为主语的逻辑-语义项目,而有时则为某个隐性成分,也见(107)和(108)。前面已经提到,沈文认为,(107)中的"事物"是隐性的成分"人",而(108)中的"事物"则被认定为主语"我"。至于如何确定"事物",该文并没有进行解说。另外,该文把表全称的"谁"解释为"其余的人",将其看作一种夸张的表达手法,有失恰当。

(108) 除了下雨,我天天去跑步。

### 6.2.7.2.1.3 朱军、盛新华(2006)的语义模型

朱军、盛新华把"除了"句式的语义关系概括为 4 种并分别给出了语义模型:排除关系(W−A＝B)、加合关系(A＋B＝W)、选择关系(W 为 A 或 B)、等义关系(A＝B＝W)。其中 W 代表"语境中对象的整体情况",A 代表"'除了'一词所在项的内容",B 则代表其他项的内容。他们提出从使用频率和是否使用标记词来看,排除关系是主要的语义关系,其他三种关系都是派生出来的。而且,他们认为"强调对象的多／少"是"除了"句的句式义。不同标记词带给相关句子的强调意味也有差别。例如"都"的强调意味比"也"强。

该文对"除了"句的语义进行刻画,是很有益的尝试。但相关

分析存在一定的问题。首先，W、A、B 三者之间的关系比该文所描述的要复杂，例如(109)。这里 A"他"和 B"我"相加并不一定等于 W。W 很可能包括 A、B 以外的其他值。第二，该模型中，W、A、B 同句子相关部分(通常为谓语部分)的语义关系没有考虑进去。第三，与文中描述不同，表排除关系时，标记词并不总是可有可无。例如(110)这样的句子就不大好说。最后，认为"除了"句式的基本义是"强调数量多／少"并不准确。因为这样一来会有下面的推论产生："都""也"等的基本语义是表强调。显然，这不符合汉语事实。很多时候，相关句子并没有强调数量多或少的意思。

(109) 除了他，我也喜欢唱歌。

(110) ?? 除了张三之外，他们迟到了。

### 6.2.7.2.2 本书所给出的语义模型

与英语例外词 except for 不同，汉语"除了"有两种可能的语义功能。相应地，它的语义可以表示为两种形式。表示排除特殊义时，例外命题和宿主不能同时为真；表示排除已知义时，例外命题和宿主同时为真。分别表示为(111a)和(111b)。

(111) a. $\neg CP \& AP$

　　　 b. $CP \& AP$

(111a)只能大致描述"除了"短语所表达的排除特殊义。在其表现为限制性用法时，语义可以进一步刻画为(112)的形式。

(112) a. $\forall_x[x \in [|N'-C|] \rightarrow x\ P] \& \neg CP$，其中 $C \in A/D$
　　　　（适用于 I、II、III、IV）

　　　 b. $\forall_x[x \in [|D-C|] \rightarrow$ 去掉"最"之后的 $AP\ than\ x] \& \neg AP$，其中 $C \in D$ 且 $A \in D$（适用于 V）

c. $\neg \exists_x [x \in [|D-C|] \to x\ P] \& CP$，其中 $C \in D$ 且
  $A \in D$（适用于Ⅵ、Ⅳ）

d. $\exists_x [x \in (D-C) \& x\ P] \& \neg CP$（适用于Ⅶ）

e. $AP$，其中 $A \in [|D-C|]$（适用于Ⅷ、Ⅸ）

"除了"短语的非限制性用法中，A 和 C 为同位互补关系时，语义可以细化为(113a)，而同位非互补时语义则为(113b)。

(113) a. $\neg CP \& AP$，其中 $A = D-C$。

  b. $\neg CP \& AP$，其中 $A, C \in D$ 且 $A \not\subseteq C, C \not\subseteq A$。


## 6.2.8 "除了"的语义小结

例外词是范围限定词的一种。例外词"除了"的核心语义是通过减除的方式对与之相关联的成分进行限定操作。根据宿主和例外命题是否同时为真，可将"除了"短语的语义功能分为排除特殊义和排除已知义两类。

排除特殊义中，宿主和例外命题不能同时为真。根据"除了"短语是否直接影响宿主的真值，可将排除特殊义分为限制性和非限制性两种用法。限制性用法中，"除了"短语通过减除操作限定与之相关联的成分，以确保其宿主为真。"除了"短语的关联对象和例外可以是隶属关系，也可以是并列关系。该用法中，全称量化只是允准条件之一，并非所有情况都可以用全称量化来解释。全称量化、否定存在量化、存在量化词"有"、累积性副词、部分-整体的语义关系都可以作为相关句子语义的允准者。非限制性用法中，"除了"短语并非用来保证宿主为真，它或是用于明确"除了"短语的关联对象指谓的范围，或是用来强调例外的特殊性，或是强调作为新信息的宿主。该用法中，"除了"短语的关联对象与例外可

以是同位互补、同位不互补或并列的语义关系。其中,同位不互补关系中,"都"等量化词的使用具有可选性。

排除已知义中,例外命题和宿主同时为真。当"除了"短语处在宿主前面时,例外作为已知信息引出新信息宿主;当它位于宿主后面时,常常是对宿主的补充说明,有时也是用于强调例外。

由于"除了"本身是一元算子,它不能在其补足语和宿主之间建立明确的语义关系,因而往往需要其他成分对其进行允准。语境和具有存在量化能力的算子是最常使用的允准方式。

## 6.3　双重功能算子"除非"及相关格式的语义

正如《现代汉语八百词》等文献中所描述的,普通话中"除非"经常出现在如下一些较为固定的格式中。

格式1:除非……才……

(1) 除非一再发生,才能诊断为阳痿。

格式2:除非……(才……),否则……

(2) 我突然想到一件事。让我在临死之前再看一次大街;除非中了风,(才不能马上回来,)否则五分钟之内我一定回来。

格式3:除非……(才……),否则……不……

(3) 除非两个人志趣相投,(他们的婚姻才会和美,)否则他们的婚姻怎么也不会和美的。

格式4:除非……,不……

（4）除非把我们打死，决不做俘虏！

格式 5："除非"后面接某个动词(短语)的正反叠用

（5）因为生活充实，除非不写，写出来没有不真实，不恳切的。

格式 6：(如果)要……，除非……

（6）天坑里有蟒蛇，有瘴气，谁敢下去？要把那水搞上来，除非神仙下凡。

"除非"的基本义是什么？关于这一问题，争议由来已久。早在 20 世纪 20 年代就有"胡吴之争"。吴承仕 1922 年给胡适的信中认为"除非"的意思相当于"只有"，而胡适(1992a,1922b)则认为"除非"表示"除了"的意思。

综合以往的研究，主要有下面的观点：（一）认为"除非"具有单一的意义，以胡适(1922a,1922b)、江显芸(1990)等为代表，认为"除非"表示"除了"的意思；或以《现代汉语八百词》《现代汉语虚词例释》(以下简写作《虚词例释》)等为代表，认为"除非"用来强调唯一条件。（二）认为"除非"具有两种意思：既类似于"只有"，表示唯一条件；又可以表示不计算在内的意思，代表文献有：《汉语大词典》《现代汉语词典》等。

近年来越来越多的研究主张"除非"具有两个意义。下面将从形式语义学视角考查"除非"的语义，将其视为双重功能算子，并尝试解释：为什么出现在复杂句中的第一个小句时，"除非"常需要某个成分去允准。

本部分第一小节讨论"除非"用作唯一条件标识词时的情况。第二小节探索"除非"充当例外算子时的情况。最后对"除非"的语义进行总结。

### 6.3.1 "除非"用作唯一条件标识词

表示"只有"义时,"除非"可以看作唯一条件标识词。为了方便讨论,我们把简单句中"除非"所关联的成分也称为条件。它是一元的,作用于与之相关联的成分,将该成分所指谓的条件标识为唯一条件。而"唯一条件"则是相对于候选项而言的。格式1、格式2、格式3和格式6是比较典型的"除非"表"只有"义的结构。下面对这几种格式逐一进行分析。

#### 6.3.1.1 "除非……才……"格式

该格式既可以出现在简单句中,例如(7);也可以出现在复杂句中,例如(8)。

(7)除非神仙才能把他救活了。

(8) a. 尘封的历史,就像被瓦砾覆盖的废墟,除非你需要,你才会去翻翻拣拣。

b. 除非明天最后一轮比赛,湖北胜内蒙古,广东胜山东,广西胜山西,湖北才能勉强以第三名出线。

通过观察出现在北大 CCL 等几个语料库中的"除非……才……"结构,可以发现,"除非"和"才"在句子中的相对位置比较固定。简单句中,"除非"出现在谓语前的某个位置,比较典型的是主语之前的位置,而"才"则通常处在主语后、谓语前的某个位置,如例(7)。复杂句中,"除非"处在第一个小句中谓词前的某个位置,常用在句首,而"才"处在第二个小句的谓语之前,如例(8)。

《虚词例释》指出该结构省略"除非"后句子的基本语义保持不变。不考虑焦点位置对句子语义的影响,该描述基本上符合相关的语言事实。例如,例(9)去掉"除非"之后,句子的基本语义没有发生变化,见例(10)。

(9) 除非一颗麦粒落在土里死去,它才能永生。

(10) 一颗麦粒落在土里死去,它才能永生。

通常来讲,省略"才"之后,相关的复杂句会变得不大好说或是难以接受。例如(9)去掉"才"之后,一般不大能接受,见(11)句。

(11) ?? 除非一颗麦粒落在土里死去,它能永生。

由此可见,复句中,"除非"本身并不能在条件和结果之间建立语义关系,该格式中对相关句子完句起关键作用的是"才"。

普通话副词"才"的语义是一个比较复杂的问题,具体分析详见 Zhang(2013)等。简单来说,当具有 König(1991)所提出的焦点小品词的三个特征时,"才"是一个焦点副词,具体来说,属于排他性副词。以(12a)为例,"才"表示:相对于断言条件以外的候选条件如"你给我送花"等而言,只有断言条件能使"我才会考虑"这一结果得以实现。其中,候选条件由断言条件"你连续给我写一百封情书"所引出。

(12) a. 除非你连续给我写一百封情书,我才会考虑。

b. 你连续给我写一百封情书,我会考虑。

单独使用时,焦点副词"才"的辖域是整个句子,它会引出一个由焦点规则决定的三分结构。简单句中,焦点短语被映射到核心部分,而句子的其他部分被映射到限定部分。例如,例(7)的可能的三分结构可以写成(13)的形式。

(13) 神仙才能把他救活了。

Cai$_x$[x 能把他救活了][x＝神仙]

¬∃$_x$[x 能把他救活了 & x≠神仙]

"否定存在这样一个 x，如果'x 能救活他的命'，那么 x 不是'神仙'。"

复句中，从句作为与"才"相关联的成分被映射到限定部分，"才"所在的主句被映射到核心部分。接下来，"才"的限定部分中的条件句可以表示为由句法规则决定的三分结构，其中条件从句作为话题被映射到限定部分，而主句作为述题被映射到核心部分。条件从句和主句之间为蕴涵关系。这是第二个层次的三分结构，由隐性的条件算子(记作 OP)引出。例如，(10)的可能的三分结构可以写作(14)的形式。

(14) 一颗麦粒落在土里死去，它才能永生。

　　a. 第一个层次的三分结构：

　　　　CAI$_p$[P，它能永生][P＝一颗麦粒落在土里死去]

　　　　¬∃$_p$[(P，它能永生) & P≠一颗麦粒落在土里死去]

　　b. 第二个层次的三分结构：

　　　　OP[P][它能永生 if P]

　　　　OP[P→它能永生]

　　　　"否定存在这样一个 P，如果 P 能使'它能永生'为真，那么 P 不等于'一颗麦粒落在土里死去'。"

那么，在"除非……才……"结构中，"除非"和"才"分别具有怎样的语义功能呢？换句话说，它们之间有着怎样的语义分工？

如前所述，通常来讲，"除非……才……"结构中去掉"除非"之后相关句子的基本语义保持不变。因此，该结构中对语义起决定作用的是"才"。这里，"才"仍用作排他性副词，它的辖域是整个句子。复句中，去掉"才"之后，相关句子的可接受性变差，说明"除非"不能单独在条件子句和结果子句之间建立语义关系,而且说明它的作用范围应该限定在它所在的小句中。

通过对下面例(15)中的一组例子进行比较,不难发现,"除非"不能与它的成分统制域之外的焦点相互作用。


(15) a. 除非[院长]$_F$请我,我才会去作报告。
　　　b. [院长]$_F$除非请我,我才会去作报告。


在例(15a)中,焦点"你"处在"除非"的成分统制域中,"除非"作用于"你请我"。该焦点会影响"你请我"所引出的候选项集合的组成,各个候选项只在焦点位置有所不同。这些候选项可以抽象为"x请我",其中 x 的取值由语用等因素决定。假设论域中有四个个体:院长、书记、系主任、我。由于不大可能存在"我请我自己"这样的条件,因而可能的候选项集合中还有两个成员,即"书记请我"和"系主任请我"。(15b)中,焦点"院长"处在"除非"的成分统制域之外,"除非"只是用来作用于"请我"。该焦点并不影响候选项集合的组成。

总之,"除非……才……"这一结构,用在复杂句中时,"除非"作用于它所在的小句中的、它的成分统制域内的成分。当其中有不止一个成分可以充当焦点时,焦点所在的位置会影响候选项集合的组成,而各个候选项只在焦点位置有所不同;用在简单句中时,"除非"通常作用于它的成分统制域中的与它邻近的成分。该格式中,"除非"的语义贡献主要表现为:它强调由出现在它的成分统制域中的成分所指谓的条件是相对于候选项而言的唯一的条件。"除非"可以看作一个一元算了,用来标识"唯一条件"。"才"作为排他性副词对"除非"结构进行量化操作,表示只有"除非"所作用的这个条件能满足相关句子,而各个候选条件都不能使相关句子为真。

下面刻画带有"除非……才……"结构的句子可能的三分结

构。简单句中,"除非"先作用于与它相关联的成分,将其标识为"唯一条件",这样可以得到一个二分结构;接下来,"才"引出一个三分结构,"除非"短语映射到核心部分,句子的其他部分映射到限定部分。以(7)为例,它的可能的三分结构可以表示为(16)。

(16) 除非神仙才能把他救活了。

$\text{Cai}_x [x$ 能救活他的命$] [x=$除非(神仙)$]$

$\neg \exists_x [x$ 能救活他的命 $\& x \neq$ 除非(神仙)$]$

"否定存在这样一个 x,如果'x 能救活他的命',那么 x 不是'神仙'。"

复句中,"除非"对它所在的从句进行操作,将其标识为"唯一条件",而出现在它的成分统制域中的焦点会影响候选项集合的组成。"才"引出的三分结构中,"除非"短语被映射到核心部分,"才"所在的主句被映射到限定部分。接着,在"才"的三分结构的限定部分,会有一个由"条件算子[条件][结果]"构成的第二个层次的三分结构。如果"除非"的成分统制域中存在焦点成分,在"才"的三分结构的核心部分,隐性的焦点算子(也记作 OP)会引出第三个层次的三分结构。以(17)为例,为方便讨论,假设"您"为焦点,该句可能的三分结构见(17)。

(17) 除非[您]$_F$需要我去,我才去。

a. 第一个层次的三分结构:

才$[P,$我去$] [P=$除非([您]$_F$需要我去)$]$

$\neg \exists_P [(P,$我去$) \& P \neq$除非([您]$_F$需要我去)$]$

b. 第二个层次的三分结构:

OP$[P] [$我去 if $P]$

OP$[P \rightarrow$我去$]$

c. 第三个层次的三分结构:OP$_f [f$ 需要我去$] [f=$您$]$

"否定存在这样一个 P,如果 P 能使'我去'为真,那么
P 不等于'您需要我去',其中断言'f 需要我去'中的 f
是'您'。"

### 6.3.1.2 "除非……(才……)""否则……(不……)"格式

文章开头提到的格式 2 和格式 3 所表达的基本语义相同。在
前面刚刚讨论过,"除非……才……"结构中"除非"和"才"的语义
分工。至于"否则",它通常表转折关系并用来连接句子,表示"如
果不这样"的意思,可以写作:如果 ¬ P,那么……。在"除非……
(才……)""否则……(不……)"格式中,表转折的"否则"会在"除
非"所强调的"唯一条件"和结果之间建立间接的语义关系。这里,
"否则"表示的是:如果条件不是"除非"所标识的"唯一条件",换
句话说,如果条件是某个相对于"唯一条件"而言的候选条件,会产
生怎样的结果。这里 P 指的是"除非 P"结构中与"除非"相关联的
P。比如,(18a)和(19a)可分别改写成(18b)和(19b),而句子的基
本语义保持不变。

(18) a. 但一般情况下,除非人们先向它进攻,否则它是不会
先攻击人们的。

b. 但一般情况下,如果人们不先向它进攻,它是不会先
攻击人们的。

(19) a. 我向你保证,除非有必要,否则我不会起诉。

b. 我向你保证,如果没有必要,我不会起诉。

"否则"可以用类同表达如"(要)不然"代替,例如(20)。

(20) a. 如果单凭这一个来判断,很对不起,除非把尼龙登山
绳浸湿过,要不然,它用于登山,恐怕是不容易断的。

b. 我们现在觉得你面带病容，除非采取些措施，不然你
就真会得病的。

从实际语料来看，"才……"这一部分一般不出现在句子中。
不管"才……"是否出现在句子中，"除非"的语义功能仍旧是标识
与之相关联的条件为相对于候选项的"唯一条件"。如(21)。

(21) 除非她把那封信交给我，否则她非出庭到嫌疑犯席上去
受审判不可。

该句中，"除非"把"她把那封信交给我"标识为唯一条件。句
子表示，当这个唯一条件不被满足时，结果出现。

### 6.3.1.3 "(如果)要……，除非……"格式

该格式中，第一个小句中的"要"是表示意愿的情态动词。第
二个小句中的"除非"标识"唯一条件"。整个格式说的是：取得某
种结果的意愿以及能使该结果产生的唯一条件。这里"唯一条件"
仍旧是针对候选条件而言的，而各候选条件之间只是在焦点位置
存在差异。见(22)。

(22) a. 有人却说："顶风鸟，溯水鱼，顶水是鱼的本性，要不伤
鱼，除非不加水。"
b. 要想把哑巴治好，除非铁树开花！

(22a)中带下画线部分表示：要想实现不伤鱼的目的，一定
要满足"不加水"的条件。只有这个条件能实现不伤鱼。(22b)
则表示："铁树开花"是唯一一个能满足"把哑巴治好"这一意愿
的条件。

由于两个小句之间的这种结果和条件之间的语义关系很明

确,因此不需要其他成分把这两个小句关联起来。这里,"除非"作
用于它所在的小句,强调该小句所指谓的条件是"唯一条件",而该
小句通常处在"除非"的成分统制域中。

## 6.3.2　"除非"用于表排除义

表示"排除例外"的意思时,"除非"可以看作例外算子和与之
相关联的成分构成例外结构对量化域进行限定。

### 6.3.2.1　"除非……,不……"格式

我们认为,该格式作为一个独立的结构并不是其他结构省略
之后的结果。"除非……"和"不……"两部分之间的相对位置较为
自由,"不……"有时可以出现在"除了……"前面,例如(23)。

(23) a. 除非临到了别离的时候,爱永远不会知道自己的
　　　　深浅。
　　　b. 我不去,除非你把那本画册给我。
　　　c. 小动物刚生下来是不会离开母兽的,除非人类加以
　　　　干预。

该结构中,"除非"和与之相关联的成分构成例外结构,对量化
域进行限定。此时,通常是(隐性的)量化算子对相关句子进行量
化操作。例如,对(24a)来讲,主句中的"一般"会引出一个三分结
构,其可能的三分结构为(24b)的形式。

(24) a. 除非特殊情况,一般不宜提倡加班。
　　　b. GEN$_s$[s∈S & s≠特殊情况][不宜加班 in s]
　　　　"对于所有s而言,如果s是集合S的一员,且s不等
　　　　于'特殊情况',那么大部分s等于'不宜加班'"。

### 6.3.2.2 "除非"后面接某个动词(短语)的正反叠用时的情况

该类型结构最显著的特征就是从句和主句中的主要动词相同,但是一个采用肯定形式而另一个采用否定形式,如例(25)。这里"除非"的关联对象一般为例外条件,即该条件不能引出主句所说的结果。这类结构重在说相关动作行为一旦发生就会产生某种相应的结果。

(25) a. 除非不建设,要建设就应当有长远打算。

　　b. 除非不做,一做就得要求基本上合乎标准规格。

　　c. 我提出要为她补照,她想了想,马上又笑了:"算了,反正你们报纸印出来也是黑白的,看不出来,唉,我这人干嘛事都认真,<u>除非不干,干就要干好</u>。没办法,改不了啦。"

(25a)中,动词"建设"在从句和主句中都出现了,从句采用的是其否定形式"不建设",主句中是其肯定形式。(25b)中,动词"做"同时出现在主句和从句中,从句是其否定形式,而主句是肯定形式。(25c)画线部分中动词"干"在两个小句中重复出现,其中从句是否定形式,而主句是肯定形式。

### 6.3.2.3 其他情况

"除非"用作例外词时,相关句子的表现形式可以很灵活,并不限于上面的两种格式。例如(26)和(27)。

(26) a. 除非他的肚子正绞着疼,他总不肯空放走一个买卖,该拉就拉,他始终没染上恶习。

　　b. 无法估计,除非上帝谁也不晓得。

(27) a. 同志们,人在阵地在,除非是我们死了。

b. 今后除非特别指明,状态即指平衡态。

(26)中"除非"短语用来限定全称量化的量化域。具体来讲,(26a)中,"总"量化情境集合。"除非"短语通过减除例外对情境集合进行限定,句子表示:在"他的肚子正绞着疼"之外的每个其他情形下,他都"不肯空放走一个买卖,该拉就拉"。(26b)中,"也"表示全称量化的语义,"除非上帝"对"谁"进行限定,句子表示:不包括"上帝"在内的所有人都不晓得。

(27)中,"除非"短语引出例外情况,它所限定的情况集合是隐性的。句子表示:不包括例外情况的情况下,宿主为真。具体来说,(27a)表示:把"我们死了"这一情况排除在外,其他情况下,"人在阵地在"。(27b)则表示:今后特别指明的情况之外,其他情况下,"状态即指平衡态"。

## 6.3.3 "除非"的语义小结

综上,普通话里"除非"是一元算子,有两个意义。表示"只有"义时,"除非"可以看作"唯一条件"的标识词,对与之相关联的成分进行操作,把该成分所指谓的条件标识为相对于候选项的"唯一条件"。简单句中,与它相关联的成分出现在它的成分统制域之中;复句中,与它相关联的成分为它所在的小句。出现在它的成分统制域中的焦点会影响候选项集合的组成:各个候选条件只在焦点位置存在差异。表示"排除"义时,"除非"用作例外算子,和与它相关联的成分构成例外结构作用于量化域,对其进行限制。

在带有"除非……才……""除非……,否则……"和"除非……不……"格式的复句中,"才""否则"和"不"的出现往往是强制性的,这是由于"除非"作为一元算子并不能在与它相关联的从句和主句之间建立语义关系,相关句子需要一个成分在分句之间建立语义联系。而排他性副词"才"和连接成分"否则"都可以起连接两

現代汉语全称量化词研究

个分句的作用,它们都可以对整个句子进行操作。否定算子"不"的出现则使两个分句之间的语义比较明确,而句中隐性的量化算子会对整个句子进行量化操作。因此,有时"不"出现在主句中时,不再需要其他成分(如:连接成分"否则"等)的出现来帮助允准相关句子。

## 6.4  本章小结

总的来说,现代汉语全称量化的量化域可以通过语音、词汇或是句法手段来标识。而且,重音在很多情况下可以用来帮助消除句子歧义。

一般来讲,语境会对量化域进行限定。量化域限定词在限定量化域的过程中扮演重要的角色。本研究对"除非"和"除了"这两个常用的、可以用于限定量化域的词进行考察。

例外算子"除了"既可以对全称量化词的量化域进行限定,又可以对存在量化词的量化域进行限定。

"除非"有两种可能的语义功能:用作例外算子时,它和它的补足语构成例外结构,通过减除"例外"的方式对量化域进行限定;用作唯一条件标识词时,它把与之相关联的成分所指谓的条件标识为唯一条件。

# 第七章

## 结　语

这一部分将在前面研究基础上整理和归纳现代汉语全称量化词的整体语义,并总结本书的主要观点。

## 7.1 现代汉语全称量化词各类别的本质和特征

现代汉语全称量化词各次类的语义功能并不相同。

所谓的限定性全称量化词主要包括"每""所有""一切""凡""凡是""举凡""但凡",限定性"一应""全""全部""全体""整""整个""整整"等 10 余个成员。研究表明,这些所谓的限定性全称量化词并不具备全称量化能力,它们是一元算子,对其关联对象进行加合或最大化操作。

"每""所有",限定性"全""全部""一切""整""整个""凡(是)""举凡"等都是加合算子,对其关联对象进行加合操作,进而得到复数性集合。根据加合算子的语义特征,可将其分为统指性、逐指性和整指性三个小类,"所有""每"以及"整"分别是其典型代表。

"整整"以及用作定语、状语或补语的"满"和"满满"是最大值算子,给予其关联对象最大值。

加合算子和最大值算子都能带给其关联对象最大值解读,但方式却不同。加合算了通过加合操作将所有具有相关特征的个体/事件等进行加合,加合性语义带来最大值的表达效应。最大值算子直接赋予其关联对象最大值。

加合短语以及最大值短语要想获得全称量化/分配性解读一般需要全称量化或分配算子的帮助。

A 型全称量化词具备全称量化能力,是真正的全称量化词,包括修饰性全称量化词和补语性全称量化词两个次类。

修饰性全称量化词出现在谓词前修饰语位置。根据其是否具备内在的排他性特征,可以将其分为一般性全称量化副词和排他性副词两个小类。

一般性全称量化副词主要有"都""总""一概""一律""统统""通通""通统""一直""到处""处处""一一""逐一""皆"以及表全称义的"均",修饰性的"全""全部"等,具有如下共性特征:(a)没有内在的排他性特征;(b)具有全称量化能力,对其关联对象进行全称量化操作,表示:关联对象所指谓的集合中的每个成员均具有相关特征;(c)对关联对象有复数性的语义要求,允许关联对象以隐性的方式存在;(d)关联方向以左向关联为主,有些词如"全部"等允许右向关联;(e)所引出的三分结构由关联对象映射规则决定:关联对象被映射到限定部分,而句子的其余部分被映射到核心部分;(f)表主观量时,通常表主观大量。

排他性副词主要包括"只""才""就""净""仅""仅仅""单""单单""唯""唯有""唯独""唯恐"以及修饰性"光"等成员,有以下几个特征:(a)具有内在的排他性特征,能排除断言值之外的候选项满足相关开语句的可能性;(b)具备否定存在量化能力,而否定存在量化在逻辑上等价于全称量化;(c)关联对象必须以显性方式存在于其辖域中,对关联对象本身没有复数性的语义要求,由关联对象所指谓的断言值引出的候选项集合必须是复数性的;(d)与梯级相关时,各候选项要在相关梯级上排序;(e)关联方向以右向关联为主,个别词如"才"等也可以左向关联;(f)具有焦点敏感性,总是与焦点相互作用;(g)所引出的三分结构由焦点规则决定:焦点会被映射到核心部分,而句子的其余部分被映射到限定部分;需要特别说明的是,"净"同时左向关联复数性 NP 时,关联对象映射规则也起作用;(h)表主观量时,右向关联表主观小量,"才"左向关联时表主观大量。

　　补足性全称量化词主要包括补语"光"和"全"等,出现在谓词后补语位置,起对谓语所指谓的动作或行为的结果的补充说明作用,对关联对象有复数性的语义要求。该类词总是关联动词的内论元,在句子表层结构中其关联对象既可以是左向的也可以是右向的。所引出的三分结构由关联对象映射规则决定。

　　现代汉语所谓的浮动性全称量化词主要有"全""全部""全体""一应""整""整个""整整""光"等,这些词的语义性质各不相同。在相类似的句法表现背后是不同的语义本质。同一个句法位置上,不同词的语义功能可能存在差异,比如说,限定词位置上,"整整"是最大值算子,"全"是加合算子。同一个词处在不同的句法位置上时,语义功能也可能不同,例如限定词位置的"一应"是加合算子,修饰语位置上的"一应"则是全称量化词/范围限定词。也可能同一个词即使出现在不同的句法位置上语义功能也不发生改变,如"满"和"满满"无论是出现在限定词、修饰语还是补语位置都是最大值算子。

　　通过分析现代汉语全称量化词的语义本质,我们认为有必要重新思考现代汉语全称量化词这一语义范畴的构成和分类。现代汉语在限定词位置上缺少全称量化词,也没有真正意义上的浮动量化词。现代汉语只有 A 型全称量化词。该类型的全称量化词可以根据句法位置以及排他性特征进行次类划分。现代汉语有补足性全称量化词,该类量化词属于词汇量化词。

## 7.2　现代汉语全称义的表达手段以及全称量化的机制

### 7.2.1　现代汉语全称义的表达手段

　　全称量化词、加合算子以及最大值算子可统称为全称词。现代汉语全称词产生于不同历史时期,语义也随时代不断发展演变,现今共时层面的全称词是历时叠加的产物。

　　A 型全称量化词是现代汉语中真正的全称量化词,是全称量化最为重要的手段。这类量化词数量较为丰富。各成员在句法位置、所残留的词汇义、关联方向、量化对象、语义特征、对谓语的选择限制、排他性特征、与量级的关系、所表达的主观性、对语体的选择等方面存在差异。具体如下:

　　一般性全称量化副词通常出现在谓词前修饰语位置,不具有内在的排他性,在表达主观量时通常表主观大量。该类别的全称量化词在关联对象和关联方向等方面存在差异:"都"语义呈现出中性特征,使用频率最高,左向关联,允准能力强,能允准"无论 XP"等无条件表达以及疑问短语;"总"一般量化事件或情境集合,不针对个体进行量化;"一律／一概"强调无例外,常用于规定或通知中。在法律条文中多用"一律";修饰性"一应"相当于"全部"的意思;"统统／通通／通统"总是左向关联,常用于口语中;"一直／始终／一向／从来"都可以量化时间,但它们所表达的时间内容有所不同,在是否有内在的"持续义"等方面也有差异。此外,"一直"还可以量化方向,此时它具备内在的排他性;"到处"和"处处"量化的对象是范围。"处处"既可表具体范围,也可表抽象范围,可作宾语,能修饰名词性谓语。"到处"只表具体范围,不能作宾语,也不能修饰名词性谓语;"一一"和"逐 X"具有序列义和分配性特征,既可左向关联也可右向关联。副词"全""全部"以及"全体"都具有强调整体的特征,要求关联对象的语义特征与之相匹配,都可以左向量化。"全部"和"全体"也能右向量化,但不能量化隐性的程度。"全"能量化隐性的程度。

　　排他性副词在关联方向、辖域等方面存在差异。从关联方向角度讲,"才"和"唯一"既可以左向关联也可以右向关联。"净"在右向关联的同时,也可以左向关联;从辖域角度看,"才"左向关联时,辖域是整个句子,它可以跨域其所在的小句关联从句。其他排他性副词的辖域是其所在的小句;从与梯级的关系看,"才"左向关联时,要与梯级相关,并将关联对象评价为相对最大值。"就""只""仅""光""单""唯""唯有/唯独"等只能右向关联。"就""只""仅"在梯级用法中将其关联对象评价为相对最小值,它们也有非梯级用法。"光""单""净"等只有非梯级用法。此外,各成员在重叠能力等方面也有不同表现。

补足性全称量化词出现在补语位置,它们具有自身的词汇语义。例如"全"和"光"自身的词汇语义很明显。

此外,名词/量词重叠形式以及反义复合副词也可以用来表达全称量化。当名词/量词重叠式出现在主语或主语之后谓词前修饰语位置时,表全称量化义,具有分配性特征,作用相当于全称量化词。例如(1)。

(1) a. 听说明天要去郊游,孩子们个个兴高采烈。

　　b. 快过春节了,家家张灯结彩。

　　c. 有人讽刺国内,人人"向钱看",也不是空穴来风。

(1a)中,"个个"具有分配性特征,表示听说明天要去郊游,"孩子们"这个集合当中的每个孩子都兴高采烈。(1b)中,"家家"表示"每一家都"的意思。(1c)中,"人人"表示"每个人都"的意思。

反义复合副词如"横竖""反正""死活"等也可以表达全称量化义,可被视为一般性全称量化副词。例如(2)。

(2) a. 我的同行者看到一个小孩子长得逗人喜爱,想给他照张相,这孩子横竖不答应。

　　b. 不管大伙儿怎么"强烈要求",他反正不唱。

　　c. 他死活不同意,硬是把钱挨家给退了回去。

现代汉语缺少 D 型全称量化词,位于 D 位置的全称词如"所有"等是加合算子,"满"等是最大值算子。

　　加合算子通过对它的关联对象进行加合操作,得到一个语义上的复数性集合,该集合表达全称义。各成员在词性、语义特征、词汇义、与量词结合的能力、对关联对象的选择、对谓语的选择限制、浮动能力等方面存在差异。具体如下:

　　"每"既可以是限定性也可以是副词性的,具有内在的逐指性特征,要求谓语的语义特征与之相兼容。"每"关联对象出现在其右边紧邻它的位置,该成分可以是(带有数量短语的)NP、VP、当/到/逢 XP、动量词＋VP 等。

　　"所有"是限定性的,不能与量词以及数量短语结合,右向紧邻关联对象 XP,而 XP 多为 NP。"所有"是对当前现实世界存在的具有 XP 特征的个体/事件进行加合,具有统指性特征。

　　"一切"可以是限定性的,也可以是指称性的,不能与量词或数量短语结合。"一切 XP"中,"一切"紧邻 XP,对具有 XP 特征的个体/事件加合,这个 XP 可以是过去的、现在的、将来的,甚至是可能世界的。"一切 XP"是统指性的,有时也可以看作一个整体即整指性的。"一切的一切"和"一切一切"都带有强调意味,前者是指称性的,后者可以是指称性或是限定性的。

　　"凡(是)"是副词性的,紧邻关联对象,"凡(是)XP"是统指性的,强调关联对象所指谓的集合无例外。该加合短语可以由语境来允准,法律条文多用"凡"而不是"凡是"。"举凡"的关联对象为列举性表达或是对列举性表达的概括,是统指性的。

　　限定性"全"能与某些特定的量词结合,具有强调整体的特征,带有"完整;无残缺"的词汇义。限定词位置的"全部"是指称性或限定性的,有表示各个部分的总和的词汇义。名词性"全体"表示各个个体或部分的总和,不能与量词结合形成句法单位。

　　限定性"一应"是统指性或整指性的。

　　"整"和"整个"都是整指性的,"整"具有有限的浮动性,可与量词结合;"整个"具有一定的浮动性,可与数量短语结合。

　　最大值算子赋予其关联对象最大值解读。各成员在浮动能力、对关联对象的选择以及主观性等方面存在差异。"满""满满"和"整整"等是最大值算子的代表,具有不同程度的浮动性。"满"和"满满"可以表示空间、时间、数量达到最大值;"整整"是指数量达到最大值,经常带有主观大量义。

语义和数量丰富的全称词可以让说话人在表达时有更多的选择性,使得表义更为精细。全称词以及表全称义的名词/量词的重叠形式共同构成现代汉语全称表达系统。

### 7.2.2 现代汉语全称量化的机制

出现在适当位置上的加合短语及最大值短语能为全称量化提供量化域。A型全称量化词运用自身的全称量化能力,赋予其关联对象全称量化解读。

两个或以上A型全称量化词共现时,它们有各自的语义分工。当它们有各自的关联对象时或是辖域不同时,这些共现的全称量化词依旧都是全称量化词,语义功能不发生改变,例如(3)。

(3) a. 早点下雨,把这一切统统冲刷掉才好!
    b. 每到周末,学校的几座大门前,都排满了出租车,一会儿,就被一一地召唤走了。

(3a)中,"统统"和"才"的关联对象不同。修饰性全称量化词"统统"关联"把"的宾语"这一切",对其进行全称量化,排他性副词"才"则是对它左边的"早点下雨,把这一切统统冲刷掉"为关联对象,表示:断言值"早点下雨,把'这一切'所指谓的集合中的所有成员都冲刷掉"具有"好"的特征,而其他候选项则不满足开语句"x好"。(3b)中,"都"和"一一"的量化对象不同。"都"对"每到周末"和"学校的几座大门前"进行量化,而"一一"则是对"出租车"进行量化操作。该句表示：对于每个周末而言，学校的这几座大门中的每座大门前都排满了出租车，一会儿，所有这些出租车都会被一辆接一辆地召唤走了。

当它们的关联对象为同一个成分时，通常来讲，在句子线性序列中相对左边的量化词会转而成为范围限定词，对量化域进行限定，从而起到强调作用。相对最右边的全称量化词依旧起全称量化作用。见(4)。

(4) a. 她被坏人疯狂殴打，全身到处都是伤口。

b. 《纲要》中规定的各项任务和目标，都要一一落实。

c. 不管是公家还是私人送的礼，他一概都不要，全送到了县里的各个福利院。

(4a)中，加合算子"全"用于限定"身"，表示身体各部分的总和，"到处"出现在量化词"都"的左边，用作范围限定词，作用于"全身"，对"都"的量化域进行限定。"都"对"到处"限定之后的"全身"进行全称量化。(4b)中"都"和"一一"都是作用于它们左边的 NP"《纲要》中规定的各项任务和目标"，其中"都"用作范围限定词，"一一"是全称量化词。(4c)中，"一概"和"都"都是关联"不管"短语，"一概"用作范围限定词，"都"执行量化，对被"一概"限定后的量化域进行全称量化。

全称词的共现和叠加使用会增加语言的表现力，起到强化表达效果的作用。在 NP 前修饰语位置可以出现加合算子、最大值算子以及全称量化词，在谓词前修饰语位置可以有浮动的加合算子、最大值算子和全称量化词，在谓词后补语位置可以出现补足性全称量化词或最大值算子。由此，我们可以根据实际表达需要来选用全称词。

基于上述原因，现代汉语全称词数量丰富，并较多采用共现模式来表示全称(量化)义。

## 7.3 现代汉语全称量化的语义映射规则

现代汉语全称量化词具备全称量化能力,能引出自己的三分结构。

一般性全称量化副词和补语性全称量化词的三分结构都是由关联对象映射规则决定。该规则规定:无论该关联对象是显性的还是隐性的,是左向的还是右向的,都会被映射到限定部分,而句子的其余部分则被映射到核心部分。一般性全称量化副词以及补语性全称量化词的辖域内出现对比焦点时,相关三分结构由隐性的焦点算子引出,不与该量化词相关。

排他性副词具有内在的排他性并与焦点相互作用。因此,其三分结构由焦点规则决定:焦点短语会被映射到核心部分,而句子的其余部分会被映射到限定部分。当排他性副词与梯级相关时,断言值所引出的候选项会在相关梯级上排序。各候选项都属于相关梯级上的值。

副词"净"的情况较为复杂。仅右向关联焦点短语时,其三分结构由焦点规则决定。同时左向关联时,与之左向关联的成分会依照关联对象映射规则被映射到限定部分。此时,有两个层次的三分结构。

## 7.4 现代汉语全称量化词的主观性

下面简单讨论全称量化词与主观性之间的关系。修饰性全称量化词可以用来表达主观性。补语性全称量化词一般是对结果的补充说明,通常没有主观性。

一般性全称量化副词在表达主观性时,一般表主观大量、高于预期的意思。例如(5)中,在"都"的作用下,该句表示通过语文测试的学生人数多。

（5）大多数学生都通过了语文测试。

排他性副词右向关联时，通常用来表示主观小量、低于预期，例如（6a）。排他性"才"左向关联时可以表示主观大量，例如（6b）。

（6）a. 只有/才一半的学生通过了语文测试。
　　 b. 五个人才够组成一个竞赛小组。

（6a）在"只有/才"的作用下，表示通过语文测试的学生人数少。（6b）中，"才"左向关联"五个人"，表示"五个人够组成一个竞赛小组"，而其他候选项如"四个人""三个人"等则不能组成一个竞赛小组，断言值"五个人"被评价为相对最大值，表示组成一个竞赛小组需要的人数多。

全称量化副词在特定语境下还可能引申出其他一些主观性，如"都"等的责备义等，见郑娟曼、邵敬敏（2008），吴涛涛（2019）等。

## 7.5　现代汉语全称量化词量化域的标识和限定

对现代汉语全称量化词量化域的标识和限定问题，文献中缺少专门讨论。本研究弥补了这一不足。

现代汉语一般性全称量化副词和补足性全称量化词的量化域可以以隐性的方式出现，而排他性副词的量化域则必须以显性的方式存在。全称量化的量化域可以通过重音、词汇以及句法手段来标识。

当存在不止一个可供量化的成分时，一般性全称量化副词句可能会产生歧义。而重音能帮助确定其关联对象，从而消除歧义。排他性副词的关联对象经常带有重音。通过重音所在的位置，可以判断排他性副词的量化域。

排他性副词"才"的量化域可以用"除非""只有""必须"等标识

词来标识。

"才"和"都""总"等可以跨越其所在的主句去量化从句,而从句和主句的句法结构关系,可以帮助把从句标识为量化域。

全称量化词的量化域会受语境限定。例外短语(如"除了"短语)是限定量化域的重要手段。既往对现代汉语例外短语语义的研究有待深入,我们以"除了"短语为例对例外短语进行深入的语义分析。"除了"既能限定全称量化也能限定存在量化的量化域,此外它还可以限定非量化句中的"除了"短语的关联对象。"除非"具有双重语义功能,除了用作唯一条件标识词外,也能用于限定量化域。我们也对其语义展开了讨论。

## 7.6 后续研究

现代汉语名词或量词重叠形式可以用来表达全称量化义,在主语及修饰语位置上时可以看作全称量化词,具有分配性特征。此外,反义复合副词也具有全称量化义。

由于研究精力有限,我们对于这两类量化表达的研究相当有限,这里只是很简单的说明。在今后的研究中,将对这两类量化表达的语义展开深入讨论。

# 参 考 文 献

巴丹　张谊生　2012　《"都"与"也"在任指句中的异同》,《广西师范大学学报(哲学社会科学版)》第 4 期：69－74。

巴丹　2012　《"连……都……"和"连……也……"的句法、语义及语用差异》,《汉语学习》第 3 期：50－58。

巴丹　2013　《"都"与"也"在相关构式中的微殊与中和》,《汉语学报》第 3 期：9－20＋95。

白梅丽(Paris)　1987　《现代汉语"才"和"就"的语义分析》,《中国语文》第 5 期：390－398。

鲍弘道　1991　《读胡适、吴承仕、鲍幼文论"除非"》,《语文建设》第 8 期：9－10。

鲍幼文　1955　《谈"除非"》,《语文学习》第 1 期：61－64。

北京大学中文系 1955、1957 级语言班编　1982　《现代汉语虚词例释》,北京：商务印书馆。

蔡激浪　2015　《量词的句法研究》,北京：科学出版社。

蔡维天　2004　《谈"只"与"连"的形式语义》,《中国语文》第 2 期：99－111＋191。

曹述敬　1955　《"一切"和"所有"》,《语文学习》2 月号：69－74。

曹翔　2011　《从文献材料看"除非"的产生时代》,《古汉语研究》第 2 期：88－91＋96。

曹秀玲　2005　《现代汉语量限研究》,延边：延边大学出版社。

曹秀玲　2006　《量限与汉语数量名结构的语法表现》,《语法研究和探索(十三)》,北京：商务印书馆,196－213。

曹秀玲　2008　《汉语全称限定词及其句法表现》,《语法研究与探索(十四)》,北京:商务印书馆,119-130。

岑玉珍主编 2013 《汉语副词词典》,北京:北京大学出版社。

曾繁英 2016 《副词"足足""整整"对比研究》,硕士学位论文,华中师范大学。

陈昌来 朱峰 2009 《"除"类介词及"除"类介词框架的产生和发展》,《上海师范大学学报(哲学社会科学版)》第 2 期:91-101。

陈昌来 2014 《汉语"介词框架"研究》,北京:商务印书馆。

陈昌来 2015 《副词"一直"的词汇化和语法化及相关问题》,《河南大学学报(社会科学版)》第 3 期:120-125。

陈光 2010 《现代汉语量级范畴研究》,上海:上海人民出版社。

陈立民 2005 《也说"就"和"才"》,《当代语言学》第 1 期:16-34。

陈平 2017 《汉语的形式、意义与功能》,北京:商务印书馆。

陈小荷 1994 《主观量问题初探——兼谈副词"就"、"才"、"都"》,《世界汉语教学》第 4 期:18-24。

陈振宇,刘承峰 2012 《谓词前后不对称与"都"字句》,《语法研究和探索(十六)》,北京:商务印书馆,24-45。

陈振宇 刘承峰 2015 《再谈总括副词"都"》,《对外汉语研究》第 2 期:12-27。

陈振宇 刘承峰 2019 《"每"的功能演变以及与"都"的共现——基于修辞语用和语法化的解释》,《当代修辞学》第 2 期:56-71。

陈振宇 2017 《汉语的指称与命题——语法中的语义学原理》,上海:上海人民山版社。

陈振宇 2020 《逻辑、概率与地图分析——汉语语言学中的计算研究》,上海:复旦大学出版社。

陈忠 2019 《指别等级制约下名量成分跟"每""各"的匹配》,《语言教学与研究》第 3 期:59-66。

程美珍　1987　《关于表示总括全部的"都"》,《语言教学与研究》第 2 期：27 - 36。

程亚恒　2015　《差比构式"（X）连 YA 都没有"探析》,《汉语学习》第 1 期：47 - 56。

储泽祥　1996　《"满＋N"与"全＋N"》,《中国语文》第 5 期：339 - 344。

崔蕊　2014　《现代汉语虚词的主观性和主观化研究》,北京：知识产权出版社。

崔希亮　1990　《试论关联形式"连……也/都……"的多重语言信息》,《世界汉语教学》第 3 期：139 - 144＋147。

崔显军　2007　《试论"所有"与"一切"的异同》,《世界汉语教学》第 4 期：42 - 55＋3。

崔永华　1984　《"连……也/都……"句式试析》,《语言教学与研究》第 4 期：30 - 44。

邓川林　2010　《"总"和"老"的主观性研究》,《汉语学习》第 2 期：66 - 70。

邓川林　2012　《"总"字句的量级让步用法》,《世界汉语教学》第 1 期：29 - 37。

邓小宁　2002　《"一直""一向"的多角度分析》,《汉语学习》第 6 期：58 - 62。

丁静　王海峰　2014　《副词"一概""一律"语用考察》,《第七届北京地区对外汉语教学研究生论坛文集》,198 - 209。

丁力　1992　《关项隐含式反逼"都"字句的关项推导》,《华中师范大学学报（哲学社会科学版）》第 5 期：70 - 73。

丁雪欢　2007　《从认知视角看"整（个）＋N"和"全＋N"》,《中南民族大学学报（人文社会科学版）》第 3 期：166 - 169。

董为光　2000　《汉语副词的数量主观评价》,《语言研究》第 1 期：75 - 80。

董为光　2003　《副词"都"的"逐一看待"特性》,《语言研究》第 1

期：93－98。

董秀芳　2002　《"都"的指向目标及相关问题》,《中国语文》第 6
期：495－507＋574。

董秀芳　2003　《"都"与其他成分的语序及相关问题》,《世界汉语
教学》第 1 期：40－47＋3。

董正存　2010　《汉语全称量限表达研究》,博士学位论文,南开
大学。

董正存　2015　《汉语中序列到量化的语义演变模式》,《中国语
文》第 3 期：206－217。

董正存　2016　《现代汉语量化方式副词的语义特征、句法表现及
教学建议——以"逐一""纷纷"为例》,《宁夏大学学报(人文社
会科学版)》第 4 期：26－34。

杜冰梅　2007　《〈左传〉之"唯"、"惟"、"维"》,《语言科学》第 3 期：
102－112。

范先钢　1991　《"除了……都"句式》,《广西师范大学学报(哲学
社会科学版)》第 3 期：60－66。

方梅　乐耀　2017　《规约化与立场表达》,北京：北京大学出
版社。

方梅　1995　《汉语对比焦点的句法表现手段》,《中国语文》第 4
期：279－287。

冯予力　潘海华　2018　《再论"都"的语义——从穷尽性和排他
性谈起》,《中国语文》第 2 期：177－194＋255。

冯予力　潘海华　2017　《集盖说一定必要吗？——谈集盖说在
语义研究中的应用及其局限性》,《当代语言学》第 3 期：
379－395。

冯予力　2018　《最大化操作在语义研究中的解释力——兼论其
应用于汉语时的问题》,《外国语》第 5 期：38－47。

冯予力　2018　《语言、逻辑与意义——论语言中数量表达的语义
刻画》,上海：复旦大学出版社。

冯予力　2019　《全称量化逻辑与英汉全量限定词的语义刻画——以 every 和"每"为例》，《外语教学与研究》第 2 期：202－211＋319－320。

傅力　1986　《浅说"基本上"和"都"的连用》，《汉语学习》第 3 期：41－43。

高明乐　2002　《试谈汉语"都"的定义问题》，《语言教学与研究》第 3 期：30－34。

高桥弥守彦　1990　《关于表示强调的"也／都"》，《云梦学刊》第 4 期：76－83。

谷峰　2015　《"都"在东汉有没有语气副词的用法?》，《中国语文》第 3 期：230－239＋287－288。

关键　2002　《"一直""总""老"的比较研究》，《汉语学习》第 3 期：19－23。

郭春贵　1997　《时间副词"已经"和"都"的异同》，《世界汉语教学》第 2 期：35－41。

郭锐　罗琼鹏　2009　《复数名词短语的指称和"都"量化》，《汉语的形式与功能研究》，北京：商务印书馆，92－109。

郭锐　2005　《连续量词和离散量词——谈"每隔一数量"的两种意义》，《对外汉语研究》第 00 期：12－22。

郭锐　2008　《语义结构和汉语虚词语义分析》，《世界汉语教学》第 4 期：5－15。

郭锐　2010　《"只"义句和"都"义句的语义等值》，《语法研究和探索(十五)》，北京：商务印书馆，153－163。

郭锐　2012　《汉语虚词研究的精细化和汉语虚词教学》，《汉语与汉语教学研究》第 3 期：1－9。

郭先珍　2002　《现代汉语量词用法词典》，北京：语文出版社。

何宏华　2007　《汉语量词辖域与逻辑式》，北京：语文出版社。

何丽萍　韩景泉　2014　《"连……都／也"结构的句法研究》，《语言与翻译》第 4 期：11－15。

何丽萍　2018　《汉语焦点结构的句法研究》,北京：中国社会科学出版社。

何元建　2012　《左向、右向及多项量化："都"量化的句法结构再调查》,《语法研究和探索(十六)》,北京：商务印书馆,73－90。

胡建锋　2017　《基于语用量级的"总"字句》,《语言研究集刊》第2期：200－211＋384。

胡建刚　2007　《主观量度和"才""都""了₂"的句法匹配模式分析》,《世界汉语教学》第1期：72－81＋3。

胡建华　2007　《否定、焦点与辖域》,《中国语文》第2期：99－112。

胡建华　2008　《A不A疑问算子与量化副词的辖域》,《语法研究和探索(十四)》,北京：商务印书馆,54－60。

胡建华　2009　《焦点与量化》,《汉语的形式与功能研究》,北京：商务印书馆,83－91。

胡清国　2013　《"整个"的语法化》,《对外汉语研究》第2期：142－150。

黄伯荣　廖序东　2011　《现代汉语(增订五版)》,北京：高等教育出版社。

黄彩玉　2013a　《"都"字歧义结构语音实验角度的再分析》,《语言研究》第3期：52－57。

黄彩玉　2013b　《"都"字语义歧义句的实验语音学分析》,《语言教学与研究》第5期：91－96。

黄文枫　2010　《"都"量化时间副词现象研究》,《世界汉语教学》第3期：373－382。

黄晓冬　2001　《"无论A,也／都B"句的语义分析》,《汉语学习》第5期：32－39。

黄瓒辉　石定栩　2008　《"都"的逻辑语义与"都"字句的信息结构》,《语法研究和探索(十四)》,北京：商务印书馆,96－109。

黄瓒辉　石定栩　2011　《"都"字关系结构中中心语的宽域解读及相关问题》,《当代语言学》第 4 期：304－320＋379。

黄瓒辉　石定栩　2013　《量化事件的"每"结构》,《世界汉语教学》第 3 期：305－318。

黄瓒辉　2001　《时间副词"总"和"一直"的语义、句法、语用分析》,硕士学位论文,暨南大学。

黄瓒辉　2006　《"都"在"把"、"被"句中的对立分布及其相关问题——从焦点结构的角度来看》,《语法研究和探索(十三)》,北京：商务印书馆,71－93。

黄瓒辉　2007　《时间副词"总"的两种频度义》,《现代汉语虚词探索与研究》,广州：暨南大学出版社,38－52。

黄瓒辉　2013　《"都"和"总"事件量化功能的异同》,《中国语文》第 3 期：251－264＋288。

黄瓒辉　2016　《"总"从量化个体到量化事件的历时演变——兼论汉语中个体量化与事件量化的关系》,《中国语文》第 3 期：289－302＋383。

黄瓒辉　2017　《限定量词的语义解读及其句法语义结构关系》,《当代语言学》第 3 期：419－439。

季安锋　2000　《时间副词"老"的意义》,《汉语学习》第 5 期：65－69。

季安锋　2008　《"接连""连续""一直"的认知语义差异》,《汉语学习》第 6 期：60－64。

贾改琴　2016　《现代汉语时间副词的形式语义研究》,北京：中国社会科学出版社。

贾泽林　2019　《相对量级和绝对量级——量级义"还"字句与"都"字句的差异》,《语言研究集刊》第 2 期：85－98＋426。

江显芸　1990　《"除非"析》,《上海师范大学学报》第 3 期：138－142。

蒋严　2009　《梯级模型与"都"的语义刻画》,《汉语的形式与功能研究》,北京：商务印书馆,123-132。

蒋静　2003　《"都"总括全量手段的演变及其分类》,《汉语学习》第 4 期：72-76。

蒋静忠　潘海华　2013　《"都"的语义分合及解释规则》,《中国语文》第 1 期：38-50+96。

蒋静忠　魏红华　2017a　《"都"表主观量的规则及相关解释》,《汉语学习》第 3 期：13-21。

蒋静忠　魏红华　2017b　《"一直"与"总是"辨析》,《中国语文》第 4 期：412-420+510-511。

蒋静忠　2008　《"都"指向单数"一量名"的制约规则及相关解释》,《语言研究》第 3 期：50-55。

蒋静忠　2018　《现代汉语表主观量副词研究》,北京：科学出版社。

蒋严　潘海华　1998　《形式语义学引论》,北京：中国社会科学出版社。

蒋严　1998　《语用推理与"都"的句法/语义特征》,《现代外语》第 1 期：10-30。

蒋严　2011　《"都"的形式语用学》,《走近形式语用学》,上海：上海教育出版社,432-457。

金立鑫(主编)　2005　《对外汉语教学虚词辨析》,北京：北京大学出版社。

金立鑫　杜家俊　2014　《"就"与"才"主观量对比研究》,《语言科学》第 2 期：140-152。

兰宾汉　1988　《副词"都"的语义及其对后面动词的限制作用》,《语言教学与研究》第 2 期：46-51。

李宝伦　张蕾　潘海华　2009a　《汉语全称量化副词/分配算子的共现和语义分工——以"都""各""全"的共现为例》,《汉语学报》第 3 期：59-70+96。

李宝伦　张蕾　潘海华　2009b　《分配算子"各"及相关问题》,

《语言暨语言学》第 2 期：293 - 314。

李宝伦　2010a　《何处关联：焦点还是焦点短语?》,《当代语言学》第 1 期：1 - 13。

李宝伦　2010b　《修饰语量化都对焦点敏感吗?》,《当代语言学》第 2 期：111 - 128。

李虹　齐沪扬　2009　《汉语"V 满"结构的情状类型与句式选择》,《西北农林科技大学学报(社会科学版)》第 2 期：106 - 110。

李临定　1999　《现代汉语疑难词词典》,北京：商务印书馆。

李强　袁毓林　2018　《"都"和"只"的意义和用法同异之辨》,《中国语文》第 1 期：67 - 84＋127 - 128。

李善熙　2003　《汉语"主观量"的表达研究》,博士学位论文,中国社会科学院。

李思旭　2010　《全称量化和部分量化的类型学研究》,《外国语》第 4 期：16 - 31。

李思旭　2011　《"有界""无界"与补语"完"的有界化作用》,《汉语学习》第 5 期：73 - 82。

李思旭　2013　《完成体助词量化功能差异的跨方言考察》,《南方语言学》总第 5 期：196 - 206。

李思旭　2014　《补语全称量化功能的类型学研究》,《粤语研究》总第 15 期：22 - 37。

李思旭　2015　《三种特殊全称量化结构的类型学研究》,《国际汉语学报》第 2 期：107 - 121。

李泰洙　2004　《"也／都"强调紧缩句研究》,《语言研究》第 2 期：60 - 64。

李文浩　2009　《"满＋NP"与"全＋NP"的突显差异及其隐喻模式》,《语言科学》第 4 期：396 - 404。

李文浩　2013　《"都"的指向识别及相关"都"字句的表达策略》,《汉语学报》第 1 期：31 - 39＋95。

李文浩　2016　《凸显观参照下"每"和"各"的语义差别及其句法验证》,《汉语学习》第 2 期:30－39。

李文山　2013　《也论"都"的语义复杂性及其统一刻画》,《世界汉语教学》第 3 期:319－330。

李晓琪　2003　《现代汉语虚词手册》,北京:北京大学出版社。

李宇凤　2008　《"一律""一概"的认知视点差异》,《语法研究和探索(十四)》,北京:商务印书馆,131－143。

李宇明　2000　《汉语量范畴研究》,武汉:华中师范大学出版社。

梁庆寅(主编)　1998　《传统与现代逻辑概论》,广州:中山大学出版社。

梁晓虹　1985　《"在"之"每每""逐一"之意浅析》,《汉语学习》第 2 期:29－30。

林晓恒　2006　《"都＋V＋的＋N"的构式分析》,《语言研究》第 1 期:14－16。

刘安琪　2016　《"满 NP"和"全 NP"的比较研究》,硕士学位论文,南京师范大学。

刘川平　1997　《句式"S 都是 O"中"都"的语义、语用分析》,《汉语学习》第 4 期:42－45。

刘丹青(主编)　2012　《名词性短语的类型学研究》,北京:商务印书馆。

刘丹青　徐烈炯　1998　《焦点与背景、话题及汉语"连"字句》,《中国语文》第 4 期:243－251＋252。

刘斐　张虹倩　2011　《"除非"句句式历时演变研究》,《北方论丛》第 4 期:51－54。

刘靖　2006　《"一直"与"总"的比较研究》,硕士学位论文,吉林大学。

刘林　2019　《"全对全"还是"一对一"?——"每 P"和"都"的共现问题探讨》,《世界汉语教学》第 4 期:468－480。

刘颂浩　1995　《"除了"句式中的省略和对比》,《第四届国际汉语教学讨论会论文选》,北京：北京语言学院出版社,250 - 257。

刘玮　宗守云　2020　《"满"和"全"的意义——基于意象图式的
　　认知分析》,《上海师范大学学报(哲学社会科学版)》第 2 期：
　　114 - 126。

刘晓静　2013　《东汉"满"语义场及其历时演变》,《语文建设》第
　　8 期：19 - 20。

刘长征　2007　《"(X)整个一(个)Y"格式试析》,《汉语学习》第 1
　　期：32 - 36。

柳英绿　盛丽春　关黑拽　2015　《现代汉语降级让步句说略》,
　　《汉语学习》第 5 期：3 - 10。

卢传福　1985　《说"基本上都"》,《汉语学习》第 2 期：36 - 37。

卢惠惠　2009　《近代汉语程度副词"老"的语法化》,《语言研究》
　　第 4 期：97 - 101。

陆丙甫　1984　《副词"就"的义项分合问题》,《汉语学习》第 1 期：
　　31 - 34。

陆丙甫　2003　《试论"周遍性"成分的状语性》,《话题与焦点新
　　论》,上海：上海教育出版社,83 - 96。

陆俭明　马真　1999　《现代汉语虚词散论》,北京：语文出版社。

陆俭明　1987　《周遍性主语及其他》,《动词和句型》,北京：语文
　　出版社,79 - 93。

陆烁　潘海华　2009　《汉语无定主语的语义允准分析》,《中国语
　　文》第 6 期：528 - 527＋576。

罗琼鹏　2016　《匹配性与"都"对事件的量化》,《解放军外国语学
　　院学报》第 4 期：58 - 66。

吕叔湘(主编)　1980　《现代汉语八百词》,北京：商务印书馆。

吕叔湘(主编)　1999　《现代汉语八百词(增订版)》,北京：商务
　　印书馆。

吕俞辉　2011　《"统统"句的语法语义考察》,《中国社会科学院研
　　究生院学报》第 4 期：107 - 113。

马国彦　2015　《篇章管界中"每"的量化运作及相关问题》,《语言研究集刊》第 1 期：172 – 185＋356。

马国彦　2017　《句首时间词语的加"每"量化与允准：从句子到语篇》,《当代修辞学》第 4 期：32 – 41。

马明艳　2008　《"每隔＋数量＋VP"的语用歧义认知研究》,《汉语学习》第 2 期：50 – 58。

马真　1981　《修饰数量词的副词》,《语言教学与研究》第 1 期：53 – 60。

马真　1983　《关于"都/全"所总括的对象的位置》,《汉语学习》第 1 期：27 – 34。

马真　2004　《现代汉语虚词研究方法论》,北京：商务印书馆。

马真　2019　《现代汉语虚词二十讲》,北京：商务印书馆。

马志刚　2016　《总括义"都"字结构三种语义指称的中介语句法实现研究》,《汉语学习》第 5 期：87 – 97。

麦涛　2015　《汉语"全"的双重句法地位与浮游量化》,《现代外语》第 5 期：594 – 603＋729。

牛长伟　程邦雄　2015　《疑问词与"都"的相对位置分析——"都"的关联次序及约束规则》,《语言研究》第 4 期：1 – 8。

牛长伟　程邦雄　2020　《多项疑问句中"都"的关联制约》,《语言教学与研究》第 1 期：104 – 112。

牛长伟　潘海华　2015　《关于"每＋Num＋CL＋NP＋都/各"中数词受限的解释》,《汉语学习》第 6 期：10 – 18。

牛长伟　2017　《现代汉语疑问词的语义解读及其应用》,武汉：武汉大学出版社。

潘海峰　2017　《汉语副词的主观性与主观化研究》,上海：同济大学出版社。

潘海华　2006　《焦点、三分结构与汉语"都"的语义解释》,《语法研究与探索(十三)》,北京：商务印书馆,163 – 184。

潘海华　胡建华　黄瓒辉　2009　《"每 NP"的分布限制及其语义

解释》,《汉语的形式与功能研究》,北京：商务印书馆，110－122。

潘海华　张蕾　2013　《汉语的话题、焦点和全称量化研究》,《西方人文社科前沿述评：语言学》,北京：中国人民大学出版社，384－414。

彭利贞　2007　《现代汉语情态研究》,北京：中国社会科学出版社。

彭小川　严丽明　2007　《"全部""所有"和"一切"的语义考察》,《世界汉语教学》第 4 期：33－41。

祁峰　2014　《现代汉语焦点研究》,上海：中西书局。

任鹰　2005　《现代汉语非受事宾语句研究》,北京：社会科学文献出版社。

杉村博文　1992　《现代汉语"疑问代词＋也/都……"结构的语义分析》,《世界汉语教学》第 3 期：166－172。

尚新,刘春梅　2018　《事态句的时间量化及其语言类型学意义——以汉语"V＋T(的)＋N"及其对应英语结构的对比分析为例》,《外国语》第 5 期：27－37。

尚新　2011　《集盖、事件类型与汉语"都"字句的双层级量化》,《外语教学与研究》第 3 期：363－374＋479－480。

邵菁　2003　《再比"都"和"all"》,《语言科学》第 3 期：71－79。

沈家煊　2015　《走出"都"的量化迷途：向右不向左》,《中国语文》第 1 期：3－17＋95。

沈开木　1998　《"除"字句的探索》,《汉语学习》第 2 期：5－9。

沈敏　郭珊珊　2007　《再说"V 满"及其相关问题》,《湘潭师范学院学报(社会科学版)》第 6 期：148－150。

石定栩　孙嘉铭　2016　《频率副词与概率副词——从"常常"与"往往"说起》,《世界汉语教学》第 3 期：291－302。

石定栩　孙嘉铭　2017　《客观副词与主观副词——再论"常常"与"往往"的区别》,《现代外语》第 1 期：14－23＋145。

史锡尧 1990 《副词"都"语义语用综合考察》,《汉语学习》第 4 期：6－10。

史锡尧 1991 《副词"才"与"都"、"就"语义的对立和配合》,《世界汉语教学》第 1 期：18－22。

舒春雨 2010 《汉语"V 满"结构中的主宾互易现象》,《语文学刊》第 1 期：116－117。

束定芳(选编) 2014 《语义学经典论文选读》,上海：上海外语教育出版社。

税昌锡 邵敬敏 2001 《"V＋满"的句法语义分析》,《从语义信息到类型比较》,北京：北京语言文化大学出版社,179－193。

孙洪威 2008 《"V＋光"结构的句法语义分析及其对数量的限制》,《长春师范学院学报(人文社会科学版)》第 3 期：80－83。

孙竞 袁毓林 2019 《"都"约束单数名词的语义允准条件及相关因素研究》,《汉语学习》第 4 期：34－43。

谭敬训 1991 《"都"字前后相关成分的语义特性》,《世界汉语教学》第 2 期：92－95。

唐玉环 2019 《论"想不 X 都难"构式》,《汉语学报》第 4 期：77－86＋96。

田原 2006 《评定副词"就"的歧义现象》,北京：北京大学出版社。

王灿龙 2001 《为什么不能说"都以前……"》,《世界汉语教学》第 3 期：41－45。

王灿龙 2017 《"总是"与"老是"比较研究补说》,《世界汉语教学》第 2 期：215－228。

王冬梅 2016 《从副词"都"和"总"的用法看叙述和肯定的分野》,《语法研究和探索(十八)》,北京：商务印书馆,216－228。

王还 1956 《"就"和"才"》,《语文学习》第 12 期：3－5。

王还 1983 《"A11"与"都"》,《语言教学与研究》第 4 期：

24 - 28。

王还　1988　《再谈谈"都"》,《世界汉语教学》第 2 期：93 - 94。

王弘宇　1996　《"仅……,就……"格式的形式、意义和功能》,《语言教学与研究》第 3 期：74 - 80。

王红　1999　《副词"都"的语法意义试析》,《汉语学习》第 6 期：56 - 61。

王红　2000a　《对副词"都"的句法、语义、语用分析》,硕士学位论文,暨南大学。

王红　2000b　《副词"净"浅析》,《暨南学报(哲学社会科学版)》第 1 期：39 - 45。

王红斌　2009　《"N1＋V 满＋N2"中"N2"的结构和性质》,《汉语学习》第 1 期：18 - 23。

王红旗　1999　《说说"V 满"》,《汉语学习》第 3 期：14 - 16。

王红艳　2018　《基于语料库的"从来"与"一直"对比研究》,硕士学位论文,华中师范大学。

王丽香　2010　《"一概"的语义功能及句法制约》,《语言研究》第 2 期：78 - 81。

王丽香　2013　《现代汉语"全都"类总括副词研究》,博士学位论文,浙江大学。

王敏　2010　《"从来""向来""一直"的比较》,硕士学位论文,河南大学。

王泉　2018　《"整整"考察》,《汉语学报》第 1 期：82 - 89。

王群　2005　《试论"才"和"就"语义变化的双向性和不平衡性》,《语言科学》第 6 期：18 - 26。

王睿　2020　《现代汉语"每每"的语义研究》,硕士学位论文,东北师范大学。

王圣博　2008　《试论"V 也／都 VP"的构造特征及其"也"、"都"的表达功用》,《汉语学习》第 5 期：69 - 77。

王叔岷　2007　《古籍虚字广义》,北京：中华书局。

王银雪　2016　《"每"的事件量化功能研究》,硕士学位论文,华东师范大学。

魏艳庆　2013　《现代汉语"总是"与"一直"的比较研究》,硕士学位论文,吉林大学。

魏兆惠　2016　《北京话副词"满"的来源及演变机制》,《语文研究》第 1 期:42－46。

温宝莹　东韡妍　2019　《"连 NP 都 VP"句式的韵律焦点分析》,《汉语学习》第 5 期:26－36。

温宾利　乔政蔚　2002　《"都"量化的多标志语分析》,《外语学刊》第 4 期:70－75＋112。

芜崧　2001　《"处处"能用在补语位置吗?》,《汉语学习》第 3 期:11。

吴庚堂　2013　《量词浮动的动因》,《当代语言学》第 1 期:35－44。

吴纪新　2013　《"每……都"结构中"都"的隐现规律及其成因探析》,硕士学位论文,华中师范大学。

吴平　莫愁　2016　《"都"的语义与语用解释》,《世界汉语教学》第 1 期:29－41。

吴平　2007　《句式语义的形式分析与计算》,北京:北京语言大学出版社。

吴涛涛　2019　《责备义副词"总(是)"、"老(是)"、"就"、"才"的比较研究》,硕士学位论文,南京师范大学。

吴义诚,周永　2019　"都"的显域和隐域,《当代语言学》第 2 期:159－180。

伍晓丹　2011　《现代汉语反义对举的全称量化研究》,硕士学位论文,浙江大学。

伍雅清　杨稼辉　2011　《量化名词的两种形式——谈"所有 NP"和"所有的 NP"》,《外国语(上海外国语大学学报)》第 1 期:26－33。

武振玉　2001　《副词"都"的产生和发展》,《社会科学战线》第 5
　　期：269 - 271。

武振玉　2005　《试论副词"全"的产生与发展》,《贵州大学学报
　　(社会科学版)》第 3 期：128 - 131。

武振玉　2005　《试论副词"总"的产生与发展》,《天津师范大学古
　　典文献研究所学术论文集(中国古典文献学丛刊第四卷)》,天
　　津师范大学古典文献研究所,195 - 204。

肖奚强　1996　《略论"除了……以外"与"都""还"的搭配规则》,
　　《南京师范大学学报(社会科学版)》第 2 期：124 - 127。

肖奚强　2004　《"除了"句式句法语义分析》,《汉语学习》第 2 期：
　　19 - 25。

肖奚强　2005　《外国学生"除了"句式使用情况的考察》,《语言教
　　学与研究》第 2 期：34 - 40。

肖治野　2012　《"就"和"才"：量度等级上的"拉近"与"推远"》,
　　《语法研究和探索(十六)》,北京：商务印书馆,238 - 253。

谢晓明,王羽熙　2014　《也谈"基本(上)"与"都"类副词的连用》,
　　《语言研究》第 1 期：105 - 111。

邢福义　2001　《汉语复句研究》,北京：商务印书馆。

熊仲儒　2008　《"都"的右向语义关联》,《现代外语》第 1 期：13 -
　　25 + 108。

熊仲儒　2016　《"总"和"都"量化对象的差异》,《中国语文》第 3
　　期：276 - 288 + 382。

徐朝红　2017　《从时间范畴到让步范畴——以"正""每"的演变
　　为例》,《汉语学报》第 3 期：72 - 78。

徐杰　1985　《"都"类副词的总括对象及其隐现、位序》,《汉语学
　　习》第 1 期：10 - 15。

徐烈炯　刘丹青　2007　《话题的结构与功能(增订本)》,上海：
　　上海教育出版社。

徐烈炯　潘海华　2005　《焦点结构和意义的研究》,北京：外语

教学与研究出版社。

徐烈炯　2007　上海话"侪"与普通话"都"的异同,《方言》第 2 期:
　　97－102。

徐烈炯　2009　《指称、语序和语义解释——徐烈炯语言学论文选
　　译》,北京:商务印书馆。

徐烈炯　2014　《"都"是全称量词吗?》,《中国语文》第 6 期:498－
　　507＋575。

徐枢　1982　《略论总括副词"都"》,《语文研究》第 1 期:69－77。

徐颂列　1989　《"所有"和"凡"》,《温州师院学报(哲学社会科学
　　版)》第 2 期:9－12。

徐颂列　1998　《现代汉语总括表达式研究》,杭州:浙江教育出
　　版社。

徐颂列　2012　《总括副词"全"与其他总括词共现探析》,《浙江外
　　国语学院学报》第 2 期:1－7。

徐威　2017　《"一直""总"与"always"的事件语义学分析》,《外文
　　研究》第 1 期:33－37＋106－107。

徐以中　杨亦鸣　2005　《副词"都"的主观性、客观性及语用歧
　　义》,《语言研究》第 3 期:24－29。

薛小英　韩景泉　2009　《"都"的语义关联及其句法实现》,《现代
　　外语》第 2 期:127－136＋218。

薛小英　2015　《汉语疑问词的句法与语义研究(英文版)》,上海:
　　上海交通大学出版社。

荀恩东　饶高琦　肖晓悦　臧娇娇　2016　《大数据背景下 BCC
　　语料库的研制》,《语料库语言学》第 1 期:93－109＋118。

杨凯荣　2003　《"量词重叠＋(都)＋VP"的句式语义及其动因》,
　　《世界汉语教学》第 4 期:13－21＋2。

杨荣祥　2005　《近代汉语副词研究》,北京:商务印书馆。

殷何辉　2009　《焦点敏感算子"只"的量级用法和非量级用法》,
　　《语言教学与研究》第 1 期:49－56。

殷何辉　2017　《焦点敏感算子"只"的语义研究》，北京：世界图书出版社。

殷志平　1999　《"除了……以外"的语义辨析——与郑懿德、陈亚川两位先生商榷》，《汉语学习》第 2 期：23‐25。

袁丽　2008　《口语习用语"整个一个 X"格式考察》，硕士学位论文，华中师范大学。

袁丽坤　2010　《汉语焦点算子与量级算子研究》，硕士学位论文，湖南大学。

袁毓林　2002　《多项副词共现的语序原则及其认知解释》，《语言学论丛（第二十六辑）》，313‐339。

袁毓林　2004　《"都、也"在"Wh＋都／也＋VP"中的语义贡献》，《语言科学》第 5 期：3‐14。

袁毓林　2005a　《"都"的加合性语义功能及其分配性效应》，《当代语言学》第 4 期：289‐304＋379。

袁毓林　2005b　《"都"的语义功能和关联方向新解》，《中国语文》第 2 期：99‐109＋191。

袁毓林　2007　《论"都"的隐性否定和极项允准功能》，《中国语文》第 4 期：306‐320＋383。

袁毓林　2010　《一种由问题推动的语法研究路线——以副词"都"语义功能的探索为例》，《苏州教育学院学报》第 2 期：2‐11。

岳岩　2016　《汉语"排除范畴"表达形式的历史演变及衍生途径》，上海：中西书局。

詹卫东　2004　《范围副词"都"的语义指向分析》，《汉语学报》第 1 期：74‐84。

张宝胜　2003　《副词"才"的主观性》，《语法研究和探索（十二）》，北京：商务印书馆，429‐442。

张斌(主编)　2001　《现代汉语虚词词典》，北京：商务印书馆。

张超超　2020　《全称量化副词"皆"的多角度考察》，硕士学位论文,东北师范大学。

张虹　2006　《谈"一NX"结构——兼谈与"满NX"的比较》,《汉江大学学报(人文科学版)》第4期:73-76。

张金竹　2015　《现代汉语反义复合词式的语义和认知研究》,北京:世界图书公司。

张蕾　李宝伦　潘海华　2009　《"所有"的加合功能与全称量化》,《世界汉语教学》第4期:457-464。

张蕾　李宝伦　潘海华　2010　《普通话"全"的语义探索》,《语法研究和探索(十五)》,北京:商务印书馆,136-152。

张蕾　李宝伦　潘海华　2012　《"都"的语义要求和特征——从它的右向关联谈起》,《语言研究》第2期:63-71。

张蕾　2015　《全称量化副词"净"的语义及使用限制》,《世界汉语教学》第3期:336-349。

张蕾,李宝伦　2018　《副词"才"在复句中的语义及对相关格式的允准》,《世界汉语教学》第1期:41-53。

张蕾　潘海华　2019　《"每"的语义的再认识——兼论汉语是否存在限定性全称量化词》,《当代语言学》第4期:492-514。

张蕾,吴长安　2020　《例外短语"除了XP"的排除已知义及语义判定》,《语言研究》第1期:12-21。

张利蕊,姚双云　2019　《"整个"与"整个一个X"再探》,《语言教学与研究》第1期:62-71。

张莉莉　2001　《谈"都……了"句式的认知特点》,《南京师大学报(社会科学版)》第6期:118-122。

张连文　2008　《基于概念结构的量词辖域所指层释义》,《现代外语》第4期:369-379+437。

张晓君　2014　《广义量词理论研究》,厦门:厦门大学出版社。

张亚军　2004　《"除非"与"才""不"构成的关联格式》,《现代汉语副词探索》,上海:学林出版社.355-384。

张怡春　2011　《也说周遍性构式中的"都"和"也"》,《汉语学习》

第 4 期：29 - 35。

张谊生　邹海清　杨斌　2005　《"总（是）"与"老（是）"的语用功能及选择差异》，《语言科学》第 1 期：31 - 39。

张谊生　1993　《试说近代汉语副词"才"的特殊用法》，《徐州师范学院学报》第 4 期：77 - 81。

张谊生　1996a　《副词的连用类别和共现顺序》，《烟台大学学报（哲学社会科学版）》第 2 期：86 - 95。

张谊生　1996b　《副词的篇章连接功能》，《语言研究》第 1 期：130 - 140。

张谊生　1996c　《现代汉语副词"才"的句式与搭配》，《汉语学习》第 3 期：10 - 15。

张谊生　1999　《现代汉语副词"才"的共时比较》，《上海师范大学学报（哲学社会科学版）》第 3 期：45 - 50。

张谊生　2000a　《论与汉语副词相关的虚化机制——兼论现代汉语副词的性质、分类与范围》，《中国语文》第 1 期：3 -15＋93。

张谊生　2000b　《现代汉语副词的性质、范围与分类》，《语言研究》第 1 期：51 - 63。

张谊生　2000c　《现代汉语副词研究》，上海：学林出版社。

张谊生　2000d　《现代汉语虚词》，上海：华东师范大学出版社。

张谊生　2001　《论现代汉语的范围副词》，《上海师范大学学报（哲学社会科学版）》第 1 期：107 - 113。

张谊生　2002　《"就是"的篇章衔接功能及其语法化历程》，《世界汉语教学》第 3 期：80 - 90＋4。

张谊生　2003　《范围副词"都"的选择限制》，《中国语文》第 5 期：392 - 398＋479。

张谊生　2005　《副词"都"的语法化与主观化——兼论"都"的表达功用和内部分类》，《徐州师范大学学报》第 1 期：56 - 62。

张莹　2018　《"满"和"满满"的句法分布与功能发展》，《安庆师范大学学报（社会科学版）》第 1 期：38 - 41。

张振亚 2013 《"总"的"确信"义及其语义刻画》,《语言研究》第
  3 期:63-67。

赵国军 2014 《现代汉语变量表达研究》,北京:中国社会科学
  出版社。

赵新 刘若云 2006 《"除非"条件句的语义和语用分析》,《语言
  研究》第 1 期:17-21。

赵永新 1980 《谈汉语的"都"和英语的"all"》,《语言教学与研
  究》第 1 期:99-106。

郑怀德 孟庆海 2003 《汉语形容词用法词典》,北京:商务印
  书馆。

郑娟曼,邵敬敏 2008 《"责怪"义标记格式"都是+NP"》,《汉语
  学习》第 5 期:43-50。

郑娟曼 2012 《从贬抑性习语构式看构式化的机制——以"真是
  (的)"与"整个一个 X"为例》,《世界汉语教学》第 4 期:
  520-530。

郑懿德 陈亚川 1994 《"除了……以外"用法研究》,《中国语
  文》第 1 期:65-69。

中国社会科学院语言研究所词典编辑室 2005 《现代汉语词
  典》,北京:商务印书馆。

周刚 1999 《表示限定的"光"、"仅"、"只"》,《汉语学习》第 1 期:
  12-16。

周莉 曹玉瑶 2018 《评价构式"V 都 V 了"与"V 就 V 吧"的比
  较研究》,《语言教学与研究》第 4 期:69-80。

周清艳 2018 《"(X)整个一个 Y"构式句法语义及其成因》,《南
  华大学学报(社会科学版)》第 2 期:98-104。

周韧 2011 《"全"的整体性语义特征及其句法后果》,《中国语
  文》第 2 期:133-144+192。

周韧 2019 《"都"字的句法、语义和语用研究》,上海:学林出
  版社。

周小兵　王宇　2007　《与范围副词"都"有关的偏误分析》,《汉语学习》第 1 期：71－76。

周永　吴义诚　2018　《"都"的程度加强功能：语法与语用的互动视角》,《外语与外语教学》第 6 期：26－35＋144。

朱斌　2005　《"整整"入句》,《汉语学报》第 1 期：74－81＋96。

朱斌　2013　《汉语复句句序和焦点研究》,北京：世界图书出版社。

朱峰　2006　《介词框架"除了……以外"考察》,硕士毕业论文,上海师范大学。

朱军　盛新华　2006　《"除了"式的语义研究》,《语言研究》第 2 期：74－76。

邹海清　2009　《"一向"与"一直"的功能差异》,《海外华文教育》第 4 期：14－18。

Al Khatib, Samer S.. 2013. ‘Only’ and Association with Negative Antonyms. Doctoral dissertation. Massachusetts Institute of Technology, Cambridge, MA.

Alonso-Ovalle, Luis. 2005. Disjunction in Alternative Semantics. Doctoral dissertation. University of Massachusetts, Amherst, MA.

Álvarez, Ivan García. 2008. Generality and Exception：A Study in the Semantics of Exceptives. Doctoral dissertation. UMI.

Aoun, Joseph and Yenhui Audrey Li. 1993. Syntax of Scope. The MIT Press.

Auwera, Johan van Der（ed.）. 1980. The Semantics of Determiners. University Park Press.

Badia, Antoio. 2009. Quantifiers in Action：Generalized Quantification in Query, Logical and Natural Languages. Springer.

Baltazani, Mary. 2002. Quantifier Scope and the Role of Intonation in Greek. Doctoral dissertation. University of

California Los Angeles.

Baunaz, Lena. 2011. The Grammar of French Quantification. Springer.

Beaver, I. David and Brady Z. Clark. 2003. Always and only: why not all focus-sensitive operators are alike. Natural Language Semantics 11: 323 – 362.

Beaver, I. David and Brady Z. Clark. 2008. Sense and Sensitivity: How Focus Determines Meaning. Wiley-Blackwell.

Beghelli, Filippo. 1995. The Phrase Structure of Quantifier Scope. Doctoral dissertation. University of California Los Angeles.

Bennett, Jonathan. 1982. *Even if*. Linguistics and Philosophy 5: 403 – 418.

Biq, YungO. 1984. The Semantics and Pragmatics of *Cai* and *Jiu* in Mandarin Chinese. Doctoral dissertation. Cornell University. [ Reprinted 1987. Bloomington: Indiana University Linguistics Club. ]

Biq, YungO. 1988. From focus in proposition to focus in speech situation: *cai* and *jiu* in Mandarin Chinese. Journal of Chinese Linguistics 16: 72 – 108.

Blaheta, Don. 2003. Binominal *Each*: Evidence for a Modified Type System. MA thesis. Brown University.

Bonomi, Andrea and Paolo Casalegno. 1993. *Only*: association with focus in event semantics. Natural Language Semantics 2: 1 – 45.

Brasoveanu, Adrian. 2013. Modified numerals as post-suppositions. Journal of Semantics 30: 155 – 209.

Brisson, Christine M.. 1998. Distributivity, Maximality, and

Floating Quantifiers. Doctoral dissertation. The State University of New Jersey.

Brisson, Christine M.. 2003. Plurals, all, and the nonuniformity of collective predication. Linguistics and Philosophy 26: 129 - 184.

Büring, Daniel and Katharina Hartmann. 2001. The syntax and semantics of focus-sensitive particles in German. Natural Language and Linguistic Theory 19: 229 - 281.

Cann, Ronnie. 1993. Formal Semantics: An Introduction. Cambridge: Cambridge University Press.

Carlson, Gregory N. and Francis Jeffry Pelletier (eds.). 2005. Reference and Quantification-The Partee Effect. CSLI Publications.

Champollion, Lucas. 2015. Stratified reference: the common core of distributivity, aspect, and measurement. Theoretical Lingustics 41: 109 - 149.

Chen, Liping. 2008. *Dou* Distributivity and Beyond. Doctoral dissertation. The State University of New Jersey.

Cheng, Lisa Laishen. 1991. On the Typology of *Wh*-Questions. Doctoral dissertation. MIT.

Cheng, Lisa Laishen. 1995. On *dou*-quantification. Journal of East Asian Linguistics 3: 197 - 234.

Cheng, Lisa Laishen and C.-T. James Huang. 1996. Two types of donkey sentences. Natural Language Semantics 4: 121 - 163.

Cheng, Lisa Laishen. 2009. On every type of quantificational expression in Chinese. In: Quantification, Definiteness, and Nominalization, edited by Rathert, Monika and Anastasia Giannakidou. Oxford: Oxford University Press. Pp. 53 - 75.

Cheng, Lisa Laishen and Anastasia Giannakidou. 2013. The non-uniformity of *wh*-indeterminates with free choice in Chinese. In: Strategies of Quantification, edited by Gil, Kook-hee, Harlow Steve, and George Tsoulas. Oxford: Oxford University Press. Pp. 123 – 151.

Chierchia, Gennaro and Hsiu-Chen Liao. 2015. Where do Chinese *wh*-items fit. In: Epistemic Indefinites: Exploring Modality Beyond the Verbal Domain, edited by AlonsoOvalle, Luis and Paula Menéndez-Benito. Oxford University Press. Oxford. Pp. 31 – 59.

Chierchia, Gennaro, Fox, Danny and Benjamin Spector. 2012. The grammatical view of scalar implicatures and the relationship between semantics and pragmatics. In: An International Handbook of Natural Language Meaning, edited by Maienborn, Claudia, Klaus von Heusinger and Paul Portner. Mouton de Gruyter. Berlin. Pp. 2297 – 2332.

Chierchia, Gennaro. 1995. Dynamics of Meaning: Anaphora, Presupposition and the Theory of Grammar. Chicago: The University of Chicago Press.

Chierchia, Gennaro. 1998. Reference to kinds across language. Natural Language Semantics 6: 339 – 405.

Chierchia, Gennaro. 2006. Broaden your views: implicatures of domain widening and the ' logicality ' of language. Linguistic Inquiry 37: 535 – 590.

Chierchia, Gennaro. 2013. Logic in Grammar: Polarity, Free Choice, and Intervention. Oxford University Press. Oxford.

Chierchia, Gennaro. 2016. The problem of crosslinguistic variation in logical particles. Presentation at the MIT

Workshop on Exhaustivity, September 2016. MIT, Cambridge, MA.

Chiu, Bonnie. 1990. A case of quantifier floating in Mandarin Chinese. Paper presented at Northeast Conference on Chinese Linguistics, Cornell University.

Chiu, Bonnie. 1993. The Inflectional Structure of Mandarin Chinese. Doctoral dissertation. UCLA.

Choe, Jaewoong. 1987. Anti-quantifiers and a Theory of Distributivity. Doctoral dissertation. University of Massachusetts.

Cinque, Guglielmo. 1999. Adverbs and Functional Heads: A Cross-Linguistic Perspective. Oxford University Press.

Cohen, Ariel and Nomi Erteschir-shir. 2002. Topic, focus, and the interpretation of bare plurals. Natural Language Semantics 10: 125 – 165.

Cohen, Ariel. 1999. How are alternatives computed? Journal of Semantics 16: 43 – 65.

Constant, Noah and Chloe C. Gu. 2010. Mandarin 'even', 'all' and the trigger of focus movement. In: University of Pennsylvania Working Papers in Linguistics 16. Proceedings of the 33rd Annual Penn Linguistics Colloquium. Pp. 21 – 30.

Corbett, Greville G.. 2000. Number. Cambridge University Press.

Crnič, Luka. 2011. Getting *Even*. Doctoral dissertation. Massachusetts Institute of Technology, Cambridge, MA.

Crnič, Luka. 2014. Non-monotonicity in NPI licensing. Natural Language Semantics 22: 169 – 217.

Crnič, Luka. 2017. Free choice under ellipsis. The Linguistic Review 34: 249 – 294.

Dayal, Veneeta. 1998. *Any* as inherently modal. Linguistics and Philosophy 21: 433 – 476.

Dayal, Veneeta. 2004. The universal force of free choice *any*. In: Linguistic Variation Yearbook, vol. 4, edited by Pica, Pierre. John Benjamins Publishing Company. Amsterdam. Pp. 5 – 40.

Dayal, Veneeta. 2009. Variation in English free choice items. In: Universals and Variation: Proceedings of GLOW in Asia VII, edited by Mohanty, Rajat and Mythili Menon. EFL University Press. Hyderabad. Pp. 237 – 256.

Dik, S. C. and J. G. Kooij. 1976. The Grammar of Adverbials. North-Holland Publishing Company.

Does, Jaap van der and Jan van Eijck. 1996. Quantifiers and Logic and Language. CSLI Publications.

Erteschik-Shir, Nomi. 1997. The Dynamics of Focus Structure. Cambridge University Press.

Espino, O., I. Sánchez-Crubelo and G. M. Ramírez. 2015. Reasoning with exceptive conditionals: the case of 'except if'. Psicológica 36: 99 – 122.

Fauconnier, Gilles. 1975. Polarity and the scale principle. The 11th Regional Meeting of the Chicago Linguistic Society. Chicago.

Feng, Yuli. 2014. A Semantic Study of Distributive Effects in Mandarin Chinese. Doctoral dissertation. City University of Hong Kong.

Fintel, von Kai. 1992. Adverbial quantification, complex conditionals, and focus. In: Proceedings of the Second Conference on Semantics and Linguistic Theory, edited by Barker, Chris and David Dowty. The Ohio State

University. Pp. 59 – 77.

Fintel, von Kai. 1994. Restrictions on Quantifier Domains. University of Massachusetts, Amherst.

Fintel, von Kai. 1997. Bare plurals, bare conditionals, and *only*. Journal of Semantics 14: 1 – 56.

Fintel, von Kai and Irene Heim. 2017. Intensional Semantics. MIT.

Garden, Guy. 1976. English Quantifiers. Academic Press, New York.

Gärdenfors, Peter. 1987. Generalized Quantifiers: Linguistic and Logical Approaches. D. Reidel Publishing Company.

Gawron, Jean Mark and Stanley Peters. 1990. Anaphora and Quantification in Situation Semantics. CSLI Publications.

Giannakidou, Anastasia and Lisa Laishen Cheng. 2006. (In) definiteness, polarity, and the role of *wh*-morphology in free choice. Journal of Semantics 23: 135 – 183.

Gil, David. 1995. Universal quantifiers and distributivity. In: Quantification in Natural Languages, edited by Bach, Emmon, Eloise Jelinek, Angelika Kratzer, and Barbara H. Partee. Dordrecht: Kluwer. Pp. 321 – 363.

Gil, Kook-hee, Steve Harlow, and George Tsoulas. 2013. Strategies of Quantification. Oxford Studies in Theoretical Linguistics. Oxford University Press.

Greenberg, Yael. 2003. Manifestation of Genericity. Routledge.

Greenberg, Yael. 2007. Exceptions to generics: where vagueness, context dependence and modality interact. Journal of Semantics 24: 131 – 167.

Groenendijk, Jeroen and Martin Stokhof. 1992. A note on interrogatives and adverbs of quantification. In:

Proceedings of the Second Conference on Semantics and Linguistic Theory, edited by Barker, Chris and David Dowty, May 1 – 3. The Ohio State University. Pp. 99 – 124.

Gutiérrez-Rexach, Javier. 2014. Interfaces and Domains of Quantification. The Ohio State University Press.

Hackl, Martin. 2000. Comparative Quantifiers. Doctoral dissertation. MIT.

Hajičová, Eva, Barbara H. Partee, and Petr Sgall. 1998. Topic-focus Articulation, Tripartite Structures, and Semantic Content. Kluwer Academic Publishers.

Hamblin, C. Irene. 1973. Questions in Montague English. Foundations of Language 10: 41 – 53.

Hamm, Fritz and Erhard Hinrichs. 1998. Plurality and Quantification. Kluwer Academic Publishers.

Haspelmath, Martin. 1995. Diachronic sources of 'all' and 'every'. In: Quantification in Natural Languages, edited by Bach, Emmon, Eloise Jelinek, Angelika Kratzer, and Barbara H. Partee. Dordrecht: Kluwer. Pp. 363 – 382.

He, Chuansheng. 2011. Expansion and Closure: Towards a Theory of Wh-construals in Chinese. Doctoral dissertation. Hong Kong Polytechnic University.

Heim, Irene. 1982. The Semantics of Definite and Indefinite Noun Phrases. Unpublished PhD. Dissertation, University of Massachusetts, Amherst.

Heim, Irene. 1988. The Semantics of Definite and Indefinite Noun Phrases. Garland Publishing, Inc..

Herburger, Elena. 2000. What Counts: Focus and Quantification? The MIT Press.

Hirsch, Aron. 2016. An unexceptional semantics for expressions of exception. University of Pennsylvania Working Papers in Linguistics 22: 138 – 148.

Hoeksema, Jack. 1987. The logic of exception. ESCOL '87: 100 – 113.

Hoeksema, Jacob. 1996. The semantics of exception phrases. In: Quantifiers, Logic, and Language, edited by van der Does, Jaap and Jan van Eijck. CSLI Publication. Pp. 145 – 177.

Hole, Daniel P.. 2004. Focus and Background Marking in Mandarin Chinese: System and Theory behind *Cai*, *Jiu*, *Dou*, and *Ye*. London: Taylor & Francis Group.

Hole, Daniel P.. 2006. Mapping VPs to restrictions: anti-Diesing effects in Mandarin Chinese. In: Where Semantics Meets Pragmatics: The Michigan State University Papers, edited by Heusinger, von Kluas and Ken Turner. Amsterdam: Elsevier. Pp. 337 – 380.

Hopper, J. Paul and Elizabeth Closs Traugott. 1993. Grammaticalization. Cambridge University Press.

Horn, Laurence. 1972. On the Semantic Properties of Logical Operators in English. Doctoral dissertation. University of California, Los Angeles, CA.

Hu, Jianhua. 2007. Focus sensitivity in quantification. The Symposium on Chinese Syntax and Semantics.CTL & the Halliday Center for IALS, City University of Hong Kong.

Hu, Jianhua and Pan haihua. 2008. Focus and the basic function of Chinese existential *you*-sentences. In: Existence: Semantics and Syntax, edited by Comorivski, I. and K. von Heusinger. Springer Science + Business Media B. V.. Pp. 133 – 145.

Hua, Dongfan. 2000. On Wh Quantification. Doctoral dissertation. City University of Hong Kong.

Huang, C. T. James. 1982. Logical Relations in Chinese and the Theory of Grammar. Doctoral dissertation, MIT.

Huang, C. -T. James. 1998. Logical Relations in Chinese and the Theory of Grammar. Garland Publishing, Inc..

Huang, Shizhe. 1995. *Dou* as an existential quantifier. In: Proceedings of the 6th North American Conference on Chinese Linguistics, edited by Camacho, Jose and Lina Choueiri. Pp. 114 – 125.

Huang, Shizhe. 1996. Quantification and Predication in Mandarin Chinese: A Case Study of *Dou*. Doctoral dissertation. University of Pennsylvania.

Ippolito, Michela. 2007. On the meaning of some focus-sensitive particles. Natural Language Semantics 15: 1 – 34.

Jacobson, Pauline. 2014. Compositional Semantics-An Introduction to the Syntax / Semantics Interface. Oxford Textbooks in Linguistics. Oxford: Oxford University Press.

Kadmon, Nirit. 2001. Formal Pragmatics. Blackwell Publishers Inc..

Kamp, Hans. 1981. A theory of truth and semantic representation. Reprinted in: Truth, Interpretation and Information, edited by Groenendijk, Jeroen, Theo M. V. Janssen and Martin Stokhof. GRASS 2. Dordrecht: Foris, 1984. Pp. 189 – 222.

Kanazawa, Makoto and Christopher Piñón (eds.). 1994. Dynamics, Polarity, and Quantification. CSLI Publications.

Kanazawa, Makoto, Christopher Piñón and Henriëtte de Swart (eds). 1996. Quantifiers, Deduction and Context. CSLI

Publications.

Ke, Hezao, Sam Epstein, and Acrisio Pires. 2017. Syntactic constraints on quantifier domains: an experimental study of adult interpretation of the Mandarin Chinese quantifier *dou*. Proceedings of the 40th Annual Penn Linguistics Conference 23. 1: 98 – 110.

Kennedy, Christopher. 2015. A 'de-Fregean' semantics (and neo-Gricean pragmatics) for modified numerals and unmodified numerals. Semantics and Pragmatics 8: 1 – 44.

Kiss, É. Katalin. 1998. Identificational focus versus information focus. Language 2: 245 – 273.

Kobuchi-Philip, Mana. 2003. Distributivity and the Japanese Floating Numeral Quantifier. Doctoral dissertation. The City University of New York.

König, Ekkehard. 1991. The Meaning of Focus Particles: A Comparative Perspective. Routledge London and New York.

Krifka, Manfred. 1992. A framework for focus-sensitive quantification. In: Proceedings of the Second Conference on Semantics and Linguistic Theory, edited by Barker, Chris and David Dowty. The Ohio State University. Pp. 215 – 236.

Krifka, Manfred. 1997. Frameworks for the representation of focus. Proceedings of the ESSLLI ' 96 Conference on Formal Grammar. Prague, August 11 – 12.

Krifka, Manfred. 2006. Association with focus particles. In: The Architecture of Focus (Studies in Generative Grammar 82), edited by Molnár, Valéria and Susanne Winkler. Mouton de Gruyter. Berlin. New York. Pp. 105 – 136.

Lai, Hueiling. 1995. Rejected Expectations: The Scalar Particles *Cai and Jiu* in Mandarin Chinese. Doctoral dissertation. The University of Texas at Austin.

Lai, Hueiling. 1999. Rejected expectations: the scalar particles *cai* and *jiu* in Mandarin Chinese. Linguistics 37 (4): 625 – 661.

Lambrecht, Knud. 1994. Pragmatic relations: focus. In: Information Structure and Sentence Form-topic, Focus, and the Mental Representations of Discourse Referents. Cambridge University Press. Pp. 206 – 333.

Landman, Fred. 2000. Events and plurality. Kluwer, Dordrecht.

Lang, Ewald, Claudia Maienborn, and Cathrine Fabricius-Hansen (eds.). 2003. Modifying Adjuncts. Mouton de Gruyter.

Lappin, Shalom. 1996. Generalized quantifiers, exception phrases, and logicality. Journal of Semantics 13: 197 – 220.

Lappin, Shalom. 2001. The Handbook of Contemporary Semantic Theory. Foreign Language Teaching and Research Press. Blackwell Publishers Ltd, 1996, 1997.

Lasersohn, Peter. 1990. A Semantics for Groups and Events. Garland Publishing, Inc..

Lee, Peppina Polun. 2012. Cantonese Particles and Affixal Quantification. Studies in Natural Language and Linguistic Theory 87. Springer.

Lee, Peppina Po lun, Haihua Pan and Lei Zhang. 2013. Chinese adverbial *quan* as a dual-function operator: a domain restrictor and a universal quantifier. Linguistics and the Human Sciences, Vol. 8. 2, 169 – 204.

Lee, Thomas H.-T.. 1986.Studies on Quantification in Chinese.

Doctoral Dissertation. University of California, Los Angeles, CA.

Li, Charles and Sandra A. Thompson. 1981. Mandarin Chinese: A Functional Reference Grammar. University of California Press, Berkeley.

Li, Jie. 1995. *Dou* and *wh*-questions in Mandarin Chinese. Journal of East Asian Linguistics 4: 313 - 323.

Li, Xiaoguang. 1997. Deriving Distributivity in Mandarin Chinese. Doctoral dissertation. University of California, Irvine.

Liao, Hsiu-Chen. 2011. Alternatives and Exhaustification: Non-interrogative Uses of Chinese *Wh*-Words. Doctoral dissertation, Harvard University, Cambridge, MA.

Lin, Jonah T.-H. 2006. Syntactic structure of complex sentences in Mandarin Chinese. Nanzan Linguistics 3: Research Results and Activities 2005: 63 - 97.

Lin, Jo-wang. 1998. On existential polarity *wh*-phrases in Chinese. Journal of East Asian Linguistics 7: 219 - 255.

Lin, Jo-wang. 1998. Distributivity in Chinese and its implications. Natural Language Semantics 6: 201 - 243.

Lin, Jowang. 1996. Polarity Licensing and *Wh*-phrase Quantification in Chinese. Doctoral dissertation. University of Massachusetts at Amherst.

Lin, Tzong-hong Jonah. 1998. On *ge* and related problems. In: The Referential Properties of Chinese Noun Phrases, edited by Xu, Liejiong. Paris: Ecole des Hautes Etudes en Sciences Sociales. Pp. 209 - 253.

Lin, Tzong-hong Jonah. 2004. Aspect, distributivity, and *wh*/QP interaction in Chinese. Language and Linguistics 5. 3: 615 - 642.

Liu, Feng-his. 1990. Scope Dependency in English and Chinese. Doctoral dissertation. University of California, Los Angeles.

Liu, Mingming. 2016a. Varieties of alternatives: Mandarin focus particles. Linguistics and Philosophy 40: 61 – 95. Published online.

Liu, Mingming. 2016b. Varieties of Alternatives. Doctoral dissertation. Rutgers, The State University of New Jersey, New Brunswick, NJ.

Liu, Mingming. 2020. A pragmatic explanation of *dou*-support. Presented at CLSW2020, City University of Hongkong, Hong Kong, May 28 – 30.

Luo, Qiongpeng. 2011. *Mei* and *dou* in Chinese: a tale of two quantifiers. Taiwan Journal of Linguistics 9.2: 111 – 158.

Lyons, Christopher. 1999. Definiteness. Cambridge University Press.

Mari, Alde, Claire Beyssade, and Fabio Del Prete (eds.). 2013. Genericity. Oxford Studies in Theoretical Linguistics. Oxford University Press.

Marie-Claude Paris, 罗慎仪 (节译). 1981. 汉语普通话中的 "连……也/都".《国外语言学》第 3 期: 50 – 55 + 11.

May, Robert. 1978. The Grammar of Quantification. Doctoral dissertation. Massachusetts Institute of Technology.

Menéndez-Benito, Paula. 2010. On universal free choice items. Natural Language Semantics 18: 33 – 64.

Mok, Suisang and Randall Rose. 1997. The semantics and pragmatics of *dou*: a non-quantificational account.In: The Referential Property of Chinese Noun Phrases, edited by Xu, Liejiong. Paris: EHESS. Pp. 141 – 166.

Moltmann, Friederike. 1995. Exception sentences and polyadic quantification. Linguistics and Philosophy 18: 223 – 280.

Moltmann, Friederike. 1996. Resumptive quantifiers in exception sentences. In: Quantifiers, Deduction and Context, edited by Kanazawa, Makoto, Christopher, Piñón, and Henriëtte de Swart. CSLI Publications. Pp. 139 – 170.

Moltmann, Friederike. 1995. Exception sentences and polyadic quantification. Linguistics and Philosophy 18: 223 – 280.

Moltmann, Friederike. 1997. Intensional verbs and quantifiers. Natural Language Semantics 5: 1 – 52.

Montague, Richard. 1973. The proper treatment of quantification in ordinary English. In: Approaches to Natural Languages. Proceedings of the 1970 Stanford Workshop on Grammar and Semantics, edited by Hintikka, Jaako, J. Moravcsik and Patrick Suppes. Dordrecht: D. Reidel Publishing Company. Pp. 221 – 247.

Mukai, Emi. 2012. Binding and Scope Dependencies with 'Floating Quantifiers'. Doctoral dissertation. University of Southern California.

Naduthur, Prerna. 2013. Unless, exceptionality, and conditional strengthening. Submitted in partial fulfillment of the requirements for paper B (iii) (semantics) under the M. Phil in general linguistics and comparative philology.

Nouwen, Rick. 2010. Two kinds of modified numerals. Semantics and Pragmatics 3: 1 – 41.

Otaegi, Urtzi Etxeberria. 2005. Quantification and Domain Restriction in Basque. Euskal Herriko Unibertsitatea-University of the Basque Country.

Pan, Haihua and Bo Xue. 2020. The semantics of Mandarin *dou* revisited. Presented at CLSW2020, City University of Hongkong, Hong Kong, May 28 – 30.

Pan, Haihua and Peppina Lee Polun. 2004. Mandarin sentence-final *le* is an assertion operator. Presented at the 12th International Conference on Chinese Linguistics, Nankai University, Tianjin, PRC, June 18 – 20.

Paris, Marie-Claude. 1998. Focus operators and types of predication in Mandarin. Cahiers de Linguistique Asie Orientale 27: 139 – 159.

Partee, Barbara H.. 1987. Noun phrase interpretation and type-shifting principles. In: Studies in Discourse Representation Theory and the Theory of Generalized Quantifiers, GRASS 8, edited by J. Groenendijc et al., Dordrecht: Foris. Pp. 115 – 143.

Partee, Barbara H.. 1991a. Adverbial quantification and event structures. Proceedings of the Annual Meeting of the Berkeley Linguistics Society 17: 439 – 456.

Partee, Barbara H.. 1991b. Topic, focus and quantification. In: Proceedings of SALT, I, edited by Moore, S. and A. Wyner. Cornell, New York: Cornell University. Pp. 159 – 187.

Partee, Barbara H.. 1995. Quantifictional structures and compositionality. In: Quantification in Natural Languages, edited by Bach, Emmon, Eloise Jelinek, Angelika Kratzer, and Barbara H. Partee. Dordrecht: Kluwer. Pp. 541 601.

Partee, Barbara H.. 1999. Focus, quantification, and semantics-pragmatics issues. In: Focus: Linguistic, Cognitive, and Computational Perspectives, edited by Bosch, Peter and Rob Van Der Sandt. Cambridge; New York: Cambridge

University Press. Pp. 213 – 231.

Peters, Stanley and Dag Westerståhl. 2006. Quantifiers in Language and Logic. Oxford University Press Inc., New York.

Portner, Paul. 2002. Topicality and (non) specificity in Mandarin. Journal of Semantis 19: 275 – 287.

Roberts, Craige. 1995. Domain restriction in dynamic semantics. In: Quantification in Natural Languages, edited by Bach E., E. Jelinek, A. Kratzer and B. H. Partee. Dordrecht Kluwer Academic Publishers. Pp. 661 – 700.

Rooth, Mats. 1985. Association with Focus. Doctoral dissertation. University of Massachusetts, Amherst, MA.

Rooth, Mats. 1992. A theory of focus interpretation. Natural Language Semantics 1: 75 – 116.

Rooth, Mats. 1996. Focus. In: The Handbook of Contemporary Semantic Theory, edited by Lappin, Shalom. Blackwell Publishers. Oxford. Pp. 271 – 297.

Rothstein, Susan. 1995. Adverbial quantification over events. Natural Language Semantics 3: 1 – 31.

Saeed, John I.. 1997. Semantics. Blackwell Publishers Ltd.

Sakaguchi, Mari. 1998. Distributivity in English and Japanese. Doctoral dissertation. University of California Los Angeles.

Sauerland, Uli. 2004. Scalar implicatures in complex sentences. Linguistics and Philosophy 27: 367 – 391.

Schwarzschild, Roger. 1996. Pluralities. Kluwer Academic Publishers, Dordrecht.

Sharvy, Richard. 1980. A more general theory of definite descriptions. The Philosophical Review 89: 607 – 624.

Shyu, Shu-ing. 2004. (A) symmetries between Mandarin Chinese *lian-dou* and *shenzhi*. Journal of Chinese Linguistics 1: 81 – 128.

Shyu, Shu-ing. 1995. The Syntax of Focus and Topic in Mandarin Chinese. Doctoral dissertation. University of Southern California.

Shyu, Shu-ing. 2016. Minimizers and *even*. Linguistics 6: 1355 – 1395.

Soh, Hooi-ling. 2005. Mandarin Distributive quantifier *ge* 'each', the structures of double complement constructions and the verb-preposition distinction. Journal of East Asian Linguistics 14: 155 – 173.

Sportiche, Dominique. 1981. A theory of floating quantifiers and its corollaries of constituent structure. Linguistic Inquiry 19. 3: 425 – 449.

Steedman, Mark. 2012. Taking Scope: The Natural Semantics of Quantifiers. The MIT Press.

Sudhoff, Stefan. 2010. Focus particles and contrast in German. Lingua 120: 1458 – 1475.

Swart, Henriëtte. 1993. Adverbs of Quantification: A Generalized Quantifier Approach. Garland Publishing, Inc..

Szabolsci, Anna (ed.). 1997. Ways of Scope Taking. Kluwer Academic Publishers.

Szabolcsi, Anna. 2010. Quantification. Cambridge University Press.

Szabolcsi, Anna. 2015. What do quantifier particles do? Linguistics and Philosophy 38: 159 – 204.

Tancredi, Chris. 1990. Not Only Even, But Even Only. Ms., MIT.

Tomioka, Satoshi and Yaping Tsai. 2005. Domain restrictions

for distributive quantification in Mandarin Chinese. Journal of East Asian Linguistics 14: 89 – 120.

Tsai, Cheng-Yu. 2015. Toward a Theory of Mandarin Quantification. Doctoral dissertation. Harvard University.

von Fintel, Kai. 1993. Exceptive constructions. Natural Language Semantics 1: 123 – 148.

von Fintel, Kai. 1994. Restrictions on Quantifier Domains. University of Massachusetts, Amherst.

Vries, de Hanna. 2017. Two kinds of distributivity. Natural Language Semantics 25: 173 – 197.

Winter, Yoad. 2016. Elements of Formal Semantics: An Introduction to the Mathematical Theory of Meaning in Natural Language. Edinburgh University Press.

Wu, Jian-xin. 1999. Syntax and Semantics of Quantification in Chinese. Doctoral dissertation. University of Maryland at College Park.

Xiang, Ming. 2008. Plurality, maximality and scalar inferences: a case study of Mandarin *dou*. Journal of East Asian Linguistics 17: 227 – 245.

Xiang, Yimei. 2015. Mandarin particle *dou*: a pre-exhaustification exhaustifier over sub-alternatives. Presented at European Association of Chinese Linguistics (EACL) 9, September 2015, University of Stuttgart, Stuttgart.

Xiang, Yimei. 2016a. Interpreting Questions with Non-exhaustive Answers. Doctoral dissertation. Harvard University, Cambridge, MA.

Xiang, Yimei. 2016b. Mandarin particle *dou*: exhaustification over pre-exhaustified alternatives. In: Empirical Issues in Syntax and Semantics 11, edited by Piñón, Christopher.

University Paris 7, Paris. Pp. 275 – 304.

Xu, Dan and Jingqi Fu (eds.). 2015. Space and Quantification in Languages of China. Springer.

Xu, Liejiong (ed.). 1997. The Referential Properties of Chinese Noun Phrases. EHESS.

Yang, Barry Chung-yu. 2002. Quantification and Its Scope Interpretation in Mandarin Chinese. MA thesis. Institute of Linguistics, Tsing Hua University.

Yang, Rong. 2001. Common Nouns, Classifiers, and Quantification in Chinese. Doctoral dissertation. Rutgers University.

Yang, Xiaolong and Yicheng Wu. 2019. A dynamic account of "*lian… dou*" in Chinese verb doubling cleft construction. Lingua 217: 24 – 44.

Yoo, Eun Jung. 1997. Quantifiers and *Wh*-interrogatives in the Syntax-Semantics Interface. Doctoral dissertation. The Ohio State University.

Yuan, Hua-hong. 2018. Distributive quantifier *mei* in Mandarin Chinese. In: Chinese Lexical Semantics 18th Workshop, CLSW2017, Leshan, China, May 18 – 20, 2017 Revised Selected Papers, edited by Wu, Yun-fang, Jia-fei Hong and Qin Su. Springer. Pp. 97 – 111.

Zan, Hongying, Kunli Zhang, Xuefeng Zhu, Shiwen Yu. 2011. Research on the Chinese function word usage knowledge base. International Journal of Asian Language Processing 21. 4: 185 – 198.

Zhang, Lei. 2007. A Semantic Study of Universal Quantification in Chinese. Mphil thesis. City University of Hong Kong.

Zhang, Lei and Peppina P. L. Lee. 2013. A semantic study of Mandarin *cai* as a focus adverb in simple sentences. In:

Chinese Lexical Semantics — 13th Workshop, CLSW2012 Wuhan, China, July 6 – 8, Revised Selected Papers, edited by Ji, Donghong and Guozheng Xiao. Springer (LNCS). Pp. 685 – 695.

Zhang, Lei. 2013. A Semantic Study of the Adverbs *Cai* and *Jiu* in Mandarin Chinese. Doctoral dissertation, City University of Hong Kong.

Zhang, Lei and Peppina, P. L. Lee. 2014. A semantic study of the adverb *jiu* in Mandarin Chinese. In: Chinese Lexical Semantics — 14th Workshop, CLSW 2013, Zhengzhou, China, May 10 – 12, 2013. Revised Selected Papers, edited by Liu, Pengyuan and Qi Su. Springer (LNCS). Pp. 318 – 327.

Zhang, Lei. 2015. Sum, domain restriction and quantification — a semantic study of *quanbu* in Mandarin. In: Chinese Lexical Semantics — 16th Workshop, CLSW 2015, Beijing, China, May 9 – 10, 2015. Revised Selected Papers, edited by Lu, Qin and Gao Helena Hong. Springer (LNCS). Pp. 130 – 140.

Zhang, Lei. 2016. Domain restrictor *chufei* and relevant constructions. In: Chinese Lexical Semantics — 17th Workshop, CLSW 2016, Singapore, May 20 – 22, 2016. Revised Selected Papers, edited by Dong, Minghui, Jingxia Lin and Xuri Tang. Springer (LNCS). Pp. 620 – 629.

Zhang, Lei. 2018. The degree usage of *cai* and relevant Issues. In: Chinese Lexical Semantics — 18th Workshop, CLSW 2017, Leshan, China, May 18 – 20, 2017. Revised Selected Papers, edited by Wu, Yunfang, Jiafei Hong and Qi Su. Springer (LNCS). Pp. 133 – 146.

Zhang, Niina N.. 1997. Syntactic Dependencies in Mandarin Chinese. Doctoral dissertation. University of Toronto.

# 后　记

本书稿是国家社科基金一般项目"现代汉语全称量化词研究"的最终研究成果。

这十几年来,我与汉语全称量化可以说结下了不解之缘。在香港城市大学攻读硕士和博士学位时,我一直从事量化及相关研究。我的硕士学位论文是以汉语全称量化词为研究对象的。当时由于精力和能力有限,仅对"所有""全""每"等几个有代表性的量化词进行了语义分析。我的博士学位论文讨论多功能副词"才"和"就"的句法和语义,而"才"和"就"重要的语义功能之一就是充当具有内在排他性的全称量化词。其间,我还参与了潘海华老师以及李宝伦老师关于全称量化的课题研究。2015 年 6 月至 2020 年 10 月期间,主持"现代汉语全称量化词研究"这一课题可以说是延续我以往的相关研究工作。

这些年一路走来,能对全称量化问题始终保持着学术热情,源自内心的坚守与执着,更源自师长、亲友们的教诲、鼓励、支持与帮助。

衷心感谢吴长安老师、潘海华老师和李宝伦老师。这三位老师都拥有深厚的学术功底,他们睿智而勤勉,治学态度严谨,在学业、工作乃至生活各方面都给予我无私的指导和关怀。吴老师谦逊和蔼,身上有一种儒者风度。每次向他请教问题,我都有一种如沐春风的感觉。潘老师逻辑思维能力超强,总是能迅速点出问题的关键所在,是他带领我走进语义学研究领域。李老师对语言事实观察细致,善于透过现象分析本质。她多次指导出身中文系的我进行英文写作,帮我提升英文写作能力。他们孜孜以求的学术热忱深深感染着我。在他们的影响下,我坚定了走学术道路的信念。

在求学和从事语言学研究的道路上,我还遇到了其他许多为我解惑、指引我前进的师长。我也有幸结识了很多同样对语言学有浓厚热情的青年学者。在相互交流和探讨的过程中,思维的碰撞让我对很多问题有了新的认识,而且体会到了彼此扶持、共同进步的温暖和快乐。

在这里要特别感谢本丛书的主编胡建华老师和上海教育出版社。在他们的帮助和辛勤努力下,这本书才能得以顺利出版。

最后,要感谢我的家人。我母亲对我的影响最大。她虽然离世了,但她的勤劳与坚韧、她无私的爱,让我铭记于心。我父亲开朗直率,一直鼓励我要把精力放在学习和工作上。无论什么时候回去看望他,他都会为我准备一桌丰盛的饭菜。我儿子对语言学充满了好奇心,常常缠着我给他讲语言学知识,这让我的教学和研究工作变得更有乐趣。我丈夫在我工作时也给了我相当多的包容和理解,并分担了部分家务。

学术之路“道阻且长”。这部书稿只是我近几年研究的阶段性总结,而汉语全称量化及相关问题还有进一步深入讨论的空间和必要性。我愿意在今后继续努力前行,不改初心。

2021 年 9 月 17 日

**图书在版编目（CIP）数据**

现代汉语全称量化词研究 / 张蕾著. — 上海：上海
教育出版社，2022.11
（国际语言学前沿丛书 / 胡建华主编）
ISBN 978-7-5720-1515-1

Ⅰ.①现… Ⅱ.①张… Ⅲ.①现代汉语－词汇－研究
Ⅳ.①H136

中国版本图书馆CIP数据核字(2022)第185664号

责任编辑　徐川山
封面设计　周　吉

**国际语言学前沿丛书**
胡建华　主编
**现代汉语全称量化词研究**
张　蕾　著

出版发行　**上海教育出版社有限公司**
官　　网　www.seph.com.cn
地　　址　上海市闵行区号景路159弄C座
邮　　编　201101
印　　刷　上海展强印刷有限公司
开　　本　640×965　1/16　印张 32.25　插页 4
字　　数　420 千字
版　　次　2022年11月第1版
印　　次　2022年11月第1次印刷
书　　号　ISBN 978-7-5720-1515-1/H·0048
定　　价　118.00 元

如发现质量问题，读者可向本社调换　电话：021-64373213